W0179201

E-Book inside.

Mit folgendem persönlichen Code können Sie die
E-Book-Ausgabe dieses Buches downloaden:

1018r-65p6x-vb701-hnuk2

Registrieren Sie sich unter

www.hanser-fachbuch.de/ebookinside

und nutzen Sie das E-Book auf Ihrem Rechner*, Tablet-PC
und E-Book-Reader.

Schnider / Jordan / Welker / Wehner

Data Warehouse Blueprints

Dani Schnider
Claus Jordan
Peter Welker
Joachim Wehner

Data Warehouse Blueprints

Business Intelligence in der Praxis

HANSER

Bibliografische Information der Deutschen Nationalbibliothek
Die Deutsche Nationalbibliothek verzeichnet diese Publikation in der Deutschen Nationalbibliografie; detaillierte bibliografische Daten sind im Internet über <*http://dnb.d-nb.de*> abrufbar.

© 2016 Carl Hanser Verlag München, *www.hanser-fachbuch.de*
Lektorat: Sylvia Hasselbach
Herstellung: Irene Weilhart
Copy editing: Sandra Gottmann, Münster-Nienberge
Umschlagdesign: Marc Müller-Bremer, *www.rebranding.de*, München
Umschlagrealisation: Stephan Rönigk
Gesamtherstellung: Kösel, Krugzell
Ausstattung patentrechtlich geschützt. Kösel FD 351, Patent-Nr. 0748702
Printed in Germany

Print-ISBN: 978-3-446-45075-2
E-Book-ISBN: 978-3-446-45111-7

Inhalt

Geleitwort

Von Dr. Carsten Bange, Gründer und Geschäftsführer des Business Application Research Centers (BARC), Teil des europäischen Analystenhauses CXP Group.

Noch ein Buch über Data Warehousing? Ist darüber in den vergangenen 25 Jahren nicht genug geschrieben worden? Ich gebe zu, ich war skeptisch als die Autoren mich baten, ein Vorwort zu verfassen. Insbesondere auch, da wir in unserer täglichen Praxis als Marktanalysten eine deutlich wachsende Kritik vieler Unternehmen an ihrem Data Warehouse wahrnehmen. Insbesondere die Anwender verlangen nach Änderungen, um ihren veränderten Anforderungen Rechnung zu tragen. Die letzte BARC-Anwenderbefragung zu diesem Thema[1] zeigt deutlich, was den Veränderungsbedarf treibt: 62 % der 323 befragten BI- und Data-Warehouse-Verantwortlichen sehen sich mit deutlich erhöhten Erwartungen in den Fachbereichen konfrontiert, 51 % verstehen dabei die schnellere Veränderung von Geschäftsprozessen als wesentlichen Treiber für Anpassungen an Datenmanagement-Konzepten und 45 % erfahren eine Unzufriedenheit mit der benötigten Zeit, um neue Anforderungen im Data Warehouse umzusetzen.

Vielen Unternehmen wird also immer klarer, dass sie die etablierten Data-Warehouse-Systeme so nicht mehr weiterbetreiben können, sondern hinsichtlich der Prozesse und der Organisation, IT-Architektur und eingesetzte Technologien und Werkzeuge komplett überdenken müssen.

Das vorliegende Buch liefert hierzu einen guten Beitrag und legt seinen Fokus dabei auf Methodik und Technologie. Es trägt eine große Menge von Erfahrungen zu „Best Practice"-Anleitungen zusammen, die helfen, das eigene Projekt auf eine solide Basis zu stellen und typische Fehler zu vermeiden. Es behandelt dabei auch neue Technologien, z.B. aus dem Hadoop- und NoSQL-Umfeld, die eine interessante Ergänzung der etablierten und ausgereiften Datenbank- und Datenintegrationstechnologien sein können. Die Autoren bieten damit Entwicklern, BI- und Data-Warehouse-Verantwortlichen ein solides methodisches Fundament, um die Informationsversorgung zur Entscheidungsfindung in Unternehmen erfolgreich aufzubauen.

Es bleibt dann im Unternehmen die wichtige Aufgabe, die verfügbaren Technologien in eine anforderungsgerechte Organisation einzubetten. Gerade Agilität und Flexibilität sind hier

---

[1] s. BARC-Anwenderbefragung „Modernes Datenmanagement für die Analytik" (BARC 2015), Ergebnisstudie kostenfrei verfügbar unter *www.barc.de* im Bereich Research.

die wesentlichen Anforderungen, die in den letzten Jahren beispielsweise den Trend zu „Self Service BI" angefeuert haben, also der Bereitstellung weitgehender Möglichkeiten zur Zusammenstellung, Aufbereitung und Visualisierung von Daten für Fachanwender. Da dies häufig auch mit einer „Self Service-Datenintegration" verbunden ist, ergibt sich schnell die Kehrseite der Medaille solcher Initiativen: Die Konsistenz von Daten kann in einer dezentralisierten Welt individueller Datenaufbereitung – wenn überhaupt – nur mit erheblichen Anstrengungen einer Data Governance sichergestellt werden. Die ersten Unternehmen kehren demnach auch schon wieder zu stärker zentralistisch ausgerichteten Konzepten zurück, um dem Daten-Wildwuchs Einhalt zu gebieten.

Dieser Spagat zwischen der Bereitstellung qualitätsgesicherter Daten unter übergreifender Kontrolle auf der einen sowie Flexibilität und Individualität in Datenzusammenstellung und -auswertung auf der anderen Seite ist aus unserer Sicht die momentan größte Herausforderung für Betreiber entscheidungsunterstützender Informationssysteme.

Das Buch zeigt, dass viele Methoden und Technologien hierfür zur Verfügung stehen. Werden sie richtig eingesetzt, sind dem Data Warehouse auch weitere 25 Jahre erfolgreichen Einsatzes beschieden, denn Entscheidungsträger im Unternehmen werden auch in Zukunft nicht auf konsistente und qualitätsgesicherte Daten zur Entscheidungsfindung verzichten.

Würzburg, den 14.7.2016

Dr. Carsten Bange

Über dieses Buch

Das vorliegende Buch ist eine Weiterentwicklung des Buches „Data Warehousing mit Oracle - Business Intelligence in der Praxis", das 2011 beim Carl Hanser Verlag erschienen und mittlerweile vergriffen ist. Im Vergleich zur vorherigen Version wurden hier die allgemeinen Konzepte, Architekturvorschläge und Vorgehensweisen stark ausgebaut und aktualisiert. Oracle-spezifische Informationen wurden – bis auf die Verwendung in Beispielen – weitgehend verallgemeinert, sodass die vorliegenden Blueprints auch für andere Datenbanktechnologien eingesetzt werden können.

Die Data Warehouse Blueprints wurden vorerst als interner Leitfaden für die BI-Consultants bei Trivadis zur Verfügung gestellt, bevor sie öffentlich publiziert wurden. Während dieser Zeit haben verschiedene Trivadis-Kollegen die einzelnen Kapitel überprüft und zahlreiche Korrekturen, Änderungsvorschläge und Ergänzungen zur nun vorliegenden Ausgabe beigetragen.

Die Autoren

Dani Schnider

Dani Schnider ist seit seinem abgeschlossenen Informatikstudium an der ETH Zürich (1990) in der Informatik tätig. Seit 1997 arbeitet er vorwiegend in DWH-Projekten. Konzeption, Design, Aufbau und Weiterentwicklung von Data Warehouses, logische und physische Datenmodellierung im DWH-Umfeld sowie Reviews, Architekturberatungen und Schulungen bilden seine Aufgabenschwerpunkte in diesem Bereich. Präsentationen an verschiedenen Konferenzen und Publikationen von Fachartikeln und Blog-Posts runden seine Tätigkeiten ab. (Kontakt: dani.schnider@trivadis.com)

Claus Jordan

Seit seinem Abschluss des Studiums der Wirtschaftsinformatik 1993 ist Claus Jordan im Umfeld Data Warehouse und Business Intelligence aktiv. Seit 2003 bringt er seine Erfahrung in diesen Bereichen für die Trivadis GmbH in zahlreichen Kundenprojekten, als Trainer und als Autor ein. Seine Schwerpunkte liegen dabei im Design unterschiedlicher Datenmodellierungsmethoden eines Data Warehouse, sowie in der Implementierung von ETL-Prozessen und deren Standardisierung. (Kontakt: claus.jordan@trivadis.com)

Peter Welker

Peter Welker arbeitete bereits vor dem Abschluss seines Studiums der Medizininformatik 1996 als Entwickler für Anwendungssoftware. 1998 wechselte er ins Data Warehousing und ist seitdem hauptsächlich in Projekten mit dem Fokus ETL, DWH-Lösungsarchitektur, Review und Performance aktiv. In den letzten Jahren beschäftigt er sich intensiv mit den neuen Technologien. Er präsentiert an Konferenzen, publiziert Fachartikel und verantwortet bei der Deutschen Oracle-Anwendergruppe (DOAG) das Thema „Big Data". (Kontakt: peter.welker@trivadis.com)

Joachim Wehner

Seit seiner Diplomarbeit „Werkzeuge zum Aufbau eines Data Warehouses" aus dem Jahre 1996 lässt ihn dieses Thema nicht mehr los. Als Berater und Trainer arbeitet Joachim Wehner über die Jahre primär in BI-/DWH-Kundenprojekten. Im Mittelpunkt stehen dabei fast immer die Architektur, das Design sowie Reviews solcher Data-Warehouse-Umgebungen. Inzwischen hat sich sein Verantwortungsbereich von der Technik auf die Managementseite verlagert. (Kontakt: joachim.wehner@trivadis.com)

◼ Danksagung

Die Kapitel dieses Buches wurden von verschiedenen Trivadis-Consultants geprüft, korrigiert und mit wertvollen Ergänzungen und Änderungsvorschlägen angereichert. Der Dank für diese Reviewarbeit gilt folgenden Personen: Adrian Abegglen, Aron Hennerdal, Beat Flühmann, Christoph Hisserich, Kamilla Reichardt, Maurice Müller, Peter Denk, Stanislav Lando, Thomas Brunner und Willfried Färber. Die gute und konstruktive Zusammenarbeit mit Frau Hasselbach und Frau Weilhart vom Hanser Verlag ist an dieser Stelle ebenfalls dankend zu erwähnen wie das passende Geleitwort zu diesem Buch von Herrn Dr. Carsten Bange vom Business Application Research Center (BARC).

Ein besonderer Dank gilt natürlich der Trivadis AG für die Unterstützung des Buchprojekts während der Erstellung und dafür, dass sie es ermöglicht hat, dass das Buch wiederum öffentlich publiziert werden kann.

1 Einleitung

Business Intelligence (BI) und Data Warehousing (DWH) sind zwei Begriffe, die in vielen Unternehmen nicht mehr wegzudenken sind und denen eine immer wichtigere Bedeutung zukommt. In vielen großen Unternehmen gehören Data Warehouses und BI-Applikationen zu den zentralen Systemen. Auch kleinere und mittlere Betriebe benutzen Business Intelligence für die Planung und Überprüfung ihrer Geschäftsziele.

Business Intelligence bezeichnet die systematische Auswertung von Daten eines Unternehmens, um damit Geschäftsprozesse zu analysieren und zu optimieren. Das Ziel von Business Intelligence ist es, aus vergleichbaren Kennzahlen neue Erkenntnisse zu gewinnen. Sie dienen als Basis für strategische und operative Entscheidungen, mit denen die Unternehmensziele besser erreicht werden können.

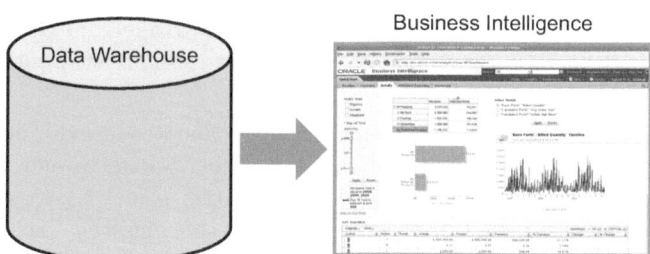

Bild 1.1 Data Warehouse als Basis für Business Intelligence

Um Business Intelligence erfolgreich betreiben zu können, muss eine solide Data-Warehouse-Architektur als Basis vorhanden sein. Ziel eines Data Warehouse ist es, die Daten aus verschiedenen operativen Quellsystemen so zusammenzuführen und in geeigneter Form abzuspeichern, dass darauf einfache und flexible Abfragen sowie verschiedenste Arten von Auswertungen möglich sind.

Data Warehouse oder Business Intelligence?

Die Begriffe „Data Warehouse" und „Business Intelligence" werden teilweise in unterschiedlichem Kontext verwendet. So wird „Business Intelligence" einerseits als Sammelbegriff für BI-Gesamtlösungen – unter anderem Data Warehouses – verwendet, andererseits für die systematische Analyse von Geschäftsprozessen anhand von Kennzahlen.

Ein Data Warehouse wiederum bezeichnet zum einen ein System aus Datenbank(en) und ETL-Prozessen, das die notwendigen Informationen zur Verfügung stellt, um Business Intelligence betreiben zu können. Zum anderen wird der Begriff „Data Warehouse" oft auch für die zentrale Integrations- und Historisierungsschicht innerhalb eines DWH-Gesamtsystems verwendet.

Eine einheitliche Namensgebung innerhalb der Informatikwelt ist kaum möglich, aber zumindest im vorliegenden Buch wurde versucht, die Begriffe einheitlich zu verwenden. Hier verstehen wir unter Business Intelligence (BI) jede Art von Anwendungen zur Datenanalyse, basierend auf einem Data Warehouse (DWH). Das Data Warehouse ist somit die technische Datenbasis für Business Intelligence. Die zentrale Schicht im DWH wird hier – zur Unterscheidung vom DWH-Gesamtsystem – als Core (oder Core Data Warehouse) bezeichnet.

Ein Data Warehouse umfasst somit die technische und fachliche Basis, die notwendig ist, um Anwendungen im Bereich Business Intelligence betreiben zu können. Integration, Skalierbarkeit und Performance sind wichtige Erfolgsfaktoren. Jede BI-Applikation und jedes Data Warehouse kann nur dann erfolgreich sein, wenn die Architektur richtig aufgebaut ist, die einzelnen Komponenten zusammenpassen und das Gesamtsystem fehlerlos konfiguriert wird.

In den Data Warehouse Blueprints werden Grundlagen und Konzepte für den Aufbau und Betrieb von Data Warehouses beschrieben. Die vorliegenden Kapitel wurden soweit möglich unabhängig von einer spezifischen Technologie beschrieben und lassen sich mit unterschiedlichen Datenbanksystemen und Softwarekomponenten umsetzen. Da jedoch die Autoren alle im Oracle-Umfeld tätig sind, schimmern teilweise technologiespezifische Detailinformationen durch. Die mit anderen Datenbanktechnologien vertrauten Leserinnen und Leser werden aufgefordert, beim Lesen der folgenden Kapitel tolerant zu sein und die technologiespezifischen Begriffe sinngemäß in ihre Nomenklatur zu übersetzen.

■ 1.1 Ziele dieses Buches

Um leistungsfähige und stabile DWH-Systeme aufbauen und betreiben zu können, ist entsprechendes Know-how über Data Warehousing notwendig. Das vorliegende Buch gibt einen Überblick über eine typische DWH-Architektur und zeigt anhand von zahlreichen Beispielen auf, wie die einzelnen Komponenten eines Data Warehouse realisiert und betrieben werden können. Der Hauptfokus liegt dabei nicht auf einer vollständigen Aufzählung der technischen Möglichkeiten – dazu stehen die Dokumentationen oder entsprechende Schulungen für die jeweilige Datenbanktechnologie zur Verfügung –, sondern darauf, wie allgemeine Technologien und Methoden in konkreten DWH-Projekten verwendet werden können. Die hier aufgezeigten Konzepte und Vorgehensweisen wurden in zahlreichen Projekten eingesetzt und – basierend auf den Erfahrungen daraus – verfeinert und erweitert.

Anhand verschiedener Tipps und Tricks aus der Praxis wird erläutert, wie die beschriebenen Methoden im Data Warehousing eingesetzt werden können. Es versteht sich von selbst, dass die hier beschriebenen Möglichkeiten keinen Anspruch auf Vollständigkeit erheben. Jedes Data Warehouse hat andere Anforderungen, Systemvorgaben und Spezialfälle, die zu berücksichtigen sind. Die hier vorgestellten Konzepte sollen jedoch als technischer Leitfaden dienen, um auch komplexe und umfangreiche Data Warehouses nach bewährtem Muster aufbauen zu können.

■ 1.2 Struktur dieses Buches

Das vorliegende Buch ist in folgende Hauptkapitel unterteilt:

- Kapitel 1 gibt einen Überblick über Data Warehousing und Business Intelligence, die Struktur des Buches und die verwendeten Begriffe.
- Kapitel 2 beschreibt die grundlegenden *Architekturen* von Data Warehouse, BI-Anwendungen und Datenhaltung innerhalb eines DWH-Systems.
- Kapitel 3 befasst sich mit der *Datenmodellierung* im Data Warehouse und beschreibt unterschiedliche Modellierungsansätze, wie sie im DWH-Umfeld zum Einsatz kommen.
- Kapitel 4 geht auf verschiedene Aspekte der *Datenintegration* von den Quellsystemen ins Data Warehouse und beschreibt verschiedene Konzepte, die in diesem Zusammenhang verwendet werden.
- Kapitel 5 befasst sich detailliert mit dem *Design der DWH-Schichten*, basierend auf der Architektur und den Grundsätzen der Datenmodellierung und Datenintegration der vorhergehenden Kapitel.
- Kapitel 6 beschreibt verschiedene Thematiken im Zusammenhang mit dem *physischen Datenbankdesign* einer DWH-Datenbank, ohne auf spezifische Features einzelner Datenbanksysteme einzugehen.
- Kapitel 7 gibt einen kurzen Überblick über verschiedene Kategorien von *BI-Anwendungen*, wie sie typischerweise in Business-Intelligence-Plattformen mit Data Warehouses zum Einsatz kommen.
- Kapitel 8 befasst sich mit unterschiedlichen Aspekten, die beim *Betrieb* eines Data Warehouse berücksichtigt werden müssen. Dazu gehören Themen wie Release Management, Deployment, Monitoring und Migration von Data Warehouses.

■ 1.3 Hinweis zur Anwendung dieses Buches

Als „Blueprints" – also Baupläne – werden hier Verfahren und Methoden bezeichnet, die sich in verschiedenen DWH-Projekten bewährt haben. Das bedeutet aber nicht, dass sie die einzige oder beste Lösung für **jedes** Data Warehouse beschreiben.

Erfahrene DWH-Entwickler und BI-Consultants werden nach der Lektüre der nachfolgenden Kapitel in der Lage sein, die beschriebenen Konzepte und Praxistipps soweit sinnvoll in konkreten DWH-Projekten anzuwenden. Sie sollten aber auch die nötige Erfahrung haben, bei Bedarf zu erkennen, ob und wann von den hier beschriebenen Blueprints abzuweichen ist – sei es durch den Einsatz anderer Technologien, durch spezielle Kundenbedürfnisse oder durch eine andere Ausgangslage, als sie hier angenommen wird.

Das gilt auch für die Architektur eines Data Warehouse: Die im vorliegenden Buch verwendete Architektur beschreibt eine bewährte, aber nicht die einzig mögliche Variante, wie ein Data Warehouse auszusehen hat. Vielleicht hat das DWH bei einem spezifischen Kunden mehr oder weniger Schichten, oder es werden andere Begriffe für die einzelnen Komponenten verwendet. Auch hier gilt: Was zweckmäßig ist, kann und soll aus den Blueprints übernommen werden. Wenn es sinnvoll und begründbar ist, von den hier beschriebenen Methoden abzuweichen, ist dies durchaus erlaubt und gewünscht – sofern es der Qualität des zu bauenden Data Warehouse und der Zufriedenheit des Kunden dient.

2 Architektur

Eine gut strukturierte Architektur ist eine wichtige Voraussetzung für den erfolgreichen Einsatz von Data Warehousing und Business Intelligence. Die wichtigsten Grundsätze zur Architektur von DWH-Systemen und BI-Anwendungen sowie verschiedene Möglichkeiten zur Datenhaltung in einem Data Warehouse sind in diesem Kapitel zusammengefasst.

- Abschnitt 2.1 beschreibt die grundlegende Architektur eines Data Warehouse und stellt die verschiedenen Schichten einer DWH-Architektur vor.
- In Abschnitt 2.2 werden die wichtigsten Grundsätze zur Architektur und zum Aufbau von BI-Anwendungen erläutert.
- Abschnitt 2.3 gibt einen Überblick über verschiedene Konzepte zur Datenhaltung, wie sie für Data Warehouses zum Einsatz kommen.

■ 2.1 Data Warehouse-Architektur

Ein Data Warehouse (DWH) stellt die technische Infrastruktur zur Verfügung, die benötigt wird, um Business Intelligence betreiben zu können. Sein Zweck ist es, Daten aus unterschiedlichen Datenquellen zu integrieren und eine historisierte Datenbasis zur Verfügung zu stellen, welche für Standard- und Ad-hoc-Reporting, OLAP[1]-Analysen, Balanced Scorecards, BI-Dashboards und weitere BI-Anwendungen eingesetzt werden kann. Ein DWH ist ein abfrageoptimiertes System, mit welchem auf eine Sammlung von historisierten Daten über einen längeren Zeitpunkt zugegriffen werden kann.

Durch diese Ausgangslage ergeben sich einige Unterschiede zwischen einem operativen System (auch OLTP[2]-System genannt) und einem Data Warehouse. Während in einem OLTP-System mehrere bis viele Anwender gleichzeitig Daten einfügen, ändern und löschen, ist dies bei einem DWH-System in der Regel nicht der Fall. Die einzigen „Anwender", die in ein Data Warehouse schreiben, sind die ETL-Prozesse, welche Daten von den Quellsystemen ins DWH laden. Auch die Art der Abfragen ist unterschiedlich. In operativen Systemen werden typi-

---

[1] OLAP = Online Analytical Processing
[2] OLTP = Online Transaction Processing

scherweise spezifische Informationen in einem großen Datenbestand gesucht, beispielsweise die letzten zehn Banktransaktionen eines bestimmten Kunden. In einem Data Warehouse hingegen werden meistens Auswertungen über große Datenmengen ausgeführt und aggregiert, zum Beispiel die Summe über alle Verkäufe an alle Kunden einer bestimmten Region.

Um diesen unterschiedlichen Bedürfnissen gerecht zu werden, werden DWH-Datenbanken anders aufgebaut als OLTP-Datenbanken. Architektur, Design und Datenmodellierung funktionieren im DWH-Umfeld nicht auf die gleiche Weise, wie es viele erfahrene Architekten, Datenmodellierer und Entwickler gewohnt sind, die hauptsächlich im Bereich von OLTP-Datenbanken tätig sind. Auf die spezifischen Bedürfnisse von DWH-Systemen wird deshalb nachfolgend eingegangen.

Die Komplexität und Erweiterbarkeit eines Data Warehouse ist weitgehend abhängig von der verwendeten Architektur. Deshalb ist es in jedem DWH-Projekt von Anfang an wichtig, dass eine saubere Architektur definiert und implementiert wird. In der Regel bedeutet das, dass die Architektur aus unterschiedlichen Schichten besteht. Diese Schichten decken jeweils unterschiedliche Anforderungen ab. Auch wenn dies zum Beginn des Projektes nach Mehraufwand aussieht, zahlt sich eine konsequente Aufteilung in verschiedene DWH-Schichten im späteren Projektverlauf und im operativen Betrieb des Systems aus.

Leider wird oft der Fehler gemacht, dass aufgrund von knappen Terminvorgaben wesentliche Architekturgrundsätze missachtet und „Abkürzungen" bzw. „Schnellschüsse" implementiert werden. Diese Ad-hoc-Lösungen können früher oder später zu Problemen führen. Der Aufwand, diese wiederum zu beheben, ist oft größer als der Aufwand, von Anfang an eine saubere Lösung zu realisieren.

2.1.1 Aufbau eines Data Warehouse

Ein Data Warehouse besteht typischerweise aus verschiedenen Schichten (auch Layers, Bereiche oder Komponenten genannt) und Datenflüssen zwischen diesen Schichten. Auch wenn nicht jedes DWH-System alle Schichten umfassen muss, lässt sich jedes Data Warehouse auf eine Grundarchitektur, wie sie in Bild 2.1 dargestellt ist, zurückführen.

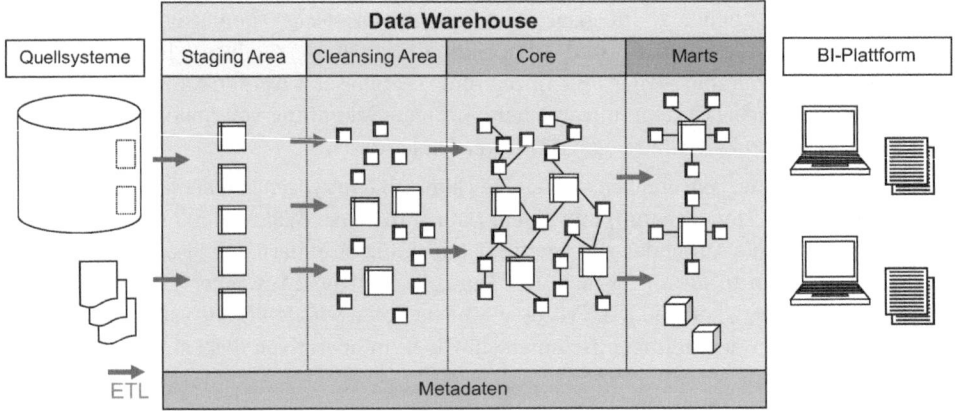

Bild 2.1 Grundarchitektur eines Data Warehouse

Um den Zweck der einzelnen Schichten in einer DWH-Architektur zu erklären, werden nachfolgend Beispiele aus dem „realen Leben" gezeigt. Nehmen wir an, das DWH sei ein großes Lebensmittelgeschäft. Auch dort gibt es verschiedene Bereiche, die jeweils einem bestimmten Zweck dienen.

Folgende Schichten oder Bereiche gehören zu einer vollständigen DWH-Architektur:

- *Staging Area:* Daten aus unterschiedlichen Quellsystemen werden zuerst in die Staging Area geladen. In diesem ersten Bereich des DWH werden die Daten so gespeichert, wie sie angeliefert werden. Die Struktur der Stage-Tabellen entspricht deshalb der Schnittstelle zum Quellsystem[3]. Beziehungen zwischen den einzelnen Tabellen bestehen keine. Jede Tabelle enthält die Daten der letzten Lieferung, welche vor der nächsten Lieferung gelöscht werden.

  In einem Lebensmittelgeschäft entspricht die Staging Area der Laderampe, an der die Lieferanten (Quellsysteme) ihre Waren (Daten) abliefern. Auch dort werden immer nur die neuesten Lieferungen zwischengelagert, bevor sie in den nächsten Bereich überführt werden.

- *Cleansing[4] Area:* Bevor die gelieferten Daten ins Core geladen werden, müssen sie bereinigt werden. Fehlerhafte Daten müssen entweder ausgefiltert, korrigiert oder durch Singletons (Defaultwerte) ergänzt werden. Daten aus unterschiedlichen Quellsystemen müssen in eine vereinheitlichte Form transformiert und integriert werden. Die meisten dieser Bereinigungsschritte werden in der Cleansing Area durchgeführt. Auch diese Schicht enthält nur die Daten der letzten Lieferung.

  Im Lebensmittelgeschäft kann die Cleansing Area mit dem Bereich verglichen werden, in dem die Waren für den Verkauf kommissioniert werden. Die Waren werden ausgepackt, Gemüse und Salat werden gewaschen, das Fleisch portioniert, ggf. mehrere Produkte zusammengefasst und alles mit Preisetiketten versehen. Die Qualitätskontrolle der angelieferten Ware gehört ebenfalls in diesen Bereich.

- *Core*: Die Daten aus den verschiedenen Quellsystemen werden über die Staging und Cleansing Area in einem zentralen Bereich, dem Core, zusammengeführt und dort über einen längeren Zeitraum, oft mehrere Jahre, gespeichert. Eine Hauptaufgabe des Core ist es, die Daten aus den unterschiedlichen Quellen zu integrieren und nicht mehr getrennt nach Herkunft, sondern themenspezifisch strukturiert zu speichern. Oft spricht man bei thematischen Teilbereichen im Core von „Subject Areas". Die Daten werden im Core so abgelegt, dass historische Daten zu jedem späteren Zeitpunkt ermittelt werden können. Das Core sollte die einzige Datenquelle für die Data Marts sein. Direkte Zugriffe von Benutzern auf das Core sollten möglichst vermieden werden.

  Das Core kann mit einem Hochregallager verglichen werden. Waren werden so abgelegt, dass sie jederzeit auffindbar sind, aber der Zugriff darauf ist nur internen Mitarbeitern möglich. Kunden haben im Lager nichts zu suchen – außer vielleicht bei IKEA. Im Gegensatz zu einem Hochregallager bleiben die Daten aber auch dann im Core erhalten, nachdem sie an die Data Marts übertragen wurden.

---

[3] Oft werden den Stage-Tabellen zusätzliche Attribute für Auditinformationen zugefügt, die im Quellsystem nicht vorhanden sind.

[4] Der Begriff „Cleansing" wird englisch „klensing" ausgesprochen und nicht „kliinsing".

- *Marts:* In den Data Marts werden Teilmengen der Daten aus dem Core so aufbereitet abgespeichert, *dass* sie in einer für die Benutzerabfragen geeigneten Form zur Verfügung stehen. Jeder Data Mart sollte nur die für die jeweilige Anwendung relevanten Daten bzw. eine spezielle Sicht auf die Daten enthalten. Das bedeutet, dass typischerweise mehrere Data Marts für unterschiedliche Benutzergruppen und BI-Anwendungen definiert werden. Dadurch kann die Komplexität der Abfragen reduziert werden. Das erhöht die Akzeptanz des DWH-Systems bei den Benutzern.

  Die Data Marts sind die Marktstände oder Verkaufsgestelle im Lebensmittelgeschäft. Jeder Marktstand bietet eine bestimmte Auswahl von Waren an, z. B. Gemüse, Fleisch oder Käse. Die Waren werden so präsentiert, dass sie von der jeweiligen Kundengruppe akzeptiert, also gekauft werden.

- *ETL-Prozesse:* Die Daten, die von den Quellsystemen als Files, Schnittstellentabellen oder über einen View Layer zur Verfügung gestellt werden, werden in die Staging Area geladen, in der Cleansing Area bereinigt und dann im Core integriert und historisiert. Vom Core werden aufgrund von fachlichen Anforderungen Teilmengen oder oft auch nur Aggregate in die verschiedenen Data Marts geladen.

  All diese Datenflüsse werden unter dem Begriff ETL (Extraction, Transformation, Loading) zusammengefasst. Die Extraktion der Daten aus den Quellsystemen findet in der Regel außerhalb des DWH-Systems statt, nämlich in den Quellsystemen selbst. Als Transformationen werden alle Datenumformungen, Bereinigungen, Anreicherungen mit Zusatzinformationen und Aggregationen bezeichnet. Schließlich werden die Daten in die Zieltabellen der nächsten Schicht geladen.

  Die ETL-Prozesse sind die Mitarbeiter des Lebensmittelgeschäfts, die unterschiedliche Arbeiten verrichten müssen, damit die Lebensmittel vom Lieferanten bis hin zum Kunden gelangen.

- *Metadaten*: Für den reibungsfreien Betrieb des Data Warehouse werden unterschiedliche Arten von Metadaten benötigt. Fachliche Metadaten enthalten fachliche Beschreibungen aller Attribute, Drill-Pfade und Aggregationsregeln für die Frontend-Applikationen und Codebezeichnungen. Technische Metadaten beschreiben z. B. Datenstrukturen, Mapping-Regeln und Parameter zur ETL-Steuerung. Operative Metadaten beinhalten alle Log-Tabellen, Fehlermeldungen, Protokollierungen der ETL-Prozesse und vieles mehr. Die Metadaten bilden die Infrastruktur eines DWH-Systems und werden als „Daten über Daten" beschrieben.

  Auch in unserem Lebensmittelgeschäft braucht es eine funktionierende Infrastruktur – von Wegweisern zur Kasse bis hin zur Klimaüberwachung der Frischwaren.

Nicht jedes Data Warehouse hat genau diesen Aufbau. Teilweise werden einzelne Bereiche zusammengefasst – zum Beispiel Staging Area und Cleansing Area – oder anders bezeichnet. So wird zum Teil das Core als „Integration Layer" oder als „(Core) Data Warehouse" bezeichnet. Wichtig ist jedoch, dass das Gesamtsystem in verschiedene Bereiche unterteilt wird, um die unterschiedlichen Aufgabenbereiche wie Datenbereinigung, Integration, Historisierung und Benutzerabfragen zu entkoppeln. Auf diese Weise kann die Komplexität der Transformationsschritte zwischen den einzelnen Schichten reduziert werden.

2.1.2 Transformationsschritte

Mithilfe der ETL-Prozesse werden die Daten von den Quellsystemen ins Data Warehouse geladen. In jeder DWH-Schicht werden dabei unterschiedliche Transformationsschritte durchgeführt, wie in Bild 2.2 dargestellt.

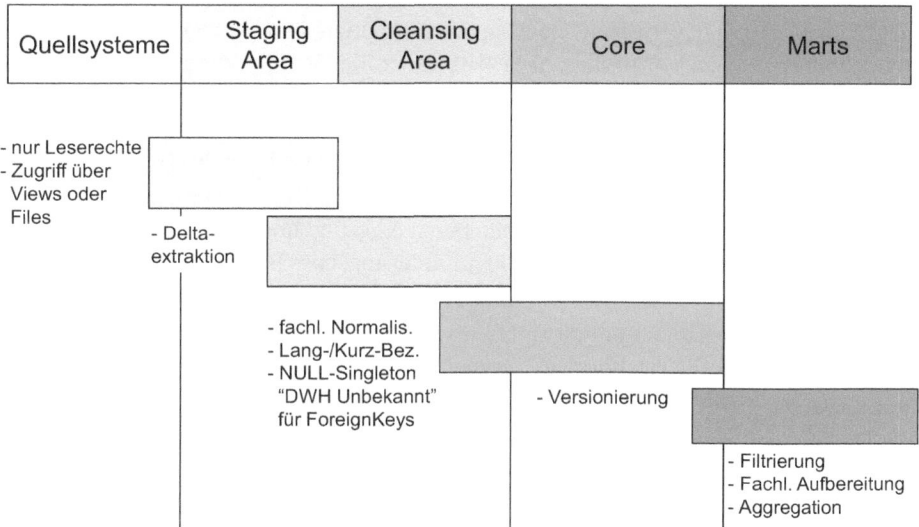

Bild 2.2 Transformationsschritte im Data Warehouse

- *Quellsystem → Staging Area*
  Wird direkt auf ein relationales Quellsystem zugegriffen, sollte als Schnittstelle zwischen Quellsystem und DWH ein View Layer als definierte Zugriffsschicht implementiert werden. Der Zugriff der ETL-Prozesse auf das Quellsystem erfolgt dann ausschließlich über diese Views. Auf diese Weise kann eine gewisse Unabhängigkeit der ETL-Prozesse gegenüber Strukturänderungen auf dem Quellsystem erreicht werden. Die Views können außerdem für die Delta-Extraktion verwendet werden, indem sie so implementiert werden, dass nur die jeweils relevante Teilmenge der Daten in den Views zur Verfügung steht. Dieses Verfahren wird teilweise für Change Data Capture (CDC) verwendet.

  Als Alternative zum direkten Zugriff auf das Quellsystem werden häufig Dateien als Schnittstelle zwischen Quellsystem und Data Warehouse verwendet. Die Extraktion der Daten in die Dateien erfolgt auf dem Quellsystem und wird meistens außerhalb des DWH-Projektes realisiert.

  Die Daten, ob über Views oder Files geliefert, werden unverändert in die Staging Area geladen und ggf. mit Auditinformationen angereichert.

- *Staging Area → Cleansing Area*
  Beim Laden in die Cleansing Area werden die Daten geprüft, bereinigt und mit zusätzlichen Attributen angereichert. Dazu gehört zum Beispiel die Ermittlung von Lang- und Kurztexten aus den fachlichen Attributen der Quellsysteme. Fehlende oder fehlerhafte Attribute und Foreign Keys werden durch Singletons ersetzt.

Fehlerhafte Datensätze können je nach Anforderungen ignoriert, aufgrund von fixen Regeln korrigiert, durch Singletons ersetzt oder in Fehlertabellen geschrieben werden. Fehlertabellen können als Basis für Fehlerprotokolle oder manuelle Korrekturen verwendet werden. Bei solchen aufwendigen Varianten der Fehlerbehandlung muss allerdings organisatorisch geklärt werden, wer für die Fehlerkorrekturen verantwortlich ist.

- *Cleansing Area → Core*
  Nachdem die Daten in der Cleansing Area in die benötigte Form aufbereitet wurden, werden sie ins Core geladen. In diesem Schritt findet die Versionierung der Stammdaten[5] statt, d. h., es wird für jeden Datensatz geprüft, ob sich etwas geändert hat und somit eine neue Version erstellt werden muss. Je nach Historisierungsanforderungen und Core-Datenmodell gibt es verschiedene Varianten der Versionierung von Stammdaten.

  Die Bewegungsdaten[6] werden historisiert. Weil sich Bewegungsdaten nachträglich nicht mehr ändern, heißt das, dass laufend neue Daten eingefügt und über einen längeren Zeitraum gespeichert werden. Oft besteht die Anforderung, dass Bewegungsdaten nach einer gewissen Zeit – in der Regel nach mehreren Jahren – aus dem Core gelöscht werden.

  Aggregationen werden im Core nicht durchgeführt. Die Bewegungsdaten werden auf der Detaillierungsstufe, die geliefert wird, gespeichert.

- *Core → Marts*
  Die Transformationen vom Core in die Data Marts bestehen aus der Filtrierung der Daten auf die für jeden Data Mart erforderliche Teilmenge, der fachlichen Aufbereitung der Dimensionen[7] in die gewünschten Hierarchiestufen sowie – falls erforderlich – der Aggregation der Bewegungsdaten auf die Granularität der Faktentabellen.

2.1.3 Architekturgrundsätze

Obwohl sich die Architektur vieler DWH-Systeme in Details unterscheidet und oft auch unterschiedliche Namen für die einzelnen Bereiche verwendet werden, gibt es ein paar wichtige Architekturgrundsätze, die auf jeden Fall berücksichtigt werden sollten. Vereinfachungen der Architektur sind erlaubt, aber die wichtigsten Schichten sollten auf keinen Fall weggelassen werden.

---

[5] Stammdaten (oder Referenzdaten) sind zustandsorientierte Daten, die sich im Laufe der Zeit ändern können. Um die Änderungen im Core nachvollziehbar abspeichern zu können, werden die Daten versioniert. Das heißt, dass für jede Datenänderung ein neuer Datensatz im Core eingefügt wird. Die Versionierung von Stammdaten wird in Kapitel 3 (Datenmodellierung) genau erklärt.

[6] Bewegungsdaten (oder Transaktionsdaten) sind ereignisorientierte Daten, die aufgrund eines bestimmten Ereignisses (z. B. Transaktion, Messung) entstehen und nachträglich nicht mehr geändert werden. Sie sind immer mit einem Ereigniszeitpunkt (z. B. Transaktionsdatum) verbunden. Die Historisierung von Bewegungsdaten wird in Kapitel 3 (Datenmodellierung) beschrieben.

[7] Die Begriffe Dimensionen, Hierarchien und Fakten sind Elemente der dimensionalen Modellierung und werden in Kapitel 3 (Datenmodellierung) erläutert.

Jedes Data Warehouse besitzt ein Core

Data Marts werden nie direkt aus den Quellsystemen geladen. Einzige Datenquelle für die Data Marts ist das Core, welches als „Single Source of Truth" (Inmon 2005) verwendet wird. Gemeint ist damit, dass sämtliche Daten in allen Data Marts aus dem Core geladen werden, um Inkonsistenzen zu vermeiden.

Das Core dient als zentrale Integrationsplattform innerhalb des Data Warehouse. Daten aus verschiedenen Quellsystemen müssen in eine vergleichbare Form transformiert werden. Dieser Aufwand soll für jedes Quellsystem nur einmal gemacht werden und nicht für jeden Data Mart separat.

Bei mehreren Quellsystemen und mehreren Data Marts wird schnell ersichtlich, dass es keine Lösung sein kann, für jede gewünschte Kombination separate ETL-Prozesse zu definieren. Die Komplexität der ETL-Prozesse wird rasch sehr hoch (siehe Bild 2.3 links). Durch die mehrfache Implementation kann nicht mehr garantiert werden, dass die Business Rules in allen Data Marts gleich umgesetzt werden. Nur durch ein zentrales Core kann sichergestellt werden, dass die Daten in den unterschiedlichen Data Marts konsistent und somit vergleichbar sind (siehe Bild 2.3 rechts).

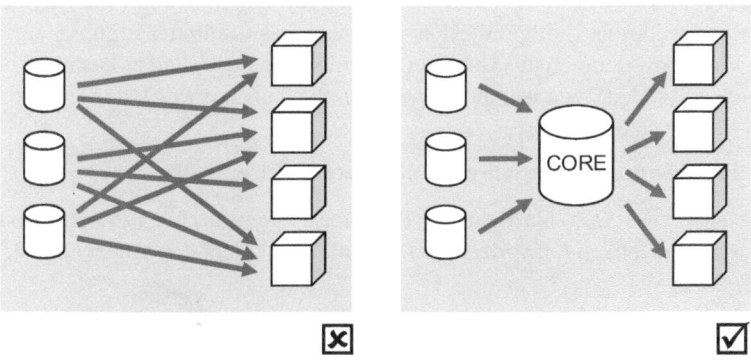

Bild 2.3 ETL-Prozesse mit und ohne Core

Eine Ausnahme ist es, wenn nur ein Quellsystem und ein Data Mart vorhanden sind. In diesem Fall kann auf ein Core verzichtet werden. Trotzdem ist es zu empfehlen, diese Schicht zumindest architektonisch vorzusehen, denn typischerweise werden an ein bestehendes Data Warehouse immer neue Anforderungen gestellt, sodass zu einem späteren Zeitpunkt weitere Data Marts dazukommen. Ein pragmatischer Weg ist es deshalb, zu Beginn ein Core zu realisieren und den ersten Data Mart als „virtuellen Data Mart" (d. h. View Layer) zu implementieren.

Ein weiterer Grund für das Core ist die Historisierung der Daten. Im Core werden alle Bewegungsdaten über eine längere Zeitperiode – oft mehrere Jahre – gespeichert, und die Stammdaten werden versioniert. Dies erlaubt, bei Bedarf einen Data Mart neu laden zu können. Existiert kein Core, so können die historischen Daten nicht mehr rekonstruiert werden, da sie in der Regel in den Quellsystemen nicht mehr vorhanden sind.

Benutzer greifen nie direkt aufs Core zu

Für Abfragen werden Data Marts zur Verfügung gestellt. Das Core hat einen anderen Zweck und ist nicht für direkte Benutzerabfragen optimiert. Falls für bestimmte Anwendungen direkt auf Informationen im Core zugegriffen werden muss, kann dies durch entsprechende Views auf die Core-Tabellen implementiert werden. Aus Architektursicht ist ein solcher View Layer ein nicht-persistenter Data Mart.

Die Datenstrukturen im Core sind darauf ausgelegt, Rohdaten in historisierter Form zu archivieren. Abfragen auf die Core-Tabellen können deshalb – je nach Datenvolumen, Datenmodell und verwendeter Historisierungslogik – sehr komplex werden und somit zu langen Antwortzeiten führen. Das Core ist nicht für Abfragen optimiert.

Für die Benutzer (und für viele BI-Tools) ist es wichtig, dass die Abfragen möglichst einfach und immer nach einem ähnlichen Muster erfolgen können. Deshalb werden die Daten in geeigneter Form in Data Marts zur Verfügung gestellt.

Wenn die Anforderung besteht, dass bestimmte Benutzergruppen direkt auf das Core zugreifen dürfen, sollte dies so gelöst werden, dass ein View Layer („virtueller Data Mart") zur Verfügung gestellt wird. Die Views enthalten dann beispielsweise die Historisierungslogik, welche die jeweils gültige Version zu einem bestimmten Zeitpunkt zurückliefert. Durch den View Layer können die Abfragen vereinfacht werden, und es besteht eine gewisse Unabhängigkeit der Abfragen von der physischen Speicherung der Daten im Core.

 Pro Anwendungsbereich wird ein Data Mart erstellt

Ein universeller Data Mart, der alle Bedürfnisse abdeckt, führt zu hoher Komplexität und langen Antwortzeiten. Dies entspricht nicht den Wünschen der Anwender.

Je nach Anwendungsbereich, Benutzergruppe und verwendetem Frontend-Tool bestehen unterschiedliche Anforderungen an die Datenstrukturen in den Data Marts. Granularität der Daten, historisches Zeitfenster, Häufigkeit der Aktualisierung, aber auch die geforderten Antwortzeiten können sehr unterschiedlich sein. In Bild 2.4 wird dies anhand von zwei Data Marts – einen für OLAP-Analysen und einen für ein Decision Support System (DSS) – illustriert.

Für Reporting-Anwendungen werden typischerweise Detaildaten mit feiner Granularität benötigt, während mit einem OLAP-Tool teilweise nur auf aggregierte zugegriffen wird, wenn die Detaildaten für die entsprechenden Benutzeranforderungen zu umfangreich sind. Für Standardreports, die einmal täglich berechnet und als PDF-Dateien den Benutzern zur Verfügung gestellt werden, gelten andere Performanceanforderungen als für Online-Analysen, die auf einem Data Mart ausgeführt werden.

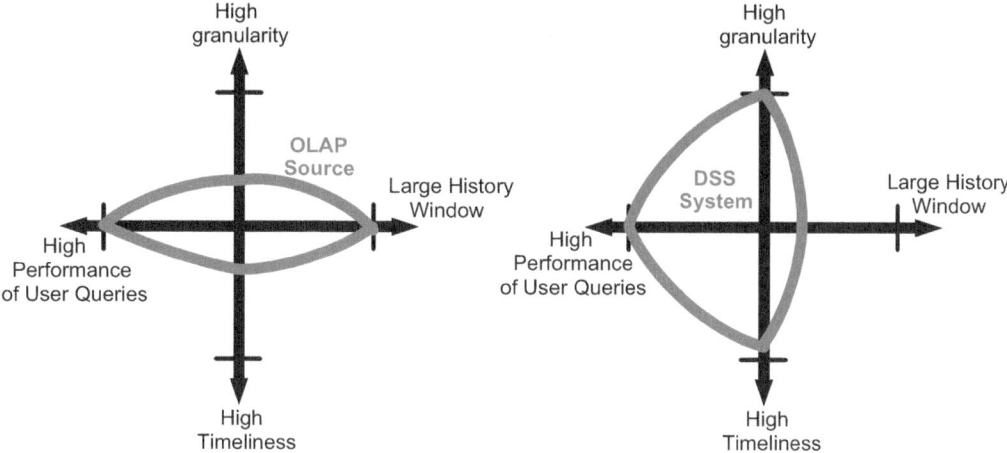

Bild 2.4 Unterschiedliche Anforderungen an Data Marts

Außerdem sollte jeder Data Mart auf die wesentlichen Daten reduziert werden. Nicht jede Benutzergruppe oder Abteilung benötigt sämtliche Dimensionen und Hierarchiestufen für ihre Abfragen. Ein Data Mart mit Dutzenden von Dimensionen ist für die Endbenutzer oft verwirrend. Es empfiehlt sich deshalb, spezifische Data Marts mit den relevanten Dimensionen und Verdichtungsstufen zur Verfügung zu stellen. Diese können viel besser auf die jeweiligen Bedürfnisse der Benutzer optimiert werden.

■ 2.2 Architektur BI-Anwendungen

Unternehmen nutzen Business-Intelligence-Systeme in vielfältigster Weise. BI-Anwendungen oder BI-Tools sind deshalb sehr speziell auf die Anforderungen der Mitarbeiter in den Fachabteilungen zugeschnitten. In größeren Unternehmen sind häufig mehrere voneinander unabhängige BI-Anwendungen (von unterschiedlichen Anbietern oder individuell programmiert) im Einsatz. Auch Tabellenkalkulationsprogramme sind aufgrund ihrer Flexibilität bei den BI-Anwendern sehr verbreitet. Die meisten BI-Anwendungen bieten neben den spezifischen Funktionalitäten solche für Präsentation und Ad-hoc-Analyse. Die Präsentation anwendungsspezifischer Informationen erfolgt in Form von individuellen Berichten und Listen oder modernen, interaktiven Management Cockpits bzw. Dashboards. Die Ad-hoc-Analysen dagegen dienen der individuellen Analyse des Datenmaterials.

Benutzerberechtigungen in BI-Anwendungen

Ebenfalls zum Funktionsumfang von professionellen BI-Anwendungen gehört die Unterstützung von individuellen Benutzerberechtigungen. Pro Benutzer oder Benutzergruppe kann definiert werden, welche Berichte und Funktionen ausgeführt (Funktionsberechtigungen) und welche Daten angezeigt werden dürfen (Datenberechtigungen). So dürfen beispielsweise zwei Benutzer den gleichen Bericht ausführen, sehen aber nur jeweils die Umsatzzahlen ihrer eigenen Niederlassung.

Die Zugriffsberechtigungen auf die Daten sollten aber nicht nur in den BI-Anwendungen konfiguriert werden, sondern auch auf der Datenbank. Sonst könnte ein Benutzer über ein anderes Tool oder direkt mittels SQL-Abfragen auf nicht berechtigte Daten zugreifen.

Neben diesen eben genannten generellen Funktionalitäten ist allen BI-Anwendungen gemein, dass sie auf *Daten* zugreifen. Die bevorzugte Datenquelle für BI-Anwendungen ist ein solides Data Warehouse, weil dort die Daten aus verschiedenen operativen Systemen integriert und historisiert vorliegen (siehe Abschnitt 2.1). Außerdem gewährleistet das dimensionale Datenmodell, das im nächsten Kapitel erläutert wird, in der DWH-Schicht *Marts* eine sehr gute Abfrageperformance, die wiederum für die Akzeptanz von BI-Anwendungen, und damit für deren erfolgreichen Einsatz, entscheidend ist.

Eine weitere Implementierungsmöglichkeit für dimensionale Datenmodelle sind spezielle OLAP-Datenbanken[8], die eine noch bessere Abfrageperformance und zusätzliche analytische Möglichkeiten bieten. Aus diesen Gründen sind OLAP-Datenbanken ebenfalls geeignete Datenquellen für BI-Anwendungen. Der direkte Zugriff auf operative Systeme (z.B. Finanzbuchhaltung) und auf externe Daten (z.B. Marktdaten) sollte von den BI-Anwendungen in Ausnahmefällen möglich sein, ist jedoch nicht zu empfehlen.

Die zugrunde liegenden Daten können und sollen prinzipiell unabhängig von der speziellen BI-Anwendung genutzt werden. Um auf diese verschiedenen Datenquellen zugreifen zu können, müssen in heterogenen Systemumgebungen die BI-Anwendungen den Zugriff auf unterschiedliche Technologien von unterschiedlichen Anbietern erlauben. Das Bild 2.5 zeigt den Zugriff von zwei BI-Anwendungen unterschiedlicher Anbieter auf verschiedene Datenquellen. In diesem Beispiel kommen die Funktionalitäten *Standardberichtswesen* und *Ad-hoc-Analysen* in beiden BI-Anwendungen zum Einsatz. Solche allgemeinen, anwendungsübergreifenden Funktionalitäten sind typischerweise in den meisten BI-Anwendungen enthalten. Kommen für unterschiedliche BI-Anwendungen verschiedene Anbieter zum Einsatz, so unterscheiden sich meist die verwendete Technologie, deren Administration und Handhabung grundlegend voneinander.

---

[8] OLAP-Datenbanken werden auch multidimensionale Datenbanken genannt, welche deshalb auch als MOLAP-Datenbanken bezeichnet werden. Die Speicherung der Daten in MOLAP-Datenbanken erfolgt dabei nicht in Tabellen, wie in relationalen Datenbanken, sondern in n-dimensionalen Feldern (Arrays), die häufig als Cubes bezeichnet werden.

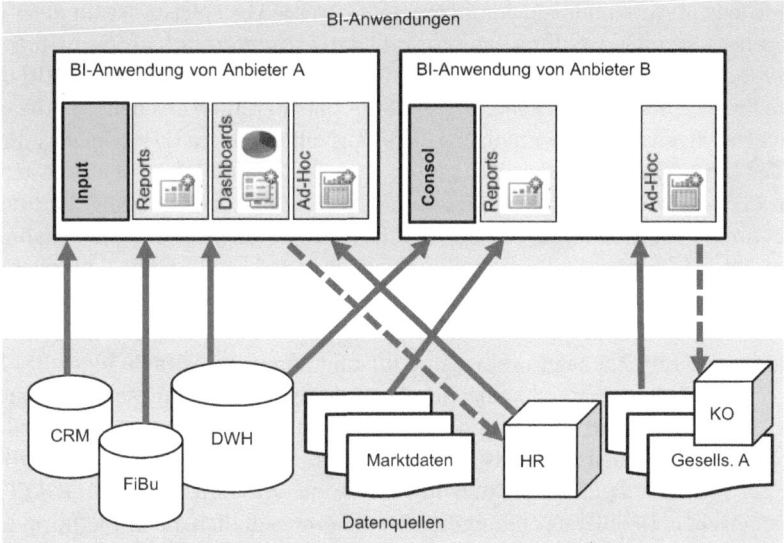

Bild 2.5 BI-Anwendungen/BI-Tools teilen Datenquellen und Funktionalitäten.

Die Nachteile dieser Architektur liegen auf der Hand:

- Unterschiedliche Handhabung der einzelnen Werkzeuge. Der Schulungsbedarf steigt.
- Unterschiedliche Technologien kommen zum Einsatz. Der Schulungsbedarf und Administrationsaufwand steigen. Spezifische und separate Hardware muss beschafft und betrieben werden.
- Eine Kombination von Daten, welche verschiedene BI-Anwendungen betreffen, ist nicht ohne Weiteres möglich, weil die einzelnen Werkzeuge oft nicht mit allen Datenquellen umgehen können.
- Abfragen müssen in jeder BI-Anwendung separat definiert und gespeichert werden. Dies bedeutet einen Mehraufwand bei der Definition und bei nachträglichen Änderungen. Daraus resultiert eine höhere Fehleranfälligkeit.
- Zugriffsberechtigungen müssen für jede BI-Anwendung und Datenquelle separat definiert werden.

Bei der Architektur von BI-Anwendungen geht es also um zweierlei. Zum einen sollen verschiedene Datenquellen von möglichst vielen BI-Anwendungen gemeinsam genutzt werden können. Zum anderen ist zu vermeiden, dass redundante Funktionalitäten in parallel eingesetzten BI-Anwendungen eingesetzt werden. Die folgenden Abschnitte behandeln diese Aspekte separat voneinander.

2.2.1 Die BI-Plattform zur Integration von Datenquellen

Wie bereits angesprochen, werden für eine BI-Anwendung in der Regel Informationen aus Data-Warehouse-Systemen oder MOLAP-Datenbanken verwendet. Zusätzlich werden Informationen aus anderen Datenquellen benötigt. Gleichzeitig werden dieselben Datenquellen für verschiedene BI-Anwendungen herangezogen. So werden beispielsweise für die BI-Anwendung *Budgetierung* zur Darstellung der Kennzahl *durchschnittlicher Umsatz pro Außendienstmitarbeiter* Daten aus dem Data Warehouse (DWH) und dem Personalsystem (HR) benötigt. Die zweite BI-Anwendung *Konsolidierung* stellt die Umsatzzahlen aus dem Data Warehouse (DWH) den Umsätzen des Gesamtmarktes (bereitgestellt durch ein CSV-File) gegenüber. Die Abfrage der Umsatzzahlen an das DWH muss nun zweimal definiert werden. Aus diesem einfachen Beispiel wird ersichtlich, dass die mehrfache Abfragedefinition von Informationen für mehrere BI-Anwendungen einen erheblichen Mehraufwand darstellen kann. Außerdem steigt mit jeder erneuten Bereitstellung derselben Information die Fehlerwahrscheinlichkeit, insbesondere wenn nachträgliche Änderungen nicht in allen Abfragen nachgepflegt werden. Die sogenannte *BI-Plattform* dient als Schnittstelle zwischen Datenquellen und BI-Anwendungen. Bild 2.6 zeigt die Architektur und damit die Vorteile einer BI-Plattform deutlich. Die BI-Plattform stellt keine physische Datenhaltung dar, sondern basiert auf Metadaten. So werden dort einmalig beispielsweise die Kennzahlen *Umsatz* und *Anzahl Außendienstmitarbeiter* definiert. Als Datenquelle ist für die erste Kennzahl *DWH* (z. B. Tabelle *SALES*, Spalte *TURNOVER*) und für die zweite *HR* (z. B. Cube *SALESREP*, Spalte *EMPNO*) angegeben. Die BI-Anwendungen referenzieren lediglich die BI-Plattform und können auf die dort definierten Kennzahlen lesend zugreifen und diese nach Belieben verwenden. Beim schreibenden Zugriff spezieller BI-Anwendungen kann möglicherweise die BI-Plattform umgangen werden (gestrichelter Pfeil).

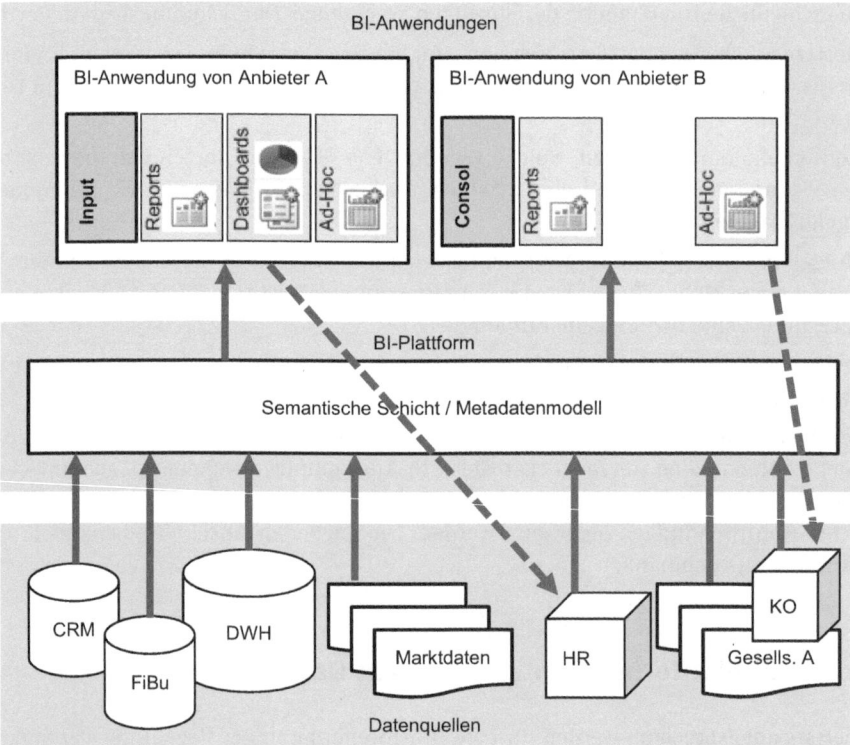

Bild 2.6 Die BI-Plattform als Schnittstelle zwischen BI-Anwendungen/BI-Tools und Data Warehouse und weiteren Datenquellen

Durch diese Entkopplung von BI-Anwendung und Datenquellen mithilfe einer BI-Plattform können Änderungen sowohl in den Datenquellen als auch in Reports bzw. Analysen von BI-Anwendungen wesentlich einfacher administriert werden.

2.2.2 Die BI-Plattform zur Vereinheitlichung der Frontends

Neben den spezifischen Aufgaben der eingesetzten BI-Anwendungen bzw. BI-Tools (z. B. Konzernkonsolidierung) bieten diese in fast allen Fällen die Möglichkeit der Datenvisualisierung. Es besteht also die Möglichkeit, Standardberichte, Ad-hoc-Analysen mit OLAP-Funktionalität (Slice and Dice) und Dashboards zu erstellen bzw. aufzurufen. Meist jedoch sind diese Frontends speziell für die jeweilige BI-Anwendung entwickelt worden, sie sind also proprietär. Daraus resultiert, dass die Benutzeroberfläche über alle BI-Anwendungen hinweg nicht einheitlich zu bedienen ist. Dies kann natürlich nur dann als Nachteil gewertet werden, wenn in einem Unternehmen überhaupt unterschiedliche BI-Anwendungen eingesetzt werden. Dass mit solchen proprietären Frontends keine anwendungsübergreifenden Auswertungen möglich sind, versteht sich von selbst.

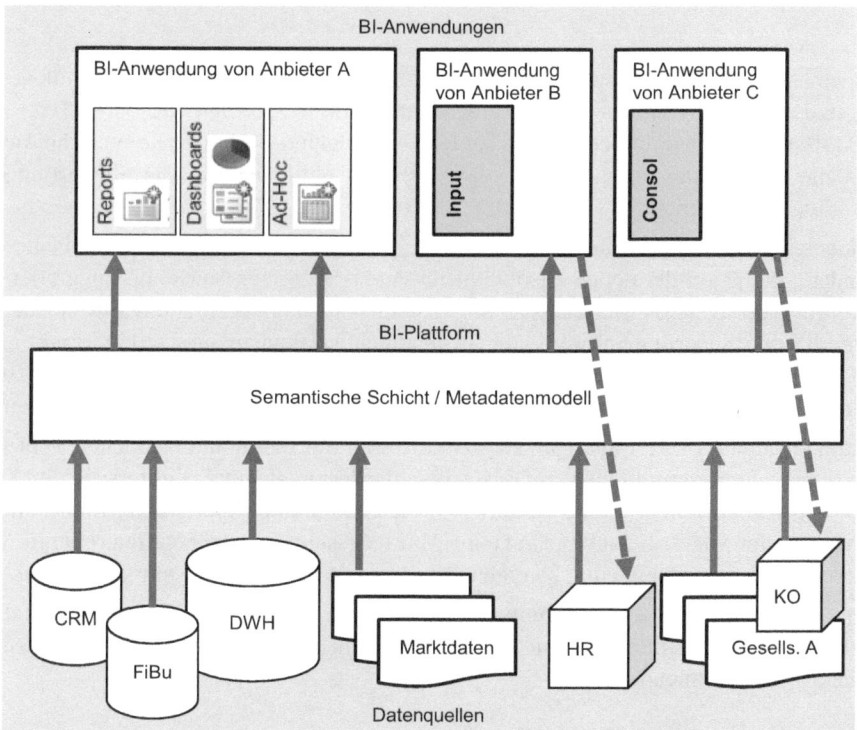

Bild 2.7 Die BI-Plattform als Schnittstelle zwischen BI-Anwendungen und Datenquellen

Die Frontend-Funktionalität der einzelnen BI-Anwendungen ist meist sehr ähnlich – von Ausnahmen natürlich abgesehen. Gegen ein einheitliches Werkzeug für Standard-Reporting, Ad-hoc-Analyse und Dashboards sprechen nur die womöglich unterschiedlichen Schnittstellen zu den Datenquellen. Diese sind jedoch beim Einsatz einer BI-Plattform für die Datenintegration einheitlich, wie zuvor beschrieben. Es muss nur sichergestellt werden, dass die Benutzer der einzelnen BI-Anwendungen nur diejenigen Informationen sehen dürfen, die für die jeweilige Anwendung bzw. für den jeweiligen Benutzer relevant sind. Hier hilft eine entsprechende Benutzerverwaltung innerhalb der BI-Plattform. Bild 2.7 zeigt die Zusammenfassung von generellen BI-Anwendungen wie Standard-Reporting, Ad-hoc-Analysen und Dashboards. Voraussetzung ist, dass alle BI-Anwendungen lesenden Zugriff auf die BI-Plattform haben.

Hinweis

Das Konzept der BI-Plattform vereinheitlicht nicht nur den Zugriff auf die Datenquellen, sondern auch die Bedienung und Funktionalität der Benutzeroberfläche selbst. Anwendungsübergreifende Auswertungen stellen so kein Problem dar.

■ 2.3 Datenhaltung

Daten eines Data Warehouse werden üblicherweise in einer relationalen Datenbank gespeichert und mittels SQL gelesen und verarbeitet. Teilweise werden für Data Marts auch MOLAP-Datenbanken eingesetzt. Diese beiden Technologien sind für viele typische Anwendungsfälle eines Data Warehouse wie betriebswirtschaftliches Standard-Reporting oder Controlling gut geeignet.

Relationale Datenbanken bieten die Möglichkeit, jederzeit Daten über Joins miteinander zu verbinden. Sie bieten die nötige Flexibilität für Ad-hoc-Abfragen sowie die Integration von neuen Anforderungen. Die Abfragesprache SQL ist leicht zu erlernen und wird von jeder etablierten BI- und Reporting-Software, die auf relationale Datenbanken zugreift, direkt unterstützt. Relationale Datenbanken gewährleisten Datenkonsistenz, Hochverfügbarkeit sowie eine gute Verarbeitungsgeschwindigkeit auch für sehr große strukturierte Datenmengen.

Multidimensionale OLAP-Datenbanken strukturieren die Daten aus fachlicher Sicht noch stärker und gehen somit intensiv auf Geschäftsanforderungen ein. Sie unterscheiden Kennzahlen von Dimensionen, bilden Hierarchien auf Stammdaten und stellen Informationen über viele Stufen vorverdichtet und auf hohe Abfragegeschwindigkeit optimiert bereit. Viele Benutzer aus den Fachbereichen kommen mit dieser Strukturierung sehr gut zurecht.

Beide gängigen Technologien präsentieren Daten in einem vereinheitlichten und stabilen Modell, was den Anwendern eine jederzeit verständliche und verlässliche Datenbasis für fachliche Fragestellungen bietet.

Geeignete Technologien für Data Warehousing

Der Einsatz relationaler Datenbanken ist für die meisten heute gebräuchlichen Data-Warehouse-Anwendungsfälle die richtige Wahl. Für die fachliche Arbeit in Data Marts sind multidimensionale OLAP-Datenbanken eine gute Ergänzung.

2.3.1 Grenzen gängiger DWH/BI-Technologien

Die gängigen Lösungen haben auch Einschränkungen. Der folgende Überblick fasst typische Schwachstellen kurz zusammen.

- Schwierig wird es für relationale und MOLAP-Datenbanken, wenn es um *unstrukturierte Daten* wie Dokumente, Filme und Audiodateien[9] oder um Daten mit sich häufig ändernder oder nicht vordefinierter Struktur geht. Zu letzteren gehören auch Daten, die ihre Struktur implizit mitbringen, wie zum Beispiel XML-Dateien.

- Relationale oder MOLAP-Datenbanken sind nicht darauf optimiert, Zigtausende oder gar *Millionen einzelner Transaktionen pro Sekunde* zu bewältigen, wie sie zum Beispiel bei der zeitnahen Verarbeitung von Maschinen-, Sensor- oder Webdaten anfallen können. Dabei ist hier nicht der schiere Durchsatz an Datensätzen problematisch: Selbst auf einem modernen Notebook mit SSD-Laufwerk können heute mehr als hunderttausend kleine Datensätze pro Sekunde in ein RDBMS geladen und dabei noch mit anderen Daten verbunden werden. Schwierig ist es vielmehr, jeden Datensatz separat in einer eigenen Transaktion zu verarbeiten. Der durch diese Vereinzelung entstehende zusätzliche Ressourcenverbrauch und die durch Konsistenzregeln bedingten „Flaschenhälse" sind bei relationalen Datenbanken naturgemäß besonders ausgeprägt.

- Auch die *Antwortzeiten* bei Benutzerabfragen sind auf gängigen relationalen Datenbanken und großen Datenmengen oft eingeschränkt, falls dazu riesige Datenmengen ausgewertet werden müssen. Manchmal ist auch mittels OLAP-Lösungen aufgrund besonders hoher Datenmengen feinster Granularität (bspw. „Call-Data-Records" bei Telefondienstleistern) keine Beschleunigung mehr möglich. Es kommt auch vor, dass die Zeitnähe von Abfragen eine Vorverdichtung verhindert oder neue Anforderungen auf großen Beständen ad hoc umgesetzt werden müssen. Dann werden andere technische Ansätze benötigt, um sonst stundenlange Antwortzeiten auf Minuten oder Sekunden zu reduzieren.

- Die reine *Menge an Daten* ist nur selten eine unüberwindliche Grenze für relationale Datenbanksysteme respektive große Datenbankcluster. Allerdings führen Datenmengen im hohen Terabyte- oder gar Petabyte-Bereich dazu, dass gängige Verfahren (bspw. Backup oder komplexere Migrationen von Datenstrukturen) nicht mehr einfach nach gewohntem Muster durchgeführt werden können, ohne die Betriebsfähigkeit spürbar einzuschränken.

- Nicht zuletzt spielen die *Lizenz- und Hardwarekosten* bei moderner, leistungsstarker RDBMS- oder OLAP-Software für den Data-Warehouse-Einsatz eine erhebliche Rolle. Hier werden gerade bei besonders großen Datenmengen Möglichkeiten zur Kostenersparnis zunehmend attraktiver.

---

[9] Diese Informationen sind natürlich schon strukturiert, jedoch nicht in einer Form, die herkömmliche Auswertungen und Abfragen auf die gespeicherten Daten erlaubt.

Grenzen herkömmlicher relationaler und multidimensionaler Technologien

Für Business-Intelligence-Anforderungen rund um unstrukturierte Daten, mit extrem hohen Transaktionsraten, besonderer Zeitnähe (Latenz), kurzer Antwortzeit bei Ad-hoc-Abfragen, besonders großen Datenmengen oder erforderlicher Kostenersparnis kommen weitere Technologien ins Spiel.

Diese immer stärker aufkommenden Anforderungen wurden bereits im Jahre 2001 vom META-Group-Analysten Doug Langley (heute Gartner) durch die bekannten drei „V" (High Volume, High Velocity, High Variety) benannt. Erst später wurden diese Begriffe als Definition für *„Big Data"* proklamiert und dafür kostengünstige und innovative Methoden für eine neue und bessere Informationsverarbeitung gefordert.

Die aus heutiger Sicht interessantesten Vertreter solcher alternativen, im BI-Umfeld nutzbaren Big-Data-Technologien speichern und verarbeiten Daten entweder direkt in sehr frei definierbaren Strukturen (oder Dateien) oder möglichst komplett im Hauptspeicher.

Große Freiheiten sowohl bei Datenstrukturen als auch Datenmengen bieten manche *NoSQL-Datenbanken*. Solche Systeme fokussieren dazu auf geringe Latenz bei der Verarbeitung von hohen Transaktionsmengen. Die Verarbeitung von sehr großen bzw. sehr vielen Dateien wird dagegen von der Software *Apache Hadoop* dominiert. Der Zusammenschluss zahlreicher, auf Hadoop aufsetzender Softwareprodukte bildet das „Hadoop-Ecosystem", für das inzwischen zahlreiche, zum Teil auch kommerzielle Distributionen existieren. Solch eine Plattform beinhaltet neben Hadoop auch NoSQL-Datenbanken, Orchestrierungs-, Scripting-, Programmier- und Datenintegrationswerkzeuge und noch vieles mehr.

Dass die einzelnen Komponenten oft separiert entwickelt werden, hat allerdings nicht nur Vorteile: Die Flexibilität der Lösungen ist zwar hoch und es gibt eine große Auswahl spezialisierter Tools für jeden Einsatzbereich. Aber deren Zusammenspiel funktioniert heute noch nicht nahtlos. Außerdem sind viele Tools gegenwärtig in einem frühen Entwicklungsstadium. Die für einen hohen Stabilitäts- und Reifegrad erforderliche Konsolidierung ist daher noch lange nicht abgeschlossen.

Wir wollen Hadoop & Co. in diesem Buch nicht allzu sehr technisch vertiefen. Dafür gibt es zahlreiche ausgezeichnete Einführungen, Beschreibungen und Dokumentationen. Wir müssen aber einen Blick auf die besonderen Vor- und Nachteile werfen, um zu verstehen, warum in manchen Fällen der Einsatz dieser „Big-Data"-Technologien im BI-Umfeld eine wichtige Option sein kann.

2.3.2 Datenhaltung im Hadoop-Ecosystem

Apache Hadoop ist ein Framework, um auf sehr vielen einfachen, autonomen Rechnern in einem Netzwerk Programme auszuführen, die verteilt an gemeinsamen Aufgaben arbeiten. Hauptziel ist die möglichst lineare *Skalierbarkeit* auf praktisch unbegrenzt vielen, *kostengünstigen* Rechenknoten, die mit einfacher PC-Technik aufgebaut sind. Hadoop basiert auf einem speziellen Dateisystem namens HDFS (Hadoop Distributed File System). Mit HDFS werden Dateien auf den einzelnen Knoten verteilt gespeichert, also jeweils nur ein Teil einer Datei auf einem[10] Rechenknoten abgelegt. Programme, die nun diese beliebig strukturierten Daten verarbeiten, tun dies oft nach dem sogenannten *MapReduce*-Programmiermodell. Solche MapReduce Implementierungen existieren in Form von Softwarebibliotheken für zahlreiche Programmier- und Skriptsprachen wie Java, C/C++ oder Python. Sie werden darüber hinaus auch von weiteren Softwareprodukten wie beispielsweise dem Statistikpaket „*R*" oder dem SQL-Konverter *Hive* genutzt.

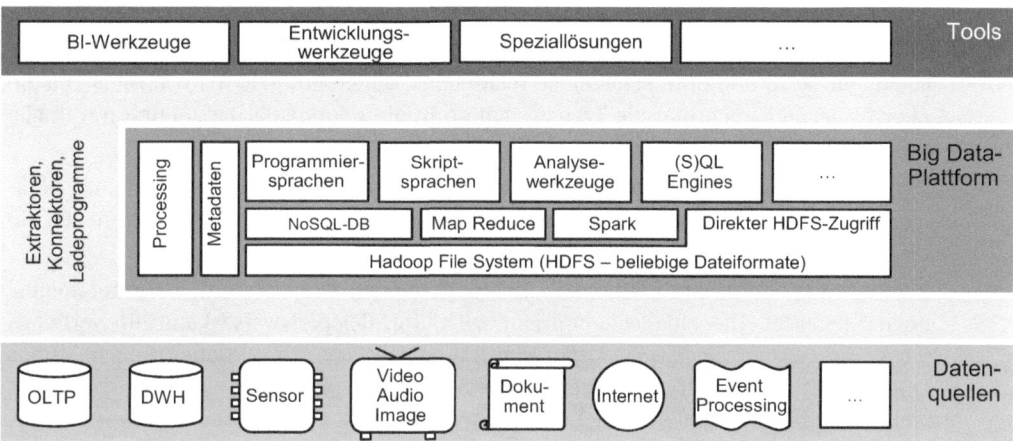

Bild 2.8 Datenhaltung und Verarbeitung mittels Big Data-Technologien aus Sicht des Hadoop-Ecosystems

MapReduce gibt vor, wie Daten in einem Rechencluster möglichst effektiv gescannt, interpretiert, verdichtet und zusammengeführt werden. Während in relationalen Datenbankmanagementsystemen der optimale Ausführungsplan für die Verarbeitung von SQL-Befehlen durch sogenannte „*Optimizer*"-Module automatisch errechnet und ausgeführt werden, bleibt die Zusammenstellung der Verarbeitungsmethodik und deren Reihenfolge bei MapReduce dem Programmierer überlassen. Einige Tools wie Hive oder die Scripting-Engine PIG generieren zwar bereits optimierte MapReduce-Programme, sind aber bei Weitem noch nicht so effizient wie gängige Datenbank-Optimizer.

Besonders die quantitative Berücksichtigung von Datenmenge und -verteilung, die sogenannte kostenbasierte Optimierung, ist in solchen Werkzeugen entweder noch nicht vorhanden oder in einem relativ frühen Entwicklungsstadium. MapReduce-Programme sind zudem reine Batch-Programme, die üblicherweise im Minuten- oder Stundenbereich arbeiten und nicht für interaktive Arbeit gedacht sind.

Manche NoSQL-Datenbanken wie *HBase* oder neuere MapReduce-Alternativen wie Apache *Spark* arbeiten ohne MapReduce direkt mit HDFS-Daten und optimieren die Antwortzeiten für bestimmte Anforderungen durch spezielle Indexierung oder Caching-Mechanismen.

---

[10] Tatsächlich werden alle Dateien aus Sicherheitsgründen auf mehreren (standardmäßig auf drei Rechnern) gespeichert.

Das Hadoop-Ecosystem

... besteht aus einer über fast beliebig viele kostengünstige Rechner verteilten Datenhaltung und -verarbeitung und einer großen Menge von Tools für unterschiedliche Anwendungszwecke.

- *Unstrukturierte Daten* wie Dokumente oder implizit strukturierte Daten wie XML können praktisch mit allen Programmier- und Skriptsprachen verarbeitet werden. Die über die Komponente HCatalog definierbaren Metadaten erlauben darüber hinaus beliebig viele, auch mehrfache und unterschiedliche relationale Sichten auf jede Art von Daten, da die Zugriffsmechanismen und die Transformation in die relationale Darstellung frei implementierbar sind.

  Nachteil: Bis auf wenige vordefinierte Formate müssen die Zugriffsmechanismen allerdings auch tatsächlich selbst implementiert werden. Immerhin steigt die Zahl neuer, allgemein verfügbarer Formatimplementierungen inzwischen stetig an.

- Zur zeitnahen Verarbeitung *extrem vieler einzelner Transaktionen* werden diverse Komponenten benötigt. Die Möglichkeiten sind vielfältig. Beispielsweise kann ein verteiltes Messaging-System wie Apache *Kafka* zum „Einfangen" der Transaktionen dienen. Mittels einer „Distributed Computing Engine" wie Apache Storm werden die Daten dann über viele Rechenknoten vorverarbeitet, klassifiziert und in eine NoSQL-Datenbank wie HBase geschrieben. Die Verarbeitung einzelner Transaktion kann so innerhalb von Millisekunden durchgeführt werden. Durch die extreme Skalierbarkeit über sehr viele Rechenknoten sind damit auch Hunderttausende oder Millionen von Transaktionen pro Sekunde zu bewältigen.

  Nachteil: Architektur und Implementierung sind aufwendig und die in vielen NoSQL-Datenbanken abgelegten Daten sind nicht beliebig verknüpfbar (Joins gibt es dort nicht immer). Zudem ist die Sicht auf die Daten oft nicht auf jedem Knoten identisch, denn die Konsistenz ist je nach Werkzeug nicht zu jeder Zeit durchgängig gewährleistet. Und schließlich sind NoSQL-Datenbanken nicht ohne Weiteres durch gängige BI-FrontEnd-Werkzeuge nutzbar.

- Auch extrem große *Mengen an Daten*, zum Beispiel Hunderte von Petabytes[11], können in einem Hadoop-Cluster gespeichert und verarbeitet werden. Backup und Recovery bzw. Hochverfügbarkeit werden hier anders gelöst als in relationalen Datenbanken, unterliegen dabei allerdings auch anderen Einschränkungen. Ein vollständig konsistentes Online-Backup ist teilweise nicht möglich. Dafür sind aber auch örtlich weit verteilte Infrastrukturen (Stretch-Cluster) noch effizient möglich.

- Bei *Lizenz- und Hardwarekosten* sind Lösungen rund um Hadoop sehr günstig, wenn man die Investitionskosten pro Terabyte Nutzdaten betrachtet. Da vor allem weit verbreitete und günstige Hardware verwendet wird, kann man heute von weniger als 1000 € pro Terabyte unkomprimierter Rohdaten für Speicherung und Verarbeitung ausgehen. Bei der Anmiete in einer Cloud-Lösung können diese Preise sogar auf Tage, Stunden oder gar Minuten heruntergebrochen werden. Dazu kommen keine oder geringe Kosten für Soft-

---

[11] Yahoo! hatte bereits 2011 einen Hadoop-Cluster mit 42000 Knoten mit mehr als 180 Petabyte Rohdaten in Betrieb.

warelizenzen, da die meisten Tools unter einer Open-Source-Lizenz nutzbar sind. TCO[12]-Betrachtungen kommen allerdings zu anderen Ergebnissen, wenn Support, Know-how, Aufbau und Pflege, Administration, Standkosten, Backup und alle weiteren üblichen Kostenblöcke eingerechnet werden. Dann schrumpft der Vorteil bzw. kann bei unsachgemäßer Nutzung auch deutlich schlechter sein als bei kommerziellen RDBMS mit lokalem oder netzbasiertem Storage (SAN/NAS).

 Schema versus Schemalos

Freiheit in der Datenstruktur, also der Verzicht auf ein festes „Schema", hat den wesentlichen Vorteil, viele verschiedene Sichten auf dieselben Grunddaten bereitstellen und diese jederzeit ändern zu können. Dafür ist diese Freiheit immer mit der Notwendigkeit verbunden, die Daten bei jedem Zugriff wiederholt zu interpretieren. Will man diesen ressourcenintensiven Aufwand nur einmal beim Befüllen einer Struktur mit Daten betreiben, verliert man diese Freiheit, gewinnt dafür aber deutlich an Effektivität und Effizienz bei mehrfachen Zugriffen. Verfechter eines festen Schemas („Schema on write") verweisen gerne auf die fachliche Orientierung und die Erfordernis, Anforderungen schon in der Planung intensiv durchzudenken. Außerdem muss die fachliche Interpretation von Daten ohnehin spätestens beim Analysieren erfolgen, also zumindest ein „Schema-On-Read"-Ansatz verfolgt werden. Wir empfehlen den ganz pragmatischen Ansatz, beide Verfahren ihrer Eignung gemäß einzusetzen, also Vor- und Nachteile gegenüberzustellen und die Aufwände und Risiken eines ggf. nötigen Technologiewechsels mit einzukalkulieren.

Was in unserer Betrachtung noch fehlt, sind Lösungen, um *Antwortzeiten* bei beliebigen Ad-hoc-Benutzerabfragen minimal zu halten, ohne deren Vorverarbeitungszeit zu erhöhen. Damit beschäftigt sich der folgende Abschnitt.

2.3.3 In-Memory-Datenbanken

Es gibt zahlreiche Datenbanken sowohl im SQL- als auch im NoSQL-Umfeld, die ihre Daten ganz oder vorwiegend im Hauptspeicher – und das genau bedeutet „In-Memory"[13] wörtlich – halten und verarbeiten. Im Rahmen unserer oben beschriebenen Anforderung, Daten ad hoc frei miteinander zu kombinieren, sind relationale Datenbanken nach wie vor die wichtigsten Vertreter. Gerade in diesem Markt halten In-Memory-Techniken heute vermehrt Einzug. Wir beschränken uns im Folgenden auf diese Spezies und betrachten daran Funktionsweisen, Vor- und Nachteile etwas genauer.

---

[12] TCO = Total Cost of Ownership (Gesamtkosten über einen bestimmten Zeitraum).
Siehe bspw. *http://rainstor.com/how-much-is-that-hadoop-cluster-really-costing-you/*
[13] Neben „In-Memory Databases" werden auch Begriffe wie „Main-Memory Databases" oder „Memory-Resident Databases" verwendet.

In-Memory & das Hadoop-Ecosystem

Auch im Hadoop-Umfeld gibt es hauptspeicheroptimierte und SQL-fähige Werkzeuge wie Impala. Sie nutzen im Wesentlichen dieselben oder ähnliche Methoden zur Optimierung der Antwortzeit wie die im Folgenden vorgestellten Lösungen.

Ein Kriterium für Geschwindigkeit in der Datenverarbeitung ist die *Latenz*, also die Zeit für einen einfachen Zugriff auf einen Wert. Für einen einzelnen Datenzugriff liegt diese Zeit bei einer modernen mechanischen Festplatte bei ca. zehn Millisekunden, bei einer schnellen Solid State Disk (SSD) bei ca. zehn Mikrosekunden und bei einem gängigen Server-Hauptspeicherbaustein bei ca. zehn Nanosekunden. Letzteres ist eine Million mal schneller als der Zugriff auf eine mechanische Festplatte!

Ein weiteres wichtiges Maß in der Datenverarbeitung ist der *Durchsatz*. Er wird in GB pro Sekunde gemessen. Hier ist der Unterschied nicht ganz so eklatant: Eine mechanische Festplatte schafft ungefähr 200 MB in der Sekunde. Eine SSD oder Flash Disk ermöglicht bis zu 2 GB pro Sekunde. Ein moderner Speicherriegel dagegen liegt bei ca. 15 GB pro Sekunde. Das sind bereits sehr gute Gründe, möglichst viel Verarbeitung direkt im Hauptspeicher zu erledigen und nicht erst Daten aus viel langsameren Medien ins RAM zu laden.

Noch viel schneller sind *CPU-Caches*, spezielle Speicherbausteine innerhalb eines Prozessors. Diese in mehreren Ebenen angeordneten Bausteine sind allerdings extrem teuer und üblicherweise auf wenige MB limitiert. Wenn Daten hier liegen, können sie am schnellsten verarbeitet werden.

Dann liegt die Lösung aller Performance-Probleme also darin, einfach alle Daten in den Hauptspeicher zu laden und nur noch dort zu verarbeiten? So einfach ist es leider nicht, und zwar aus den folgenden Gründen:

▪ Erstens werden Daten von Festplatte schon innerhalb der Festplatte, im Storage-Subsystem, auf Betriebssystemebene und im Hauptspeicherbereich der Datenbank „gecached". So erfolgen Zugriffe auf Daten in Datenbanken schon heute oft zu 50 %, 90 % oder gar über 99 % in Caches oder im Hauptspeicher.

▪ Zweitens sind viele Verarbeitungsalgorithmen und Speicherstrukturen von Datenbanken schon lange auf eine Minimierung der Plattenzugriffe ausgelegt. Zum Beispiel optimieren die seit 40 Jahren üblichen B[14]-Baum-Indexe den Zugriff auf Festplatten auf Kosten der Effizienz bei der Verarbeitung rein im Hauptspeicher. Solche heute in den meisten Datenbanken eingesetzten Verfahren sind also auf den Datentransfer zwischen Platte und Hauptspeicher optimiert und nicht auf die Verarbeitungsgeschwindigkeit von Daten innerhalb des Hauptspeichers.

▪ Drittens wird nicht nur gelesen, sondern auch geschrieben. Schreiben muss auch dann die Konsistenz sicherstellen, wenn am Datenbankserver direkt nach dem Commit der Stecker gezogen wird. Dieses „Durability"-Konzept ist aber nur einzuhalten, wenn die Daten irgendwo dauerhaft gespeichert werden. Mit aktuellen Hauptspeicherbausteinen

---

[14] „B" steht dabei für Prof. Rudolf Bayer aus München, der diese Strukturen und deren Mechanik in den 70er-Jahren erarbeitet hat.

ist dies nicht möglich. Darum müssen zumindest die „Transaktionslogs"[15], das sind Dateien, die einfach nur die Änderungen in einer langen Liste enthalten, spätestens beim „Commit" nach Änderungen diese physisch auf Festplatte oder SSD geschrieben werden.[16]

 „In-Memory"-Datenbanken heute

In-Memory Datenbanken nutzen Hauptspeicher und CPU so effektiv wie nur möglich. Dafür verwenden sie aber andere Algorithmen und andere interne Datenstrukturen als die „klassischen" Datenbanken, die viel Augenmerk auf die Ausgewogenheit zwischen Festplatten und Hauptspeicher legen. In-Memory-Lösungen profitieren damit überproportional von viel Hauptspeicher.

Natürlich sind vor allem die Kosten für Hauptspeicher ausschlaggebend. Die werden in Relation zur Hauptspeicherkapazität zwar immer kleiner, dasselbe gilt allerdings auch für den Preis je Terabyte bei Festplatten. Entscheidend ist hierbei, dass die Datenmenge in zahlreichen Einsatzgebieten zwar gleichzeitig auch steigt, aber bei Weitem nicht im gleichen Maße, wie die Kosten für Hauptspeicher sinken. Dadurch wird Hardware mit viel Hauptspeicher für die meisten Einsatzgebiete erst attraktiv. So sind heute Rechner mit mehr als einem Terabyte Hauptspeicher keine Seltenheit mehr.

Zunächst muss man zwischen unterschiedlichen Einsatzgebieten von In-Memory-Datenbanken unterscheiden. Es gibt analyseoptimierte und transaktionsoptimierte Ansätze. Erstere haben ihr Augenmerk auf der Beschleunigung von Lesevorgängen, insbesondere bei komplexeren, analytischen Abfragen. Letztere beschleunigen hauptsächlich Applikationen mit sehr vielen einzelnen Schreiboperationen auf Daten.

Schreiboptimierte Verfahren versuchen meist, den Flaschenhals der Konkurrenzmechanismen vieler schreibender Transaktionen in den Griff zu bekommen. Analyseoptimierte In-Memory-Datenbanken verwalten ihre Daten vorzugsweise **spaltenorientiert** und nicht zeilenorientiert. Das heißt, in einer Tabelle liegen zumindest im Hauptspeicher zunächst die Daten der ersten Spalte hintereinander, dann die der zweiten Spalte und so weiter. Das bringt einen erheblichen Vorteil, wenn man beispielsweise nur zwei oder drei Spalten einer Tabelle mit 100 Spalten lesen möchte, wie es bei analytischen Abfragen oft der Fall ist (es ist allerdings nachteilig, wenn alle hundert Spalten gelesen werden sollen). Ein weiterer Vorteil der spaltenweisen Speicherung ist die Möglichkeit, die Inhalte einer Spalte zu sortieren und dann mit möglicherweise erheblichem Platzgewinn zu komprimieren. Das sogenannte Run Length Encoding (RLE) soll hier als Beispiel genannt werden, wie für Spalten mit wenigen unterschiedlichen Werten im Extremfall sogar Gigabytes an (stark redundanten) Daten in wenige Bytes verdichtet werden können.

Nicht der In-Memory-Verarbeitung vorbehalten, aber oft damit einher geht die Nutzung moderner CPU-Funktionen wie beispielsweise **SIMD**. SIMD steht für „Single Instruction Multiple Data" und erlaubt modernen Prozessoren mit sehr vielen logischen Recheneinheiten (ALU) innerhalb eines Rechenkerns, pro Takt zahlreiche Einzeldaten zu verarbeiten. So

---

[15] Je nach Datenbankprodukt auch „Redologs" o. Ä. genannt

[16] Nicht volatile Speicherbausteine, sogenannte NVRAM, befinden sich im Status der Forschung und könnten in Zukunft den langsamen Abgleich mit externen Speichermedien obsolet machen.

kann ein großes 128-Bit-CPU-Register in einem Schritt auch mit vier 32-Bit-Werten operieren. Das ermöglicht zum Beispiel das Lesen von mehr Datensätzen pro Sekunde und CPU-Core, als die CPU-Frequenz eigentlich zulassen sollte.

Typische Vertreter der In-Memory-Spezies im RDBMS-Umfeld sind beispielsweise SAP HANA, MS SQL Server In-Memory Tables, die Oracle In-Memory-Option, Exasol oder die IBM DB2-Erweiterung BLU Acceleration. Allerdings verbergen sich dahinter teils sehr unterschiedliche Ansätze. So ist SAP HANA eine reine In-Memory-Datenbank, während die Oracle In-Memory-Option aus zwei separaten Erweiterungen – einer für schnelles Schreiben, einer für schnelles Lesen – der gängigen Datenbank besteht.

3 Datenmodellierung

Die Erstellung eines geeigneten Datenmodells ist in vielen Data Warehouses eine der größeren Herausforderungen. Wie werden die analytischen Anforderungen an das Data Warehouse in geeignete Datenstrukturen übersetzt? Das vorliegende Kapitel befasst sich mit der Thematik der Datenmodellierung im Data Warehouse.

- Abschnitt 3.1 beschreibt die unterschiedlichen Vorgehensweisen für die Datenmodellierung im Data Warehouse mit ihren Vor- und Nachteilen.

- Abschnitt 3.2 gibt einen kurzen Überblick über die relationale Datenmodellierung und zeigt auf, in welchen Bereichen im Data Warehouse sie eingesetzt werden kann.

- Abschnitt 3.3 erklärt die wichtigsten Konzepte und Begriffe der dimensionalen Datenmodellierung. Diese Art der Datenmodellierung kommt in fast allen DWH-Systemen zur Anwendung, zumindest für die Implementierung von Data Marts.

- Das Kapitel schließt mit Hinweisen zu Datenmodellierungswerkzeugen, die in Abschnitt 3.4 zusammengefasst sind.

3.1 Vorgehensweise

Um ein Data Warehouse zu modellieren, also die Datenmodelle für Staging Area, Cleansing Area, Core und Data Marts zu entwickeln, gibt es verschiedene Vorgehensweisen. Nachfolgend werden zwei typische Ansätze vorgestellt. In den meisten DWH-Projekten werden Mischformen davon eingesetzt.

3.1.1 Anforderungsgetriebene Modellierung

Bei diesem Ansatz werden zuerst die analytischen Anforderungen mittels fachlicher Analyse und Betrachtung der fachlichen Zusammenhänge ermittelt. Daraus werden die Datenmodelle der Data Marts und des Core abgeleitet. Erst dann werden die Quellsysteme untersucht, um zu ermitteln, woher die Daten beschafft werden können. Im Rahmen einer

Gap-Analyse wird untersucht, welche erforderlichen Daten nicht in der gewünschten Form zur Verfügung stehen und unter Umständen von weiteren Datenquellen beschafft werden müssen.

Der Vorteil der in Bild 3.1 dargestellten Vorgehensweise ist, dass nur die fachlich relevanten Informationen im Data Warehouse gespeichert werden. Allerdings kann dies auch zu einem Nachteil werden: Werden in weiteren Phasen zusätzliche Anforderungen an das DWH gestellt, fehlen die dazu benötigten Informationen im Core, und das Datenmodell sowie die Schnittstellen zu den Quellsystemen und die ETL-Prozesse müssen nachträglich erweitert werden. Dieser Ansatz eignet sich deshalb nur dann, wenn die analytischen Anforderungen an das Data Warehouse bekannt und einigermaßen vollständig sind. Nachträgliche Erweiterungen sind möglich, aber aufwendig.

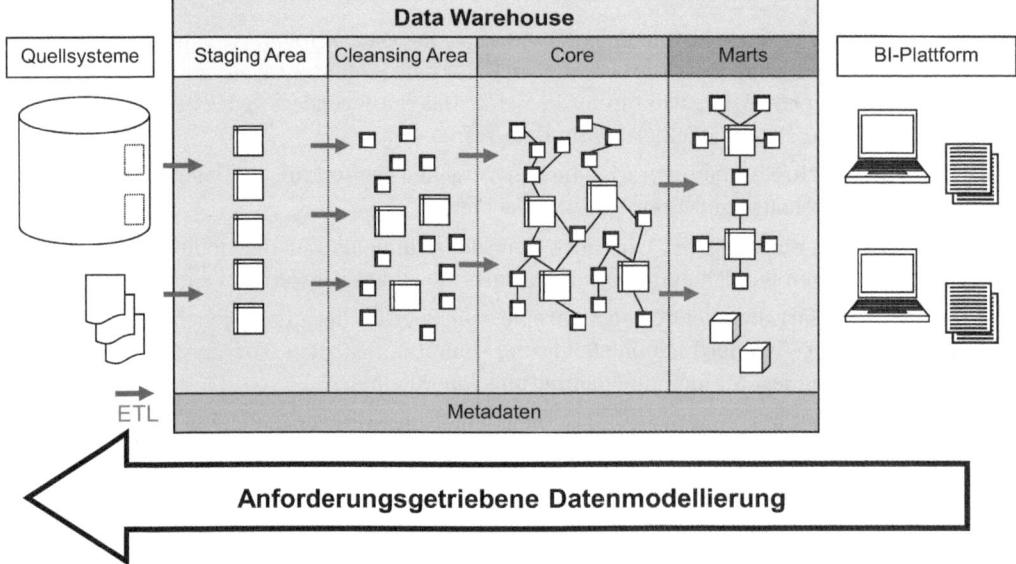

Bild 3.1 Anforderungsgetriebene Datenmodellierung

Wichtig bei diesem Ansatz ist deshalb, dass die Fachbereiche, die mit den Data Marts arbeiten werden, bereits zu Beginn des Projekts in die Entscheidungsprozesse eingebunden werden. Welche Informationen in welcher Form in den Data Marts zur Verfügung stehen sollen, muss von den zuständigen Fachbereichen festgelegt werden. Aus diesem Grund sollten geeignete Fachvertreter bei der Anforderungsanalyse und der logischen Modellierung der Data Marts involviert sein.

Die logische Datenmodellierung der Data Marts, also das Festlegen von Dimensionen und Hierarchien sowie Kennzahlen und Fakten, sollte nicht IT-getrieben, sondern in Zusammenarbeit zwischen dem DWH-Entwicklungsteam und den zuständigen Fachbereichen durchgeführt werden. Die physische Datenmodellierung der Data Marts, insbesondere die technische Umsetzung mittels relationaler oder multidimensionaler Technologie, wird ausschließlich von der Informatik gemacht. Die Fachseite wird für diese Aufgaben nicht einbezogen.

Bei der Datenmodellierung des Core besteht die Hauptschwierigkeit darin zu entscheiden, welche zusätzlichen Informationen im Core gespeichert werden sollen. Werden nur genau die Daten ins Core übernommen, die in den Data Marts benötigt werden, tritt bei zusätzlichen Anforderungen oder der Erweiterung bestehender Data Marts das Problem auf, dass das Core auch erweitert werden muss. Dies ist mit viel Aufwand verbunden. Deshalb sollte von Anfang an bei der Modellierung des Core überlegt werden, welche Daten fachlich relevant sein können und somit „auf Vorrat" im Core abgelegt werden sollen. Ein empfehlenswerter Ansatz ist es, die Daten in der feinsten Granularität, die vom Quellsystem geliefert wird, im Core abzulegen und in den Data Marts auf die erforderliche Verdichtungsstufe zu aggregieren.

3.1.2 Quellsystemgetriebene Modellierung

Dieser Ansatz geht von den zur Verfügung stehenden Daten der Quellsystemeaus, wie in Bild 3.2 dargestellt. Vorerst wird – in der Regel IT-getrieben – ermittelt, welche Informationen für das Data Warehouse relevant sind. Daraus wird das Datenmodell für das Core erstellt. Basierend auf dem Core werden dann in Zusammenarbeit mit den Fachabteilungen für unterschiedliche Bedürfnisse spezifische Data Marts erstellt. Wenn sich bei der Modellierung der Data Marts herausstellt, dass gewisse Informationen nicht zur Verfügung stehen, muss das Core entsprechend erweitert werden.

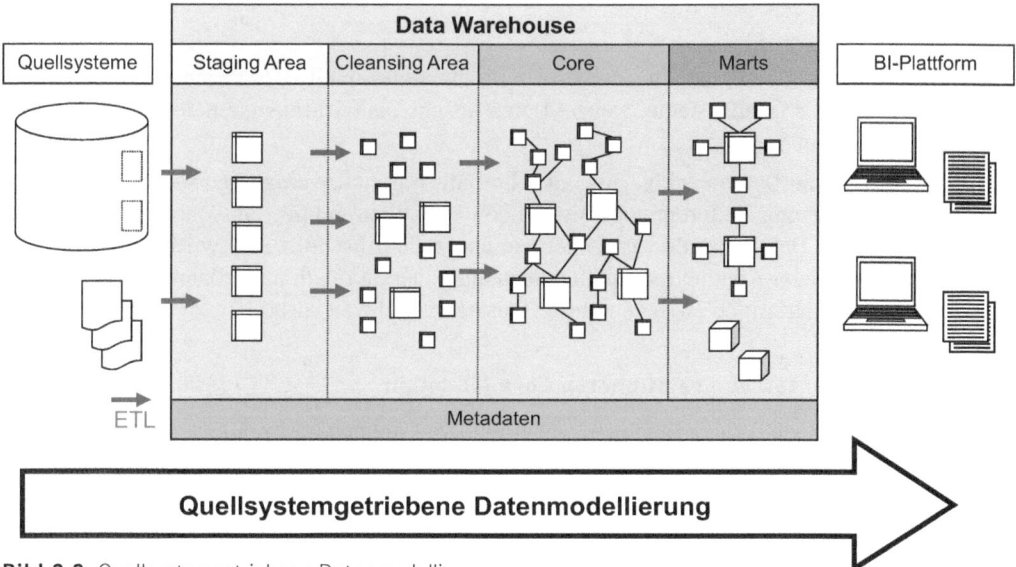

Bild 3.2 Quellsystemgetriebene Datenmodellierung

Diese Vorgehensweise wird oft verwendet, wenn die analytischen Anforderungen der Fachbereiche an das Data Warehouse noch unklar oder nur ansatzweise vorhanden sind. Darin besteht auch die Gefahr dieses Ansatzes: Oft werden zu viele oder die falschen Daten ins DWH übernommen, und das Core tendiert zu einem Archivierungssystem für Daten, die in keinem Data Mart benötigt werden. Wenn nur ein Quellsystem vorhanden ist, wird das Core mit großer Wahrscheinlichkeit nichts anderes als eine historisierte Kopie des Quellsystems werden, indem das gleiche oder ein sehr ähnliches Datenmodell verwendet wird.

Ein reiner quellsystemgetriebener Ansatz sollte als Vorgehensweise für die Datenmodellierung eines Data Warehouse möglichst vermieden werden, da es typischerweise zu DWH-Systemen mit vielen Daten führt, aber nicht den erforderlichen Informationen, die von den Fachbereichen benötigt werden.

3.1.3 Kombination der Ansätze

Eine sinnvolle und oft angewendete Vorgehensweise ist es, in einem ersten Schritt die anforderungsgetriebene Datenmodellierung zu wählen, um dann in einer zweiten Phase mithilfe der quellsystemgetriebenen Modellierung das Datenmodell zu ergänzen.

Durch die Kombination der beiden Modellierungsvarianten kann sichergestellt werden, dass die Anforderungen an die Data Marts erfüllt werden. Zusätzlich werden fachlich relevante Informationen ins Core übernommen, die momentan zwar noch nicht benötigt werden, aber in Zukunft von Interesse sein könnten.

■ 3.2 Relationale Modellierung

Die relationale Datenmodellierung wird typischerweise in OLTP-Systemen eingesetzt. Ein großer Teil der Quellsysteme, welche Daten an ein Data Warehouse liefern, besitzen ein Datenmodell in 3. Normalform.

Ob diese Art der Datenmodellierung auch im Data Warehouse eingesetzt werden soll, hängt von verschiedenen Faktoren – und Meinungen – ab. Während für Data Marts hauptsächlich dimensionale Datenmodelle verwendet werden (siehe Abschnitt 3.3), wird für das Core je nach verwendeter Architektur ein dimensionales oder ein relationales Datenmodell verwendet. Auch Mischformen zwischen diesen Ansätzen sind weit verbreitet.

 Varianten von relationalen Core-Modellen

In der von William H. Inmon definierten DWH-Architektur *Corporate Information Factory* (CIF) besitzt das zentrale *Enterprise Data Warehouse* ein normalisiertes Datenmodell in 3. Normalform. Ebenfalls auf relationalen Konzepten basierend und in den letzten Jahre vermehrt eingesetzt wird *Data Vault Modeling*, ein von Dan Linstedt definierter Modellierungsansatz für Data Warehouses. Diese beiden Ansätze werden am Ende dieses Kapitels kurz beschrieben.

3.2.1 Darstellung von relationalen Datenmodellen

Relationale Datenmodelle werden typischerweise als Entity-Relationship-Diagramme darge-stellt. Die Entitätstypen werden als Tabellen implementiert. Die Beziehungen (Relation-ships) zwischen den Entitäten werden als Fremdschlüsselbeziehungen bzw. Foreign Key Constraints implementiert.

Entitätstypen werden im Entity-Relationship-Diagramm als Rechtecke dargestellt. Je nach verwendeter Darstellung und Modellierungstool werden darin nur die Namen der Enti-tätstypen oder auch die Attribute aufgeführt. Die Verbindungen zwischen den Entitätstypen werden als Linien zwischen den einzelnen Rechtecken dargestellt.

Für die Kardinalitäten und Bedeutungen der Beziehungen gibt es ebenfalls verschiedene Darstellungen (Chen, IDEF1X, UML, Bachmann etc.). Bild 3.3 zeigt ein Beispiel eines Entity-Relationship-Diagramms mit IDEF1X-Notation, erstellt mit dem CA Erwin Data Modeler.

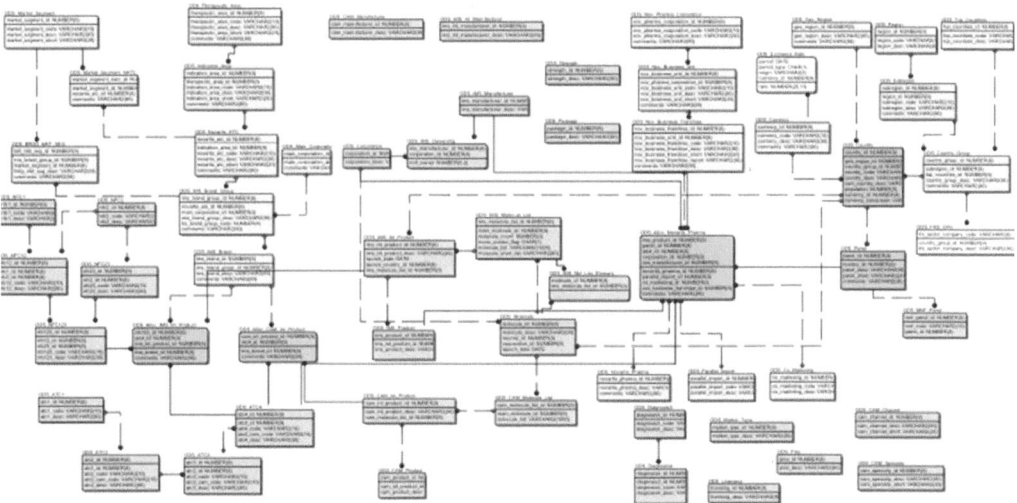

Bild 3.3 Entity-Relationship-Diagramm eines normalisierten Datenmodells

3.2.2 Normalisierung

Das wichtigste Grundkonzept der relationalen Datenmodellierung ist die Normalisierung der Daten. Ziel der Normalisierung ist es, Redundanz zu vermeiden. Der ursprüngliche Grund, damit Speicherplatz zu sparen, ist heute nicht mehr relevant. Nach wie vor wichtig ist es aber, durch die Vermeidung mehrfach gespeicherter Daten sicherzustellen, dass die Datenkonsistenz gewährleistet werden kann. Ein redundanzfreies relationales Datenmodell wird oft als normalisiertes Datenmodell oder als Datenmodell in 3. Normalform (3NF-Modell) bezeichnet.

In der Datenbanktheorie wird dem Normalisierungsprozess viel Bedeutung zugewiesen. In der Praxis wird bei der Erstellung relationaler Datenmodelle jedoch meistens implizit normalisiert, d. h., es wird gleich zu Beginn ein Modell in der 3. Normalform erstellt, ohne dass die einzelnen Normalisierungsschritte im Detail durchlaufen werden.

3.2.3 Stammdaten und Bewegungsdaten

Aufgrund ihrer unterschiedlichen Eigenschaften in Bezug auf Veränderbarkeit und somit auch ihrer Anforderungen an die Historisierung wird oft unterschieden zwischen sogenannten Stammdaten und Bewegungsdaten:

- *Stammdaten* beschreiben Geschäftsobjekte (Produkte, Verträge, Kunden, Mitarbeiter, Abteilungen etc.), die dauerhaft in einer Datenbank gespeichert sind und die ihre Eigenschaften (Attributwerte) im Laufe der Zeit ändern können. Ein Mitarbeiter tritt zu einem bestimmten Zeitpunkt in einen Betrieb ein und wird dann in der Mitarbeiterdatenbank erfasst. Im Laufe seiner Anstellung werden Änderungen an diesen Stammdaten durchgeführt (Abteilungswechsel, Beförderung, Gehaltserhöhung, Namensänderung durch Heirat etc.). Dies führt zu Anpassungen der Stammdaten. Bei Austritt des Mitarbeiters aus dem Unternehmen erlischt die Gültigkeit der Stammdaten, und diese werden aus der Mitarbeiterdatenbank gelöscht.[1]

- *Bewegungsdaten* beschreiben ein bestimmtes Geschäftsereignis und haben keine fachliche Gültigkeit, sondern sind an den Ereigniszeitpunkt gebunden. Typische Beispiele sind Finanztransaktionen, Kontobuchungen, Käufe und Verkäufe. Sie werden zum Ereigniszeitpunkt (oder kurz danach) in eine Datenbank geschrieben und danach üblicherweise nicht mehr geändert (höchstens storniert oder ggf. korrigiert). Kauft ein Kunde in einem Computergeschäft einen Tablet-Computer, so wird dieses „Verkaufsereignis" mit Kaufdatum und Verweis auf die entsprechenden Stammdaten (Kunde, Produkt, Filiale) festgehalten.

3.2.4 Historisierung

Die Historisierung von Daten ist eine häufige Anforderung in Data Warehouses, insbesondere wenn es um Nachvollziehbarkeit von Datenänderungen und um die Vergleichbarkeit von Informationen über einen längeren Zeitraum geht.

Spezielle Techniken müssen für die Historisierung von Daten im relationalen Datenmodell angewendet werden. Insbesondere bei Stammdaten, die sich im Laufe der Zeit ändern können, müssen spezielle Modelle verwendet werden, um die Daten versionieren[2] zu können. Die Problematik dabei ist, dass zu einem bestimmten Datensatz mehrere Versionen existieren können, dass aber Beziehungen nicht auf eine Version verweisen, sondern auf die übergeordnete Entität (also das Element, zu welchem die Versionen gehören).

---

[1] Im Data Warehouse bleiben auch gelöschte Daten weiterhin vorhanden, um Auswertungen über längere Zeiträume durchführen zu können.

[2] Unter Versionierung versteht man die lückenlose Historisierung von Stammdaten in einer Form, dass für jede Datenänderung ein neuer Datensatz (eine Version) gespeichert wird.

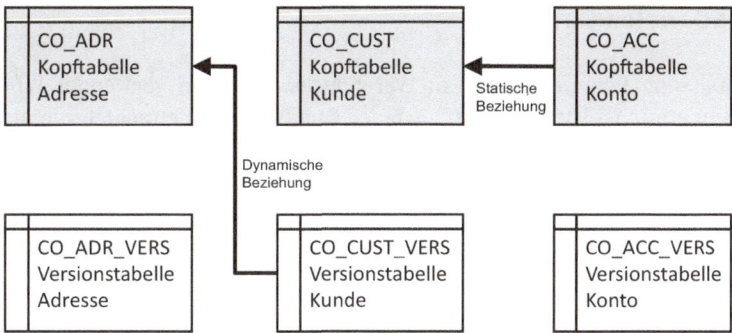

Bild 3.4 Beispiel für historisiertes Datenmodell mit Kopf- und Versionstabellen

Eine Modellierungsart, die sich dafür eignet, ist die Modellierung mittels Kopf- und Versionstabellen (siehe Beispiel in Bild 3.4). Pro logischem Entitätstyp werden zwei Tabellen erstellt:

- Die *Kopftabelle* enthält die nichtveränderlichen (statischen) Attribute, insbesondere den Identifikationsschlüssel der jeweiligen Entität. Weitere statische Attribute sind eher selten. So können z. B. Attribute bei einer Person dynamisch sein, wo dies nicht offensichtlich zu erwarten wäre: Vorname oder Geburtsdatum (von „unbekannt" über falsches zum richtigen).

- Die *Versionstabelle* enthält die veränderlichen (dynamischen) Attribute sowie ein Gültigkeitsintervall. Jeder Eintrag in der Versionstabelle entspricht einer Version der Entität und verweist auf die übergeordnete Entität in der Kopftabelle.

- *Beziehungen* (Foreign Keys) zeigen immer auf die Kopftabelle. Sofern die Beziehung unveränderlich ist, wird der Fremdschlüssel in der Kopftabelle gespeichert (statische Fremdschlüsselbeziehung). Kann sich die Beziehung im Laufe der Zeit ändern, steht der Fremdschlüssel in der Versionstabelle (dynamische Fremdschlüsselbeziehung).

 Statische und dynamische Fremdschlüsselbeziehungen

Nicht nur beschreibende Attribute können sich im Laufe der Zeit ändern, sondern auch Beziehungen zwischen Entitäten. Dies jedoch nicht in allen Fällen. Die Beziehung zwischen einem Kunden und seiner Adresse ist dynamisch. Zieht der Kunde an eine neue Adresse, ändert sich der Fremdschlüssel auf die Adresstabelle. Die Beziehung zwischen einem Bankkonto und einem Kunden hingegen ist statisch. Das Konto gehört immer der gleichen Person und kann nicht auf einen anderen Kunden übertragen werden.

Nicht immer ist die Abgrenzung zwischen statischer und dynamischer Beziehung klar ersichtlich. Im Beispiel des Bankkontos wäre es vielleicht denkbar, dass ein Bankkonto durch eine Erbschaft oder eine Firmenfusionierung an einen anderen Kunden übergeht. Solche Spezialfälle müssen mit dem Fachbereich geklärt werden. Im Zweifelsfalle empfiehlt sich die Modellierung einer dynamischen Beziehung, um nachträgliche Modelländerungen zu vermeiden.

3.2.5 Relationales Core

Relationale Datenmodelle werden in Data Warehouses oft im Core verwendet. Wird das Core primär als Integrationsplattform verschiedener Quellsysteme betrachtet, die als Basis für Data Marts unterschiedlichster Struktur dienen kann, ist ein häufiger Ansatz, für das Core ein relationales Datenmodell in der 3. Normalform zu erstellen.

Ein relationales Core ist vor allem dann zweckmäßig, wenn die Nutzung des Data Warehouse noch nicht vollständig bestimmt ist und möglichst alle Optionen offen gehalten werden sollten (Data Marts mit unterschiedlichen Strukturen und Aggregationsstufen, Schnittstellen zu externen Zielsystemen oder nichtdimensionale Data Marts). In diesen Fällen werden die Daten je nach Bedürfnissen der Data Marts oder Zielsysteme mittels ETL-Prozessen in eine geeignete Form transformiert.

Ein wesentlicher Vorteil des relationalen Core ist die hohe Flexibilität, da das Datenmodell die fachlichen Zusammenhänge abbildet und nicht auf die Strukturen der Data Marts optimiert bzw. eingeschränkt ist. Das bedeutet aber auch, dass die ETL-Prozesse zum Laden der Data Marts komplexer werden, da in diesem Schritt die Transformation in ein dimensionales Modell vorgenommen werden muss. Außerdem besteht die Gefahr, dass bei einem relationalen Core zu stark das Datenmodell des (Haupt-)Quellsystems berücksichtigt wird, dass also eine typische quellsystemgetriebene Vorgehensweise verwendet wird.

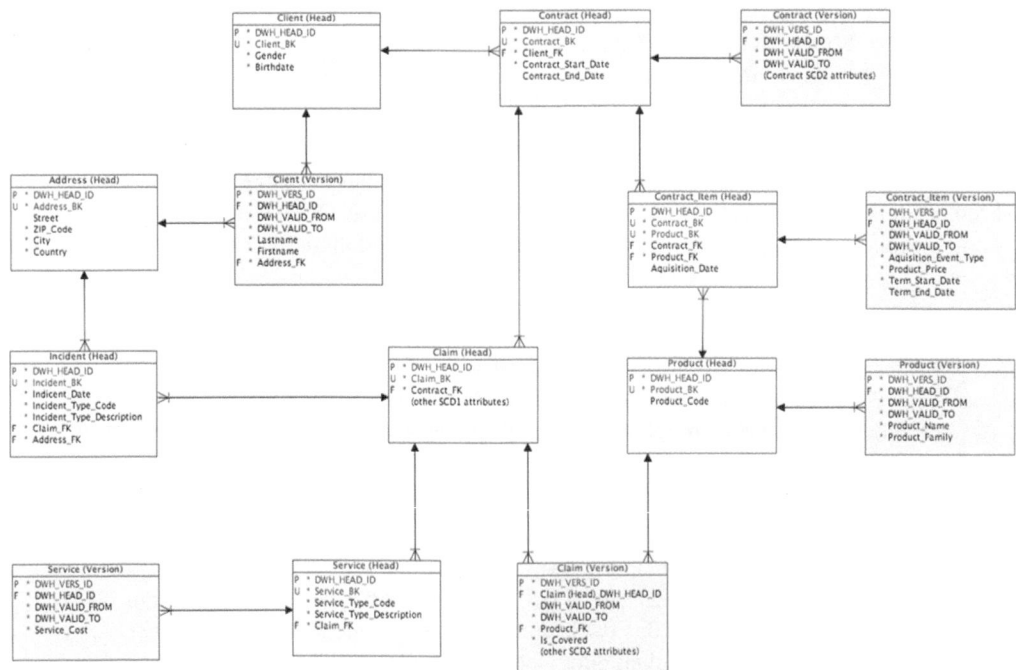

Bild 3.5 Beispiel für ein relationales Core-Datenmodell mit Kopf- und Versionstabellen

Redundante Datenhaltung ist im relationalen Core nicht vorgesehen, auch nicht in aggregierter Form. Alle Daten werden ausschließlich in der feinsten Granularität gespeichert.

Die Versionierung der Stammdaten erfolgt im relationalen Core, um die Nachvollziehbarkeit aller Änderungen gewährleisten zu können. Dies erlaubt die Belieferung von Data Marts mit aktuellen Daten oder mit Zwischenständen zu einem beliebigen Zeitpunkt in der Vergangenheit. Aus diesem Grund erfolgt die vollständige Versionierung üblicherweise im Core, nicht in den Data Marts.

Die Stammdatenversionierung kann mittels Kopf- und Versionstabellen realisiert werden, wie im Beispiel in Bild 3.5 gezeigt und in den nachfolgenden Abschnitten noch im Detail erläutert.

Bewegungsdaten werden in der Granularität im Core abgelegt, in der sie von den Quellsystemen geliefert werden. Sie werden üblicherweise erst beim Laden der Data Marts aggregiert.

3.2.6 Corporate Information Factory

Der Begriff *Corporate Information Factory* (CIF) bezeichnet die Data-Warehouse-Architektur, wie sie von William H. Inmon empfohlen wird. Die zentrale Komponente ist das *Enterprise Data Warehouse* (EDW), welches als Integrationsplattform für sämtliche operativen Systeme eines Unternehmens dient. Das EDW dient als einzige Datenquelle für sämtliche Data Marts sowie weitere Zielsysteme, welche unternehmensweite Informationen benötigen. Das EDW entspricht in unserer in Abschnitt 2.1 vorgestellten Architektur eines Core auf unternehmensweiter Ebene.

Das EDW ist ein integriertes Repository aus atomaren Daten verschiedener Datenquellen und wird gemäß Inmon immer als normalisiertes Datenmodell in 3. Normalform abgebildet.

3.2.7 Data Vault Modeling

Als *Data Vault Modeling* wird eine spezielle Modellierungsmethode bezeichnet, die von Dan Linstedt entwickelt wurde und vor allem für Enterprise Data Warehouses mit vielen und häufigen Strukturänderungen eingesetzt wird.

Die zentrale Komponente des Data Warehouse – in unserer Architektur das Core – wird bei diesem Modellierungsansatz als *Data Vault* bezeichnet. Ein Data Vault besteht aus drei verschiedenen Strukturen, die als Tabellen implementiert werden:

- *Hubs* enthalten ausschließlich die Business Keys der fachlichen Entitäten sowie einen künstlichen Schlüssel, der von Links und Satellites referenziert wird. Beschreibende Attribute werden nie in Hubs abgespeichert, sondern in Satellites ausgelagert.
- *Links* beschreiben Beziehungen zwischen Entitätstypen (Hubs) und erlauben generell die Definition von n:n-Beziehungen zwischen verschiedenen Hubs. Auf eine fachliche Abbildung der Kardinalitäten (1:1, 1:n, n:n) wie in der klassischen relationalen Datenmodellierung wird hier verzichtet.

- *Satellites* umfassen sämtliche beschreibenden Attribute von Entitätstypen oder Beziehungen in versionierter Form. Ein Satellite wird via Fremdschlüsselbeziehung einem Hub oder einem Link zugeordnet. Pro Hub/Link können mehrere Satellites definiert werden.

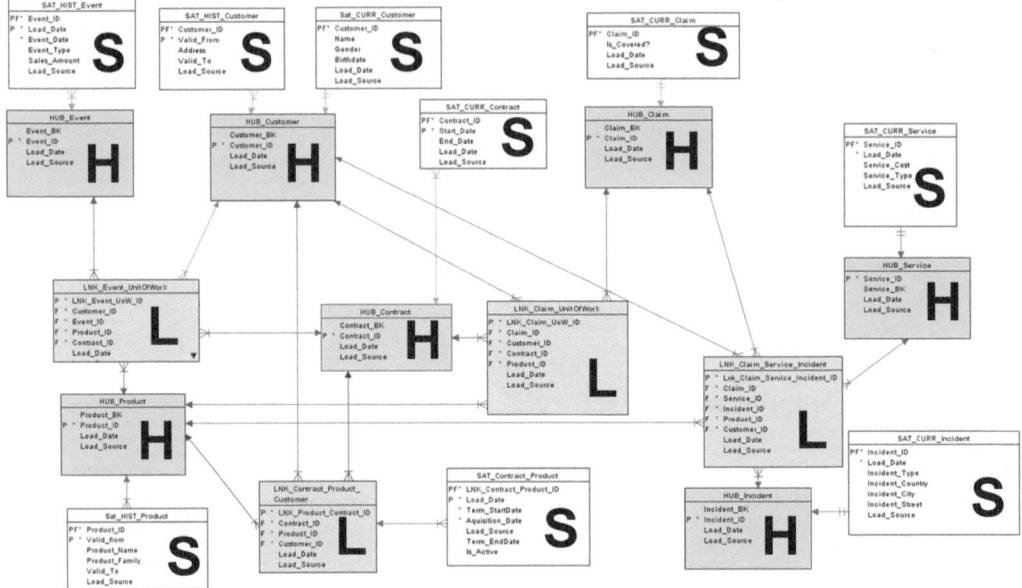

Bild 3.6 Beispiel für ein Data-Vault-Datenmodell mit Hubs (H), Links (L) und Satellites (S)

Bezüglich Historisierung ist das Modell auf den ersten Blick vergleichbar mit dem in Abschnitt 3.2.4 vorgestellten Verfahren mit Kopf- und Versionstabellen, allerdings mit ein paar entscheidenden Unterschieden.[3]

Die Hubs enthalten im Gegensatz zu den Kopftabellen keine beschreibenden Attribute, sondern ausschließlich Schlüsselelemente. Alle beschreibenden Attribute werden in Satellites abgelegt. Eine Unterscheidung zwischen statischen und dynamischen Attributen ist nicht vorgesehen, kann aber bei Bedarf durch separate Satellites abgebildet werden.

Da Beziehungen zwischen Entitätstypen ausschließlich über Links realisiert werden, entfällt auch die Unterscheidung zwischen statischen und dynamischen Beziehungen. Die Historisierung von Beziehungen erfolgt über Satellites, die Links zugeordnet werden.

Das Konzept von Data Vault, einem Hub mehrere Satellites zuzuweisen, erlaubt eine hohe Flexibilität bei der Datenmodellierung. So können durch separate Satellites unterschiedliche Historisierungsstände (aktuelle und versionierte Daten), Quellsysteme oder fachliche Attributgruppen zusammengefasst werden. Bei Erweiterungen eines Data Vaults werden einfach zusätzliche Satellites hinzugefügt, die bestehenden Strukturen müssen nicht geändert oder migriert werden.

---

[3] Ein Vergleich zwischen Data Vault sowie Kopf- und Versionstabellen ist in den Blogs
http://blog.trivadis.com/b/danischnider/archive/2013/04/30/data-vault-modeling.aspx und
http://hanshultgren.wordpress.com/2013/05/27/head-version-modeling/ erläutert.

Die hohe Flexibilität bei der Datenmodellierung und der Datenintegration hat ihre Kehrseite. Ein Data-Vault-Modell besteht typischerweise aus einer hohen Anzahl Tabellen, was nicht nur die Komplexität des Datenmodells erhöht, sondern das Laden der (dimensionalen) Data Marts aus einem Data Vault erschwert. Konkrete Hinweise dazu sind in Abschnitt 5.5 zu finden.[4]

 Weiterführende Literatur zu Data Vault Modeling

Eine gute und leicht verständliche Einführung in die Konzepte von Data Vault Modeling bietet das Buch „Modeling the Agile Data Warehouse with Data Vault" von Hans Hultgren (Hultgren 2012).

■ 3.3 Dimensionale Modellierung

Die dimensionale Datenmodellierung ist die am häufigsten verwendete Methode für die Datenmodellierung von Data Warehouses. Sie wird fast immer für die Modellierung von Data Marts verwendet, kommt aber je nach verwendeter Architektur und Vorgehensweise auch für das Core-Datenmodell zum Einsatz. Im Gegensatz zur relationalen Modellierung geht es hier nicht primär um die Vermeidung von Redundanz, sondern darum, die Abfragen der BI-Anwendungen so einfach und effizient wie möglich durchführen zu können.

Die Grundkonzepte der dimensionalen Modellierung stammen ursprünglich aus den 70er-Jahren, wurden aber hauptsächlich durch Ralph Kimball bekannt, der sie als geeignete Methode für Data Warehouses empfohlen und weiterentwickelt hat (Kimball, Ross, 2002). Heute werden dimensionale Datenmodelle in den meisten Data Warehouses eingesetzt, entweder ausschließlich oder in Kombination mit anderen Ansätzen. Von Kimball geprägte Begriffe wie „Slowly Changing Dimensions" oder „Conformed Dimensions" gehören heute zum Grundwortschatz jedes DWH-Entwicklers.

Oft werden relationale und dimensionale Datenmodelle als gegensätzliche Modellierungsmethoden angesehen. Das stimmt nur teilweise. Auch ein dimensionales Modell kann als relationales Datenmodell abgebildet werden. Ein Star-Schema ist ein relationales Datenmodell in 2. Normalform, ein Snowflake-Schema sogar ein normalisiertes Datenmodell in 3. Normalform.

 Dimensional ist nicht gleich multidimensional

Dimensionale Modelle können mittels relationaler oder multidimensionaler Technologie implementiert werden. Der Begriff „dimensional" bezeichnet dabei die Art der Modellierung, der Begriff „multidimensional" hingegen die Art der Implementierung.

---

[4] Implementationsbeispiele und Skripte sind außerdem in folgendem Blog zu finden:
http://blog.trivadis.com/b/oraclebi/archive/2013/10/15/data-vault-datamodel-amp-etl-into-data-vault-and-dimensions.aspx

Das Prinzip eines dimensionalen Modells besteht darin, dass fachlich relevante *Kennzahlen* (auch *„Measures"* oder *„Metrics"* genannt) anhand verschiedener Auswahl- und Gruppierungsmerkmale ausgewertet werden. Diese Merkmale werden in verschiedenen *Dimensionen* zusammengefasst. Ein dimensionales Modell mit drei Dimensionen lässt sich optisch als Würfel darstellen. Üblicherweise werden aber mehr Dimensionen verwendet. Dimensionale Modelle mit 15 bis 20 Dimensionen sind keine Seltenheit.

Die Kennzahlen werden in einem Koordinatensystem aus verschiedenen Dimensionen „aufgespannt" und bilden so die *Fakten* des Würfels. Die Dimensionen dienen einerseits dazu, die Kennzahlen nach bestimmten Kriterien zu gruppieren (z. B. „Umsatz pro Produktkategorie und Monat"), andererseits um sie nach bestimmten Auswahlkriterien einzuschränken („nur Umsatz für die Monate Januar bis Juni 2012 für alle Kunden in Deutschland, Österreich und der Schweiz"). Die Auswahl der Dimensionen und der entsprechenden „Scheiben" aus dem Würfel werden häufig auch als *Slice and Dice* bezeichnet.

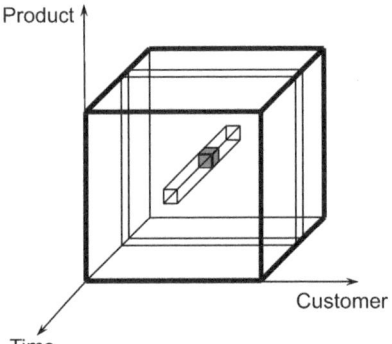

Bild 3.7 Grundprinzip des dimensionalen Modells

Typischerweise lassen sich die beschreibenden Merkmale einer Dimension in einer oder mehreren *Hierarchien* darstellen. Hierarchien sind eine wesentliche Basis für die Gruppierung der Daten und erlauben Auswertungsmöglichkeiten wie *Drill-down* und *Drill-up*. So können aus einer Monatssicht via *Drill-down* die Detaildaten auf Tagesebene angezeigt oder via *Drill-up* eine Zusammenfassung auf Quartalsebene erstellt werden.

3.3.1 Implementierung von dimensionalen Modellen

Ein dimensionales Datenmodell besteht aus Dimensionen und Fakten. Es kann mittels relationaler oder multidimensionaler Technologie implementiert werden. Nachfolgend werden die verschiedenen Implementierungsmöglichkeiten erläutert und in einer Entscheidungsmatrix die Vor- und Nachteile der einzelnen Varianten gegenübergestellt.

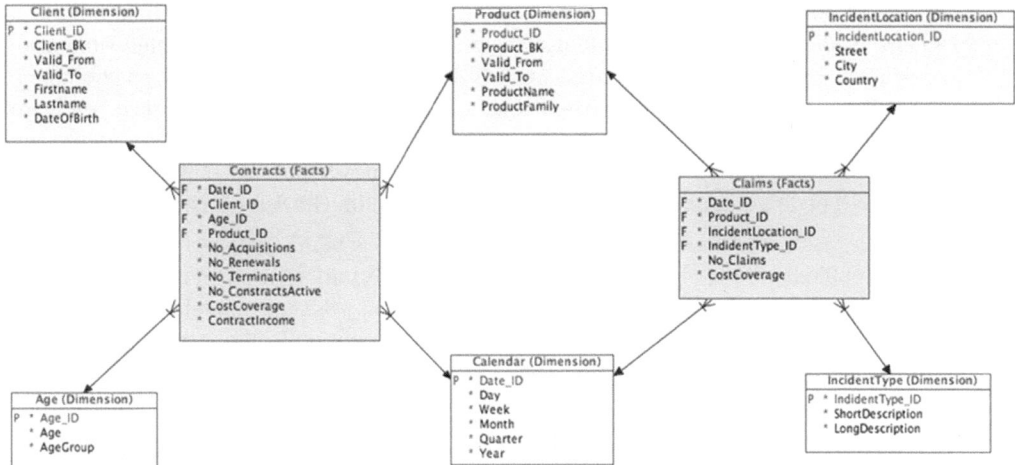

Bild 3.8 Beispiel eines dimensionalen Datenmodells mit zwei Star-Schemas

3.3.1.1 Relationale Implementierung

Wird ein dimensionales Modell mit relationaler Datenbanktechnologie realisiert, spricht man von ROLAP[5]. Dimensionen und Fakten werden in Dimensions- und Faktentabellen gespeichert. Die Dimensionstabellen enthalten alle beschreibenden Merkmale der Dimensionen und werden bei den Abfragen zur Filterung und Gruppierung der Daten verwendet. Die Hierarchien innerhalb einer Dimension können in einer Tabelle zusammengefasst (Star-Schema) oder in separaten Tabellen pro Hierarchiestufe gespeichert werden (Snowflake-Schema), wie in Bild 3.9 gezeigt.

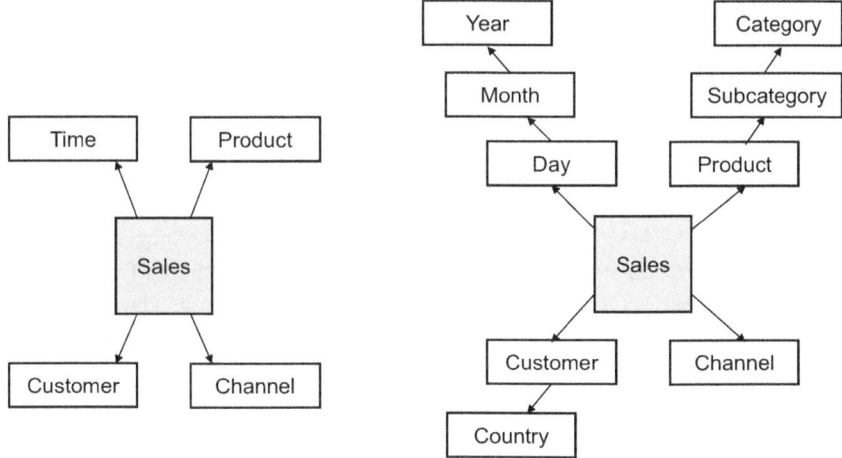

Bild 3.9 Star-Schema (links) und Snowflake-Schema (rechts)

---

[5] ROLAP (Relational Online Analytic Processing bzw. Relational OLAP) wird oft für den Zugriff auf relational implementierte dimensionale Strukturen verwendet.

Die Faktentabellen enthalten die Kennzahlen sowie Fremdschlüsselbeziehungen zu den Dimensionstabellen. Je nach Detaillierungsgrad und Anzahl der referenzierten Dimensionen können Faktentabellen sehr groß werden. Durch geeignete Performancemaßnahmen, die vom verwendeten Datenbanksystem abhängig sind, können Abfragen jedoch beschleunigt werden. Typischerweise bestehen SQL-Abfragen auf ein Star-Schema aus Joins zwischen Fakten- und Dimensionstabellen, wobei Dimensionsattribute für Einschränkungen in der WHERE-Bedingung und als Gruppierungsmerkmale im GROUP BY verwendet werden.

Ob das physische Datenmodell als Star- oder Snowflake-Schema realisiert wird, hängt von den BI-Applikationen und Auswertungswerkzeugen ab, mit welchen darauf zugegriffen wird. Da die meisten Tools sowohl Star- als auch Snowflake-Schemas unterstützen, ist es in den allermeisten Fällen zweckmäßiger, ein Star-Schema zu implementieren. Die Abfragen sind einfacher, da weniger Tabellen verbunden werden müssen, was allgemein die Performance verbessert.[6]

3.3.1.2 Multidimensionale Implementierung

Wird ein dimensionales Modell mit multidimensionaler Datenbanktechnologie realisiert, spricht man von MOLAP[7] (Multidimensional OLAP). In multidimensionalen Datenbanksystemen werden dimensionale Modelle als sogenannte *Cubes* gespeichert, obwohl ein multidimensionaler *Würfel* deutlich mehr als drei Dimensionen besitzen kann.

In einem multidimensionalen Cube können Kennzahlen auf häufig verwendeten Hierarchiestufen vorberechnet und abgespeichert werden. Dies ermöglicht eine sehr gute Abfrageperformance, da im Gegensatz zur relationalen Implementierung während der Abfragen keine Aggregationen durchgeführt werden müssen. Multidimensionale Cubes sind aus diesem Grund vor allem für Data Marts mit sehr hohen Performanceanforderungen geeignet. Der Zugriff auf multidimensionale Cubes erfolgt je nach verwendeter Technologie mit der multidimensionalen Sprache MDX[8] oder mit einer proprietären Abfragesprache.

Data Marts auf das Wesentliche beschränken

Ein Data Mart sollte immer nur einem spezifischen Anwendungsbereich dienen. Ein universeller Data Mart mit vielen Dimensionen und feiner Granularität auf allen Dimensionen führt zu komplexen Abfragen und schlechten Antwortzeiten. Deshalb gilt generell: Besser mehrere separate Data Marts als eine „eierlegende Wollmilchsau". Dies gilt besonders bei der multidimensionalen Implementierung von Data Marts, da auf diese Weise die Größe und Komplexität der Cubes klein gehalten werden kann. Die Größe kann zwar von den meisten multidimensionalen Datenbanken mittels Komprimierung reduziert gehalten werden. Trotzdem sollten Cubes mit sehr vielen Dimensionen vermieden werden.

---

[6] Eine Ausnahme sind sogenannte „Fast Changing Monster Dimensions", siehe [Hajdu 2004].

[7] MOLAP (Multidimensional Online Analytic Processing bzw. Multidimensional OLAP) wird oft für den Zugriff auf multidimensionale Cubes genutzt.

[8] Multidimensional Expressions (MDX) ist eine Abfragesprache für multidimensionale Datenbanken. Sie wurde von Microsoft eingeführt und wird mittlerweile von zahlreichen multidimensionalen Datenbanksystemen und OLAP-Tools unterstützt.

Multidimensionale Data Marts werden oft für Applikationen eingesetzt, mit denen interaktive Abfragen auf verschiedenen Hierarchiestufen durchgeführt werden (*Drill-up*, *Drill-down*). Für solche Anwendungen gelten sehr hohe Performanceanforderungen, die mit relationalen Data Marts nur durch zusätzlichen Aufwand (z. B. Vorberechnen von Aggregationen) erfüllt werden können.

3.3.2 Dimensionen

Die Dimensionen sind die grundlegenden Datenelemente zur Navigation im dimensionalen Modell und werden für die Speicherung von Stammdaten (z. B. Produkte, Kunden, Regionen) verwendet. Sie erlauben den Benutzern die Einschränkung der Kennzahlen nach unterschiedlichen Kriterien sowie die Möglichkeit, Kennzahlen auf verschiedenen Hierarchiestufen anzuzeigen.

Nachfolgend wird der Aufbau der Dimensionen sowie der Hierarchien in den Dimensionen beschrieben. Weiter werden allgemeine Konzepte wie Conformed Dimensions und Slowly Changing Dimensions beschrieben sowie auf spezielle Arten von Dimensionen eingegangen. Dimensionen werden häufig gleichgesetzt mit Dimensionstabellen in einem Star-Schema. Die meisten der hier beschriebenen Konzepte gelten aber auch für Snowflake-Schemas sowie für multidimensionale Cubes.

3.3.2.1 Fachliche Attribute

Fachliche Bezeichnungen für Attribute sollen so gewählt werden, dass sie für Benutzer der BI-Anwendungen klar und leicht verständlich sind. Dies gilt auch für die Datenwerte der fachlichen Attribute. Sie bestehen also üblicherweise aus Textbeschreibungen oder Auswahllisten. Ausführliche Beschreibungen wie „Barbezahlung" oder „Kreditkarte" sind somit besser geeignet als „CASH" oder „CC" bzw. 0 oder 1.

In den Dimensionen sollen alle Informationen festgehalten werden, die aus fachlicher Sicht als darstellbares Attribut, als Filterkriterium oder als Gruppierungsmerkmal verwendet werden können. Grundsätzlich beinhalten die Dimensionen alle benötigten fachlichen Attribute und Ausprägungen für die Darstellung der Auswertungen. Diese Transformationen sollten soweit immer möglich im ETL-Prozess durchgeführt werden. Dies führt natürlich zu redundanten Informationen, wenn die gleiche Information in unterschiedlicher Form zur Verfügung gestellt wird (z. B. Abteilungsnummer und Abteilungsbezeichnung). Diese Redundanz wird jedoch aus Gründen der einfacheren Abfragen bewusst in Kauf genommen.

3.3.2.2 Technische Attribute

Neben den fachlichen Attributen wird empfohlen, zumindest folgende zusätzlichen technischen Attribute in jede Dimension zu integrieren:

- *Surrogate Key:* Künstlicher Schlüssel als eindeutige Identifikation für jeden Dimensionseintrag. Bei der relationalen Implementierung als Star- oder Snowflake-Schema wird dieses Attribut als Primary Key für die Dimensionstabelle verwendet. Die Fakten referenzieren diese Schlüsselwerte. Für Slowly Changing Dimensions Typ 2 (siehe Abschnitt 3.3.2.5) ist ein Surrogate Key zwingend.

- *Business Key:* Fachlicher Schlüssel, der beim Laden der Dimensionen für den Deltaabgleich benötigt wird. Anhand dieses Schlüssels wird vom ETL-Prozess ermittelt, ob ein neuer Dimensionseintrag geschrieben oder ein bestehender aktualisiert bzw. durch eine neue Version ersetzt werden muss. Oft wird als *Business Key* der Primärschlüssel des Quellsystems verwendet. Falls ein fachlich aussagekräftiger Business Key zur Verfügung steht (z. B. eine eindeutige Kundennummer), sollte dieser im DWH gespeichert werden, weil so die Unabhängigkeit von technischen Schlüsseln des Quellsystems gewährleistet ist. Oft werden fachliche Schlüssel auch in Auswertungen verwendet.

- *Gültigkeitsintervall:* Bei versionierten Dimensionen (Slowly Changing Dimensions Typ 2, siehe Abschnitt 3.3.2.5) ist es empfehlenswert, das Gültigkeitsintervall (Anfangs- und Enddatum) jeder Version zu speichern. Oft wird für die Performanceoptimierung und Indexierung zusätzlich ein Attribut gespeichert, das die momentan gültige Version kennzeichnet, obwohl diese Information aus dem Gültigkeitsintervall abgeleitet werden kann.

- *Weitere technische Attribute:* Je nach Projektumfeld, eingesetzten Konventionen und verwendeter Technologie werden eventuell weitere technische Attribute erstellt. Beispiele sind die Identifikation des ETL-Laufs oder des Quellsystems, aus welchem ein Dimensionseintrag geladen wurde.

3.3.2.3 Hierarchien

Hierarchien in den Dimensionen ermöglichen es den Anwendern, in den BI-Anwendungen Funktionen wie *Drill-up* und *Drill-down* auszuführen. Durch Navigation auf eine höhere oder tiefere Hierarchiestufe werden die Kennzahlen auf einen anderen Detaillierungsgrad aggregiert. Die unterste Hierarchiestufe wird als *Granularität* der Dimension bezeichnet.

Eine Dimension kann eine oder mehrere Hierarchien aufweisen. Eine Hierarchie besteht wahlweise aus einer fixen Anzahl Hierarchiestufen (level-based) oder nur aus einer Pseudohierarchiestufe, die sich selbst referenziert (parent-child). Parent-Child-Hierarchien werden auch als rekursive Hierarchien bezeichnet. Typische Anwendungsfälle sind Stücklisten, Organisationsstrukturen oder Kontohierarchien.

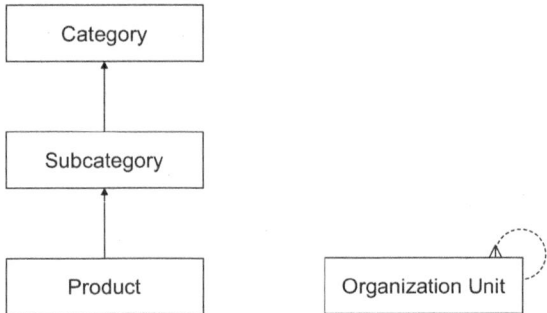

Bild 3.10　Level-based Hierarchie (links) und Parent-Child-Hierarchie (rechts)

Das Wechseln auf eine über- oder untergeordnete Hierarchiestufe ist nichts anderes als die Gruppierung nach einem anderen Dimensionsattribut. Das Problem besteht jedoch häufig darin, dass die hierarchischen Zusammenhänge der Attribute innerhalb einer Dimension oft nicht direkt ersichtlich sind. Eine Dimensionstabelle in einem Star-Schema besteht aus einer Anzahl von Attributen. Obwohl diese Attribute typischerweise implizite Hierarchien aufweisen, sind diese aus der Definition der Tabelle nicht ersichtlich. Hier empfiehlt es sich, entsprechende Namenskonventionen zu verwenden, beispielsweise ein Präfix pro Hierarchiestufe.

In multidimensionalen Cubes hingegen werden die Attribute den einzelnen Hierarchiestufen zugeordnet, da die hierarchische Struktur als Basis für die physische Speicherung dient.

3.3.2.4 Conformed Dimensions

Verschiedene Data Marts oder unterschiedliche Faktentabellen in einem Data Warehouse verwenden oft die gleichen oder ähnliche Auswahl- und Gruppierungskriterien. Ein wichtiges Grundprinzip in der dimensionalen Datenmodellierung ist es, dass zusammengehörende Attribute zu einer Dimension zusammengefasst werden, die dann von mehreren Faktentabellen referenziert wird.

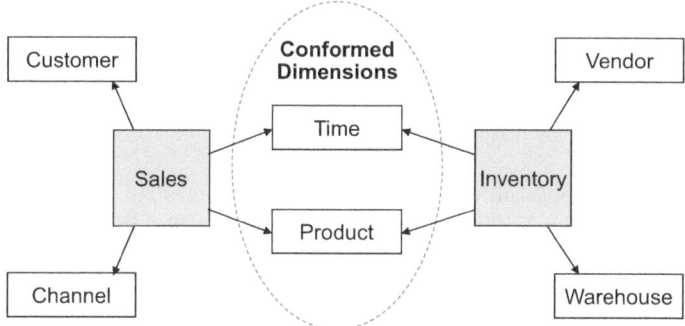

Bild 3.11 Beispiel für Conformed Dimensions

Damit kann sichergestellt werden, dass Auswertungen in unterschiedlichen Data Marts miteinander vergleichbar sind. Wenn ein Report in einem Data Mart eine andere Produktdimension verwendet als eine Abfrage in einem zweiten Data Mart, besteht die Gefahr, dass durch unterschiedliche Produktdefinitionen andere Ergebnisse berechnet werden. Ein zweiter Grund besteht darin, dass nur durch gemeinsame Dimensionen Kennzahlen aus mehreren Faktentabellen miteinander verglichen werden können (*Drill-through*-Operationen).

Es gibt verschiedene Arten von Conformed Dimensions (Adamson 2010). Die wichtigsten davon sind hier zusammengefasst:

- *Shared Dimension Tables:* Die am häufigsten verwendete Art von Conformed Dimensions besteht aus Dimensionstabellen, die von mehreren Faktentabellen referenziert werden. Bei einer Shared Dimension Table kann es sich um eine einzige physische Tabelle handeln oder aber auch um mehrere identische Kopien der gleichen Tabelle, beispielsweise in physisch getrennten Data Marts. Mit identisch ist hier gemeint, dass die Tabellen sowohl von der Struktur als auch vom Dateninhalt übereinstimmen. Dies muss durch die ETL-Prozesse gewährleistet werden, damit die Auswertungen in den verschiedenen Data Marts vergleichbar sind.

- *Conformed Rollups:* Wenn verschiedene Faktentabellen eine Dimension auf unterschiedlichen Hierarchiestufen referenzieren, kann dies mit Conformed Rollups implementiert werden. Dabei werden zwei Dimensionstabellen erstellt, wobei eine davon eine Teilmenge der Attribute der anderen Dimensionstabellen enthält und die Daten auf eine übergeordnete Hierarchiestufe verdichtet. Wichtig ist dabei, dass Struktur und Dateninhalt der gemeinsamen Attribute übereinstimmen. Nur so lassen sich die Fakten auf den gemeinsamen Hierarchiestufen miteinander vergleichen.

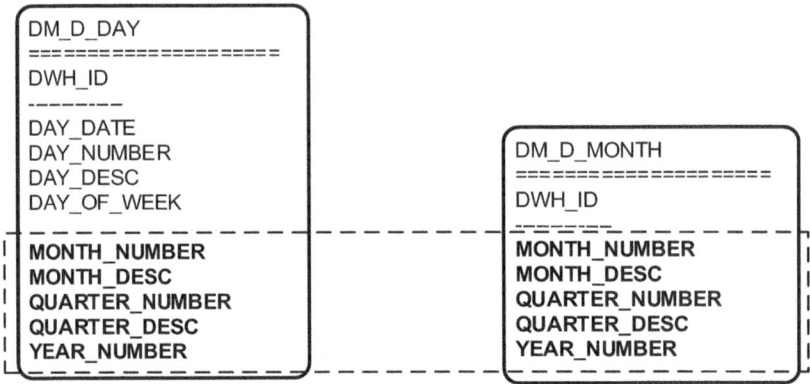

Bild 3.12 Beispiel für Conformed Rollup

Beispiel: Da verschiedene Faktentabellen teilweise auf Tages-, teilweise auf Monatsbasis gefüllt werden, wird die Zeitdimension auf unterschiedlichen Hierarchiestufen referenziert. Dies kann mit zwei Dimensionstabellen, wie in Bild 3.12 dargestellt, realisiert werden.

- *Conformed Degenerate Dimensions:* Dimensionsattribute, die direkt in der Faktentabelle gespeichert sind, werden als Degenerate Dimensions bezeichnet (vgl. Abschnitt 3.3.2.8). Falls sie in mehreren Faktentabellen vorkommen, spricht man von Conformed Degenerate Dimensions.

- *Overlapping Dimensions:* Teilweise gibt es Fälle, in welchen einzelne Attributgruppen (z.B. Adressen) in verschiedenen Dimensionen vorkommen. Dies kann beispielsweise durch *Outriggers* implementiert werden (vgl. Abschnitt 3.3.2.8).

3.3.2.5 Slowly Changing Dimensions

Der Inhalt der Dimensionsattribute kann sich im Laufe der Zeit verändern. Produkte werden anderen Produktkategorien zugeordnet, Kunden ändern ihre Adresse oder kommen in eine neue Einkommensklasse. Da in einem Data Warehouse je nach Anforderungen der jeweils aktuelle Stand der Daten oder ein bestimmter Zustand in der Vergangenheit ausgewertet werden soll, stehen verschiedene Möglichkeiten zur Verfügung, wie solche Datenänderungen behandelt werden sollen. Diese Thematik wird als *Slowly Changing Dimensions* (SCD) bezeichnet (Kimball, Ross 2002). Folgende drei Arten von Slowly Changing Dimensions werden unterschieden:

- *SCD Typ 1: Keine Historisierung.* Die Dimensionsattribute enthalten immer den jeweils aktuellen Stand der Daten. Wird ein Datensatz im Quellsystem geändert, so werden die aktuellen Werte ins Data Warehouse übernommen und die ursprünglichen Attributwerte in der Dimension überschrieben.

Beispiel: Eine Kundendimension enthält zwei Kundeneinträge für Karl Kessler und Anna Bieri. Pro Kunde werden ein Surrogate Key (DWH_ID) sowie eine eindeutige Identifikation – oft die Identifikation aus dem Quellsystem – gespeichert.

Tabelle 3.1 Dimensionswerte vor Änderung (Slowly Changing Dimension Typ 1)

DWH_ID	Source_Key	Lastname	Firstname
1	101	Kessler	Karl
2	104	Bieri	Anna

Die neueste Datenlieferung enthält zwei Änderungen. Anna Bieri hat geheiratet und heißt nun Anna Hartmann. Paul Eberhardt wurde als neuer Kunde im Quellsystem eingegeben. Diese Änderungen werden in die Dimensionstabelle übernommen, welche anschließend den aktuellen Stand enthält.

Tabelle 3.2 Dimensionswerte nach Änderung (Slowly Changing Dimension Typ 1)

DWH_ID	Source_Key	Lastname	Firstname
1	101	Kessler	Karl
2	104	Hartmann	Anna
3	110	Eberhardt	Paul

- *SCD Typ 2: Vollständige Versionierung.* Bei Datenänderungen wird ein neuer Versionsdatensatz mit dem gleichen Source Key, aber einem neuen Surrogate Key geschrieben. Obwohl zumindest in den Data Marts nicht zwingend notwendig, empfiehlt es sich, zusätzlich das Gültigkeitsintervall jeder Version festzuhalten. Das Enddatum der bisher gültigen Version wird entsprechend angepasst.

Beispiel: Zusätzlich zum vorhergehenden Beispiel ist hier jeder Datensatz mit einem Gültigkeitsintervall versehen. Da seit dem Einfügen noch keine Änderungen durchgeführt wurden, existiert in der Dimension pro Kunde eine Version.

Tabelle 3.3 Dimensionswerte vor Änderung (Slowly Changing Dimension Typ 2)

DWH_ID	Source_Key	Valid From	Valid To	Lastname	Firstname
1	101	07.11.2010	31.12.9999	Kessler	Karl
2	104	21.10.2011	31.12.9999	Bieri	Anna

Die Änderung des bestehenden Datensatzes von Anna Bieri zu Anna Hartmann führt zu einem neuen Versionseintrag in der Dimension, gültig ab dem Änderungsdatum 15. Juli 2012. Die Version erhält einen neuen Surrogate Key, besitzt aber den gleichen Source Key, da sie sich immer noch auf die gleiche Kundin bezieht. Die bisherige Version wird terminiert, indem das Enddatum der Gültigkeit aktualisiert wird. Für den neuen Kunden Paul Eberhardt wird eine neue, erste Version, gültig ab 15. Juli 2012, eingefügt.

Tabelle 3.4 Dimensionswerte nach Änderung (Slowly Changing Dimension Typ 2)

DWH_ID	Source_Key	Valid From	Valid To	Lastname	Firstname
1	101	07.11.2010	31.12.9999	Kessler	Karl
2	104	21.10.2011	15.07.2012	Bieri	Anna
3	104	15.07.2012	31.12.9999	Hartmann	Anna
4	110	15.07.2012	31.12.9999	Eberhardt	Paul

- *SCD Typ 3: Historisierung der letzten Änderung.* Bei einer Datenänderung wird der ursprüngliche Attributwert in einem separaten Attribut gespeichert, und der bisherige Wert wird überschrieben. Somit ist jeweils die letzte Änderung pro Eintrag sichtbar.

  Beispiel: Für jedes zu historisierende Attribut – in unserem Fall für den Nachnamen – werden der aktuelle und der vorherige Wert in separaten Spalten gespeichert. Zusätzlich wird das Datum der letzten Änderung – hier das Erfassungsdatum – festgehalten.

Tabelle 3.5 Dimensionswerte vor Änderung (Slowly Changing Dimension Typ 3)

DWH_ID	Source_Key	Current Last Name	Current First Name	Previous Last Name	Last Change
1	101	Kessler	Karl	n/a	07.11.2010
2	104	Bieri	Anna	n/a	21.10.2011

Nach dem Laden der Datenänderungen vom 15. Juli 2012 ist der aktuelle Nachname von Anna auf „Hartmann" geändert, der bisherige Name „Bieri" wird in die zusätzliche Spalte kopiert.

Tabelle 3.6 Dimensionswerte nach Änderung (Slowly Changing Dimension Typ 3)

DWH_ID	Source_Key	Current Last Name	Current First Name	Previous Last Name	Last Change
1	101	Kessler	Karl	n/a	07.11.2010
2	104	Hartmann	Anna	Bieri	15.07.2012
3	110	Eberhardt	Paul	n/a	15.07.2012

SCD 3 hat in der Praxis keine wesentliche Bedeutung. Die Entscheidung, ob SCD 1 oder SCD 2 eingesetzt werden soll, hängt von den fachlichen Anforderungen ab. Ist für die Abfragen immer die aktuelle Sichtweise relevant, sollte SCD 1 eingesetzt werden. Ist für die Abfragen jedoch die Sichtweise zum Ereigniszeitpunkt der Fakten maßgebend (was meistens der Fall ist), sollte SCD 2 eingesetzt werden. Da SCD 1 aus SCD 2 abgeleitet werden kann, aber nicht umgekehrt, sollte für eine vollständige Historisierung im (dimensionalen) Core immer SCD 2 verwendet werden. Damit kann analog zur Historisierung in der relationalen Modellierung auch mit einem dimensionalen Core eine lückenlose Historisierung der Stammdaten (in diesem Fall der Dimensionen) sichergestellt werden.

Das richtige Enddatum des Gültigkeitsintervalls

Wie im Beispiel für SCD 2 ersichtlich, wird das Enddatum des Gültigkeitsintervalls jeweils auf das Anfangsdatum der nächsten Version gesetzt. Dies hat den Vorteil, dass auf der Zeitachse keine Lücken entstehen und immer die gleiche Abfragelogik verwendet werden kann, ob nun die Genauigkeit ausschließlich das Datum oder auch die Uhrzeit umfasst. Für die letzte Version, die bis „unendlich" gültig ist, wird oft das maximal zulässige Datum, z. B. 31.12.9999, gewählt.

3.3.2.6 Zeitdimension

Jedes dimensionale Datenmodell hat einen Zeitbezug – Ausnahmen bestätigen die Regel. Deshalb ist zumindest eine der Dimensionen in jedem Star-/Snowflake-Schema und jedem multidimensionalen Cube die *Zeitdimension*. Im Gegensatz zu den meisten anderen Dimensionen wird sie jedoch nicht aus einem Quellsystem geladen, sondern in der Regel bei der Initialisierung des Data Warehouse mithilfe eines Skripts oder einer Prozedur gefüllt. Die Zeitdimension enthält je nach Granularität pro Tag oder pro Monat einen Eintrag, welcher neben dem Datum diverse beschreibende Attribute wie Wochentag, Kalenderwoche, Monatsbezeichnung, Monatsnummer, Quartalsnummer etc. enthält, die für Auswertungen relevant sein können. Ziel ist es, dass alle relevanten Informationen zu einem Datum in der Zeitdimension enthalten sind und somit jegliche Art von Datumsberechnungen zum Abfragezeitpunkt entfällt.

Zusätzlich zu den beschreibenden Kalenderattributen kann es auch zweckmäßig sein, die Zeitdimension um weitere Attribute und Indikatoren zu ergänzen, wenn diese für die Abfragen verwendet werden können. Beispiele dafür sind:

- Spezifische Kalenderdefinitionen, wie beispielsweise ein Fiskaljahr. Dies ist dann relevant, wenn das Geschäftsjahr einer Firma nicht mit dem Kalenderjahr übereinstimmt, sondern an einem anderen Datum beginnt. In diesem Fall hat die Zeitdimension typischerweise zwei Hierarchien: eine Kalenderhierarchie und eine Fiskalhierarchie.

- Abfrage-Indikatoren für häufig verwendete Datumsintervalle wie „Laufende Kalenderwoche", „Vorwoche", „Aktueller Monat", „Vormonat", „Aktueller Monat im Vorjahr" etc. Ein Abfrage-Indikator ist ein Flag, welches für alle Tage innerhalb des Intervalls auf „Ja", für alle anderen Datumswerte auf „Nein" gesetzt wird. Anstatt nun in den Abfragen das entsprechende Datumsintervall zu berechnen, wird ein Filter auf den entsprechenden Abfrage-Indikator verwendet. Voraussetzung für diese Lösung ist es, dass die Abfrage-Indikatoren in der Zeitdimension regelmäßig (jede Woche oder zu Beginn eines neuen Kalendermonats) aktualisiert werden.

- Arbeitstage und arbeitsfreie Tage können dann relevant sein, wenn ermittelt werden soll, wie viele Arbeitstage für eine bestimmte Tätigkeit benötigt wurden (z. B. Anzahl Arbeitstage zwischen dem Eingang einer Bestellung bis zur Auslieferung der Ware). Für jedes Datum wird ein zusätzlicher Indikator in der Zeitdimension gespeichert, in welchem definiert ist, ob der Tag ein Arbeitstag ist oder nicht. Dazu müssen aber neben den Wochentagen auch Feiertage berücksichtigt werden.

Das letzte Beispiel führt zu einer weiteren Problematik, die bei größeren Betrieben und internationalen Konzernen berücksichtigt werden muss. Feiertage sind regional unterschiedlich. Jedes Land, teilweise auch Regionen innerhalb eines Landes (Bundesländer, Kantone oder sogar einzelne Gemeinden), hat unterschiedliche Feiertage. Bei einer Firma mit mehreren Niederlassungen kann es unter Umständen notwendig sein, neben der normalen Zeitdimension eine zusätzliche Zeitdimension mit Einträgen pro Datum und Region zu führen, die für spezielle Auswertungen verwendet werden kann. Dies zeigt, dass selbst eine auf den ersten Blick triviale Anforderung wie die Modellierung einer Zeitdimension durchaus komplex werden kann.

Primary Key der Zeitdimension

Es wird empfohlen, dass Dimensionen einen Surrogate Key (künstlichen Schlüssel) als eindeutige Identifikation jedes Dimensionseintrags besitzen sollten. Gilt diese Empfehlung auch für die Zeitdimension? Da der Zeitschlüssel häufig als Basis für die physische Partitionierung von Faktentabellen verwendet wird, ist es aus praktischen Gründen einfacher, hier einen „sprechenden Schlüssel" zu verwenden. Oft wird als Primary Key direkt der Datumswert verwendet, oder es wird eine Zahl gebildet, die sich aus Jahr, Monat und Tag zusammensetzt (z. B. 20130116 für den 16. Januar 2013).

Die Granularität der Zeitdimension ist häufig ein einzelner Tag (Datum), kann aber auch ein Monat, Quartal oder Jahr sein – je nachdem, auf welche Hierarchiestufe die Fakten aggregiert werden. Besteht das Bedürfnis, eine feinere Granularität als Tag zu verwenden und die Fakten auf Stunden, Minuten oder gar Sekunden genau der Zeitdimension zuordnen zu können, sollte dies mittels separaten Dimensionen für Datum (Tag, Monat, Quartal, Jahr) und Uhrzeit (Sekunde, Minute, Stunde) implementiert werden. Der Grund dafür ist die hohe Anzahl Datensätze, die sonst in der Zeitdimension entstehen würde. Ein Tag hat 86 400 Sekunden. Für ein Jahr müssten somit 365 mal 86 400, also über 31 Millionen Dimensionseinträge in der Zeitdimension gespeichert werden. Durch eine Aufteilung in zwei unabhängige Dimensionen sowie separate Fremdschlüssel für Datum und Uhrzeit in der Faktentabelle kann dies vermieden werden.

Wie detailliert und komplex eine Zeitdimension implementiert wird, hängt nicht nur von den Auswertungsbedürfnissen ab, sondern auch von der eingesetzten Technologie. In relational implementierten Data Marts (ROLAP), auf die mittels SQL zugegriffen wird, gilt der Grundsatz, dass alle relevanten Zeitattribute soweit möglich vorberechnet und in der Zeitdimension gespeichert werden sollen. In multidimensionalen Cubes (MOLAP) hingegen können oft vordefinierte Funktionen, beispielsweise die Zeitfunktionen von MDX, angewendet werden. Dann erübrigt sich das Erstellen einer komplexen Zeitdimension.

3.3.2.7 Bridge Tables

Bridge Tables sind eine Erweiterung von Star-Schemas und werden in der dimensionalen Modellierung verwendet, um Dimensionen mit Mehrfachattributen (Multi-Valued Dimensions) oder rekursive Hierarchien in einer Dimension abzubilden. Es gibt verschiedene Arten von Bridge Tables, die für verschiedene Anwendungsbereiche eingesetzt werden können:

- *Multi-Valued Bridge Tables* sind Beziehungstabellen zwischen zwei Dimensionen oder zwischen Fakten und Dimensionen. Je nach Art werden sie als *Multi-Valued Attribute Bridge Tables* oder als *Multi-Valued Dimension Bridge Tables* bezeichnet. Sie kommen dann zum Einsatz, wenn eine Dimension für ein Attribut mehrere Werte besitzen kann oder wenn ein Fakteneintrag auf mehrere Dimensionswerte verweist.

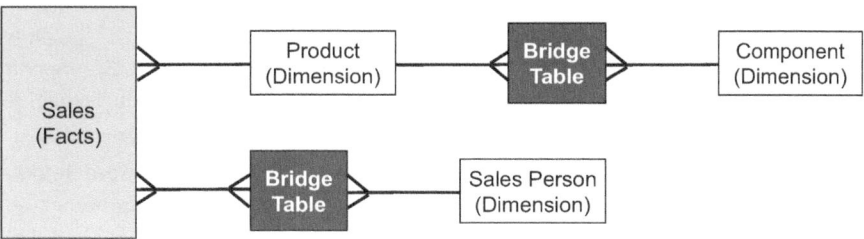

Bild 3.13 Multi-Valued Attribute Bridge Table und Multi-Valued Dimension Bridge Table

Bild 3.13 zeigt zwei Anwendungsfälle für Bridge Tables. Angenommen, ein Produkt besteht aus verschiedenen Komponenten, die wiederum in verschiedenen Produkten verwendet werden können. Dieser Sachverhalt kann durch eine *Multi-Valued Attribute Bridge Table*, d. h. eine Beziehungstabelle zwischen den beiden Dimensionen *Product* und *Component*, abgebildet werden, wie im oberen Teil der Abbildung dargestellt.

Verkäufe werden dem jeweils zuständigen Verkaufsverantwortlichen (*Salesperson*) zugewiesen. Da es teilweise Verkäufe gibt, an denen mehrere Personen beteiligt sind, kann dies durch eine *Multi-Valued Dimension Bridge Table*, wie im unteren Teil der Abbildung dargestellt, modelliert werden.

- *Hierarchy Bridge Tables* können verwendet werden, um hierarchische Parent-Child-Hierarchien abzubilden. Anstelle einer Self-Relationship-Beziehung auf der Dimensionstabelle wird stattdessen eine Bridge Table eingeführt, in welcher alle vorhandenen Kombinationen der Hierarchie gespeichert werden. Bild 3.14 zeigt dies am Beispiel einer Mitarbeiterhierarchie, die in der Dimension *Employee* einmal als Self-Relationship (oben) und einmal mittels einer *Hierarchy Bridge Table* implementiert ist (unten).

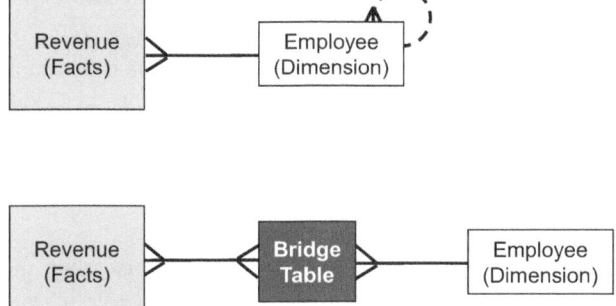

Bild 3.14 Mitarbeiterhierarchie als Self-Relationship und als Hierarchy Bridge Table

Der Vorteil von Bridge Tables liegt in der Flexibilität: Die fachlichen Zusammenhänge mit Mehrfachattributen und hierarchischen Zusammenhängen können vollständig abgebildet werden und es gibt keine Limitierung der Anzahl Werte. Ein Produkt kann beispielsweise beliebig viele Komponenten umfassen und die Anzahl Stufen einer Mitarbeiterhierarchie ist theoretisch unbegrenzt.

Flexibilität hat allerdings ihren Preis. Im Falle von Bridge Tables äußert sich dieser durch eine höhere Komplexität, sei es beim Datenmodell (n-zu-n-Beziehung), in der ETL-Logik (vor allem bei Slowly Changing Dimensions Typ 2) oder bei den Abfragen auf das Star-Schema. Bei den Abfragen müssen spezielle Vorkehrungen getroffen werden, um Mehrfachzählungen zu vermeiden.

Trotz ihrer Mächtigkeit sollten Bridge Tables nach Möglichkeit vermieden werden, da sie die Komplexität des dimensionalen Modells und der Abfragen erhöhen. Oft gibt es zweckmäßige Alternativen, beispielsweise durch Anpassung der Granularität der Faktentabelle, mit denen der Einsatz von Bridge Tables vermieden und somit die Komplexität des dimensionalen Datenmodells reduziert werden kann.

Detaillierte Informationen über die Modellierung und Implementierung von Bridge Tables und deren Problematiken im Zusammenhang mit Mehrfachzählungen sowie ETL-Prozessen mit SCD2 sind im Buch „Star Schema: The Complete Reference" (Adamson, 2010) in den Kapiteln 9 und 10 zu finden.

3.3.2.8 Spezielle Dimensionen

Im folgenden Abschnitt werden einige weitere spezielle Arten von Dimensionen erwähnt. Sie werden nur teilweise oder sehr selten verwendet, sind hier aber der Vollständigkeit halber erwähnt. Für weiterführende Informationen wird auf die Bücher „The Data Warehouse Toolkit" (Kimball, Ross 2002) und „Star Schema: The Complete Reference" (Adamson, 2010) verwiesen.

- *Junk Dimensions* werden verwendet, um mehrere unabhängige Dimensionen mit wenigen Einträgen zusammenzufassen. Damit wird erreicht, dass die Anzahl der Dimensionsschlüssel in der Faktentabelle reduziert wird. Dies verringert sowohl die Größe der Faktentabelle als auch die Anzahl der Joins, die für Abfragen auf ein Star-Schema ausgeführt werden müssen. Anwendungsbeispiele sind unterschiedliche Zustände und Statuswerte, die nicht jede als separate Dimension implementiert werden sollen.

- Als *Degenerate Dimensions* werden Dimensionsattribute bezeichnet, welche direkt in die Faktentabelle geschrieben werden. Dies sollte im Normalfall vermieden werden, kann aber für Dimensionen mit genau einem Attribut zweckmäßig sein. Üblicherweise wird dieses Prinzip für Identifikationsattribute wie Transaktionsnummer, Belegnummer etc. verwendet.

- *Outriggers* („Ausleger") sind Dimensionstabellen, die von anderen Dimensionen referenziert werden. Sie werden in Snowflake-Schemas verwendet, aber in Ausnahmefällen auch in Star-Schemas. Beispielsweise wird für einen Kunden sowohl die Lieferadresse als auch die Rechnungsadresse festgehalten. Da die Adresse z. B. aus zehn beschreibenden Attributen besteht, kann sie in eine Outrigger-Tabelle ausgelagert und von der Kundendimension referenziert werden.

3.3.3 Fakten

Als *Fakten* werden in der dimensionalen Modellierung die Verbindungen von Kennzahlen zu einer Kombination von Dimensionen bezeichnet. In den Fakten werden ausschließlich Bewegungsdaten gespeichert (z. B. Umsatz, Absatz, Lagerbestand, Kosten). Fakten haben meistens einen Zeitbezug, d. h., zumindest eine der Dimensionen ist die Zeitdimension. Jeder Fakteneintrag bezieht sich auf einen bestimmten Zeitpunkt. Das kann ein Ereigniszeitpunkt sein (z. B. Transaktionsdatum, Verkaufsdatum) oder ein Messzeitpunkt (z. B. letzter Tag des Monats).

Wird ein dimensionales Datenmodell mittels relationaler Technologie implementiert (Star- bzw. Snowflake-Schema), werden die Fakten in der Faktentabelle gespeichert. Diese Tabelle enthält Fremdschlüssel auf die Dimensionstabellen sowie Kennzahlen, welche anhand der Gruppierungsmerkmale der Dimensionen aggregiert werden können. Die Fremdschlüsselattribute enthalten die Surrogate Keys der referenzierten Dimensionseinträge.

Als Synonym für *Fakten* wird in der dimensionalen Modellierung auch der Begriff *Würfel* oder *Cubes* verwendet, impliziert jedoch eine multidimensionale Implementierung. Im Gegensatz zu einer Faktentabelle enthält jedoch ein Würfel sowohl die Fakten als auch die Dimensionen.

3.3.3.1 Kennzahlen

Kennzahlen sind numerische Werte, die auf verschiedene Verdichtungsstufen aggregiert werden können. Die Aggregation besteht in der Regel aus dem Aufsummieren der Kennzahlen. So kann zum Beispiel der Umsatz für eine bestimmte Produktkategorie innerhalb eines Monats ermittelt werden, indem die Einzelverkäufe für alle Produkte dieser Kategorie innerhalb der relevanten Zeitspanne zusammengezählt werden. Ist diese Berechnung möglich, ist die Kennzahl *additiv*. Dies ist üblicherweise bei *Transaction Facts* der Fall.

Leider lassen sich nicht alle Kennzahlen addieren. Das Aufsummieren von Temperaturwerten oder Lärmmessungen ist nicht sinnvoll. Als Aggregationsfunktionen sind hier eher Minimal-, Maximal- und Durchschnittswert zweckmäßig. Solche Kennzahlen sind *non-additiv*.

Vor allem bei Snapshot Facts gibt es Kennzahlen, die zwar additiv sind, aber über bestimmte Dimensionen nicht aufsummiert werden können. Sie werden als *semi-additiv* bezeichnet. Der Mitarbeiterbestand aller Abteilungen einer Firma kann aufsummiert werden, um die Gesamtzahl der Mitarbeiter zu einem bestimmten Zeitpunkt zu berechnen. Hingegen ist es nicht möglich, den Mitarbeiterbestand der Monate Januar, Februar und März zusammenzuzählen, da sonst der größte Teil der Mitarbeiter mehrfach gezählt wird.

3.3.3.2 Typen von Fakten

Ob sich Fakten auf ein einzelnes Ereignis beziehen oder einen Zustand zu einem bestimmten Messpunkt repräsentieren, hat einen Einfluss auf das Laden der Fakten und auf die Auswertungen, die auf die Fakten durchgeführt werden können. Gemäß Definition von Ralph Kimball lassen sich folgende Typen von Fakten unterscheiden:

- *Transaction Facts:* Dieser Typ bezeichnet Fakten, die sich auf einen bestimmten Ereigniszeitpunkt beziehen. Mit „Transaktion" ist nicht zwingend eine Finanztransaktion gemeint, sondern ein beliebiges Ereignis, das einen Fakteneintrag generieren kann. Beispiele sind ein Bargeldbezug an einem Geldautomaten, der Kauf eines Produktes in einem Supermarkt, das Anklicken eines Links auf einer Website, der Anruf eines Kunden bei einem Callcenter oder die Gehaltsänderung für einen Mitarbeiter. Typisch für Transaction Facts ist, dass sie sich nachträglich nicht mehr ändern lassen, d. h., ein Fakteneintrag, der einmal ins DWH geschrieben wurde, wird nachträglich nicht mehr aktualisiert.[9] Korrekturen (z. B. Stornos) werden als Negativbuchungen ins DWH geschrieben. Die Kennzahlen in Transaction Facts sind typischerweise additiv.

- *Periodic Snapshot Facts:* Werden Kennzahlen in regelmäßigen Zeitintervallen ermittelt und ans DWH übermittelt, werden sie als Periodic Snapshot Facts gespeichert. Beispiele sind die Kontostände von Bankkonten, das Inventar eines Warenlagers, stündliche Temperaturmessungen an verschiedenen Messpunkten oder der Mitarbeiterbestand pro Abteilung einer Firma. Auch diese Fakten werden üblicherweise einmal geschrieben und danach nicht mehr verändert. Die Kennzahlen in Periodic Snapshot Facts sind meistens semi-additiv oder non-additiv.

- *Accumulating Snapshot Facts:* Besteht ein Prozess aus mehreren Einzelereignissen, die zusammen als ein Fakteneintrag gespeichert werden sollen, kann dies im DWH mit Accumulating Snapshot Facts abgebildet werden. Dieser Typ wird relativ selten verwendet und unterscheidet sich von den beiden anderen Typen von Fakten dadurch, dass ein Fakteneintrag nachträglich mehrmals geändert werden kann, bis der gesamte Prozess abgeschlossen ist. Beispiele sind Warenbestellungen (Bestellung eines Buches im Internet, Versand an die Adresse des Kunden, Bezahlung an den Lieferanten), Abschlüsse von Versicherungspolicen oder Hypotheken. Die Kennzahlen können hier additiv, semi-additiv oder non-additiv sein.

Die Entscheidung, welcher Typ eingesetzt werden soll, hängt von den fachlichen Anforderungen ab. Transaction Facts sind in der Regel einfacher auszuwerten als Snapshot Facts, decken aber nicht immer alle Fragestellungen der Fachbereiche ab. Deshalb werden teilweise mehrere Typen verwendet. So ist es zum Beispiel denkbar, dass eine Bank in einer Faktentabelle die einzelnen Kontobewegungen speichert und in einer anderen die Kontostände per Ende des Monats, wie Tabelle 3.7 zeigt.

Tabelle 3.7 Transaction Facts und Periodic Snapshot Facts für Bankkonto

Kontobewegungen (Transaction Facts)			Kontostand (Snapshot Facts)	
Datum	Transaktionstyp	Betrag	Datum	Kontostand
04.01.2012	Kontoeröffnung	100	31.01.2012	5505
06.01.2012	Einzahlung	2000	29.02.2012	3763
11.01.2012	Bargeldbezug	−200	31.03.2012	4308
14.01.2012	EFT/POS-Transaktion	−33		
14.01.2012	EFT/POS-Transaktion	−312		
20.01.2012	Bargeldbezug	−400		

---

[9] Dieser Grundsatz wird leider in vielen DWH-Projekten ignoriert. Werden UPDATE-Statements auf Fakten durchgeführt, deutet dies meistens auf einen Fehler bei der Datenmodellierung hin (außer bei Accumulating Snapshot Facts). Änderungen auf Fakten sind höchstens auf technischen Attributen (z. B. Storno-Flag) erlaubt.

Kontobewegungen (Transaction Facts)				Kontostand (Snapshot Facts)	
Datum	Transaktionstyp	Betrag		Datum	Kontostand
25.01.2012	Gehaltsüberweisung	4500			
28.01.2012	EFT/POS-Transaktion	−150			
06.02.2012	Bargeldbezug	−1800			
11.02.2012	EFT/POS-Transaktion	−750			
20.02.2012	Einzahlung	1000			
23.02.2012	Zahlungsauftrag	−4692			
25.02.2012	Gehaltsüberweisung	4500			
01.03.2012	EFT/POS-Transaktion	−24			
05.03.2012	EFT/POS-Transaktion	−523			
05.03.2012	EFT/POS-Transaktion	−11			
16.03.2012	Bargeldbezug	−200			
19.03.2012	EFT/POS-Transaktion	−89			
23.03.2012	EFT/POS-Transaktion	−45			
26.03.2012	Gehaltsüberweisung	4500			
27.03.2012	Bargeldbezug	−500			
31.03.2012	Zahlungsauftrag	−2563			

3.3.4 Modellierung spezieller Problemstellungen

Die folgenden Beispiele für Fakten und Dimensionen zeigen, wie etwas speziellere Problemstellungen dimensional modelliert werden können. Die Modellierung erfolgt zunächst vollständig unabhängig von der späteren physischen Implementierung.

3.3.4.1 Fakten unterschiedlicher Granularität und Rollen

Die Dimension *Products* enthält beispielsweise eine Reihe von Attributen für die einzelnen Produkte, z. B. Produktnummer, Produktbezeichnung, Farbe, Größe. Außerdem gibt es in dieser Dimension mehrere Attribute für die Produktuntergruppe, denen die Produkte zugeordnet sind, z. B. Kürzel und Bezeichnung. Diese Attributkategorien werden nachfolgend als *Hierarchiestufen* oder *Levels* bezeichnet.

In Bild 3.15 sind zwei Fakten und zwei Dimensionen mit jeweils einer Hierarchie und Hierarchiestufen dargestellt. Zwischen den einzelnen Hierarchiestufen einer Dimension besteht eine Beziehungen der Kardinalität *1:n*, ebenso zwischen den Hierarchiestufen und den Fakten. Eine weitere Besonderheit in diesem Beispiel ist, dass der Fakt *Sales* die Dimension *Time* zweimal in unterschiedlichem Kontext referenziert. Die Angabe einer Rolle ist in diesem Fall zwingend notwendig.

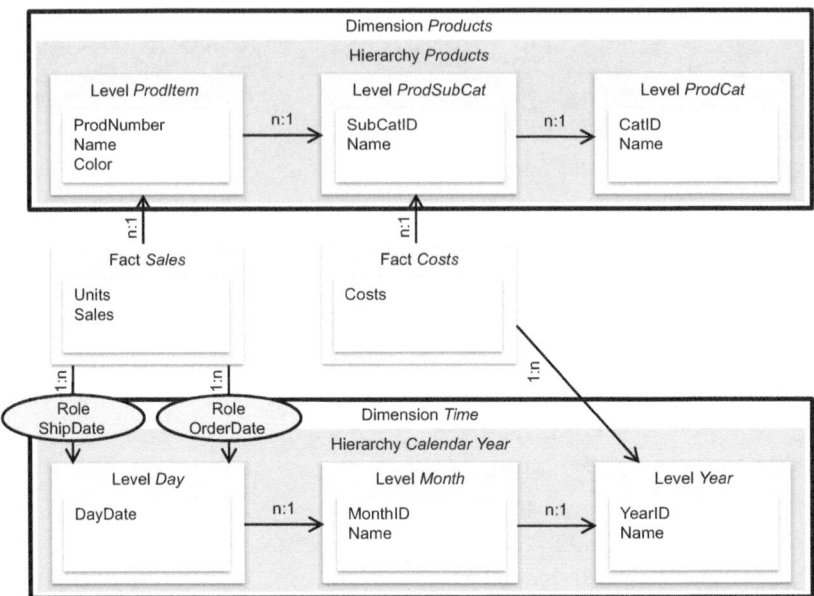

Bild 3.15 Modellierung der Fakten *Sales* und *Costs* sowie der Dimensionen *Products* und *Time*

3.3.4.2 Gemeinsame Hierarchiestufen in verschiedenen Dimensionen

In diesem Beispiel sollen Lösungen für zwei Problembereiche veranschaulicht werden:

1. Wie werden Dimensionen mit mehr als einer Hierarchiestufe dargestellt?

2. Was ist zu beachten, wenn in mehr als einer Dimension dieselbe Hierarchiestufe verwendet wird?

In Bild 3.16 sind eine Faktentabelle und zwei Dimensionen dargestellt. Die Dimension *Customer* weist zwei Hierarchien auf, wobei in beiden Hierarchien inhaltlich dieselben Hierarchiestufen verwendet werden. In der Hierarchie *Pow* (Place of work = Arbeitsort) werden die Kunden über Städte und Länder des Arbeitsorts zusammengefasst, in der zweiten Hierarchie *Res* (Residence = Wohnort) über die Städte und Länder des Wohnorts. Die Dimension *Supplier* hat nur eine Hierarchie mit zwei Hierarchiestufen, wobei die Hierarchiestufe *Country* inhaltlich den beiden Hierarchiestufen *Country Pow* und *Country Res* entspricht.

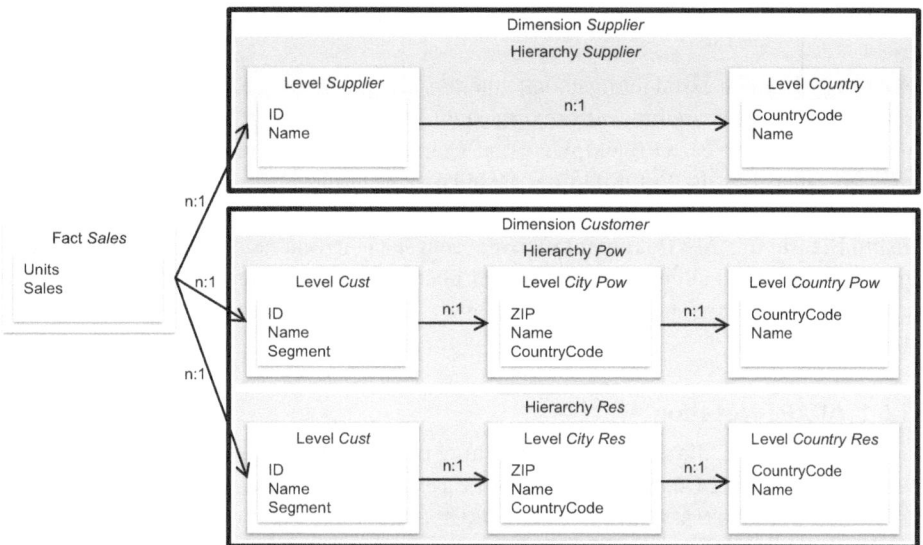

Bild 3.16 Modellierung der Fakten *Sales* und der Dimensionen *Supplier* und *Customer*

3.3.4.3 Modellierungsgrundsätze für Dimensionen und Fakten

Aus den hier erwähnten Beispielen lassen sich folgende Modellierungsgrundsätze für Dimensionen ableiten:

- Jede Dimension hat mindestens eine Hierarchie (üblicherweise die „Standardhierarchie").
- Eine Hierarchie ist entweder ebenenbasiert (level-based) oder selbst referenzierend (parent-child).
- Eine Mischung aus level-based und Parent-Child-Hierarchietypen in einer Dimension ist prinzipiell möglich, erhöht aber die Komplexität der ETL-Prozesse.
- Eine level-based Hierarchie hat n Hierarchiestufen, die in Beziehung stehen (Kardinalität 1:n).
- Alle Hierarchien (level-based) haben eine gemeinsame unterste Hierarchiestufe! Diese wird aus Darstellungsgründen in jeder Hierarchie auf der untersten Ebene dargestellt. Dies ist für die Hierarchiestufe *Cust* in Bild 3.16 der Fall.
- Alle Hierarchiestufen in einer Dimension, mit Ausnahme der untersten Hierarchiestufe, müssen eindeutig bezeichnet werden, auch wenn es sich eigentlich um dieselbe Hierarchiestufe handelt. Als Beispiel dienen die Hierarchiestufen *Country*, *Country Pow* und *Country Res* aus Bild 3.16.

Für die Modellierung der Fakten gelten folgende Grundsätze:

- Fakten referenzieren eine bestimmte Hierarchiestufe einer Dimension. Häufig – aber nicht immer – handelt es sich dabei um die unterste Hierarchiestufe.
- Fakten können eine Dimension mehrfach referenzieren. In diesem Fall wird mithilfe von sogenannten *Role Paying Dimensions* (Kimball, Ross, 2002) unterschieden. Beispiel: Fakt *Sales* referenziert die Hierarchiestufe *Day* der Dimension *Time* einmal über die Rolle *SalesDate* und zusätzlich über die Rolle *OrderDate*.

3.3.5 Darstellung von dimensionalen Modellen

Es gibt verschiedene Darstellungsmöglichkeiten für dimensionale Datenmodelle. Nachfolgend werden drei Darstellungsarten vorgestellt, die sich nicht gegenseitig ausschließen, sondern ergänzen. Je nach Projektphase und Zielpublikum ist die eine oder andere Notation besser geeignet. Für die Definition der fachlichen Anforderungen mit den Vertretern der Fachabteilungen ist beispielsweise die ADAPT-Notation besser geeignet als ein Entity-Relationship-Diagramm. Als Dokumentation des physischen Datenbankdesigns ist hingegen eher ein Star-Schema sinnvoll. Als Übersicht über die Verwendung von Conformed Dimensions über alle vorhandenen Data Marts eignet sich eine DataWarehouse-Bus-Matrix sehr gut.

3.3.5.1 ADAPT-Notation

Eine Designmethode, die sich für die Erstellung dimensionaler Modelle sehr gut eignet, ist ADAPT (Application Design for Analytical Processing Technologies) der Firma Symmetry Corporation (*http://www.symcorp.com*). ADAPT erlaubt die Darstellung von Dimensionen mit Hierarchien und Hierarchiestufen sowie Fakten und deren Zuordnung zu Dimensionen. Mit ADAPT-Diagrammen lassen sich nicht nur die hierarchischen Zusammenhänge innerhalb der Dimensionen gut darstellen, sondern auch die Granularität der Fakten.[10]

ADAPT-Symbole können in Visio mittels des „FREE ADAPT Visio Stencil"[11] verwendet werden. Dort ist ebenfalls ein White Paper „Getting Started with ADAPT"[12] zu finden, das eine gute Einführung in die ADAPT-Notation bietet.

Ein ADAPT-Diagramm ist kein Ersatz für ein Entity-Relationship-Diagramm eines Data Marts, sondern dient vor allem zur Dokumentation der fachlichen Anforderungen. Die Diagramme werden – nach einer kurzen Einführung in die ADAPT-Notation – sowohl von Vertretern der Fachabteilungen als auch der Informatik verstanden. Sie können somit gut verwendet werden, um die fachlichen Anforderungen zu erarbeiten und zu dokumentieren. Bild 3.17 zeigt ein Beispiel für ein solches ADAPT-Diagramm.

 Praxistipp: ADAPT-Notation für Anforderungsanalyse

Als Ansatz hat sich gut bewährt, zusammen mit Vertretern der Fachabteilungen Workshops durchzuführen. Darin werden die fachlichen Anforderungen ermittelt und unter Verwendung der ADAPT-Notation dokumentiert. Dazu zeichnet der Workshop-Moderator die entsprechenden ADAPT-Diagramme auf dem Laptop und projiziert sie gleichzeitig via Beamer, damit sie für alle sichtbar sind. Nach dem Workshop werden die Diagramme bereinigt (nur Darstellung, nicht Inhalt!) und als Protokoll des Workshops an die Teilnehmer verschickt. Diese Version dient dann als Basis für den nächsten Workshop.

---

[10] Eine ausführliche Übersicht über ADAPT mit zahlreichen Modellierungsbeispielen sind im Buch (Hahne 2014), Kapitel 3.2, zu finden.

[11] *http://www.symcorp.com/downloads/ADAPTv3_visio_stencil.zip*

[12] *http://www.symcorp.com/downloads/ADAPT_white_paper.pdf*

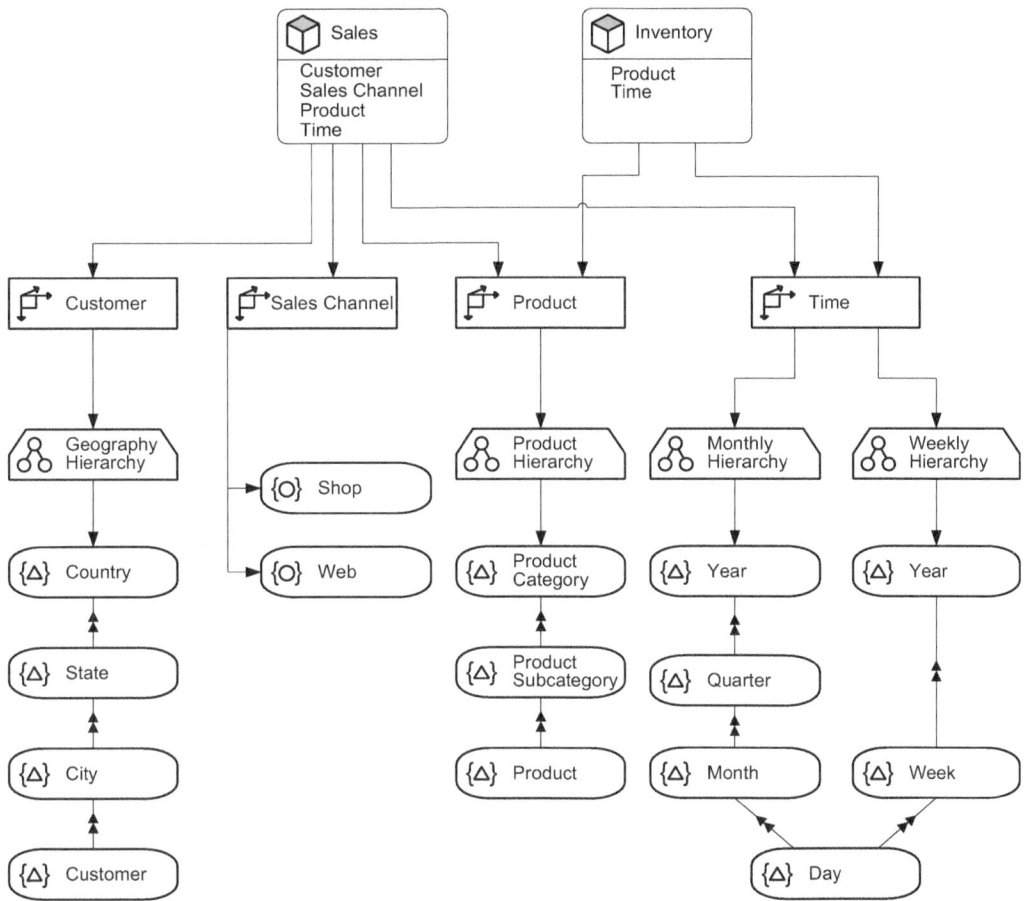

Bild 3.17 Beispiel für ADAPT-Diagramm eines Data Marts

Die ADAPT-Diagramme zeigen nur die hierarchischen Zusammenhänge der Dimensionen sowie eventuell spezifische Attribute, Ausprägungen oder Wertebereiche. Für eine vollständige Auflistung aller Attribute und Datentypen ist diese Notation nicht geeignet. Deshalb wird für das physische Datenmodell des Data Marts zusätzlich ein Entity-Relationship-Diagramm erstellt, das dann auch als Basis für die Erstellung der Dimensions- und Faktentabellen dient.

Bei Data Marts, die mittels multidimensionaler Technologie implementiert werden, kann die Definition der Hierarchien und Drill-Pfade direkt aus den ADAPT-Diagrammen abgeleitet werden. Auch hier müssen zusätzlich die Attribute der einzelnen Hierarchiestufen dokumentiert werden.

3.3.5.2 Entity-Relationship-Diagramme

Dimensionale Datenmodelle können auch als Entity-Relationship-Diagramme dargestellt werden (z. B. als Star- oder Snowflake-Schema). Diese Darstellung ist geeignet für das physische Datenbankdesign, da sie die Beziehungen zwischen den Fakten und Dimensionen gut sichtbar macht. Weniger geeignet sind Entity-Relationship-Diagramme für die Kommunikation mit den Fachbereichen.

In einem Entity-Relationship-Diagramm eines Star-Schemas wird üblicherweise die Faktentabelle in der Mitte dargestellt. Die Dimensionstabellen werden um die Faktentabelle angeordnet. Bei mehreren Faktentabellen ist es empfehlenswert, für jedes Star-Schema ein separates Diagramm zu erstellen und die gemeinsamen Dimensionen (Conformed Dimensions) pro Diagramm zu wiederholen.

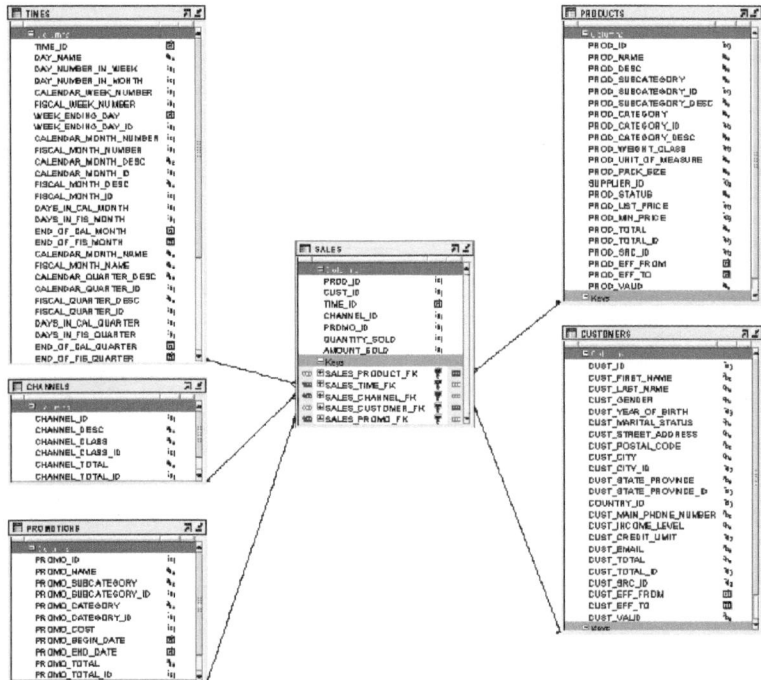

Bild 3.18 Entity-Relationship-Diagramm eines Star-Schemas

3.3.5.3 Data-Warehouse-Bus-Matrix

Eine kompakte und übersichtliche Darstellung, welche Dimensionen von welchen Faktentabellen oder multidimensionalen Cubes verwendet werden, bietet die Data-Warehouse-Bus-Matrix, die als Basis für Kimballs *Data Warehouse Bus Architecture* dient. In der DWH-Bus-Matrix werden alle Dimensionen, eventuell ergänzt mit den Hierarchiestufen, als Spalten aufgeführt. Für jede Faktentabelle oder für jeden Cube wird eine Zeile hinzugefügt, in welcher die verwendeten Dimensionen markiert werden. Auf diese Weise wird sofort ersichtlich, welche Dimensionen mehrmals verwendet werden und somit Conformed Dimensions sind.

	Times				Product			Customer						
	Day	Month	Quarter	Year	Product	Subcategory	Category	Customer	City	State	Country	Channel	Vendor	Warehouse
Sales	X	X	X	X	X	X	X	X	X	X	X	X		
Inventory	X	X	X	X	X	X	X						X	X
Invoice		X	X	X				X	X	X	X			

Bild 3.19 Data-Warehouse-Bus-Matrix mit Dimensionen, Hierarchiestufen und Fakten

Diese Darstellung ist ebenfalls kein Ersatz für die bereits vorgestellte ADAPT-Notation oder ein Entity-Relationship-Diagramm, sondern dient als Gesamtüberblick über alle vorhandenen Data Marts. Sie sollte in keiner DWH-Dokumentation fehlen und dient sowohl dem Entwicklungsteam als auch den Fachbereichen als Übersicht über das geplante oder vorhandene dimensionale Modell.

3.3.6 Dimensionales Core

Werden aus dem Core ausschließlich dimensionale Data Marts beliefert, in welchen die Daten in jeweils ähnlicher Form zur Verfügung stehen, kann auch für das Core ein dimensionales Datenmodell verwendet werden.

Die einzelnen Data Marts unterscheiden sich nur durch Anzahl und Granularität der Dimensionen. Das Core-Datenmodell enthält alle Dimensionen, die in mindestens einem Data Mart vorkommen, in feinster Granularität. Auch hier finden im Core noch keine Aggregationen statt.

Ein dimensionales Core wird in jedem Fall mittels Tabellen und Beziehungen, nicht mit multidimensionalen Cubes, implementiert. Ob dabei Star- oder Snowflake-Schemas verwendet werden, ist nicht relevant, weil typischerweise keine Abfragen direkt auf das Core ausgeführt werden. Snowflake-Schemas können vorteilhaft sein, um daraus einfacher Dimensionen unterschiedlicher Granularität ableiten zu können.

 Praxistipp: Im Core generell Slowly Changing Dimensions Typ 2

Dimensionen werden im dimensionalen Core generell mittels SCD 2 versioniert, um die Nachvollziehbarkeit aller Änderungen gewährleisten zu können. Bei Bedarf kann daraus beim Laden der Data Marts SCD 1 abgeleitet werden. Fakten werden in der Granularität im Core abgelegt, wie sie von den Quellsystemen geliefert werden. Aggregationen finden erst beim Laden der Data Marts statt.

Voraussetzung für ein dimensionales Core ist, dass eine konsequente anforderungsgetriebene Modellierung verwendet wird und dass ausschließlich dimensionale Data Marts beliefert werden, die alle einen ähnlichen Aufbau haben. Der große Vorteil des dimensionalen Core besteht darin, dass die ETL-Prozesse zum Laden der Data Marts sehr einfach sind. Sie bestehen nur aus Filter- und Aggregationsregeln. Komplexere Transformationen sind kaum notwendig, da die Umformung in ein dimensionales Modell bereits beim Laden des Core durchgeführt wird. Grenzen sind dem Modell gesetzt, wenn die gleichen Informationen in unterschiedlichen Data Marts eine andere Bedeutung haben, beispielsweise in einem Data Mart als beschreibendes Attribut einer Dimension, in einem anderen Data Mart als Kennzahl.

■ 3.4 Tools zur Datenmodellierung

Für die Erstellung, Pflege und Dokumentation von Datenmodellen gibt es zahlreiche Modellierungstools auf dem Markt, welche die Datenmodellierung auf unterschiedliche Arten unterstützen. Dieses Kapitel soll einen kurzen Überblick über die Möglichkeiten solcher Hilfsmittel geben.

3.4.1 Tools für relationale Datenmodellierung

Eine Aufzählung der zahlreichen Produkte zur relationalen Datenmodellierung würde an dieser Stelle zu weit führen. Stattdessen soll hier erwähnt werden, ob und weshalb der Einsatz solcher Tools empfohlen ist.

Je nach eingesetztem Modellierungstool werden unterschiedliche Methoden und verschiedene Notationen für die Datenmodellierung verwendet. Viele Tools unterscheiden zwischen logischer und physischer Datenmodellierung, teilweise wird auch die konzeptionelle Datenmodellierung unterstützt. Die Datenmodelle können mit verschiedenen Notationen (z. B. IDEF1X, Bachman, „Krähenfuß", Chen, UML) dargestellt werden.

Die meisten gängigen Modellierungstools können aus dem physischen Datenmodell DDL-Skripte für unterschiedliche Datenbanksysteme generieren. Viele Werkzeuge bieten außerdem die Möglichkeit, Datenstrukturen aus einer Zieldatenbank einzulesen, um so nachträglich ein Datenmodell daraus erstellen zu können (Reverse Engineering).

Meistens werden die Datenmodelle, also die Metadaten zur Datenmodellierung, in toolspezifischen Files abgespeichert, bei umfangreicheren Software-Produkten teilweise in Repository-Datenbanken.

Wo liegen die Vorteile beim Einsatz eines Modellierungstools? In vielen Datenbankprojekten – nicht nur in Data Warehouses – wird auf ein logisches und physisches Datenmodell verzichtet. Stattdessen werden direkt auf der Zieldatenbank Tabellen mittels SQL-Befehlen oder interaktiven Datenbanktools angelegt und bei Bedarf erweitert oder verändert.

Dieser pragmatische Ansatz wirkt auf den ersten Blick plausibel, da die Erstellung der Datenstrukturen rasch und einfach durchgeführt werden kann. Diese Arbeitsmethode hat jedoch verschiedene Nachteile:

- Die Gesamtübersicht über die vorhandenen Entitätstypen (Tabellen) und ihre Beziehungen fehlt bzw. kann nur durch Abfragen auf das Data Dictionary der Datenbank ermittelt werden.

- Beim manuellen Anlegen von Tabellen wird oft vergessen, auch die Beziehungen zu anderen Tabellen (Foreign Key Constraints) zu erstellen. In diesem Fall besteht dann das „Datenmodell" aus einer Menge von einzelnen Tabellen, deren logische Zusammenhänge in der Datenbank nicht ersichtlich sind. Das erschwert das Verständnis des Datenmodells erheblich.

- Werden Tabellen direkt über interaktive Tools auf der Zieldatenbank erstellt, wird die Installation der gleichen Datenstrukturen auf verschiedenen Datenbankumgebungen (z. B. Entwicklung, Test und Produktion) erschwert. Dieses Problem lässt sich oft umgehen, da viele Tools aus den physischen Datenbankobjekten die entsprechenden DDL-Skripte generieren können.

Aus diesen Gründen wird empfohlen, wenn möglich ein Datenmodellierungstool einzusetzen, entweder für die Erstellung des logischen und physischen Datenmodells oder zumindest um mittels Reverse Engineering aus den physischen Datenbankstrukturen eine grafische Darstellung des Datenmodells generieren zu können.

3.4.2 Tools für dimensionale Datenmodellierung

Während für die relationale Datenmodellierung eine Vielzahl von Software-Produkten existiert, gibt es nur wenige Tools, welche die dimensionale Modellierung unterstützen. Zwar ist es möglich, mithilfe eines relationalen Modellierungstools zumindest das physische Design eines dimensionalen Datenmodells als Star-Schema darzustellen. In diesem Modell sind jedoch die hierarchischen Zusammenhänge innerhalb der Dimensionen nicht ersichtlich.

Die hierarchischen Zusammenhänge können mit der ADAPT-Notation dokumentiert werden (siehe Abschnitt 3.3.5.1). Dazu werden entsprechende ADAPT-Modelle mit Microsoft Visio erstellt, die für die Erarbeitung der fachlichen Anforderungen sowie als Dokumentation des dimensionalen Datenmodells der Data Marts verwendet werden können. Eine direkte Generierung von Datenbankobjekten (Tabellen oder multidimensionale Cubes) aus einem ADAPT-Modell ist nicht möglich. Deshalb muss auf jeden Fall parallel zu den ADAPT-Modellen ein physisches Datenmodell erstellt und gepflegt werden – idealerweise mit einem relationalen Modellierungstool.

Dimensionale Strukturen können teilweise auch in den Entwicklungswerkzeugen spezifischer Datenbankhersteller definiert und gepflegt werden. Dies ist zum Beispiel bei Oracle Warehouse Builder oder beim Business Intelligence Development Studio von Microsoft der Fall. Diese Tools erlauben die Modellierung von Dimensionen mit verschiedenen Hierarchiestufen und Attributen sowie die Definition der Zusammenhänge zwischen Fakten und Dimensionen. Daraus können dann die physischen Datenbankobjekte für die jeweilige Zielumgebung generiert werden.

Ebenfalls unterstützt wird die Modellierung von dimensionalen Objekten durch das Trivadis-Tool biGenius, mit welchem DWH-Strukturen definiert und generiert werden können.

Mit biGenius können Dimensionen mit verschiedenen Hierarchien definiert werden, welche dann von Fakten (*Measure Groups*) referenziert werden. Die Hierarchiestufen werden relationalen Objekten (*Entities*) zugeordnet, welche wiederum mit Quelltabellen oder -views verknüpft werden können. Aus den so definierten Metadaten werden dann sowohl die Datenbankstrukturen für die verschiedenen DWH-Schichten als auch die zugehörigen ETL-Prozesse generiert.

4 Datenintegration

Der Erfolg oder Misserfolg eines BI-Projekts hängt maßgeblich mit der Qualität der Daten zusammen, die als Basis für die BI-Anwendungen zur Verfügung stehen. Die schönste Frontend-Applikation oder der raffinierteste Report sind wertlos, wenn falsche oder unvollständige Daten angezeigt werden. Ein wesentlicher Bestandteil jedes BI-Projekts ist somit die Beschaffung und Integration von Daten aus den operativen Systemen.

Datenintegration ist weit mehr als das Kopieren von Daten aus verschiedenen OLTP-Systemen in ein Data Warehouse. Sie umfasst Themengebiete wie das Zusammenführen und Vereinheitlichen von Datenbeständen aus unterschiedlichen Systemen, die Bereinigung von unvollständigen und fehlerhaften Daten, die Delta-Ermittlung und Historisierung von Stamm- und Bewegungsdaten und vieles mehr. Die Integrationsprozesse müssen dabei so geplant und implementiert werden, dass Daten innerhalb nützlicher Frist in der erforderlichen Qualität in das Data Warehouse geladen werden können, welches als Basis für die BI-Anwendungen dient. Um diese Thematik geht es auf den folgenden Seiten.

- Bevor mit der Integration eines Quellsystems begonnen wird, empfiehlt sich eine systematische Quelldatenanalyse mittels Data Profiling, wie dies in Abschnitt 4.1 beschrieben wird.

- Abschnitt 4.2 beschreibt die grundlegenden Aufgaben von ETL-Prozessen, gibt einen Überblick über die Funktionsweise von ETL-Tools und betrachtet Performance-Aspekte und Ablaufsteuerungen von ETL-Prozessen.

- Bei der Extraktion aus den Quellsystemen stellt sich die Frage, wie Änderungen an den Daten gegenüber der letzten Datenlieferung ermittelt werden können. Mit dieser Thematik und verschiedenen Lösungsansätzen befasst sich Abschnitt 4.3.

- Von Fehlerbehandlung und Datenbereinigung handelt Abschnitt 4.4, in welchem verschiedene Möglichkeiten zum Umfang mit unvollständigen oder fehlerhaften Daten beschrieben werden.

- In Abschnitt 4.5 wird aufgezeigt, wie durch geeignete Quality Checks überprüft und sichergestellt werden kann, dass die ins Data Warehouse geladenen Daten den Anforderungen bezüglich Datenqualität genügen.

- Dem immer wichtiger werdenden Thema von Data Warehouses, die Daten möglichst in Echtzeit zur Verfügung stellen können, widmet sich Abschnitt 4.6, der verschiedene Ansätze von „Real-Time BI" vorstellt.

Die in diesem Kapitel vorgestellten Konzepte und Verfahren sind möglichst allgemein gehalten. Spezifische Prinzipien der Datenintegration, die sich auf einzelne DWH-Schichten beziehen, sind in Kapitel 4 beschrieben.

■ 4.1 Data Profiling

Als Data Profiling wird die systematische Analyse der Quell-Datenbestände eines Data Warehouse bezeichnet. Es dient dazu, die Datenqualität im Data Warehouse bereits im Vorfeld zu überprüfen und zu entscheiden, ob Datenprobleme im Quellsystem verbessert oder durch Korrekturen im Rahmen der ETL-Prozesse gelöst werden können. Data Profiling kann aber auch verwendet werden, um die Zusammenhänge der Quelldaten besser zu verstehen und neue Erkenntnisse über die Datenquellen zu gewinnen.[1]

Data Profiling kann manuell mittels geeigneter SQL-Abfragen auf den Quellsystemen durchgeführt werden. Besser und komfortabler ist jedoch der Einsatz spezifischer Profiling-Tools, welche eine automatische Datenanalyse und verschiedene Auswertungen erlauben. In verschiedenen ETL-Tools sind Profiling-Funktionen integriert oder stehen als zusätzliche Optionen zur Verfügung.

4.1.1 Probleme mangelnder Datenqualität

Ein DWH-Projekt beinhaltet typischerweise verschiedene Phasen, die entweder parallel oder hintereinander ablaufen können. Diese Phasen reichen von der Anforderungsanalyse bis hin zur Erstellung der fertigen BI-Frontend-Applikationen, wie in Bild 4.1 grob dargestellt. In jeder dieser aufeinander aufbauenden Phasen entsteht ein separater Aufwand. Ein generelles Problem von DWH-Projekten liegt darin, dass der Anwender erst zu einem ziemlich späten Zeitpunkt einen Blick auf seine neuen Daten bekommt, nämlich genau dann, wenn die ersten BI-Reports fertiggestellt sind. Entdeckt er dabei falsche Daten, die z. B. auf Datenqualitätsproblemen beruhen, beginnt die erste Korrekturphase, die sich selber im schlimmsten Falle sogar wieder über alle bereits durchlaufenen Phasen erschließt. Der Aufwand ist dementsprechend groß, und es können sich danach weitere Korrekturphasen anschließen.

---

[1] Siehe auch Kimball Design Tip #59: Surprising Value of Data Profiling
     http://www.kimballgroup.com/2004/09/14/design-tip-59-surprising-value-of-data-profiling/

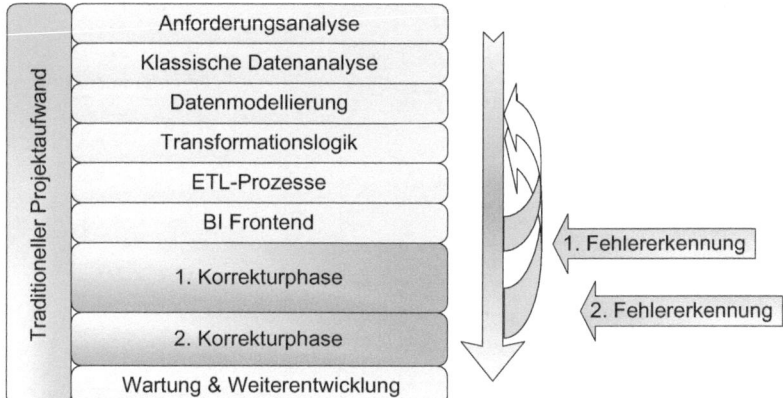

Bild 4.1 Traditioneller Aufwand während eines Data-Warehouse-Projektes

Über die gesamte Projektlaufzeit ergibt sich somit ein Aufwand, der sich durch Summierung folgender typischer Projektphasen ergibt:

- Anforderungsanalyse
- Klassische Datenanalyse: Manuelle Skripte zur individuellen Datenanalyse sind sehr aufwendig und werden meistens von den Entwicklern nur oberflächlich betrieben.
- Datenmodellierung – Design aller DWH-Schichten
- Transformationslogik – Definition durch den Fachbereich
- ETL-Prozesse – Umsetzung der Transformationslogik und Ausführung
- Definition der BI-Metadaten
- Erstellung der BI-Reports (Frontend)
- Erst jetzt stellt der Kunde falsche Summen im Report fest!
- Korrekturphasen sind unumgänglich, sie können alle Phasen vom Design bis zur Reporterstellung beinhalten und müssen unter Umständen mehrfach zyklisch durchlaufen werden.

4.1.2 Einsatz von Data Profiling

Data Profiling bietet dem DWH-Projektteam eine ideale Chance, bereits *vor* dem Design des Data Warehouse einen tiefen Einblick in die Datenqualität der Quellsysteme zu bekommen und dann entsprechend auf Auffälligkeiten im Datenbestand zu reagieren. Somit reduzieren sich die nachträglichen zyklischen Korrekturphasen über alle Designebenen erheblich. Der Gesamtaufwand des Projektes wird also wesentlich reduziert. Bild 4.2 zeigt, dass bereits bei der intensiven Auswertung des Data Profilings viele Datenqualitätsfehler erkannt werden und somit im optimalen Falle aufwendige Korrekturphasen mit ihren zyklischen Rückschritten entfallen.

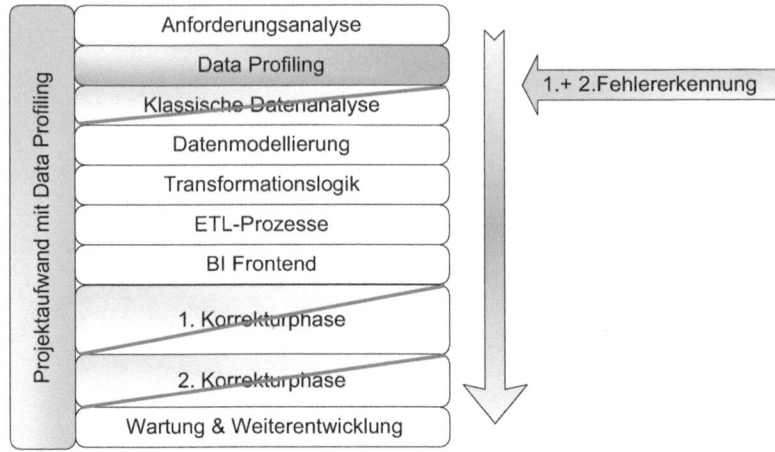

Bild 4.2 Reduzierter Projektaufwand durch den Einsatz von Data Profiling

Ein weiterer, nicht zu unterschätzender Vorteil ergibt sich auf psychologischer Ebene. Es sind nicht die finalen Resultate bzw. Reports des Data Warehouse, die die Datenqualitätsprobleme zutage bringen und somit im Fachbereich erste Zweifel gegenüber dem Data Warehouse selbst aufkommen lassen. Nein, denn die DWH-Entwickler haben bis dato noch eine absolut weiße Weste, da sie außer dem Durchführen und Analysieren des Data Profilings noch keine (womöglich falschen) Design- oder Ladeentscheidungen getroffen haben. Erst später muss das DWH-Team zu kritischen Fragen Stellung beziehen und in aufwendiger Arbeit sowohl das DWH-Design als auch die ETL-Strecken überprüfen und rechtfertigen.

■ 4.2 ETL

Der Begriff ETL (Extraction, Transformation, Loading) wird für alle Prozesse verwendet, welche für die Datenflüsse von den Quellsystemen ins Data Warehouse und innerhalb des Data Warehouse benötigt werden. ETL-Prozesse werden benötigt, um die Daten aus den Quellsystemen zu extrahieren und in die Staging Area zu laden, danach in der Cleansing Area zu bereinigen, ins Core zu integrieren sowie für die verschiedenen Data Marts aufzubereiten und zu aggregieren.

ETL-Prozesse können mit klassischen Datenbanktechnologien wie SQL-Skripten oder Stored Procedures implementiert werden. Lange Zeit war dies die häufigste Methode, um Daten in ein Data Warehouse zu laden und zu transformieren. Heute gibt es verschiedenste ETL-Tools die für die Implementation von ETL-Prozessen verwendet werden können. Die Arbeitsweise der Tools ist unterschiedlich, aber die Aufgaben, die damit gelöst werden sollen, bleiben die gleichen.

4.2.1 Aufgaben der ETL-Prozesse

Die Aufgaben, die im Rahmen der ETL-Prozesse durchgeführt werden müssen, sind vielfältig und können sich je nach Komplexität der Anforderungen und eingesetzter Technologie der Quellsysteme und des Data Warehouse stark unterscheiden. Es gibt aber typische ETL-Abläufe, die in jedem DWH-System durchgeführt werden müssen. Diese Aufgaben lassen sich in drei Kategorien *Extraktion*, *Transformation* und *Laden der Daten* zusammenfassen.

4.2.1.1 Extraktion aus Quellsystemen

Bevor die Daten ins Data Warehouse geladen werden können, müssen sie aus den Quellsystemen extrahiert werden. Ob dabei die Quellsystemdaten in spezielle Extraktions- oder Journaltabellen geschrieben, in Flat Files oder XML-Files exportiert oder via Views zur Verfügung gestellt werden, hängt von der verwendeten Technologie des jeweiligen Quellsystems ab. Prinzipiell kann zwischen folgenden Extraktionsmechanismen unterschieden werden:

- *Full Extraction:* Im Quellsystem werden alle Datensätze einer Tabelle extrahiert. Die Lieferung umfasst somit den gesamten Datenbestand der Tabelle. Dieses Prinzip ist das einfachste Extraktionsverfahren und lässt sich insbesondere für Stammdatentabellen mit kleinem Datenvolumen einfach anwenden.

- *Delta Extraction:* Es wird nur eine Teilmenge der Daten einer Tabelle des Quellsystems extrahiert. Diese Teilmenge wird beschränkt auf jene Datensätze, die in einem bestimmten Zeitraum – meistens zwischen den Zeitpunkten der letzten und der aktuellen Extraktion – erstellt oder geändert wurden. Je nach Anforderungen und verwendeter Technologie wird dabei jede einzelne Änderung oder nur der aktuelle Stand des geänderten Datensatzes extrahiert.

Die einzelnen Extraktionsverfahren und ihre Einsatzmöglichkeiten für Stamm- und Bewegungsdaten werden in Abschnitt 4.3 ausführlich beschrieben.

4.2.1.2 Transformationen

Die aus den Quellsystemen extrahierten Daten müssen von den ETL-Prozessen so transformiert werden, dass sie den Zielstrukturen im Data Warehouse (Core und Data Marts) entsprechen. Dies ist in der Regel der komplexeste Teil der Verarbeitung und findet hauptsächlich in der Cleansing Area statt. Er umfasst folgende Aufgaben:

- *Datenbereinigung:* Dazu gehören Tätigkeiten wie die Herleitung von abgeleiteten Attributen, das Filtern von nicht relevanten Datensätzen, die Konvertierung von Datentypen, die Eliminierung von Duplikaten oder die Anreicherung mit Singletons (Default-Werten).

- *Integration:* Werden Daten aus unterschiedlichen Quellsystemen in die gleiche Zieltabelle geladen, so müssen sie auch in eine einheitliche Form gebracht werden. Dazu sind z. B. Codeübersetzungen oder Währungsumrechnungen notwendig, damit die Daten vergleichbar werden.

- *Versionierung:* Bei zu versionierenden Stammdaten muss sichergestellt werden, dass für die geänderten Datensätze eine neue Version erzeugt und die bisher gültige Version als abgeschlossen markiert wird.

- *Aggregation:* Zwischen Core und Data Marts werden die Bewegungsdaten teilweise auf eine übergeordnete Hierarchiestufe einzelner Dimensionen aggregiert. Additive Kennzahlen werden typischerweise aufsummiert, für non-additive Kennzahlen muss eine fachlich geeignete Aggregationsfunktion definiert werden.

Fachliche Transformationen, beispielsweise die Berechnung von Key Performance Indicators oder abgeleiteten Kennzahlen, sollten möglichst separiert werden von den technischen Transformationen. Dies reduziert die Komplexität der ETL-Prozesse und vereinfacht die spätere Fehlersuche. Allgemeine Informationen zur Fehlerbehandlung während der Transformationen werden in Abschnitt 4.4 erläutert.

Die Transformationsschritte der einzelnen DWH-Schichten (Staging Area, Cleansing Area, Core und Marts) werden in Kapitel 5 im Detail beschrieben.

4.2.1.3 Laden in die Zieltabellen

Beim Laden in die Zieltabellen kommen verschiedene Lademechanismen zur Anwendung. Folgende Varianten werden dabei unterschieden:

- *Initial Load:* Alle Datensätze in der Zieltabelle des DWH (Core oder Marts) werden gelöscht und durch den neuen Datenbestand ersetzt. Dies ist nur für das Neuaufsetzen eines Data Warehouse oder für sehr kleine Datenbestände ohne Historisierungsanforderungen sinnvoll. Häufiger verwendet werden Initial Loads zum Laden von Data Marts und OLAP-Cubes.

- *Incremental Load:* Zu den bereits existierenden Daten werden zusätzliche Datensätze geladen. Bestehende Stammdatensätze werden entweder überschrieben oder versioniert. Als Basis kann dazu ein Full Extract oder ein Delta Extract verwendet werden. Bei der Kombination von Full Extraction und Incremental Load muss ein Delta-Abgleich implementiert werden, wie er in Abschnitt 4.3.2 beschrieben wird. Bei Bewegungsdaten werden nur neue Datensätze hinzugefügt. Versionierung und Delta-Abgleich sind hier in der Regel nicht notwendig.

- *Snapshot Load:* Bei jedem Ladevorgang werden alle gelieferten Daten ins DWH geschrieben. Im Gegensatz zum Initial Load bleiben aber die zuvor geladenen Daten bestehen. Die Zieltabelle enthält somit mehrere vollständige Stände (Snapshots) der Quelltabelle, die sich anhand des Extraktionsdatums unterscheiden. Dieses Verfahren führt zu sehr großen Datenmengen, da auch unveränderte Daten bei jeder Datenlieferung neu gespeichert werden. Somit ist ein Snapshot Load nur bei großen Ladezyklen (z. B. monatliche Lieferungen) zweckmäßig.

4.2.2 ETL-Tools

ETL-Tools sind Entwicklungsumgebungen für die Implementation von ETL-Prozessen. Über eine meist grafische Benutzeroberfläche können vorgefertigte Funktionalitäten verwendet werden, die es erlauben, ETL-Prozesse relativ einfach und schnell zu implementieren, weil viele Grundfunktionen bereits vorhanden und nicht für jedes Projekt wieder neu entwickelt werden müssen.

In diesem Kapitel wird nicht auf spezifische ETL-Tools eingegangen, sondern es werden die Gemeinsamkeiten und Unterschiede solcher Entwicklungswerkzeuge erläutert und ihre Vor- und Nachteile beleuchtet.

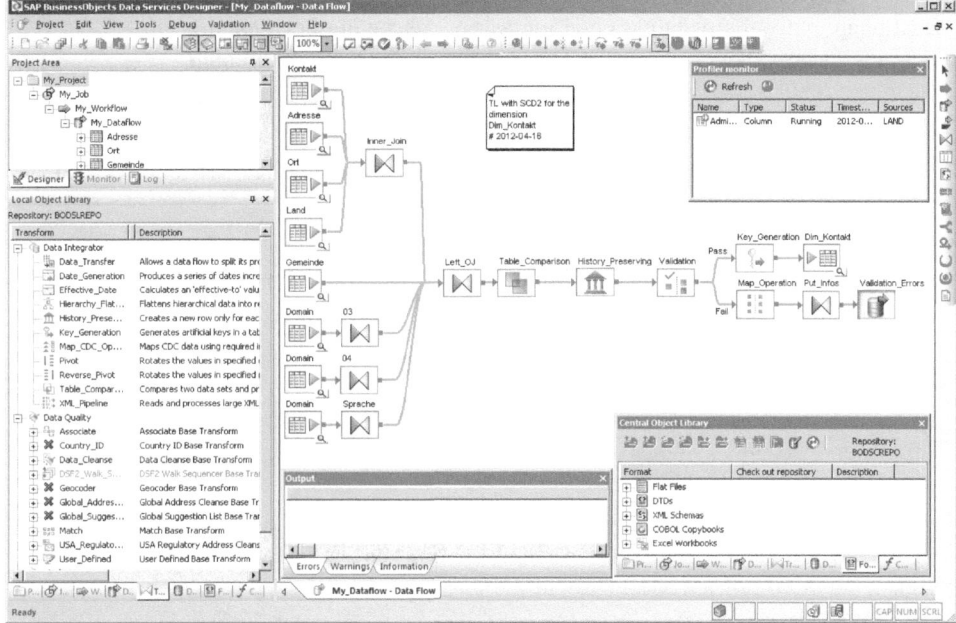

Bild 4.3 Benutzeroberfläche eines ETL-Tools (SAP Business Objects Data Services)

Die ETL-Tools lassen sich in zwei Hauptgruppen unterteilen:

- *Transformation Engines* führen die Transformationsprozesse außerhalb der Datenbank durch und schreiben die Daten erst nach den Transformationen in die Zieldatenbank. Solche ETL-Tools unterstützen typischerweise unterschiedlichste Quell- und Zielsysteme und sind somit vor allem für heterogene Umgebungen geeignet. Da ein Großteil der Funktionalität im ETL-Tool enthalten ist, werden oft viele Features der Zieldatenbank nicht oder nur unvollständig unterstützt. Oft eingesetzte Transformation Engines sind beispielsweise Informatica PowerCenter, SAP BusinessObjects Data Services oder IBM InfoSphere DataStage.

- *Codegeneratoren* übersetzen die im ETL-Tool entwickelten Transformationen in zielsystemspezifischen Code. Der generierte Code wird danach in der Datenbank ausgeführt. Weil diese ETL-Tools eng mit der Zieldatenbank gekoppelt sind, werden die Features der Datenbank gut ausgenutzt. Dafür besteht der Nachteil, dass die Tools oft auf ein oder wenige Datenbanksysteme limitiert sind. Typische Vertreter für Codegeneratoren sind Oracle Warehouse Builder (OWB) oder Talend Open Studio.

Es gibt auch Mischformen dieser beiden Gruppen: Der Oracle Data Integrator (ODI) beispielsweise kann sowohl SQL-Code generieren als auch ETL-Statements mittels einer Engine (ODI-Agent) ausführen. Informatica PowerCenter ermöglicht es, durch die Pushdown Optimization ETL-Operationen direkt auf der Datenbank auszuführen und unterstützt somit in begrenztem Maße die Features der gängigsten Zieldatenbanken.

4.2.2.1 Funktionalität von ETL-Tools

Die Funktionalität von ETL-Tools lässt sich nicht abschließend beschreiben, da jedes dieser Entwicklungswerkzeuge einen unterschiedlichen Funktionsumfang besitzt. Zusammengefasst lässt sich aber festhalten, dass alle ETL-Tools eine große Anzahl vorgefertigter Transformationen und weiterer Funktionen umfassen, welche die Entwicklung von ETL-Prozessen unterstützen. Dazu gehören typischerweise folgende Funktionalitäten:

- *Lesen von Datenquellen:* Tabellen und Views aus verschiedenen Datenbanksystemen, Flat Files, XML-Files ERP-Systeme etc.

- *Schreiben in Zielstrukturen:* Tabellen unterschiedlicher relationaler Datenbanksysteme, multidimensionale Cubes, Flat Files, XML-Files etc.

- *Standardoperatoren:* Joinen, Filtern, Aggregieren und Sortieren von Daten, Generierung von Surrogate Keys, Berechnungen von abgeleiteten Attributen etc.

- *DWH-Transformationen:* Key Lookups zum Ermitteln von Dimensionsschlüsseln, Behandlung von Slowly Changing Dimensions, Pivotierung von Daten, automatische Datenbereinigungen etc.

- *Protokollierung/Logging:* Schreiben von ETL-Metadaten über ausgeführte ETL-Prozesse, Laufzeiten, Anzahl geladener oder zurückgewiesener Datensätze, Fehlermeldungen etc. in ETL-Repository oder Log-Files

- *Jobsteuerung:* Definition von komplexen Abläufen, Abhängigkeiten von auszuführenden ETL-Prozessen und Job-Ketten, Versenden von Mails oder Auslösen von Events in Abhängigkeit der ausgeführten ETL-Prozesse

Die Liste ist nicht vollständig und kann je nach verwendetem ETL-Tool variieren. Bei einigen Tools ist der Funktionsumfang außerdem abhängig von der verwendeten Lizenz sowie weiteren Zusatzoptionen. Die heute auf dem Markt erhältlichen ETL-Tools unterscheiden sich nicht nur stark in ihrem Funktionsumfang, sondern auch im Preis. Ein direkter Zusammenhang zwischen Funktionalität und Preis ist nicht in jedem Fall vorhanden.

4.2.2.2 ETL oder ELT?

ETL wird als allgemeiner Begriff verwendet, obwohl je nach eingesetzter Technologie der Begriff ELT (Extraction, Loading, Transformation) treffender wäre. Insbesondere bei Codegeneratoren findet der größte Teil der Transformationen innerhalb der Zieldatenbank statt. Trotzdem wird meistens der Begriff „ETL-Tools" verwendet. Einige Hersteller nennen ihre Entwicklungswerkzeuge jedoch bewusst „ELT-Tools", um den Unterschied in der Arbeitsweise zu betonen. Dieser Unterschied soll hier erläutert werden.

Transformation Engines sind üblicherweise ETL-Tools, die auf einem separaten ETL-Server betrieben werden und von dort die Daten aus den Quellsystemen extrahieren, auf dem ETL-Server transformieren und schließlich in die Zieltabelle der DWH-Datenbank laden. Für den Datenfluss hat dies zur Folge, dass die Daten vom Quellsystem an den ETL-Server und von dort ans Data Warehouse übermittelt werden müssen. Das Gleiche ist auch der Fall für ETL-Prozesse innerhalb des DWH. Um Daten von der Staging Area in die Cleansing Area zu laden, müssen sie zuerst an den ETL-Server und danach wieder zurück übermittelt werden.

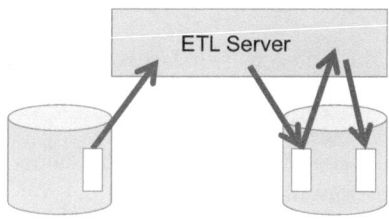

Bild 4.4 Datenfluss bei einem ETL-Server

Voraussetzung für eine effiziente Ausführung der ETL-Prozesse ist somit, dass ETL-Server und Datenbankserver über eine schnelle Netzverbindung gekoppelt sind. Ist das nicht der Fall, kann dies bei großen Datenmengen zu Performanceproblemen der ETL-Prozesse führen.

Dies ist bei ELT-Tools nicht der Fall. Ein ELT-Tool ist entweder ein Codegenerator oder eine Transformation Engine, die in der Lage ist, gewisse Operationen mittels ELT-Technologie auf der Datenbank auszuführen.

In den meisten Fällen sind Operationen, welche direkt auf der Datenbank ausgeführt werden können, effizienter. Dies vor allem dann, wenn sowohl Quell- als auch Zieltabellen auf der gleichen Datenbank liegen (z. B. beim Laden der Cleansing Area aus der Staging Area). Es kann aber durchaus Fälle geben, in denen Operationen außerhalb der Datenbank effizienter sind.

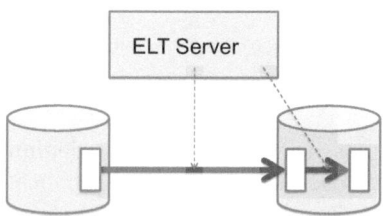

Bild 4.5 Datenfluss bei einem ELT-Server

Bei ELT-Tools finden die Transformationen in der Zieldatenbank statt (z. B. durch Ausführen eines SQL-Befehls, der die Daten von einer Tabelle in die andere kopiert und dabei transformiert). Solche Operationen sind normalerweise viel schneller, da der Datentransfer zwischen Datenbank und ETL-Server entfällt. Die extrahierten Daten aus dem Quellsystem werden direkt in die Staging Area der Zieldatenbank geladen (selbstverständlich auch über eine Netzverbindung). Von der Staging Area in die Cleansing Area können die Daten jedoch transformiert werden, ohne dass eine Übertragung über ein Netzwerk notwendig ist. Falls das ELT-Tool auf einem anderen Server betrieben wird (z. B. bei einer Transformation Engine), wird nur der SQL-Befehl an die Datenbank übermittelt, nicht aber die Daten.

Diese unterschiedliche Arbeitsweise führt dazu, dass ETL-Tools in der Regel langsamer sind als ELT-Tools. In vielen DWH-Systemen ist dies jedoch nicht von Bedeutung, da die zu ladenden Datenmengen klein genug (z. B. durch Delta Extraction und Incremental Loads) und die Netzverbindungen genügend schnell sind. Beim Laden von großen Datenmengen ist aber die ELT-Technologie vorzuziehen. Deshalb sind verschiedene Toolhersteller dazu übergegangen, einen Teil der Funktionen mittels ELT-Technologie auszuführen.

4.2.2.3 Positionierung von ETL-Tools

Das perfekte ETL-Tool gibt es nicht. Jedes Produkt hat Vor- und Nachteile bezüglich Funktionalität und Unterstützung verschiedener Plattformen. Die Bedienung kann ebenfalls je nach Benutzeroberfläche unterschiedlich sein.

Als Vorteile von ETL-Tools gegenüber manuell implementierten ETL-Prozessen mittels einer prozeduralen Programmiersprache werden häufig die kürzere Entwicklungszeit durch Verwendung von vorgefertigten Funktionalitäten sowie die raschere Übersicht durch die grafische Darstellung der Datenflüsse erwähnt. Es ist tatsächlich so, dass es in einem ETL-Tool vergleichsweise einfach ist, sich einen Überblick über einen bestehenden ETL-Ablauf zu verschaffen. Auch die Erstellung eines neuen ETL-Prozesses ist in der Regel relativ schnell möglich. Die Hauptarbeit liegt aber in den Details. Um einen lauffähigen ETL-Prozess zu implementieren, der die erforderlichen Transformationen durchführt und die richtigen Daten lädt, müssen oft verschiedene Einstellungen und Eigenschaften konfiguriert werden, bevor der ETL-Ablauf getestet und ausgeführt werden kann. Diese Komplexität wird teilweise aufgrund der „intuitiven" Benutzeroberfläche unterschätzt.

Um mit einem ETL-Tool effizient und effektiv arbeiten zu können, ist es deshalb wichtig, dass die ETL-Entwickler sowohl entsprechendes Know-how über das verwendete ETL-Tool als auch über die grundlegenden Datenbankkonzepte besitzen. Ist dieses Wissen im Entwicklungsteam vorhanden, können dank geeigneter ETL-Tools innerhalb nützlicher Zeit ETL-Abläufe realisiert und auch weiterentwickelt werden.

4.2.3 Performance-Aspekte

Ein häufiges Problem bei ETL-Prozessen besteht darin, dass die Nacht zu kurz ist. Oder mit anderen Worten: Der nächtliche ETL-Lauf dauert so lange, dass die Daten am Morgen nicht rechtzeitig in den Data Marts zur Verfügung stehen. Um für diese Problematik Abhilfe zu schaffen, gibt es einerseits verschiedene Features der ETL-Tools und Zieldatenbanken, die ein effizientes Laden von Daten ins DWH erlauben, andererseits ein paar wichtige Regeln, die bei der Implementation von ETL-Prozessen berücksichtigt werden müssen.

4.2.3.1 Mengenbasierte statt datensatzbasierte Verarbeitung

Die Verarbeitung eines ETL-Prozesses kann entweder mengenbasiert (set-based) oder datensatzbasiert (row-based) ausgeführt werden. Dies hängt vor allem mit der verwendeten Technologie zusammen. SQL als mengenbasierte Datenbanksprache funktioniert anders als die meisten prozeduralen Programmiersprachen, welche üblicherweise eine datensatzbasierte Verarbeitung verwenden.

Bei der mengenbasierten ETL-Verarbeitung werden alle Datensätze von einer oder mehreren Quelltabellen in eine Zieltabelle geladen (z. B. von der Staging Area in die Cleansing Area) und dabei gegebenenfalls transformiert. Dies wird typischerweise mit SQL implementiert, wie das Beispiel in Listing 4.1 zeigt. Aufgrund der mengenbasierten Arbeitsweise können auch große Datenmengen sehr schnell geladen werden.

Listing 4.1 Mengenbasierte ETL-Verarbeitung (Grundprinzip)

```
INSERT INTO cls_cust
SELECT * from stg_cust;
```

Beim datensatzbasierten ETL wird jeder Datensatz einzeln verarbeitet. Dieser prozedurale Ansatz ist flexibler, da Fehler mittels Exceptions abgefangen sowie Spezialfälle und Fallunterscheidungen problemlos realisiert werden können. Diese Art der Verarbeitung wird typischerweise mit prozeduralen Programmiersprachen implementiert. Listing 4.2 zeigt beispielsweise, wie ein einfaches Kopieren einer Tabelle von der Staging Area in die Cleansing Area in einer Oracle-Datenbank mit PL/SQL implementiert wird.

Listing 4.2 Datensatzbasierte ETL-Verarbeitung (Grundprinzip)

```
DECLARE
    CURSOR cur_cust IS
        SELECT * FROM stg_cust;
BEGIN
    FOR c IN cur_cust LOOP
        INSERT INTO cls_cust VALUES c;
    END LOOP;
END;
```

Für große Datenmengen ist die mengenbasierte Verarbeitung schneller als die datensatzbasierte. Es gibt jedoch in verschiedenen ETL-Tools und Datenbanksystemen die Möglichkeit, datensatzbasierte Bulk-Verarbeitung durchzuführen. In diesem Fall wird nicht jeder Datensatz einzeln in die Zieltabelle geschrieben, sondern in einem internen Array im Memory zwischengespeichert und mittels sogenannter Bulk-Operationen blockweise in die Datenbank geschrieben (z. B. jeweils 1000 Datensätze in einem Schritt). Dieses Verfahren kann zum Beispiel verwendet werden, wenn aufgrund der hohen Komplexität eine mengenbasierte Verarbeitung nicht möglich ist oder vom verwendeten ETL-Tool nicht unterstützt wird.

4.2.3.2 ELT-Tool statt ETL-Tool

Wie in Abschnitt 4.2.2.2 beschrieben, werden je nach verwendeter Technologie der ETL-Tools die Transformationen auf einem ETL-Server durchgeführt oder finden innerhalb der Datenbank statt (ELT-Tools). Insbesondere bei großen Datenmengen sowie langsamen Netzverbindungen zwischen ETL-Server und Datenbank kann diese unterschiedliche Arbeitsweise markante Unterschiede in der Laufzeit von ETL-Prozessen zur Folge haben. Meistens sind ELT-Verarbeitungen schneller, da der Datentransfer zwischen ETL-Server und Datenbank entfällt. Durch geeignete Maßnahmen, wie schnelle Netzwerkverbindungen oder Bulk-Verarbeitung zwischen ETL-Server und Datenbank, kann die Verarbeitungszeit so weit optimiert werden, dass sie in einer ähnlichen Größenordnung wie die ELT-Verarbeitung liegt.

In vielen Data Warehouses werden reine ETL-Tools (Transformation Engines) eingesetzt, ohne dass dies zu Performanceproblemen führt. Solange die zu ladenden Datenmengen genügend klein sind, ist dies meistens kein Problem. Für größere Datenmengen stehen oft spezielle Features des ETL-Tools zur Verfügung, die es erlauben, mengenbasierte Operationen auf der Zieldatenbank durchzuführen. Ist dies nicht möglich, wird teilweise die Möglichkeit gewählt, zeitkritische Verarbeitungen mittels Stored Procedures in der Datenbank zu implementieren und aus dem ETL-Tool aufzurufen.

4.2.3.3 Reduktion der Komplexität

Unabhängig vom eingesetzten ETL-Tool oder der verwendeten Datenbanktechnologie ist die folgende Performance-Maßnahme empfehlenswert: Komplexe ETL-Prozesse sollten, wenn immer möglich, in mehrere, überschaubare Einzelschritte aufgeteilt werden. Dies gilt sowohl bei der Implementierung mit einer prozeduralen Programmiersprache als auch bei der Realisierung mit einem ETL-Tool. Bei prozeduralen Sprachen gehört es zum guten Programmierstil, komplexe Abläufe zu modularisieren und in mehrere Subprogramme oder Prozeduren aufzuteilen. Das gleiche Prinzip gilt auch bei der Entwicklung von komplexen ETL-Prozessen, die als Mappings oder Jobs mit einem ETL-Tool implementiert werden.

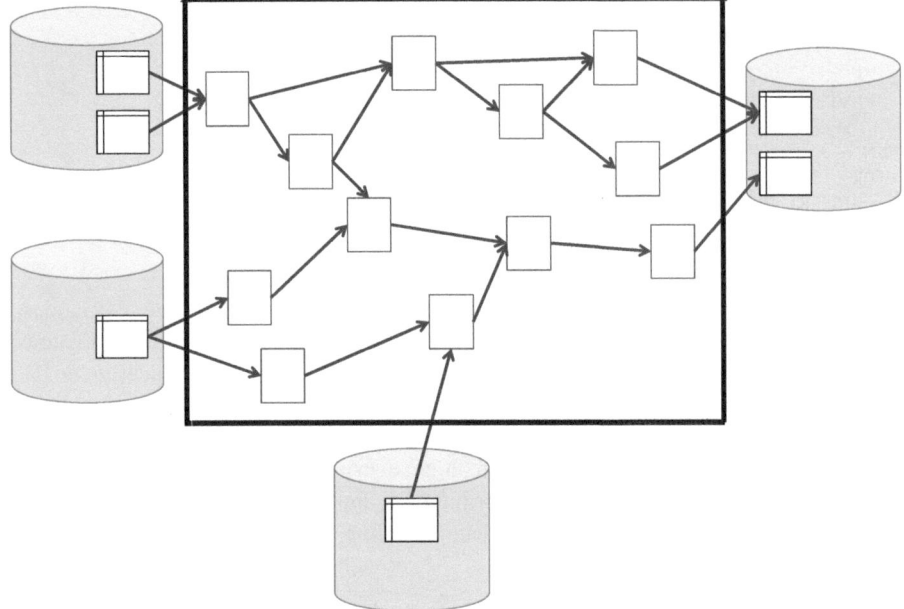

Bild 4.6 Beispiel für komplexen ETL-Prozess

Anstatt einen komplexen ETL-Prozess in einem umfangreichen Mapping zu implementieren, wie in Bild 4.6 dargestellt, ist es empfehlenswert, den Ablauf in mehrere Subprozesse zu unterteilen, welche als separate Mappings implementiert werden (siehe Bild 4.7). Dies hat mehrere Vorteile:

- Die Summe der Ausführungszeiten der einzelnen Subprozesse ist viel kürzer als die Ausführungszeit des gesamten Prozesses, da für die einfacheren Operationen viel weniger Ressourcen benötigt werden. Bei ELT-Tools oder SQL-Statements, welche direkt in der Datenbank ausgeführt werden, kommt hinzu, dass der Query Optimizer der Datenbank die einfacheren Statements besser optimieren kann.

- Neben dem Vorteil der besseren Performance sind Mappings auch überschaubarer, was die Weiterentwicklung bei zukünftigen Erweiterungen sowie die Einarbeitung neuer ETL-Entwickler vereinfacht. Auch hier gilt das Gleiche wie bei Programmiersprachen: Überschaubare Programme sind leichter zu verstehen als „Spaghetti-Code".

- Schließlich ist auch die Fehlersuche einfacher, da die Zwischenresultate in Stage-Tabellen oder weiteren Zwischentabellen abgespeichert und dort vom nächsten Verarbeitungsschritt wieder gelesen werden. Somit lässt sich im Falle von fehlerhaften Daten einfacher nachvollziehen, in welchem Teilschritt der Fehler auftritt, da die Zwischenresultate analysiert werden können.

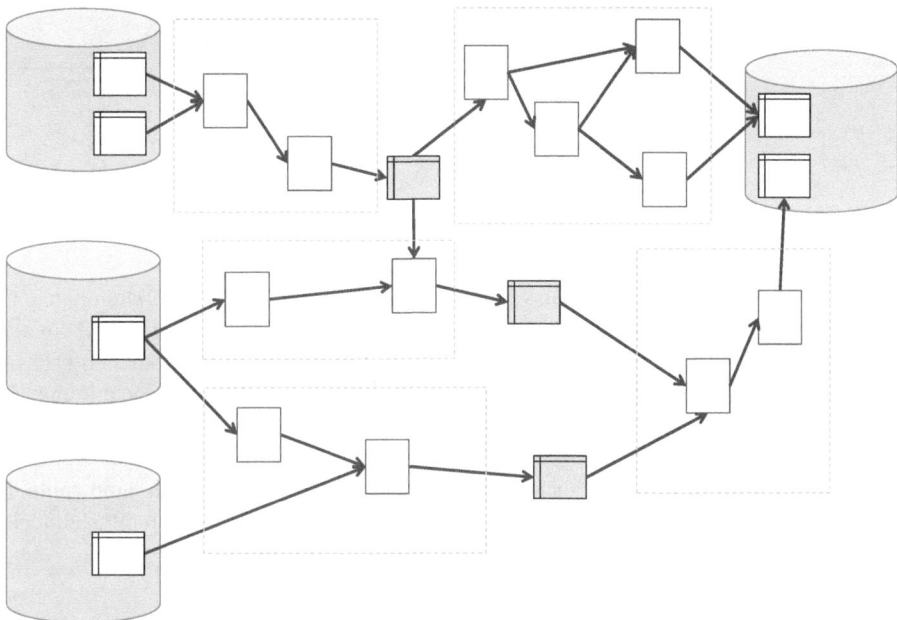

Bild 4.7 Aufteilung in fünf überschaubare Subprozesse

4.2.3.4 Frühzeitige Mengeneinschränkung

Je kleiner die zu verarbeitende Datenmenge ist, desto schneller lässt sich ein ETL-Prozess ausführen. Deshalb ist es wichtig, dass bei der ETL-Entwicklung darauf geachtet wird, dass die Datenmenge so früh wie möglich eingeschränkt wird. Wird ein Mapping so aufgebaut wie in Bild 4.8 gezeigt, kann dies negative Auswirkungen auf die Performance des ETL-Prozesses haben[2]. Nach aufwendigen Zwischenschritten und Transformationen wird am Ende ein Filter eingefügt, welcher nur eine Teilmenge der Daten in die Zieltabelle schreibt. Das bedeutet, dass für alle nicht relevanten Datensätze die Transformationsschritte ebenfalls ausgeführt wurden – und zwar vergeblich. Dies sollte, wenn immer möglich, vermieden werden.

---

[2] Bei ELT-Tools kann es sein, dass der Query Optimizer der Datenbank die ausgeführten SQL-Befehle so optimieren kann, dass trotz schlechtem Design des Mappings die frühzeitige Mengeneinschränkung funktioniert.

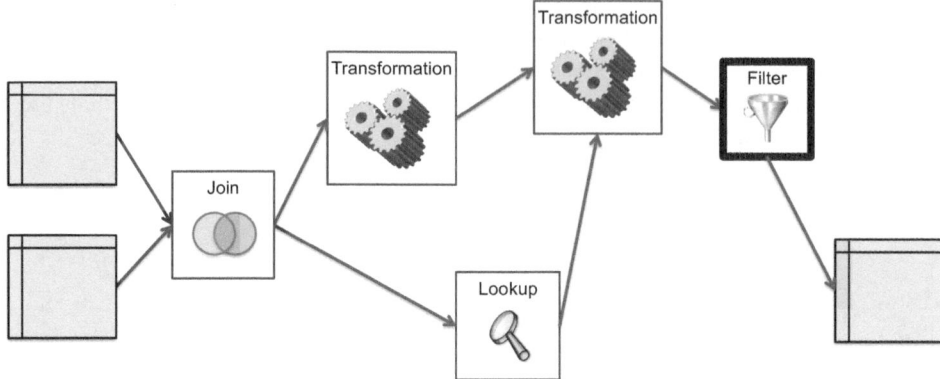

Bild 4.8 Schlechtes Beispiel: Mengeneinschränkung am Ende des ETL-Prozesses

Besser ist es, die Filterkriterien so früh wie möglich anzuwenden und so die Datenmenge für die nachfolgenden Transformationsschritte zu reduzieren. Das Beispiel in Bild 4.9 ist ein optimaler Fall, da eine Filterung der Daten bereits auf einer der beiden Quelltabellen erfolgen kann (z. B. Lesen der aktuellen Version aus einer Dimensionstabelle). Das ist nicht immer der Fall. Unter Umständen kann ein Filterkriterium erst aus dem Ergebnis eines Joins, eines Key Lookups oder einer Transformation ermittelt werden (z. B. Eliminieren aller Datensätze, für die beim Key Lookup kein passender Schlüssel gefunden wurde). Aber auch dann sollte die Filterung so früh wie möglich stattfinden und nicht erst vor dem Schreiben in die Zieltabelle.

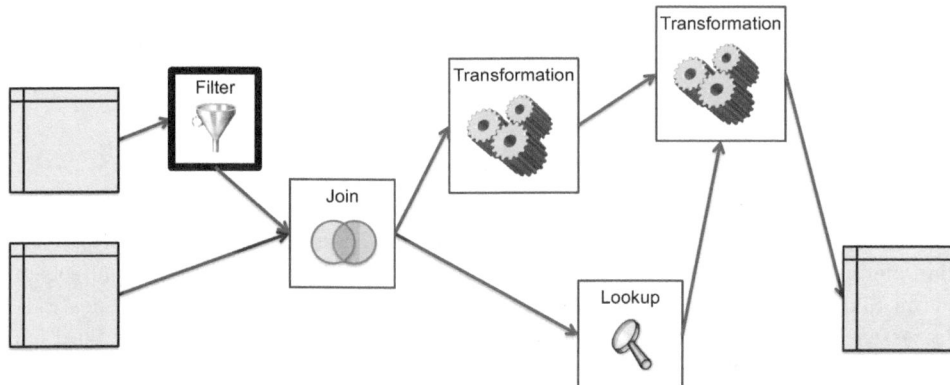

Bild 4.9 Gutes Beispiel: Frühzeitige Mengeneinschränkung am Anfang des ETL-Prozesses

4.2.3.5 Parallelisierung

Um die Ladezeit ins Data Warehouse zu verkürzen, können die ETL-Prozesse parallelisiert werden. Dabei stehen verschiedene Möglichkeiten zur Verfügung. So können die Lese- und Schreiboperationen auf den Datenbanktabellen parallelisiert werden, oder die Transformationen werden mit mehreren parallelen Prozessen ausgeführt. Idealerweise sollte die Parallelisierung den gesamten ETL-Ablauf umfassen, wie in Bild 4.10 dargestellt. In diesem Beispiel werden die Daten mit acht parallelen Subprozessen aus der Stage-Tabelle gelesen, transformiert und anschließend in die Cleansing-Tabelle geschrieben. Wird einer der

Schritte (z. B. die Transformation) seriell ausgeführt, so führt dies zu einem „Flaschenhals"
in der Verarbeitung und somit zu einer längeren Ausführungszeit.

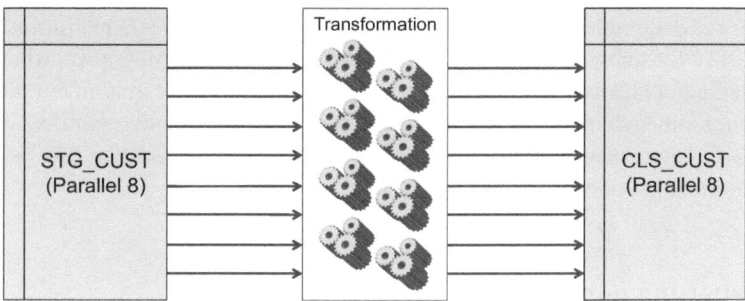

Bild 4.10 Parallelisierte Ausführung eines ETL-Prozesses

Idealerweise erfolgt die Parallelisierung mittels ELT-Technologien, d. h., es werden die Par-
allelisierungsmöglichkeiten der Datenbank ausgenutzt. Bei einer mengenbasierten Ausführung mit Datenbank-Features, wie Parallel Query und Parallel-DML-Operationen, lässt sich
ein optimaler Datendurchsatz erreichen.

Listing 4.3 Parallel-DML-Operation (Beispiel mit Oracle)

```
ALTER SESSION ENABLE PARALLEL DML;
INSERT /*+ PARALLEL (cls, 8) */   INTO cls_cust cls
SELECT /*+ PARALLEL (stg, 8) */ * FROM stg_cust stg;
```

Eine andere Möglichkeit der Parallelisierung besteht darin, mehrere ETL-Prozesse gleichzeitig auszuführen, wie in Bild 4.11 dargestellt. Solange die einzelnen Abläufe unabhängig
voneinander sind und verschiedene Quellen und Ziele haben, ist dies eine einfache Maß-
nahme, um die Ausführungszeit eines ETL-Laufs zu reduzieren. Ein typischer Anwendungsfall ist beispielsweise das parallele Laden aller Dimensionen. Das Laden der Faktentabelle
kann hingegen erst beginnen, wenn alle Dimensionstabellen vollständig geladen sind.

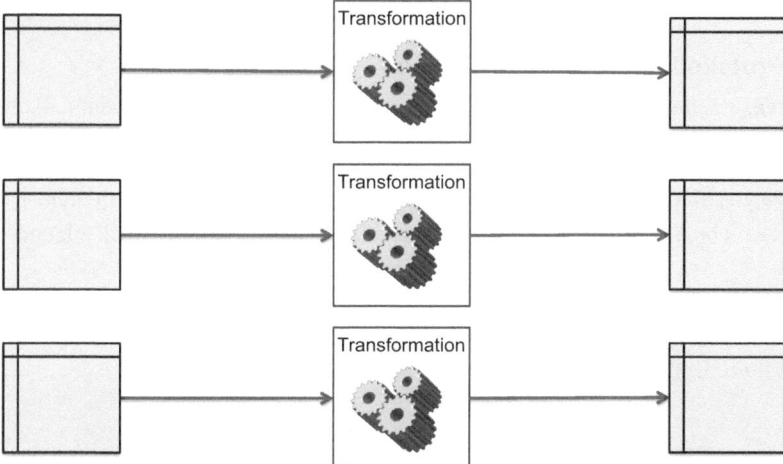

Bild 4.11 Parallele Ausführung von mehreren ETL-Prozessen

Vermieden werden sollte hingegen die gleichzeitige Ausführung von ETL-Prozessen, die in dieselbe Zieltabelle schreiben. Dies kann zu Locking-Problemen auf der Datenbank führen, wenn gleichzeitig mehrere Client-Prozesse in die gleichen Tabellen oder Partitionen schreiben. Aus Sicht der Datenbank ist dieses Verfahren vergleichbar mit einem Multiuser-Betrieb in einem OLTP-System und nicht sonderlich geeignet für die Massenverarbeitung von großen Datenmengen. Möglich ist dieses Prinzip höchstens in Kombination mit partitionierten Tabellen. Kann sichergestellt werden, dass jeder Prozess in eine separate Zielpartition schreibt, so können mehrere ETL-Prozesse parallel ausgeführt werden, um Daten in die gleiche Tabelle zu schreiben.

4.2.4 Steuerung der ETL-Prozesse

Ein ETL-Lauf besteht typischerweise aus mehreren einzelnen Schritten, die in einer bestimmten Reihenfolge ausgeführt werden müssen. Bestimmte Schritte können parallel, andere müssen nacheinander ausgeführt werden. Eine vordefinierte Abfolge von einzelnen ETL-Prozessen wird als ETL-Lauf oder Workflow bezeichnet.

Die Ablaufsteuerung für Workflows kann mit unterschiedlichen Technologien implementiert werden. Teilweise wird dies direkt in den ETL-Tools implementiert (z. B. mit *Process Flows* in Oracle Warehouse Builder oder *Control Flows* in SQL Server Integration Services). Oft werden auch separate Scheduler- und Workflow-Produkte wie *UC4* oder *CONTROL-M* eingesetzt oder die Ablauflogik wird in eigenen Skripten oder Prozeduren implementiert.

Obwohl sich die Implementation der Ablaufsteuerung je nach eingesetzter Technologie stark unterscheiden kann, gibt es einige Prinzipien, die für jede Art der Ablaufsteuerung beachtet werden müssen: Die einzelnen ETL-Schritte müssen protokolliert werden, und für jeden ins DWH geladenen Datensatz muss ersichtlich sein, wann und mit welchem ETL-Prozess er geladen wurde. Außerdem muss ein ETL-Lauf so implementiert werden, dass der gesamte Lauf im Fehlerfall ohne manuelle Eingriffe wieder gestartet werden kann. Dabei muss sichergestellt werden, dass auch nach mehrmaligem Starten des Laufs keine Daten mehrfach geladen werden.

4.2.4.1 Protokollierung des ETL-Ablaufs

Jeder Datensatz, der ins DWH geladen wird, wird mit einer Load-ID versehen. Anhand der Load-ID kann ermittelt werden, in welchem ETL-Lauf der Datensatz geladen wurde. Diese Information ist wichtig, um im Fehlerfall die Fehlerursache ermitteln und bei Bedarf die fehlerhaften Daten wieder aus dem DWH löschen zu können (dies gilt jedoch nur für INSERTs – nicht für UPDATEs und DELETEs). Das Audit-Handling wird folgendermaßen realisiert:

▪ Jede Tabelle im DWH enthält eine Spalte für Load-ID. Falls auch UPDATE-Statements auf die Tabelle durchgeführt werden, wird die Load-ID vom INSERT und vom letzten UPDATE festgehalten. Übliche Attributnamen sind auch ETL-ID oder Audit-ID[3].

---

[3] In „The Data Warehouse ETL Toolkit" (Kimball, Caserta 2004) wird empfohlen, in einem dimensionalen Modell eine separate Audit-Dimension zu verwenden, die über eine Audit-ID referenziert wird.

- Die Load-ID referenziert eine Metadatentabelle, in welcher Informationen zum jeweiligen ETL-Lauf (Start- und Endzeitpunkt, Anzahl Datensätze, Status etc.) festgehalten werden. Ob die Load-ID für einen gesamten ETL-Lauf oder für einzelne Workflows oder ETL-Prozesse vergeben wird, kann je nach Projekt variieren.

- Am Anfang des ETL-Laufs oder Workflows wird eine neue Load-ID generiert und ein Eintrag mit Status „gestartet" in die Audit-Tabelle geschrieben. Die Load-ID wird den weiteren ETL-Teilschritten zur Verfügung gestellt. Jeder ETL-Prozess ist verantwortlich, die aktuelle Load-ID in die Zieltabellen zu schreiben.

- Am Ende des ETL-Laufs oder Workflows wird der Status in der Audit-Tabelle aktualisiert. Dabei wird festgehalten, ob der Lauf erfolgreich, mit Warnungen beendet oder mit Fehlern abgebrochen wurde. Je nach Anforderungen werden weitere Informationen wie Anzahl geladene Datensätze oder Fehlermeldungen gespeichert.

Wird ein ETL-Lauf aufgrund von Fehlern abgebrochen, kann anhand der Einträge in der Audit-Tabelle und weiteren ETL-Metadatentabellen der Grund des Abbruchs ermittelt werden. Mithilfe der Load-ID können bereits geladene Daten in einem Cleanup-Prozess aus dem DWH gelöscht werden, falls dies notwendig ist. Nicht gelöscht werden sollten jedoch die Einträge in der Audit-Tabelle. Sie dienen zur Dokumentation, wann welcher Fehler aufgetreten ist.

4.2.4.2 Restartfähigkeit und Wiederaufsetzpunkte

Ein gesamter ETL-Lauf oder ein einzelner ETL-Prozess wird als restartfähig bezeichnet, wenn es möglich ist, ihn für die gleiche Datenlieferung mehrmals zu starten, ohne dass dadurch Daten doppelt geladen werden. Es gibt verschiedene Möglichkeiten, wie dies realisiert werden kann:

- ETL-Prozesse, welche einen Initial Load auf eine Zieltabelle durchführen, sind immer restartfähig. Das gilt beispielsweise beim Laden von Stage-Tabellen. Dort wird typischerweise vor dem Laden der Inhalt der Stage-Tabelle gelöscht.

- ETL-Prozesse, die einen Delta-Abgleich durchführen, sind ebenfalls restartfähig. Bei der zweiten Ausführung werden aufgrund der Delta-Ermittlung keine Unterschiede zur ersten Ausführung erkannt und somit keine Daten geladen. Beispiel: Laden von Dimensionen mit SCD Typ 2.

- ETL-Prozesse, die ausschließlich Änderungen an bestehenden Datensätzen ausführen, sind in der Regel auch restartfähig. Selbst wenn mehrmals die gleichen Daten aktualisiert werden, sind am Ende keine doppelten Datensätze vorhanden. Beispiel: Laden von Dimensionen mit SCD Typ 1.

- ETL-Prozesse, welche Daten mittels Partition Exchange (Oracle) oder Partition Switch (SQL-Server) in eine Zielpartition laden, sind restartfähig, weil bereits in der Partition vorhandene Daten nach dem Austauschen der Partition in der Zwischentabelle stehen, die mit der Partition ausgetauscht wurde.

Ein gesamter ETL-Lauf ist restartfähig, wenn alle einzelnen Schritte restartfähig sind. Trotzdem ist es zweckmäßig, nach einem Abbruch nicht den gesamten ETL-Lauf nochmals auszuführen. Um die Laufzeit zu reduzieren, sind Wiederaufsetzpunkte notwendig, an denen der ETL-Lauf wieder gestartet werden kann. Bild 4.12 zeigt, wie ein solcher Workflow aussehen kann.

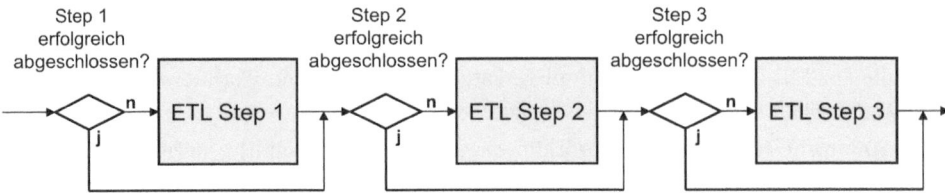

Bild 4.12 ETL-Workflow mit automatischer Ermittlung von Wiederaufsetzpunkten

Um den Betrieb zu vereinfachen, sollte der Ablauf so implementiert werden, dass der gesamte Lauf nach einem Fehler (bzw. nachdem der Fehler behoben ist) wieder gestartet werden kann, ohne dass im Detail ermittelt werden muss, an welchem Wiederaufsetzpunkt die Verarbeitung gestartet wird. Stattdessen wird anhand der ETL-Metadaten ermittelt, bis zu welchem Schritt der ETL-Lauf erfolgreich abgeschlossen wurde. Diese Schritte werden übersprungen, und die Verarbeitung wird beim ersten nicht erfolgreich abgeschlossenen Schritt fortgesetzt.

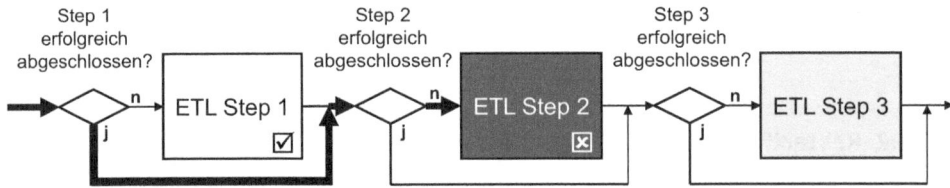

Bild 4.13 Restart von ETL-Workflow nach einem Fehler

Im Beispiel in Bild 4.13 wurde die Verarbeitung in Schritt 2 abgebrochen. Beim Restart des ETL-Workflows wird ermittelt, dass Schritt 1 erfolgreich abgeschlossen wurde und deshalb übersprungen werden kann. Der Wiederaufsetzpunkt ist somit am Anfang von Schritt 2. Implementiert werden kann ein solcher Ablauf, indem am Ende eines jeden Schrittes (dies kann ein einzelnes Mapping oder auch ein ganzer Workflow sein) der Status in die Audit-Tabelle geschrieben wird. Diese Information wird dann beim Restart verwendet, um zu entscheiden, ob der Schritt wiederholt oder übersprungen werden muss.

■ 4.3 Extraktion und Delta-Ermittlung

 Gesucht wird die Antwort auf die Frage:

Welche Kundendaten haben sich seit gestern im CRM-Quellsystem geändert?

■

Nach Änderungen in den Quellsystemen müssen die zugehörigen Daten im Data Warehouse aktualisiert werden. Auf den ersten Blick mag hier beispielsweise das tägliche Ersetzen aller Kundendaten im Data Warehouse am einfachsten erscheinen. Bei genauer Betrachtung ergibt sich dadurch aber eine Reihe von Problemen:

- Die Kundendaten sind im Data Warehouse bereits durch künstlich erzeugte Surrogate Keys mit zahlreichen anderen Daten verknüpft. Eine komplette Aktualisierung muss diese Relationen erhalten.

- Bei Versionierung der Kundendaten mittels SCD Typ 2 dürfen alte Daten nicht gelöscht werden. Sie müssen durch einen neuen Datensatz passend ergänzt und die Vorgängerversion entsprechend aktualisiert werden.

- Wenn nur sehr wenige Daten geändert wurden, kann das vollständige Ersetzen zu deutlich höheren Verarbeitungszeiten führen als die gezielte Aktualisierung weniger Datensätze.

Vielfach ist also die Ermittlung der Unterschiede des Datenbestandes zwischen den Quellsystemen und dem Core erforderlich. Denn nur diese Unterschiede sollen dann auch ins Core geschrieben werden. Wie werden diese Differenzen zwischen gestern und heute am effizientesten ermittelt? Und welche Informationen und Mechanismen im Quellsystem können dabei helfen?

Diese Delta-Ermittlung, also das Erkennen der geänderten Daten, kann auf unterschiedliche Arten erfolgen. Wir unterscheiden zwei grundsätzliche Szenarien:

- *Delta-Extraktion im Quellsystem:* Zu den Datensätzen in relevanten Tabellen des Quellsystems können Informationen mit Angaben zur letzten DML-Operation ermittelt werden. Das Quellsystem liefert nur die geänderten Datensätze seit der letzten Extraktion.

- *Voll-Extraktion und Delta-Abgleich im Data Warehouse:* Zu den Datensätzen in relevanten Tabellen des Quellsystems können *keine* Informationen mit Angaben zur letzten DML-Operation ermittelt werden. Das Quellsystem liefert immer einen vollen Datenbestand der relevanten Tabellen. Die Delta-Ermittlung findet im DWH vor dem Laden ins Core statt.

Daneben gibt es auch Mischformen. Unter Umständen ist auch nach einer Delta-Extraktion vom Quellsystem noch ein Delta-Abgleich im DWH notwendig, da nicht jeder geänderte Datensatz im Quellsystem zwingend eine Änderung im Core zur Folge hat. In diesem Kapitel werden verschiedene technische Möglichkeiten erörtert und auf Effizienz und Effektivität für die unterschiedlichen Szenarien überprüft.

4.3.1 Delta-Extraktion im Quellsystem

Nachfolgend werden verschiedene Verfahren vorgestellt, wie eine Delta-Extraktion im Quellsystem realisiert werden kann. Welches Prinzip eingesetzt wird, ist einerseits von den technischen und applikatorischen Möglichkeiten des Quellsystems abhängig, andererseits auch von der Datenmenge, die zwischen Quellsystem und Data Warehouse übermittelt werden muss. Bei relativ kleinen Datenbeständen ist es unter Umständen einfacher und zweckmäßiger, eine Voll-Extraktion durchzuführen, wie in Abschnitt 4.3.2 beschrieben.

4.3.1.1 Änderungsmarker und Journaltabellen

Oft werden geänderte Datensätze im Quellsystem markiert, beispielsweise durch Extraspalten namens AENDERUNGSDATUM in jeder Tabelle oder durch Journaltabellen mit einem Eintrag je Datensatz/DML-Manipulation (INSERT, UPDATE, DELETE). Diese Markierungen werden dann durch die Applikation oder Datenbank-Trigger als Datei oder Timestamp auf

Sekundenbruchteile genau zum Zeitpunkt eines INSERT/UPDATE oder – im Falle der Journaltabellen – auch eines DELETE gesetzt.

Das Führen einer Journaltabelle, also eines Logbuchs aller Änderungen einer Tabelle, ist üblicherweise eine effizientere, weil dynamischere und vor allem vollständigere Methode als applikatorische Zeitstempel. So können hiermit auch gelöschte Records und mehrfache Änderungen zwischen zwei Extraktionen erkannt werden. Dabei wird beispielsweise per Trigger für jede Änderung (INSERT/UPDATE/DELETE) eines Records ein zusätzlicher Datensatz in eine Journaltabelle geschrieben. Dieser Journaldatensatz identifiziert die Tabelle und den modifizierten Datensatz. Zu beachten ist bei diesem Ansatz, dass das Quellsystem durch die zusätzlichen Schreiboperationen in die Journaltabellen belastet wird. Bei Tabellen mit sehr vielen Änderungen (durch Batch-Verarbeitung oder Multiuser-Betrieb mit sehr vielen Benutzern) kann dadurch die Performance des OLTP-Systems stark beeinträchtigt werden.

Sollen für Mehrfachänderungen auch die geänderten Daten geloggt werden, benötigt man in den Log-Tabellen auch Spalten zur Speicherung des ursprünglichen Zustandes der Daten – eine Kopie des Originaldatensatzes. Dies erhöht natürlich die Komplexität sowie Ressourcenanforderungen, denn Änderungsprotokolle führen zu einer höheren Belastung der Quelldatenbank, da jeder DML-Befehl einen zusätzlichen INSERT-Befehl je Record auslöst. Zur Extraktion der Daten können nun die Journaltabellen verwendet werden.

4.3.1.2 Delta-Ermittlung und Pending Commits

Ist eine Journaltabelle oder ein Änderungszeitstempel vorhanden, muss ein Prozess, der die Änderungen ermitteln soll, nur wissen, wann genau die letzte Extraktion angelaufen ist (z. B. am Montagmorgen um 00:00 Uhr). Diesen Wert kann er in die SQL-Abfrage als Filter aufnehmen:

Listing 4.4 Erkennung der letzten Änderung eines Datensatzes mit Zeitstempel

```
SELECT *
  FROM kundentab
 WHERE aenderungsdatum > Sonntag;
```

So weit ist das ziemlich trivial. Allerdings besteht die Gefahr, durch die Isolation von Transaktionen im DBMS geänderte Datensätze zu übersehen. Bild 4.14 verdeutlicht das Problem anhand eines Datensatzes in der Kundentabelle.

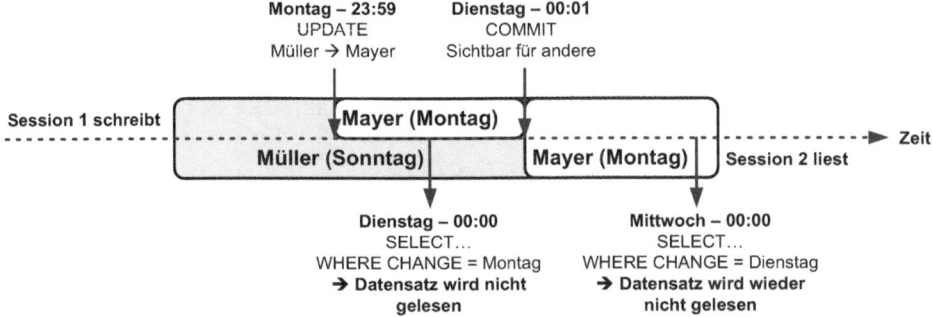

Bild 4.14 Das Problem der Pending Commits am Beispiel eines Kundensatzes

- In DB-Session 1 ändert ein Benutzer des Quellsystems am Montag um 23:59 den Namen des Kunden *Müller* in *Mayer* – der Tabellen-Trigger setzt als AENDERUNGSDATUM den Wert *Montag, 23:59*.

- Eine Minute später, am Dienstag um 00:00 Uhr, startet in einer anderen DB-Session 2 der Extraktionsprozess, der alle Kundenänderungen des Montags ermittelt und extrahiert.

- Erst kurz darauf, am Dienstag um 00:01, committet der Benutzer in Session 1 seine Änderungen.

- Der gerade gestartete Extraktionsprozess wird diese Änderung nicht erhalten. Sein SELECT wurde zu einem Zeitpunkt vor dem Commit gestartet. Die Isolation der Transaktionen garantiert die Konsistenz der Abfrageergebnisse zum Zeitpunkt des Abfragebeginns (ISOLATION_LEVEL = READ_COMMITTED).

- Auch bei der nächsten Extraktion einen Tag später wird der Kunde *Mayer* nicht ermittelt. Nun liest nämlich der Extraktionsprozess nur die Daten, die als Änderungstag den Dienstag haben.

Um das zu verhindern, muss zum Zeitpunkt der Datenextraktion jeder Schreibzugriff auf die Quelldatenbank unterbunden werden – beispielsweise durch Stoppen und anschließendes Öffnen der Datenbank im Read-only-Modus. Alternativ kann auch ein „überlappendes Fenster" genutzt werden. Hier werden z. B. alle Datensätze nicht nur für den vergangenen, sondern gleich für zwei Tage rückwirkend gelesen. Das führt allerdings zu einem höheren Datenaufkommen.

4.3.1.3 Change Data Capture

Als Change Data Capture (CDC) werden allgemeine Verfahren zur automatischen Ermittlung von Datenänderungen bezeichnet. Verschiedene Hersteller von Datenbanksystemen und ETL-Tools bieten komplette Frameworks zur Identifikation und Extraktion von Änderungen, deren Publikation sowie der Notifikation interessierter Subscriber (Zielsysteme) an. Change Data Capture wird oft in Kombination mit Near Real-Time ETL eingesetzt (siehe Abschnitt 4.6). Das Bild 4.15 zeigt als Beispiel einen grundlegenden Überblick der CDC-Architektur von Oracle.

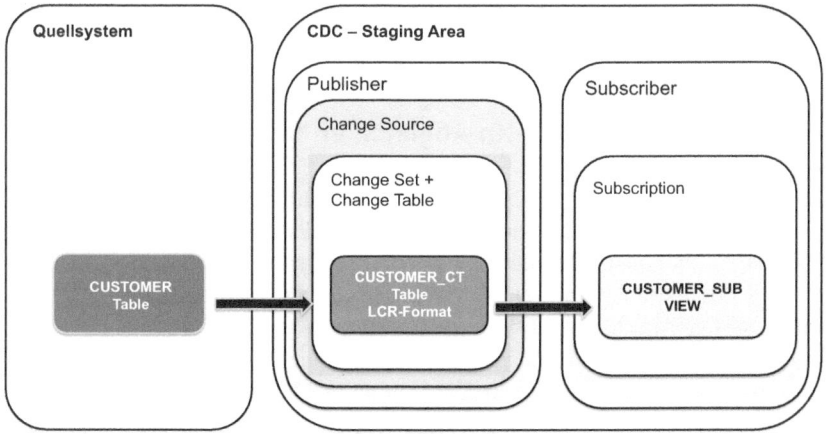

Bild 4.15 Architektur von Oracle Change Data Capture

Alle Änderungen, die in der Tabelle *CUSTOMER* des Quellsystems durchgeführt werden, werden in eine „Change Table" *CUSTOMER_CT*, vergleichbar mit einer Journaltabelle, übertragen und von dort über eine sogenannte „Subscriber View" *CUSTOMER_SUB* dem ETL-Prozess zur Verfügung gestellt. Die Subscriber View stellt jeweils diejenigen Datensätze zur Verfügung, die noch nicht ins Data Warehouse übernommen wurden. Die erfolgreich verarbeiteten Inkremente werden anschließend aus der CDC-Staging Area gelöscht.

 Hinweis

CDC-Staging Area ist nicht gleichzusetzen mit der Staging Area des Data Warehouse. Es handelt sich hier um einen eigenständigen, CDC-spezifischen Bereich gleichen Namens und vergleichbarer Funktion.

Technisch betrachtet gibt es verschiedene Verfahren, wie solche CDC-Abläufe realisiert werden können, beispielsweise über Journaltabellen, Triggers oder Log-Scanners, welche die Logging-Mechanismen der Datenbank für die Ermittlung der Änderungen benutzen. Je nach Hersteller werden unterschiedliche Begriffe verwendet.

Je nach eingesetzter CDC-Technologie sind die Auswirkungen auf die Performance des Quellsystems unterschiedlich. Bei synchronen Verfahren (z. B. Synchronous Change Data Capture bei Oracle) werden die Änderungen zum Transaktionszeitpunkt ermittelt und mittels Triggers in eine Journaltabelle geschrieben. Dies kann bei einer hohen Anzahl von Änderungen zu Performanceeinbußen im Quellsystem führen, dafür stehen die Daten in Echtzeit für die Extraktion zur Verfügung.

Anders bei asynchronen Verfahren (z. B. Asynchronous Change Data Capture bei Oracle oder beim SQL-Server). Hierzu werden die Logging-Mechanismen der Datenbank (Redo-Log-Files bei Oracle oder Transaction Log bei SQL-Server) verwendet, in welchen sämtliche DML-Operationen der Datenbank protokolliert werden. Diese Information wird vom Datenbanksystem für Recovery-Mechanismen benötigt, kann aber sozusagen „als Abfallprodukt" die Datenänderungen für Change Data Capture ermitteln. Der Vorteil dieses Verfahrens liegt darin, dass Verzögerungen im Quellsystem durch die Capture-Tätigkeiten auftreten. Dafür stehen die ermittelten Daten erst mit einer gewissen Verzögerung (die in den meisten Fällen zu vernachlässigen ist) für die Extraktionsprozesse zur Verfügung.

4.3.2 Voll-Extraktion und Delta-Abgleich im Data Warehouse

Sind die bisher beschriebenen Verfahren aus technischen, Aufwands- oder auch Kostengründen nicht umsetzbar, bleibt meist nur eine Voll-Extraktion und ein nachträglicher Delta-Abgleich des Komplettbestandes. Bleiben wir bei unserem Beispiel: Es muss zunächst die komplette Kundentabelle des Quellsystems in die Staging Area des Data Warehouse transferiert werden. Anschließend steht ein frisches Exemplar der Kundentabelle aus dem Quellsystem als Staging-Tabelle zur Verfügung. Jetzt kann der Transformationsprozess alle Kundendaten in das Core transferieren. Dabei muss er

- alle Kundendatensätze ausfiltern, die keinerlei Änderungen gegenüber dem Core erfahren haben,

- neue Kundendatensätze hinzufügen,

- geänderte Kundendatensätze aktualisieren[4] und

- alle Kundendatensätze im Core „schließen", die nicht (mehr) im Vollbestandsabzug enthalten sind[5].

Diese Vorgehensweise ist bei kleineren Datenbeständen kein Problem, birgt bei großen Datenmengen aber ein Risiko. Die Verarbeitung muss nämlich *alle* Datensätze des Vorsystems vollständig transformieren (Kalkulationen, Lookups etc.). Erst dann können Unterschiede zum aktuellen Core zuverlässig ermittelt werden. Auch wenn dies innerhalb eines einzigen SQL-Statements geschieht, kann es um Faktoren länger dauern als die Verarbeitung eines bereits identifizierten Inkrements (siehe Bild 4.16).

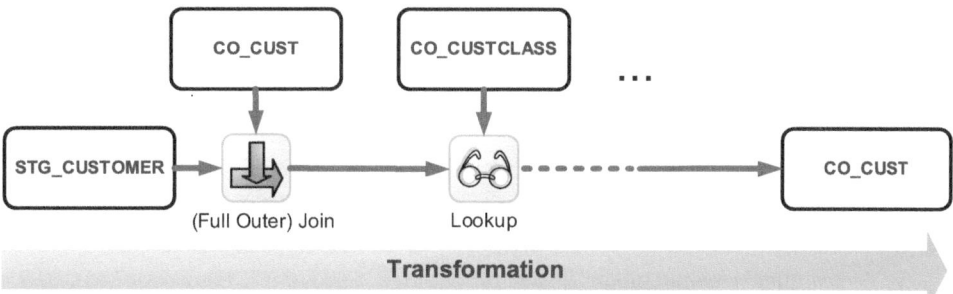

Bild 4.16 Alle Datensätze der Staging-Tabelle müssen transformiert werden.

4.3.2.1 Zwei Versionen des Vollabzugs in der Staging Area

 Fragestellung

Wie ermittle ich performant ein Inkrement aus einem Vollabzug?

Warum nicht den letzten Vollabzug des Vorsystems im Originalformat in der Staging Area des DWH vorhalten? Durch einen direkten Vergleich des Kundenbestands (heute versus gestern) kann ein sauberes Inkrement innerhalb der Staging Area ohne weitere komplexe Transformationen wie Lookups, Formatierungen, Korrekturen etc. erzeugt werden. Das geht fast immer deutlich schneller, und das resultierende Inkrement kann dann durch den oben beschriebenen Prozess einfach und schnell weiterverarbeitet werden (siehe Bild 4.17).

---

[4] Bei SCD Typ 2 bedeutet das: Update des aktuellen Datensatzes im Core und Hinzufügen einer neuen Version.

[5] „Schließen" heißt, ein bestehender Kundendatensatz im Core wird als gelöscht markiert, nicht aber wirklich gelöscht, da dann die Konsistenz beispielsweise gegenüber alten Fakten nicht mehr gegeben wäre.

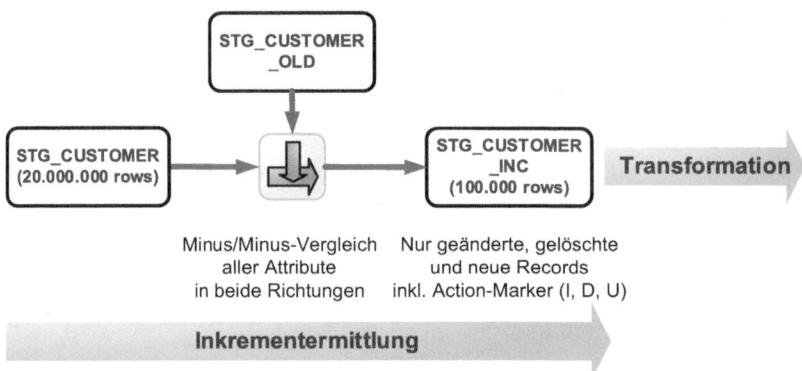

Bild 4.17 Ermittlung des Inkrements in der Staging Area mittels Vergleich zweier Voll-Extraktionen (gestern vs. heute)

Hierbei gilt:

- *STG_CUSTOMER_OLD* beinhaltet den Komplettbestand des Quellsystems am Mittwoch, *STAGE_CUSTOMER* den neuen Komplettbestand vom Donnerstag.
- Durchführen zweier Vergleichsabfragen:
  - Vergleich aller Attribute aller Datensätze aus *STG_CUSTOMER* mit *STG_CUSTOMER_OLD*. Nur STG_CUSTOMER-Datensätze ohne Pendant in *STG_CUSTOMER_OLD* werden als *UPDATE/INSERT* markiert (= ACTION-Attribut) in *STG_CUSTOMER_INC* eingefügt.
  - Vergleich der Quellsystem-IDs aller Datensätze aus *STG_CUSTOMER_OLD* mit *STG_CUSTOMER*. Alle Datensätze ohne Pendant aus *STG_CUSTOMER* werden als *DELETE* (= ACTION-Attribut) in *STG_CUSTOMER_INC* eingefügt.
- Transformieren der Werte aus *STG_CUSTOMER_INC* nach ACTION-Attribut wie gehabt (I = INSERT, U = UPDATE, D = DELETE).
- Umbenennen und Leeren der Staging-Tabellen:
  - *STG_CUSTOMER_OLD* leeren und dann in *STG_CUSTOMER* tauschen, dadurch liegt der aktuelle Bestand in *STG_CUSTOMER_OLD*, und *STG_CUSTOMER* ist leer.
  - STG_CUSTOMER_INC leeren.

Bei der Nutzung von zwei Versionen in der Staging Area gilt aus Performance-Gründen: Auf jeden Fall ein mengenorientiertes Verfahren anwenden – keine datensatzorientierte Verarbeitung! Geeignete mengenorientierte Verfahren sind Mengenoperatoren (MINUS bei Oracle bzw. Except bei SQL-Server), Subqueries (NOT IN/NOT EXISTS) sowie Outer Joins (LEFT/RIGHT/FULL OUTER JOIN). Das Beispiel in Listing 4.5 zeigt die Implementierung eines Delta-Abgleichs mittels Full Outer Join, wie sie in einer Oracle-Datenbank implementiert werden kann. Für andere Datenbanksysteme kann die SQL-Syntax leicht variieren.

Listing 4.5 Delta-Ermittlung mittels Full Outer Join

```
SELECT * FROM (
  SELECT CASE WHEN s.source_key IS NULL           THEN 'DEL'
              WHEN c.source_key IS NULL           THEN 'INS'
              WHEN (s.prod_name <> c.prod_name  OR
                    s.prod_price <> c.prod_price) THEN 'UPD'
```

```
        END dml_flag,
        s.prod_code,
        s.prod_name  new_name,
        s.prod_price new_price,
        c.prod_id,
        c.prod_name  old_name,
        c.prod_price old_price
   FROM stg_prod s FULL OUTER JOIN co_prod c
     ON (s.source_key = c.source_key)
  WHERE c.dwh_valid_to = TO_DATE('31.12.9999','DD.MM.YYYY')
     OR c.dwh_valid_to IS NULL)
 WHERE dml_flag IS NOT NULL
```

Die Weiterverarbeitung dieser Ergebnismenge kann direkt in der Transformation erfolgen und sich einfach nach den Vorgaben des Wertes der berechneten Spalte *DML_FLAG* richten.

4.3.2.2 Vorteil einer Voll-Extraktion für die Delta-Ermittlung

Der Vollbestandsabgleich – so ineffizient er aus Performancegründen auch sein kann – hat einen ganz wesentlichen Vorteil gegenüber jeder Delta-Extraktion: Es kann garantiert nichts verloren gehen!

Jede Delta-Extraktion im Quellsystem kann ausgehebelt werden: beispielsweise durch ausgeschaltete Trigger oder falsch eingespielte Prozeduren, durch nicht ermittelbare Löschvorgänge oder fehlerhaft eingestellte Timer. Ein Vollbestandsabgleich dagegen garantiert, dass fehlerhafte Quellsystemprozesse nicht zu einer Inkonsistenz im DWH führen.

 Hinweis

Eine tägliche Inkrement-Verarbeitung kann beispielsweise auch mit einem monatlichen Vollbestandsabgleich kombiniert werden. Das erlaubt gute Performance bei höherer Datenqualität.

4.3.3 Wann verwende ich was?

Für Stammdaten lässt sich diese Frage durch eine Priorisierung wie folgt beantworten:

1. Bei kleinen Datenmengen[6] ist die Delta-Ermittlung innerhalb einer Standardtransformation auf Basis eines Vollabzuges vorzuziehen. Eine Standardtransformation muss zwar vor dem Abgleich alle Daten vollständig transformieren, ist dafür aber am flexibelsten und kann mit minimalem Änderungsaufwand[7] auch für eine spätere Inkrement-Verarbeitung eingesetzt werden.

2. Was durch (1) nicht effizient realisierbar ist, aber durch einen schnellen Vollbestandsvergleich innerhalb der Staging Area auf ein überschaubares Inkrement reduziert und dann

---

[6] „Klein" bedeutet, dass die Transformation auch bei Verarbeitung eines Vollbestands einen unbedeutenden Anteil der Gesamtverarbeitung aufweist und als performanceunkritisch betrachtet werden kann. Oft ist das bei Set-Based-Transformationen bis hin zu mehreren Hunderttausend oder sogar Millionen Records möglich.

[7] Änderungen bei Inkrement-Lieferungen: Ausschalten des DELETE bzw. Anpassen an verfügbare Action-Attribute.

per Standardtransformation weiterverarbeitet werden kann, sollte mit genau dieser Methode umgesetzt werden[8].

3. Erst für noch größere Bestandstabellen (beispielsweise Kunden in den Bereichen Telekommunikation oder Versicherung, Konten bei größeren Banken etc.) sind Vollbestandsabzüge unter Umständen nicht mehr performant umsetzbar[9]. In diesem Fall kann die Delta-Ermittlung im Vorsystem erfolgen. Welches Verfahren jeweils eingesetzt wird, hängt dabei stark von den Kundenpräferenzen ab.

Für Bewegungsdaten (Verkäufe, Buchungen etc.) ist – im Normalfall – keine explizite Inkrement-Ermittlung nötig, denn Fakten beinhalten üblicherweise bereits Verarbeitungszeitstempel und sollten so einfach über SQL-Filter ermittelbar sein. Risiken birgt hier allerdings das „Pending Commit"-Problem (siehe Abschnitt 4.3.1.2).

■ 4.4 Fehlerbehandlung

Eine oft unterschätzte Problematik bei der Implementation von ETL-Prozessen ist die Behandlung von fehlerhaften Daten. Eine Standardlösung, wie mit falschen Daten umgegangen werden soll, gibt es nicht. Die Anforderungen sind je nach Projekt und Kunde sehr unterschiedlich. Entsprechend unterschiedlich ist auch die Art, wie Fehler abgefangen und bei Bedarf bereinigt werden. Fehler können bereits beim Laden in die Staging Area auftreten (z. B. Formatfehler). Der größte Teil der Fehlerbehandlung findet aber in der Cleansing Area sowie beim Laden ins Core statt.

Vielfach sind es Kleinigkeiten, die zum Abbruch der ETL-Verarbeitung führen. Ein fehlendes Attribut, ein unbekannter Codewert, eine ungültige Referenz auf eine Dimension oder eine Schlüsselverletzung aufgrund doppelt oder mehrfach gelieferter Datensätze kann dazu führen, dass der ETL-Job abgebrochen wird. Die Folge davon ist entweder, dass die aktuellen Daten am anderen Morgen nicht zur Verfügung stehen oder dass ein Mitarbeiter des Betriebsteams bzw. ein DWH-Entwickler in der Nacht manuelle Datenkorrekturen vornehmen und den ETL-Job wieder starten muss.

Auf den folgenden Seiten wird anhand von typischen Fehlersituationen aufgezeigt, wie fehlerhafte Datensätze erkannt und so behandelt werden können, dass die ETL-Verarbeitung trotzdem fortgesetzt werden kann.[10]

Die nachfolgenden Verfahren lassen sich mit den meisten ETL-Tools oder direkt in der DWH-Datenbank mittels SQL implementieren.

---

[8] Vollbestände von mehreren Millionen Datensätzen mit Inkrementen von mehreren Hunderttausend Datensätzen sind hier realisierbar.

[9] Gründe sind der Zeit- und Ressourcenaufwand im ETL-Prozess oder die Belastung von Quellsystem und Netzwerk im Verarbeitungsfenster.

[10] Angepasste Version der Artikel „Fehlertolerante Ladeprozesse gegen schlaflose Nächte" (Schnider 2012) und „Wenn die Fakten zu früh eintreffen" (Schnider 2011) von Dani Schnider

4.4.1 Fehlende Attribute

Ein typischer Fehlerfall ist ein leeres Attribut, das in der Zieltabelle als NOT NULL definiert ist. Dies führt normalerweise zu einem Abbruch der Verarbeitung, sobald ein unvollständiger Datensatz, beispielsweise ein Produkt ohne Beschreibung, geladen werden soll.

Ein naheliegender, aber nicht zu empfehlender Ansatz besteht darin, den NOT NULL-Constraint auf der Zieltabelle wegzulassen und somit fehlende Attributwerte zu erlauben. Das klingt zwar verlockend simpel, führt aber zu Folgefehlern und zu Problemen bei den Auswertungen. Wie sollen die leeren Felder in einem Report oder einem OLAP-Tool angezeigt werden, dass sie für den Anwender erkennbar sind? Zusätzliche Fallunterscheidungen in den Abfragen werden notwendig, um die leeren Felder entsprechend zu markieren. Damit wir dies nicht für jede Auswertung tun müssen, ist es empfehlenswert, diesen Schritt bereits im ETL-Prozess durchzuführen.

4.4.1.1 Filtern von fehlerhaften Datensätzen

Die einfachste Lösung besteht darin, die fehlerhaften Datensätze zu filtern und somit zu vermeiden, dass sie in die Zieltabelle geschrieben werden. Bei diesem Ansatz nehmen wir in Kauf, dass unter Umständen unvollständige Daten ins Data Warehouse geladen werden. In einigen Fällen kann dies akzeptabel sein, solange die Anzahl der Fehler nicht zu groß wird. Es empfiehlt sich deshalb, nach dem Laden in die Cleansing Area einen Check einzubauen, welcher die Anzahl Datensätze in Staging Area und Cleansing Area vergleicht, und bei Überschreitung eines Schwellwertes die Verarbeitung abzubrechen.

Das Filtern von fehlerhaften Datensätzen führt spätestens dann zu Problemen, wenn Referenzen auf die fehlenden Daten existieren. Was passiert zum Beispiel, wenn in einem späteren Schritt der ETL-Verarbeitung Fakten in eine Faktentabelle geladen werden, welche auf ein fehlendes Produkt verweisen? Durch das unvollständige Laden der Daten kann es zu Folgefehlern in weiteren ETL-Schritten kommen. Deshalb ist dieser Ansatz in vielen Situationen nicht geeignet, um fehlertolerante ETL-Prozesse aufzubauen.

4.4.1.2 Fehlerhafte Datensätze in Fehlertabelle schreiben

Anstatt die fehlerhaften Datensätze einfach zu ignorieren, können sie je nach eingesetzter Technologie der Datenbank oder des ETL-Tools auch in eine separate Fehlertabelle geschrieben werden. Zwar sind dann die Daten in der Zieltabelle immer noch unvollständig, aber die Fehler sind nachvollziehbar protokolliert und können nachträglich bereinigt und nachgeladen werden. Bevor ein solcher Lösungsansatz jedoch implementiert wird, müssen die organisatorischen Rahmenbedingungen geklärt werden. Wer ist für die Prüfung, Korrektur oder Rückweisung der fehlerhaften Daten zuständig? Wann und in welcher Form werden die Korrekturen nachgeliefert? Eine stetig wachsende Fehlertabelle, die nie ausgewertet wird, ist nutzlos.

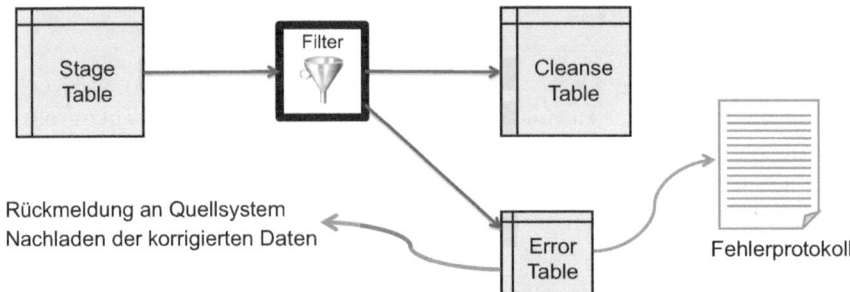

Bild 4.18 Fehlerhafte Datensätze werden in Fehlertabelle geschrieben.

Nicht gelöst wird durch diesen Ansatz das Problem mit den Folgefehlern. Wird ein Produkt aufgrund unvollständiger Daten in die Fehlertabelle geschrieben, fehlt der entsprechende Datensatz in der Cleanse-Tabelle und wird somit auch nicht ins Core geladen. Bei Laden der Faktentabelle kann somit kein passendes Produkt referenziert werden.

4.4.1.3 Singletons auf Attributebene

Ein Singleton ist ein Platzhalter oder Default-Wert, der in bestimmten Fehlersituationen, beispielsweise einem leeren Attribut, eingesetzt wird. Anstelle einer leeren Produktbezeichnung soll z. B. der Text *„Produkt unbekannt"* angezeigt werden. Dazu wird beim Laden in die Cleansing Area das leere Feld durch einen Singleton-Wert ersetzt.

Singleton-Werte, die wir in erweiterter Form auch für Code-Lookups und Referenzen auf Dimensionen verwenden können, werden in vielen Data Warehouses eingesetzt und haben den Vorteil, dass ein unvollständiger Datensatz geladen und somit später referenziert werden kann, beispielsweise von Fakteneinträgen mit Verweisen auf den Dimensionseintrag. In Reports und OLAP-Tools werden die Einträge auch angezeigt, allerdings mit der Bezeichnung *„Produkt unbekannt"* statt der korrekten (fehlenden) Bezeichnung.

Wie verhalten sich Singletons in Kombination mit Slowly Changing Dimensions (SCD)? Nehmen wir an, das fehlende Attribut wird im Quellsystem nachträglich ergänzt und in einem späteren ETL-Lauf ins DWH geladen. Bei SCD Typ 1 wird der bisherige Datensatz überschrieben, und ab diesem Zeitpunkt wird in allen Auswertungen der korrekte Wert angezeigt. Bei SCD Typ 2 wird eine neue Version in die Dimensionstabelle eingefügt. Das hat zur Folge, dass neue Fakten auf den vollständigen Eintrag verweisen. Bereits geladene Fakten zeigen aber weiterhin auf den Dimensionsdatensatz mit der Bezeichnung *„Produkt unbekannt"*.

4.4.2 Unbekannte Codewerte

Typisch in ETL-Prozessen sind Lookups auf Code- oder Referenztabellen. Anhand eines Codewerts oder eines fachlichen Schlüssels wird ein künstlicher Schlüssel (Surrogate Key) sowie eventuell weitere Attribute wie eine Bezeichnung ermittelt. Was passiert nun während der ETL-Verarbeitung, wenn der entsprechende Codewert in der Lookup-Tabelle nicht vorhanden ist?

4.4.2.1 Filtern von fehlerhaften Datensätzen

Der einfachste Fall besteht auch hier wieder darin, die fehlerhaften Datensätze zu ignorieren. Dieses Verfahren wird häufig – oft ungewollt – verwendet, indem in SQL ein normaler
Inner-Join zwischen Quelltabelle und Lookup-Tabelle gemacht wird. Die Folge ist, dass
Datensätze mit fehlenden oder unbekannten Codewerten nicht in die Zieltabelle geschrieben werden.

Weil durch diese Lösungsvariante fehlerhafte Datensätze gefiltert werden, haben wir wiederum das Problem, dass die Daten unvollständig geladen werden. Um dies zu vermeiden,
können auch hier Singletons eingesetzt werden, wenn auch in etwas erweiterter Form.

4.4.2.2 Singletons auf Datensatzebene

Beim initialen Laden des Data Warehouse werden in jede Lookup-Tabelle Singleton-Einträge
geschrieben, die durch einen speziellen Schlüssel, z.B. eine negative ID, gekennzeichnet
werden. Ob es dabei einen Eintrag für alle fehlerhaften Datensätze gibt oder ob zwischen
fehlenden oder ungültigen Werten unterschieden wird, wie in Tabelle 4.1 aufgezeigt, muss
je nach Anforderungen entschieden werden.

Tabelle 4.1 Singleton-Einträge in Lookup-Tabelle

DWH_ID	SOURCE_KEY	DESC_SHORT	DESC_SHORT	...
−1	n/a	Unbekannt	Produkt unbekannt	...
−2	n/a	Nicht zugeordnet	Produkt nicht zugeordnet	...

Beim Lookup wird ein Outer-Join auf die Lookup-Tabelle gemacht. Damit ist gewährleistet,
dass auch Datensätze mit fehlenden oder unbekannten Codewerten in die Zieltabelle
geschrieben werden. Der leere Schlüsselwert, der durch den Outer-Join zurückgegeben
wird, wird durch den Schlüssel des entsprechenden Singleton-Eintrags ersetzt.

Das Prinzip der Singletons erlaubt auch hier ein vollständiges Laden aller Daten, hat aber
den Nachteil, dass eine nachträgliche Zuordnung zum korrekten Codewert nicht mehr möglich ist. Auch wenn später der fehlende Code nachgeliefert wird, kann er in den bereits
geladenen Daten nicht mehr aktualisiert werden – es sei denn, der Originalwert des Quellsystems wird zusätzlich im DWH gespeichert.

4.4.2.3 Generierung von Embryo-Einträgen

Eine flexiblere, aber auch aufwendigere Möglichkeit besteht darin, fehlende Codewerte vorgängig in die Lookup-Tabelle zu laden. Angenommen, das Quellsystem liefert einen Datensatz mit dem Produkt-Code *ABC*, der im Data Warehouse noch nicht vorhanden ist. Deshalb
wird nun ein neuer Eintrag in die Codetabelle geschrieben, der im ersten Moment aussieht
wie ein Singleton-Eintrag, jedoch einen neuen Surrogate Key (hier den Wert 5432) zugewiesen bekommt.

Tabelle 4.2 Embryo-Eintrag für unbekanntes Produkt

DWH_ID	SOURCE_KEY	DESC_SHORT	DESC_SHORT	...
5432	ABC	Unbekannt	Produkt unbekannt	...

Wird die Produktbeschreibung für den Code *ABC* später nachgeliefert, kann der Datensatz überschrieben werden. Da die bereits geladenen Daten auf die DWH_ID *5432* verweisen, wird ab diesem Zeitpunkt der korrekte Wert angezeigt.

Die vorgängig eingefügten Datensätze in der Lookup-Tabelle entsprechen somit den „echten" Datensätzen, die später vom Quellsystem geliefert werden. Da sie bereits vorhanden sind, aber noch keinen Namen (d.h. keine Bezeichnung) haben, nennen wir sie *Embryo-Einträge*. Die „Geburt", also die Umwandlung eines Embryo-Eintrags in einen „echten" Lookup-Eintrag, erfolgt zum Zeitpunkt, wenn der Codewert vom Quellsystem geliefert und ins Data Warehouse geladen wird.

4.4.3 Fehlende Dimensionseinträge

Was hier anhand von Codetabellen beschrieben wurde, lässt sich für beliebige Lookup-Tabellen und somit auch für Dimensionstabellen anwenden. Dies kann dann interessant sein, wenn die Situation auftreten kann, dass Fakten bereits geliefert werden, bevor die zugehörigen Dimensionseinträge im Data Warehouse vorhanden sind.

Tabelle 4.3 Stage-Tabelle mit Verkaufsdaten (Fakten)

SALES_DATE	PRODUCT_CODE	(weitere Attribute ...)	QUANTITY
17.12.2011	11111-22222-33	...	12
17.12.2011	54321-98765-12	...	8
17.12.2011	44444-33333-22	...	15
17.12.2011	12345-67890-76	...	28
17.12.2011	88888-55555-44	...	14
17.12.2011	98765-43210-55	...	11

Auch hier können die bereits erwähnten Varianten *Filterung, Singleton-Einträge* und *Embryo-Einträge* angewendet werden. Um dies zu illustrieren, verwenden wir ein Beispiel, in welchem am 17. Dezember 2011 Verkaufsdaten eines Whisky-Shops in eine Faktentabelle geladen werden sollen, die sich auf verschiedene Produkte beziehen. Die Daten stehen in der in Tabelle 4.3 dargestellten Stage-Tabelle bereit.

Beim Laden der Faktentabelle werden die Schlüssel auf die zugehörigen Dimensionen ermittelt und in die Faktentabelle geschrieben. Solche „Key Lookups" können je nach eingesetzter Technologie und verwendetem ETL-Tool auf unterschiedliche Weise implementiert werden. Für unser Beispiel verwenden wir eine Dimensionstabelle mit Produktinformationen, wie in Tabelle 4.4 dargestellt.

Tabelle 4.4 Inhalt der Produktdimension (ursprünglicher Zustand)

DWH_ID	SOURCE_KEY	PRODUCT_DESC	REGION	(weitere Attribute ...)
111	12345-67890-76	Edradour 10 years	Midlands	...
112	11111-22222-33	Glenfarclas 105	Speyside	...
113	22222-44444-66	Black Bowmore 1964	Islay	...
114	44444-33333-22	Laphroaig 15 years	Islay	...
115	88888-55555-44	Macallan 25 years	Speyside	...

Bei einem Key Lookup wird nun zum Beispiel dem ersten Fakteneintrag anhand des Produktcodes *11111-22222-33* (SOURCE_KEY) die DWH_ID *112* zugewiesen, die als Fremdschlüsselattribut in die Faktentabelle geschrieben wird. Beim zweiten Eintrag haben wir aber bereits ein Problem, denn ein Produkt mit dem Code *54321-98765-12* existiert nicht in der Dimensionstabelle. Das Gleiche gilt auch für den letzten Eintrag mit dem Code *98765-43210-55*. Grund dafür können fehlerhafte Produktcodes sein. Meistens liegt die Ursache jedoch darin, dass die zugehörigen Produktinformationen erst zu einem späteren Zeitpunkt ins Data Warehouse geladen werden und somit zum Ladezeitpunkt der Fakten noch nicht bekannt sind. Oder mit anderen Worten: Die Fakten wurden vor den zugehörigen Dimensionen geliefert.

4.4.3.1 Filtern von unvollständigen Fakten

Der einfachste Ansatz für die Lösung dieses Problems besteht darin, Fakten mit fehlenden oder fehlerhaften Referenzen zu ignorieren. Für unser Beispiel würde dies bedeuten, dass die Verkaufsdaten der unbekannten Produkte *54321-98765-12* und *98765-43210-55* nicht in die Faktentabelle geladen werden und somit bei späteren Auswertungen – auch in aggregierter Form – fehlen. Es mag Fälle geben, wo dies tolerierbar ist. Solange die Anforderungen der Data Marts Ungenauigkeiten innerhalb einer definierten Fehlertoleranz erlauben, kann dieser einfache Ansatz zweckmäßig sein.

Tabelle 4.5 Faktentabelle nach Filtern von unvollständigen Fakten

DWH_ID_DATE	DWH_ID_PRODUCT	(weitere Attribute) ...	QUANTITY
17.12.2011	112	...	12
17.12.2011	114	...	15
17.12.2011	111	...	28
17.12.2011	115	...	14

Tabelle 4.5 zeigt den Inhalt der Faktentabelle nach dem Laden der Fakten vom 17. Dezember. Sie enthält nur vier der sechs gelieferten Datensätze. Die Fakteneinträge für die unbekannten Produkte wurden nicht geladen. Dies hat einerseits zur Folge, dass die entsprechenden Verkäufe nicht ausgewertet werden können, andererseits aber auch, dass die Aggregationen nicht korrekt berechnet werden können. Basierend auf den geladenen Fakten wurden am 17. Dezember insgesamt 69 Whiskyflaschen verkauft (12 + 15 + 28 + 14). In Wirklichkeit waren es aber 88 Flaschen – die acht bzw. elf Whiskys unbekannter Marke fehlen in der Auswertung.

4.4.3.2 Referenz auf Singleton-Einträge

Um fehlende Fakten zu vermeiden, wird oft folgender Ansatz implementiert: Jede Dimension enthält einen zusätzlichen Singleton-Eintrag, der für die Zuweisung von unbekannten Referenzen verwendet werden kann. Ob pro Dimension nur ein Singleton-Eintrag verwendet wird oder ob separate Einträge für unbekannte, leere oder falsche Dimensionsreferenzen verwendet werden, hängt von den jeweiligen Anforderungen ab.

In unserem Beispiel verwenden wir nur einen Singleton-Eintrag mit der DWH_ID −1. Alle beschreibenden Attribute werden mit Dummy-Werten (z. B. „Unknown", „n/a", „(leer)" etc.) gefüllt. Die Dimensionstabelle in Tabelle 4.6 enthält somit neben den fünf bereits geladenen Produkten einen Singleton-Eintrag für alle unbekannten Produkte.

Tabelle 4.6 Inhalt der Produktdimension mit Singleton-Eintrag

DWH_ID	SOURCE_KEY	PRODUCT_DESC	REGION	(weitere Attribute ...)
−1	n/a	Unbekannt	Unbekannt	...
111	12345-67890-76	Edradour 10 years	Midlands	...
112	11111-22222-33	Glenfarclas 105	Speyside	...
113	22222-44444-66	Black Bowmore 1964	Islay	...
114	44444-33333-22	Laphroaig 15 years	Islay	...
115	88888-55555-44	Macallan 25 years	Speyside	...

Dank der Singleton-Einträge können nun die Fakten vollständig geladen werden, wobei bei fehlenden oder fehlerhaften Referenzen auf eine Dimension der jeweilige Singleton-Wert zugewiesen wird. Dadurch können Spezialbehandlungen bei den Abfragen, insbesondere Outer-Joins auf die Dimensionstabellen, vermieden werden.

Unsere Fakten vom 17. Dezember können nun vollständig in die Faktentabelle geladen werden, wobei die acht Flaschen des unbekannten Produktes dem Schlüssel −1 des Singleton-Eintrags zugewiesen werden (siehe Tabelle 4.7).

Tabelle 4.7 Faktentabelle mit Singleton-Einträgen

DWH_ID_DATE	DWH_ID_PRODUCT	(weitere Attribute) ...	QUANTITY
17.12.2011	112	...	12
17.12.2011	−1	...	8
17.12.2011	114	...	15
17.12.2011	111	...	28
17.12.2011	115	...	14
17.12.2011	−1	...	11

Eine Auswertung aller Verkäufe an diesem Tag ergibt, dass insgesamt 88 Whiskyflaschen verkauft wurden (12 + 8 + 15 + 28 + 14 + 11). Bei einem Drill-down auf die Regionen werden die Verkäufe für die Regionen „Midlands", „Speyside", „Islay" und „Unbekannt" angezeigt. Jeder Whiskyliebhaber weiß, in welchen Gegenden Schottlands diese Regionen liegen. Aber wo liegt die Region „Unbekannt"?

Hier liegt nun das Problem von Singleton-Einträgen. Die Fakten können zwar vollständig geladen werden, und das Gesamttotal auf der obersten Hierarchiestufe wird auch korrekt angezeigt. Doch sobald ein Drill-down auf detaillierte Daten ausgeführt wird, sind nicht alle relevanten Informationen verfügbar. Selbst wenn zu einem späteren Zeitpunkt die entsprechenden Dimensionseinträge nachgeladen werden, ist eine nachträgliche Zuordnung der Fakten nicht mehr möglich. Die unbekannten Whiskys werden in der Faktentabelle immer unbekannt bleiben.

Ein wesentlicher Vorteil des Ansatzes mit den Singleton-Einträgen besteht darin, dass er sehr einfach zu implementieren ist. Beim erstmaligen Laden der Dimensionen müssen einmal die Singleton-Einträge eingefügt werden. In den Key Lookups beim Laden der Fakten wird der Schlüsselwert des Singleton-Eintrags zugewiesen, falls kein passender Dimensionseintrag gefunden wird. Bei Abfragen werden die Singleton-Einträge wie normale Dimensionseinträge behandelt, sodass hier keine Spezialbehandlung notwendig ist. Der Preis dafür ist, dass eine nachträgliche Zuordnung der Fakten zu den korrekten Dimensionseinträgen nicht mehr möglich ist.

4.4.3.3 Generieren von Embryo-Einträgen

Falls die Anforderung besteht, dass nachträglich geladene Dimensionseinträge den bereits vorhandenen Fakten zugeordnet werden müssen, um auch Detaildaten korrekt auswerten zu können, sind komplexere Lademechanismen notwendig. Der hier vorgestellte Ansatz kann zur Lösung dieser Anforderung verwendet werden.

Bevor die Fakten geladen werden, wird für die neuste Datenlieferung geprüft, ob sie Referenzen auf nicht vorhandene Dimensionseinträge enthält. Wenn dies der Fall ist, werden zusätzliche Einträge in den Dimensionstabellen erstellt. Da die beschreibenden Attribute zu diesem Zeitpunkt noch fehlen, werden stattdessen Dummy-Werte eingefügt.

Für unser Beispiel heißt dies, dass vor dem Laden der Fakten vom 17. Dezember zwei neue Dimensionseinträge für die unbekannten Produkte *54321-98765-12* und *98765-43210-55* in die Produktdimension geschrieben werden. Diese Einträge werden später durch die echten Produktinformationen ersetzt (siehe Tabelle 4.8).

Tabelle 4.8 Inhalt der Produktdimension mit Embryo-Einträgen

DWH_ID	SOURCE_KEY	PRODUCT_DESC	REGION	(weitere Attribute ...)	EMBRYO
111	12345-67890-76	Edradour 10 years	Midlands	...	No
112	11111-22222-33	Glenfarclas 105	Speyside	...	No
113	22222-44444-66	Black Bowmore 1964	Islay	...	No
114	44444-33333-22	Laphroaig 15 years	Islay	...	No
115	88888-55555-44	Macallan 25 years	Speyside	...	No
116	54321-98765-12	Unbekannt	Unbekannt	...	Yes
117	98765-43210-55	Unbekannt	Unbekannt	...	Yes

Die Datensätze 116 und 117 wurden bereits in die Dimensionstabelle geschrieben, bevor die zugehörigen Informationen vom Quellsystem geliefert werden – also vor dem „Geburtszeitpunkt" des Dimensionseintrages. Deshalb werden solche vorgängig erstellten Datensätze auch als „Embryo-Einträge" bezeichnet. Um sie von den bereits gelieferten Dimensionseinträgen zu unterscheiden, empfiehlt es sich, sie speziell zu kennzeichnen, beispielsweise mit einem zusätzlichen Embryo-Flag.

Nun steht in der Produktdimension für alle Fakten ein Dimensionseintrag zur Verfügung – entweder ein bereits gelieferter oder ein Embryo-Eintrag. Somit können nun die Verkaufsdaten vollständig in die Faktentabelle geladen werden, wie in Tabelle 4.9 ersichtlich.

Tabelle 4.9 Faktentabelle mit Singleton-Einträgen

DWH_ID_DATE	DWH_ID_PRODUCT	(weitere Attribute) ...	QUANTITY
17.12.2011	112	...	12
17.12.2011	116	...	8
17.12.2011	114	...	15
17.12.2011	111	...	28
17.12.2011	115	...	14
17.12.2011	117	...	11

Der Unterschied zu den Singleton-Einträgen ist zu diesem Zeitpunkt noch nicht ersichtlich, denn auch hier wird nun bei Auswertungen ein unbekanntes Produkt angezeigt. Der Vorteil dieses Verfahrens besteht aber darin, dass der neue Dimensionseintrag zu einem späteren Zeitpunkt mit den richtigen Bezeichnungen ersetzt werden kann, ohne dass die Fakten neu zugeordnet werden müssen. Mit dem Laden der vollständigen Produktinformationen in die Dimensionstabelle wird der Embryo-Eintrag in einen echten Dimensionseintrag übergeführt, der nun sozusagen das Licht der (DWH-)Welt erblickt. Zu diesem Zeitpunkt wird das Embryo-Flag auf „No" gesetzt.

Sobald die vollständigen Informationen in der Dimensionstabelle verfügbar sind, erscheinen sie auch in den Auswertungen, und zwar ohne Nachladen oder nachträgliches Aktualisieren der Fakten. Hier liegt der große Vorteil dieses Ansatzes.

4.4.4 Doppelte Datensätze

Eine ebenfalls häufig anzutreffende Fehlerursache sind doppelt oder mehrfach vorhandene Datensätze innerhalb einer Lieferung. Grund dafür können Mehrfachlieferungen oder nicht eindeutige Join-Kriterien in den Extraktionsprozessen sein. Doppelte Datensätze führen typischerweise zu Schlüsselverletzungen (Primary Key Violation oder Unique Key Violation) beim Laden ins DWH und somit zu einem Abbruch der ETL-Verarbeitung.

4.4.4.1 Verwendung von DISTINCT

Ein naheliegender und einfacher Ansatz, um doppelte Datensätze zu eliminieren, besteht darin, ein *DISTINCT* in der Abfrage auf die Stage-Tabelle zu verwenden. Solange alle Attribute der Datensätze identisch sind, funktioniert dies tadellos. Doch sobald sich die Datensätze in mindestens einem beschreibenden Attribut unterscheiden, aber trotzdem den gleichen Schlüssel besitzen, führt dies trotzdem zu einer Schlüsselverletzung. Dieser Fall dürfte zwar theoretisch nicht auftreten, kommt aber in der Praxis aufgrund von ungenauen oder fehlerhaften Extraktionsprozessen vor.

4.4.4.2 Nur ersten Datensatz übernehmen

Um sicherzustellen, dass auch bei unterschiedlichen beschreibenden Attributen nur ein Datensatz pro Schlüssel ins Data Warehouse übernommen wird, soll der erste Datensatz pro Schlüsselwert geladen und die restlichen ignoriert werden.

Dies klingt einfacher, als es ist. Welches ist der „erste" Datensatz? Oft wird hier ein pragmatischer Wert gewählt und stattdessen der „erstbeste" Datensatz übernommen, also ein zufälliger Datensatz. Dies lässt sich zum Beispiel mit Lookup-Operatoren von ETL-Tools realisieren, die so konfiguriert werden können, dass nur der jeweils erste Treffer zur Weiterverarbeitung verwendet wird. Aber auch in SQL sind Einschränkungen auf einen Datensatz möglich, beispielsweise mit Inline-Views oder analytischen Funktionen.

All diese Lösungen haben aber einen Mangel: Bei unterschiedlichen Versionen eines Datensatzes kann nicht mit Sicherheit festgestellt werden, welches die korrekte Version ist. Wird zufällig ein Datensatz geladen, können damit zwar doppelte Datensätze, Schlüsselverletzungen und ETL-Abbrüche vermieden werden, aber es besteht das Risiko, dass eine falsche Version geladen wird. Zur Vermeidung von Fehlern wird somit eine Verminderung der Datenqualität im Data Warehouse in Kauf genommen.

■ 4.5 Qualitätschecks

Ein wichtiges Ziel in einem Data Warehouse sollte immer sein, einem möglichst hohen Anspruch an die Datenqualität gerecht zu werden. Allerdings muss sich dabei das Projektteam bzw. der Kunde darüber im Klaren sein, dass eine hohe Qualität – in Abhängigkeit von den Vorsystemen – auch ihren Preis hat und hierbei unter Umständen Kompromisse gefunden werden müssen. Aber auch mit relativ wenig Aufwand besteht die Möglichkeit, mit einfachen Qualitätschecks (Quality Checks) die Datenqualität auf verschiedenen Ebenen zu überprüfen und wenn nötig in einem zweiten separaten Schritt darauf aktiv zu reagieren. Unter einem Quality Check ist generell eine gezielte Überprüfung zu verstehen. Hinsichtlich der zeitlichen Ausführung kann zwischen Qualitätsprüfungen vor und während des Ladens sowie Prüfungen nach dem Laden unterschieden werden.

4.5.1 Qualitätschecks vor und während des Ladens

Die Zielsetzung hierbei liegt im frühzeitigen Erkennen und in der Vermeidung möglicher Ladefehler des nächsten ETL-Laufes. Solche Fehler können beispielsweise durch Bereitstellung spezifischer „Check Views", d. h. Datenbank-Views auf dem Quellsystem oder in der Staging/Cleansing Area des DWH, vermieden werden.

Es ergeben sich dabei Fragen wie z. B. „Sind überhaupt Daten vorhanden?" oder „Wie viele Sätze werden geliefert?" bzw. „Sind meine Quell-Views alle gültig?". Letzteres beantwortet zudem die Frage, ob denn überhaupt die Strukturen des Quellsystems noch mit meinen Annahmen übereinstimmen. Sollten hierbei invalide Quell-Views entstanden sein, braucht der anstehende Ladeprozess unter Umständen gar nicht erst begonnen zu werden.

Oder aber es werden gezielt fachliche Gesichtspunkte beleuchtet wie z. B. „Sind negative Umsätze vorhanden?" oder „Taucht ein Artikel zweimal im Artikelstamm auf?". Mit fachlichem Verständnis und ein wenig SQL sind der Fantasie hierbei generell keine Grenzen gesetzt. Allerdings müssen hierbei auch die notwendige Performance der Check Views und deren zeitliche Folgen auf die ETL-Prozesse im Auge behalten werden.

Um die Qualität des Data Warehouse bereits vor dem eigentlichen Laden zu erhöhen, besteht die Möglichkeit, das Resultat der Check Views aktiv in die Steuerung (bzw. den Workflow) der ETL-Prozesse einzubinden. Somit wird im Prinzip eine Qualitätssicherung automatisiert in jedem ETL-Lauf verankert. Dies könnte beispielhaft durch diese Szenarien erfolgen:

- Ein Quality Check überprüft, ob nach Einlesen von Flat-Files in die Staging Area in einem Verzeichnis eine Fehlerdatei (z. B. Bad-File oder Discard-File) geschrieben wurde – wenn ja, dann startet das anschließende Laden der Cleansing Area erst nach Eingriff des DWH-Administrators.

- Eine Check View prüft, ob in einer Cleanse-Tabelle Verletzungen auf den fachlich eindeutigen Spalten existieren – wenn ja, wird vorerst nicht weiter ins Core geladen.

- Eine andere Check View kann die Anzahl Datensätze pro Stammdatentabelle abfragen: Sollte eine Tabelle keine Sätze bzw. nur die Singletons aufweisen, werden erst einmal keine zugehörigen Bewegungsdaten ins Core geladen, da ansonsten diese Referenz keinerlei Aussagekraft besitzt.

Wird das Resultat einer Check View mit zuvor fest definierten Schwellenwerten kombiniert, so besteht zudem die Chance, die DWH-Steuerung sehr flexibel zu gestalten. Würden z. B. bei mehr als 20 % (= Schwellenwert) der Bewegungsdaten Singletons zugeordnet werden, wird der Lauf nicht ausgeführt.

Je nach Entwicklungsstand des Data Warehouse können diese Schwellenwerte mit der Zeit immer enger gefasst werden, da die ETL-Logik ständig ausgefeilter und somit die Qualität verbessert wird. Um bei einem Initial Load des Data Warehouse durch die Check Views keine zusätzliche Performance/Zeit zu verlieren, kann es sinnvoll sein, sich eine Prozesslogik zu überlegen, um alle Check Views auf Wunsch zu deaktivieren.

4.5.2 Qualitätschecks nach dem Laden

Auch nach dem erfolgreichen Laden der Daten ins Data Warehouse ist noch nicht garantiert, dass die Datenqualität der geladenen Daten den erforderlichen Ansprüchen genügt. Deshalb kann es auch hier zweckmäßig sein, durch geeignete Check Views die Qualität der Daten im Core und in den Data Marts zu prüfen. Die nachfolgend beschriebenen Qualitätschecks dienen einer abschließenden Überprüfung der Datenkonsistenz über das gesamte Data Warehouse. Eine Einbindung dieser Checks in einen dem ETL-Lauf nachgelagerten Workflow ist jedoch eher untypisch. Werden hierbei tatsächlich fachliche oder technische Fehler entdeckt bzw. entstehen Auffälligkeiten im DB-Monitoring, so muss darauf fast immer individuell reagiert werden. Eine Automatisierung ist höchstens im Sinne der Benachrichtigung der verantwortlichen Personen via Mail denkbar. Nachfolgend ein paar Beispiele solcher Check Views:

- Anhand von fachlichen Übersichts-Views werden fachlich zusammengehörende Daten aus der Core-Tabelle so abgefragt, dass ein Fachverantwortlicher die Qualität und Konsistenz der Information leicht überprüfen kann. Am einfachsten kann dies durch Views realisiert werden, die einen ähnlichen Aufbau wie spezifische Reports auf Dimensions- und Faktentabellen in den Data Marts besitzen. So kann vor dem Laden eines Data Marts sichergestellt werden, ob die Daten im Core der erforderlichen Datenqualität genügen.

- Auch technische Übersichts-Views können hilfreich sein, um die Qualität des DWH zu beurteilen und den Betrieb zu überwachen. Beispielsweise können durch geeignete Abfragen die Anzahl Datensätze in den verschiedenen DWH-Schichten verglichen werden. Auf diese Weise wird erkannt, wenn Daten mehrfach oder unvollständig geladen wurden.

- Mithilfe von Fehler-Views kann spezifisch nach fehlerhaften Datensätzen gesucht werden. Eine Fehler-View liefert nur jene Datensätze zurück, die bestimmte Qualitätsmerkmale nicht erfüllen, beispielsweise Fakten mit Verweisen auf Singleton-Einträge in Dimensionen. Sind alle Daten gemäß Qualitätskriterien der entsprechenden View korrekt, so liefert die Fehler-View keine Datensätze zurück.

- Da der Datenbankbetrieb oft außerhalb des DWH-Projektteams angesiedelt wird, ist es ratsam, trotzdem immer „ein Auge" auf die Datenbank zu werfen. Weil aber nicht jeder Kunde explizite DB-Monitoring-Tools lizenziert hat bzw. deren Einsatz erlaubt, kann man sich mit sogenannten DBA-Views auf einfache Weise behelfen. Diese DBA-Views können auch vor der Durchführung eines ETL-Laufs als wichtige DB-Informationen herangezogen werden, um z. B. vorab drohende Probleme mit fehlendem Diskplatz zu erkennen.

4.5.3 Qualitätschecks mithilfe von Test-Tools

Eine Alternative zu spezifischen Check Views, die für die jeweiligen Bedürfnisse eines Data Warehouse manuell implementiert werden, besteht in der Möglichkeit, geeignete Test-Tools einzusetzen. Für die Qualitätssicherung der ETL-Prozesse und die Überprüfung der Datenqualität der geladenen Daten werden von verschiedenen Softwareherstellern entsprechende Produkte angeboten. Sie sind häufig als Erweiterungen von ETL-Tools erhältlich. Funktionsumfang und Komplexität solcher Test-Tools sind sehr unterschiedlich und können von einfachen Datenvergleichen bis zu komplexen, frei konfigurierbaren Qualitätsanalysen reichen. Test-Tools können sowohl für Regressionstests der ETL-Prozesse vor deren Einführung als auch für die regelmäßige Datenüberprüfung im produktiven Betrieb eingesetzt werden.

Die Funktionsweise von Test-Tools wird hier anhand eines spezifischen Produktes, dem Trivadis AnalyticsTester, erläutert. Das Produkt gibt es in zwei Versionen für Microsoft- und Oracle-Technologie sowie als biGenius[11]-Komponente DQT (Data Quality Testing).

AnalyticsTester erlaubt die Definition von verschiedenen Testabfragen (Test Definitions), mit denen zum Beispiel die Anzahl Datensätze aus einer Quell- oder Zieltabelle oder Aggregationen über bestimmte Schlüsselwerte ermittelt werden können. Auch die Definition von benutzerspezifischen Abfragen in Form von SQL- oder MDX-Queries ist möglich. Diese Testdefinitionen dienen als Basis für regelmäßige Ausführungen der Tests (Test Executions). Die Resultate der ausgeführten Tests werden mit Sollwerten oder vorherigen Ausführungen verglichen. Fehler und Abweichungen, die einen definierten Prozentsatz überschreiten, werden in Resultattabellen gespeichert und in einem Statusreport dokumentiert.

Je nach Einsatzgebiet des Tools können auf diese Weise unterschiedliche Arten von Testautomatisierung implementiert werden. Beispielsweise ist es möglich, die definierten Tests am Ende jedes ETL-Laufs auszuführen und daraus einen Statusreport zu erstellen. Führt ein Test zu einem Fehler, beispielsweise durch eine zu starke Abweichung vom Sollwert, wird ein entsprechender Hinweis per E-Mail an das Support-Team oder den Applikationsverantwortlichen geschickt.

Solche automatisierten Tests, ob mit Check Views oder spezifischen Test-Tools, erhöhen die Datenqualität im Data Warehouse, indem Fehler bereits während und nach dem Ladelauf erkannt werden und nicht erst, wenn die Endanwender Auswertungen auf die Data Marts durchführen. Wird trotzdem durch die Benutzer ein Fehler gemeldet, so kann ein Test-Framework wie AnalyticsTester hilfreich sein, da durch die Definition eines geeigneten Tests der Fehler bei weiteren ETL-Ausführungen einfacher erkannt und somit rascher behoben werden kann. Auf diese Weise wird die Zuverlässigkeit der ETL-Prozesse laufend erhöht.

■ 4.6 Real-Time BI

Real-Time Business Intelligence ist Thema in zahlreichen Publikationen. Allerdings scheint es kein einheitliches Verständnis darüber zu geben. Manche verstehen darunter analytische Prozesse, die neueste Informationen innerhalb von Millisekunden interpretieren und dann bei Bedarf weitere Prozesse starten, wie man es vom Monitoring bei Kreditkartenbetrug kennt[12]. Andere interpretieren Real-Time BI als analytischen Zugriff direkt auf die operativen Systeme, so zum Beispiel die Verfechter von In-Memory RDBMS-Lösungen wie SAP HANA. Für eine dritte Gruppe hingegen ist Real-Time BI nichts anderes als das stündliche statt tägliche Ausführen von ETL-Prozessen und folgerichtig ein Data Warehouse, das zeitnah mit 60 bis 120 Minuten alten operativen Daten versorgt wird.

---

[11] biGenius ist ein DWH-Automation-Tool der Trivadis, mit welchem Datenstrukturen und ETL-Prozesse eines Data Warehouse generiert werden können.
[12] Stichwort: Fraud Detection

4.6.1 Begriffsbestimmung

Was bedeutet „Real-Time" also tatsächlich? Wie wir gesehen haben, ist das nicht so einfach zu beantworten. Versuchen wir es mit einer Begriffsbestimmung laut Wikipedia[13] und Duden:

> „Real-Time", also „Echtzeit", ist gemäß DIN ISO/IEC 2382 der „... Betrieb eines Rechensystems, bei dem Programme zur Verarbeitung anfallender Daten ständig betriebsbereit sind, derart, dass die Verarbeitungsergebnisse innerhalb einer vorgegebenen Zeitspanne verfügbar sind. Die Daten können je nach Anwendungsfall nach einer zeitlich zufälligen Verteilung oder zu vorherbestimmten Zeitpunkten anfallen".

Gemäß Duden bedeutet „Echtzeit" entweder die „vorgegebene Zeit, die bestimmte Prozesse einer elektronischen Rechenanlage in der Realität verbrauchen dürfen" oder die „simultan zur Realität ablaufende Zeit" oder – in Verbindung mit der IT – „die Arbeitsweise einer elektronischen Rechenanlage, bei der das Programm oder die Datenverarbeitung (nahezu) simultan mit den entsprechenden Prozessen in der Realität abläuft".

Gut, jetzt haben wir in Summe schon mindestens drei unterschiedliche Bedeutungen für „Real-Time". Vereinfacht gesagt und mit der BI-Brille betrachtet sind das:

1. Garantierte Verfügbarkeit von Informationen zu einem bestimmten Zeitpunkt bzw. nach einer festgelegten maximalen Verarbeitungsdauer

2. Verfügbarkeit von Informationen simultan zu deren Entstehung in der Realität

3. Verfügbarkeit von Informationen nahe ihrem Entstehungszeitpunkt

Das entspricht in etwa den drei eingangs erwähnten Betrachtungsweisen für Real-Time BI, lässt aber glücklicherweise die dahinterstehenden Ideen sichtbar werden.

Dazu gesellt sich gerne die Frage, was mit simultaner oder zeitnaher Verfügbarkeit tatsächlich gemeint ist: Einfach nur die Verfügbarkeit der Daten? Oder die Verfügbarkeit von analytischen Ergebnissen für die weitere Interpretation durch Prozesse oder Menschen? Diese Unterscheidung ist besonders wichtig, denn durch den in Abschnitt 4.6.3 diskutierten „Distributed"-Ansatz ist Ersteres garantiert, Letzteres aber oft äußerst fraglich.

4.6.2 Garantierte Verfügbarkeit von Informationen zu gegebenem Zeitpunkt

Definition 1 haben wir demnach mit einem regulären Data Warehouse schon erfüllt. Ein typischer ETL-Workflow hat genau das zum Ziel: Zuverlässig morgens um 08:00 Uhr die Quellsystemdaten des Vortages gesäubert und integriert den analytischen Anwendungen zur Verfügung zu stellen. Dasselbe gilt für spezielle Anwendungsgebiete wie Fraud Detection: Auch hier geht es lediglich darum, innerhalb einer definierten Zeit die Verarbeitung von Daten abzuschließen und daraus resultierende Aktivitäten zu starten.

---

[13] Der Begriff „Real-Time BI" ist zum Zeitpunkt der Entstehung dieser Publikation in Wikipedia äußerst ungenau beschrieben, von Trends durchwoben und gleichermaßen unscharf wie die eingangs erwähnten Sichten. Wir betrachten daher den Begriff „Echtzeit" in der IT, wie er seit Jahrzehnten in der Informatik definiert ist.

Streng genommen sind alle Data Warehouses heute schon „Echtzeit"-Lösungen

Nach der ursprünglichen Definition für Echtzeit in der IT ist das völlig richtig, sofern das DWH sich streng an die vorgegebenen ETL-Laufzeiten und -Fenster hält. ∎

4.6.3 Verfügbarkeit von Informationen simultan zur Entstehung

Definition 2 heißt nichts anderes, als alle Informationen *zum Zeitpunkt ihrer Entstehung* in den operativen Systemen für Berichte und Analysen *unmittelbar und ohne jede Verzögerung* verwenden zu können. Technisch gesehen sind dann also die Daten eines Quellsystems mit jedem COMMIT auch in jeder BI-Auswertung sofort sichtbar. Dieses Ziel ist technisch prinzipiell erreichbar – und das auf ganz unterschiedliche Arten, die wir gleich näher betrachten werden. Aber es ist auch mit zahlreichen Nebenwirkungen behaftet!

Zunächst muss die Frage erlaubt sein, in welchen Fällen diese extreme Anforderung überhaupt gerechtfertigt ist. Tatsächlich gibt es nur wenige passende Szenarien, und die sind eigentlich immer operativer Natur. Das bedeutet: Das DWH ist direkt in einen operativen Prozess eingebunden und jede Verzögerung oder Inkonsistenz führt zu Problemen und hohen Kosten.

Einerseits existiert natürlich die Möglichkeit, durch Einsatz spezieller Techniken wie der In-Memory-Optimierung innerhalb der OLTP-Systeme, also jeweils *direkt auf den Originaldaten einer Datenbank*, auch analytisch zu arbeiten soweit dies die Performance des Quellsystems selbst nicht unzulässig verschlechtert. Häufig verteilen sich analytische Daten aber über mehrere Systeme. Dann stehen prinzipiell zwei Mechanismen zur Verfügung, um jederzeit 100 % Datenkonsistenz zu gewährleisten:

- **Synchrone Replikation**
  Verfahren dieser Art stellen sicher, dass im operativen System Daten erst dann als „geschrieben" gelten, wenn sie innerhalb derselben Transaktion auch auf dem Zielsystem (in unserem Falle dem DWH) geschrieben sind. Eine bekannte technische Umsetzung ist das Two-Phase-Commit. Hier erhält eine Applikation erst dann erfolgreich Rückmeldung von der Datenbank, wenn die Daten einer Transaktion auf alle an der Replikation beteiligten Systeme fehlerfrei übertragen und gespeichert wurden.

- **Verteilte Abfragen** (Distributed/Federated Queries)
  In diesem Verfahren werden die Daten nur in den jeweils operativen Systemen gehalten und nicht via ETL extrahiert. Ein zentrales System (DWH) hat nun direkten Lesezugriff auf die Daten aller operativen Systeme und kann diese innerhalb einer Abfrage verknüpfen. Man spricht in diesem Zusammenhang auch von „Distributed" oder „Federated" Computing.

Das klingt eigentlich beides gut und praktisch, hat aber leider jeweils einen anderen Pferdefuß:

Die synchrone Replikation funktioniert beispielsweise nur, wenn alle beteiligten Systeme gleichzeitig verfügbar sind und die Daten fehlerfrei verarbeiten. Die Verfügbarkeit des

Gesamtkonstrukts ist dabei nachweisbar wesentlich schlechter als die Verfügbarkeit eines einzelnen Systems. Zudem addiert sich die Fehleranfälligkeit aller Systeme, was zu einer weiteren Verschlechterung der Ausfallsicherheit führt. Als würde das nicht genügen, summieren sich auch noch die Verarbeitungszeiten aller Systeme bei jeder Transaktion, was zu einer Beeinträchtigung der Antwortzeiten beim Abschluss jeder Transaktion führt. Aufgrund dieser Nachteile wird diese Art der Synchronisierung meist nicht eingesetzt.

Verteilte Abfragen wiederum beeinträchtigen zwar Verfügbarkeit und Fehleranfälligkeit der operativen Systeme nicht direkt, belasten deren Ressourcen aber bei jeder einzelnen Abfrage. Dazu kommt die meist ungeeignete Konfiguration von OLTP-Systemen für komplexe analytische Abfragen und das entscheidende, aber oft unterschätzte Problem der Joins zweier großer, aber verteilter Datenmengen. Zum einen können die gängigen SQL-Optimizer der beteiligten Datenbanken die Abfragen nur schlecht so aufteilen, dass jede DB einen geeigneten und effizienten Beitrag für die verteilte Abfrage leistet. Zum anderen ist es bei Joins großer Tabellen, von denen je eine auf einer anderen Datenbank liegt, oft unvermeidlich, dass sehr große Datenmengen über die Netzwerkverbindung zwischen beiden Datenbanken geschickt werden. Dies führt oft zu beträchtlichen Performanceeinbußen im Vergleich zu rein lokalen Abfragen. Am Ende ist eine Verschlechterung der Antwortzeit von Faktor 100 und mehr keine Seltenheit. Sogar wenn alle Datenbanken auf demselben Server liegen, ist mit deutlichen Performanceproblemen zu rechnen. Dieselben Einschränkungen und Risiken gelten im Übrigen auch für BI-Anwendungen, die gleichzeitig mit mehreren Datenquellen arbeiten.

Auch nicht vergessen darf man die *Integrationseigenschaft* des DWH. Normalerweise genügt es nämlich nicht, einfach zwei Datenquellen anzuzapfen und deren Inhalte zu verknüpfen. Meist sind aufwendige Säuberungs-, Mapping und Transformationsprozesse nötig, um die Daten bei akzeptabler Qualität zusammenzuführen: Wir benötigen also eine ETL-Komponente[14]; bei verteilten Abfragen sogar immer wiederkehrend bei jedem Report und jeder Analyse für jeden einzelnen Datensatz aus den operativen Systemen. Bei synchroner Replikation könnten ETL-Prozesse zwar immerhin bei Abschluss jeder verteilten Transaktion durchgeführt werden. Dies führt aber in der Realität zu erheblichen zusätzlichen Performanceeinbußen bei jedem Transaktionsabschluss, zumal die Effektivität von ETL-Prozessen bei Einzeldatenverarbeitung deutlich schlechter ist als bei der Verarbeitung großer Datenmengen.

In Summe bewirken diese Beschränkungen, dass die absolut simultane Verfügbarkeit von operativen Daten für analytische Zwecke nicht umgesetzt wird. Stattdessen begnügt man sich mit asynchroner, zeitlich leicht versetzter Replikation, die auch bei hohen Ansprüchen an Zeitnähe meist völlig ausreichend ist und bei geeigneter Umsetzung die o. g. Nachteile weitgehend vermeidet.

Eine einigermaßen praktikable Möglichkeit, völlige Synchronität zu erreichen – wenn auch mit Einschränkungen in Bezug auf Datenqualität und Performance –, ist die Einbettung kleiner Ausschnitte operativer Daten in große Mengen sauber verarbeiteter DWH-Daten via verteilter Abfragen durch UNION ALL-Konstrukte innerhalb von Views. Dabei werden die Daten im Data Warehouse beispielsweise tagesaktuell gehalten. Bei Abfragen mit höheren

---

[14] Das wird auch bei Analysen direkt auf operativen Daten oft vergessen: ETL ist auch hier nötig, und zwar als wiederkehrender Teil jeder einzelnen Abfrage.

Aktualitätsanforderungen werden diese dann nur mit Daten des aktuellen Tages aus den operativen Systemen angereichert. Das hat zwar alle oben beschriebenen Nachteile zur Folge (On-The-Fly ETL, Optimizer-Probleme, Netzwerkverkehr), aber nur für einen kleinen Teil der analytischen Daten.

 Was oft vergessen wird: Aufbereitete Daten sind noch keine Analyse

Der wesentliche Zeitraum (Latenz) von der Entstehung der Daten bis zum Gebrauch der Informationen aus Berichten und Analysen umfasst nicht nur die Dauer zwischen Ladeläufen und für ETL-Prozesse, sondern natürlich auch die Laufzeiten der Analysen selbst. Es hilft nicht, wenn operative Daten unmittelbar für Auswertungen zur Verfügung stehen, aber die analytischen Abfragen aufgrund unzureichend aufbereiteter Daten zwei Stunden Laufzeit haben. Im Gegensatz dazu bietet ein DWH, welches Daten zwar nur stündlich importiert, dessen darauf basierende Berichte aber auch nur zehn Minuten Laufzeit haben, in Summe eine deutlich geringere Latenz.

4.6.4 Verfügbarkeit von Informationen kurz nach ihrer Entstehung

Wenn man das Wort „unmittelbar" etwas entspannter auslegt und zum Beispiel mit 10, 60 oder 1000 Sekunden Verzögerung seine Anforderungen ebenfalls befriedigen kann, ergeben sich weitere, technisch unterschiedliche Optionen für eine Umsetzung geringer Latenzen. Das ist es auch, was wir im heutigen Sprachgebrauch meist unter Real-Time, Near-Time oder Near-Real-Time BI tatsächlich verstehen.

 Was Real-Time Business Intelligence heute meist bedeutet

Üblich sind immer noch Data Warehouses mit täglicher Befüllung. Real-Time Business Intelligence beschreibt heute meist die Verfügbarkeit von Informationen näher an ihrem Entstehungszeitpunkt; oft mit einer Latenz von wenigen Minuten bis zu einer Stunde.

Ein Anwendungsbeispiel ist die Chargenverfolgung in einer biopharmazeutischen Produktionsanlage. Im operativen MES[15] werden alle Stoffe und Prozesse inklusive Mischungsverhältnis und Zeitpunkt der Zusammenführung verwaltet. Im DWH stehen darüber hinaus zahlreiche weitere Informationen beispielsweise über Lagerung oder Herkunft der Stoffe zur Verfügung. Wenn nun im Produktionsergebnis ein Problem festgestellt wird, ist es manchmal wichtig, schnell und unmittelbar den gesamten Weg aller ins Produkt eingeflossenen Stoffe mit zahlreichen zusätzlichen Informationen angereichert nachverfolgen zu können. Gleiches gilt für den umgekehrten Fall, dass ein im Nachhinein als kontaminiert erkannter Grundstoff sofortigen Zugriff auf alle daraus produzierten oder gerade in Produk-

---

[15] MES = Manufacturing Execution System (Produktionssteuerung)

tion befindlichen Stoffe und Prozesse zulässt. In solchen Situationen können ohne zeitnah verfügbare Informationen leicht hohe Kosten entstehen.

Right-Time statt Real-Time

Es geht im Kern also nicht darum, Analyseergebnisse so schnell wie möglich, sondern *so zeitnah wie nötig* nutzen zu können. Man spricht in diesem Zusammenhang auch von „Right-Time" statt „Real-Time". In den meisten Fällen lassen sich unter dieser Prämisse die Nachteile synchroner Replikation oder verteilter Abfragen vermeiden.

Ein bekannter Ansatz für mehr Zeitnähe ist die Einführung eines *„Operational Data Stores"* (ODS) vor das DWH. In „Building the Operational Data Store" [Wiley, 1999] beschreiben Inmon, Imhoff und Battas vier Klassen von ODS-Lösungen mit unterschiedlichen Möglichkeiten und Anforderungen unter anderem bezüglich Latenz und Performance. Im Gegensatz zum DWH wird hier beispielsweise auf die Historie der Daten verzichtet und werden nur die neuesten Daten gehalten. Die Laufzeiten der ETL-Prozesse werden damit geringer und die Latenz kürzer.

Natürlich ermöglichen die Reduktion von Anforderungen und damit verbundene Vereinfachungen in der Datenhaltung und Verarbeitung auch eine Verbesserung der Latenz. Dies sind aber Architekturansätze, die nur indirekt und wenig spezifisch mit dem Thema Real-Time verknüpft sind. Wir fokussieren uns auf eine deutlich geringere Flughöhe und betrachten gezielt technische Anforderungen.

4.6.4.1 Events und Batchverarbeitung

Ein wichtiger technischer Ansatz für die Verkürzung von Latenz ist die ereignisorientierte Verarbeitung. Dabei löst jede Änderung in den Quellsystemen ein Ereignis (Event) aus, das diese Änderung einzeln oder in kleinen Häppchen bis ins Data Warehouse propagiert. Man kann die stetige Produktion dieser Events auch als Datenstrom (Stream) betrachten, der kontinuierlich vom Quellsystem zum Data Warehouse fließt.

Um diesen Datenstrom möglichst verzögerungsfrei zu verarbeiten und die Informationen für Analysen schnell bereitzustellen, ist die Verarbeitung relativ kleiner Datenmengen – beispielsweise von einzelnen Datensätzen – im DWH bzw. mittels ETL erforderlich.

Unglücklicherweise sind mit der Verarbeitung von Daten in größeren Mengen (Batches) wesentlich höhere Datendurchsätze erreichbar als mit der Verarbeitung einzelner Datensätze. Hier spielen abhängig von der ETL-Plattform zahlreiche Faktoren eine Rolle.

- **SQL ist mengenorientiert**
  Die Optimierung der Verarbeitung (Parsing, Ausführungspläne) muss nur einmal pro Batch stattfinden und nicht für jeden Datensatz wiederkehrend.

- **Prozess-Overhead**
  Jedes technische Verfahren – zum Beispiel das Anlegen von Hashes für Joins, die Parallelisierung von ETL oder die Pflege von Indizes – hat einen zum Teil nicht unbeträchtlichen Overhead, der für große Datenmengen viel weniger ins Gewicht fällt als für einzelne oder wenige Datensätze.

- **ACID-Overhead**
  Die für Konsistenz, Verfügbarkeit und Isolation verantwortlichen Mechanismen der Datenbanken sind ebenfalls mit einem nicht unbeträchtlichen Aufwand pro Befehl verbunden.

- **Besondere technische Vorzüge**
  Für mengenorientierte Operationen bieten viele RDBMS besondere technische Vorzüge wie „Direct Loads", die im Sinne eines „Bypasses" bestimmte SQL-Mechanismen mit Performancegewinn umgehen können, aber ebenfalls einen spürbaren initialen Mehraufwand bzw. für kleine Datenmengen andere Nachteile mit sich bringen.

In Summe kann die mengenorientierte ETL-Verarbeitung so pro Datensatz leicht um Faktor 10 oder 100 schneller werden als die Behandlung einzelner Datensätze.

Am Ende steht man vor dem Dilemma, dass das System, welches bei Batchverarbeitung noch wunderbar funktioniert hat, für die Verarbeitung einzelner Datensätze viel zu schwach dimensioniert ist – auch dann noch, wenn die ETL-Prozesse entsprechend auf die Verarbeitung von Einzeldatensätzen optimiert wurden.

 Microbatching

Eine Lösung dieses Problems liegt in der Ansammlung oder Taktung bei der Eventverarbeitung. Erst bei einem bestimmten Umfang an Daten oder nach einer gewissen Wartezeit (bspw. 15 Minuten) werden alle bis dahin eingegangenen Daten als sogenannter „Microbatch" verarbeitet.

Beim Microbatching werden zwar die Event-Daten in oder vor dem DWH gesammelt – am besten im „Rohzustand" und ohne weitere Verarbeitung in der Staging Area. Aber sie werden erst weiter verarbeitet, wenn ein gewisser, akzeptabler Schwellenwert überschritten wird. Dieser Schwellenwert kann dann eine Wartezeit von beispielsweise 15 Minuten oder 1000 Events umfassen – je nachdem, was zuerst eintritt. So können gängige ETL-Prozesse mit Anpassungen[16] genutzt und gleichzeitig die Performancenachteile der eventbasierten Verarbeitung deutlich abgemildert werden.

4.6.4.2 Real-Time-Partitionen

Ein weiterer hilfreicher Ansatz sind die sogenannten „Real-Time-Partitionen"[17]. Dieser Ansatz erlaubt über das Microbatching hinaus höhere Anforderungen an die Latenz bis in den Sekundenbereich hinein und lässt sich vor allem sehr gut mit bereits existierenden täglichen ETL-Prozessen kombinieren. Das Verfahren ist prinzipiell mit dem in Abschnitt 4.6.3 beschriebenen Verfahren zur Einbettung operationaler Daten in DWH-Abfragen verwandt. Nur werden bei Real-Time-Partitionen keine operativen Daten durch verteilte Abfragen eingebunden, sondern die im Datenstrom gelieferten und noch nicht verarbeiteten Rohdaten in der Staging Area (oder davon mit geringem Aufwand abgeleitete Daten in separaten

---

[16] Natürlich dürfen die ETL-Prozesse dann keine minuten- oder stundenlangen Reorgprozesse wie das Erstellen von Statistiken oder den Rebuild von Indizes beinhalten. Solche Aktivitäten müssen dann auf tägliche oder monatliche Optimierungsprozesse ausgelagert werden. Im Einzelfall sind also durchaus auch aufwendige Anpassungen nötig.

[17] Siehe *http://www.kimballgroup.com/2002/02/realtime-partitions/*

Tabellen). Mit „Partition" ist somit keine Partition im üblichen Datenbanksinne gemeint, sondern eine separate Tabelle mit Rohdaten, die über einen UNION-ALL View-Mechanismus mit den optimierten Daten des DWH bzw. der Data Marts verbunden werden.

So verringern sich die Risiken bezüglich Verfügbarkeit und Abfrageperformance erheblich. Dafür „bezahlt" man mit einer höheren Latenz im Sekunden- oder Minutenbereich und mit der möglicherweise geringeren Qualität der aktuellsten Daten. Denn diese sind natürlich den normalen ETL-Weg noch nicht gegangen und somit ungesäubert und nicht integriert. Dieser Schritt muss zumindest teilweise innerhalb der Abfragen durchgeführt werden. Dies wiederum erzeugt einen Performance-Overhead für diesen aktuellen Datenanteil, der umso größer wird, desto länger die normale ETL-Frequenz ist. Ein sorgfältiges Ausbalancieren der Vor- und Nachteile im Einzelfall ist also erforderlich.

Wichtig ist auch, dass die eingebetteten Rohdaten absolut synchron mit der erfolgreichen Verarbeitung via ETL aus den Real-Time-Partitionen entfernt werden. Denn wenn dies nicht gewährleistet ist, können falsche Ergebnisse in den Abfragen die Folge sein.

4.6.5 Zusammenfassung

Am Ende lässt sich zum Thema Real-Time BI Folgendes zusammenfassen:

- Auf welchem Wege auch immer Zeitnähe im Data Warehouse umgesetzt wird: Die Kosten steigen mit der Rigidität der Anforderung.
- Statt pauschal in Richtung Real-Time zu gehen, empfiehlt es sich darum, einzelne Anforderungen auf ihre Zeitnähe abzuklopfen und sich am Right-Time-Ansatz zu orientieren: Informationen stehen zum erforderlichen Zeitpunkt bereit, nicht zum schnellstmöglichen.
- Mit Microbatching und Real-Time-Partitionenstehen Techniken zur Verfügung, die akzeptable Performance auch bei Latenzanforderungen im Stunden- oder Minutenbereich gewährleisten.

5 Design der DWH-Schichten

Der grundlegende Aufbau eines Data Warehouse wurde bereits ausführlich in Abschnitt 2.1 vorgestellt. Jede der vier Schichten eines Data Warehouse (*Staging Area*, *Cleansing Area*, *Core* und *Marts*) erfüllt bestimmte Aufgaben und entsprechend sind die Anforderungen an das Datenmodell sehr unterschiedlich.

Welche Tabellen in den einzelnen Schichten benötigt werden, wie diese aufgebaut sind und ggf. miteinander in Beziehung stehen, welche ETL-Logik[1] zur Anwendung kommt, wird in diesem Abschnitt anhand einfacher Beispiele erklärt. Dabei werden auch alternative Modellierungsmethoden vorgestellt. Selbstverständlich sind die vorgestellten Modelle und Methoden nicht in Stein gemeißelt und können bei Bedarf an die jeweiligen individuellen Anforderungen angepasst werden.

Um diese Thematik geht es auf den folgenden Seiten.

- In Abschnitt 5.1 werden die Struktur der Stage-Tabellen und die Logik beschrieben, wie Daten aus den Quellsystemen extrahiert und geladen werden.

- Warum eine Cleansing Area benötigt wird, wie die Cleanse-Tabellen aufgebaut sind und wie die Daten aus den Stage-Tabellen extrahiert, transformiert und in die Cleanse-Tabellen geladen werden, wird in Abschnitt 5.2 behandelt.

- Das Abschnitt 5.3 erklärt die Aufgaben und Anforderungen an die zentrale DWH-Schicht *Core*, unterscheidet die Datenbankobjekte in Stamm- und Bewegungsdaten und erklärt die Beziehungen zwischen Datenbankobjekten. Außerdem werden Modellierungsalternativen (relationales oder dimensionales Core) diskutiert.

- Wie wird im relationalen Core historisiert? Welche Tabellen sind notwendig und wie sind diese aufgebaut und miteinander verknüpft? Welcher Logik muss der ETL-Prozess folgen? Diese Fragen und mehr werden in den Abschnitt 5.4 und Abschnitt 5.5 für die beiden relationalen Modellierungsvarianten *Kopf-/Versionstabellen* und *Data Vault* ausführlich behandelt.

- Dieselben Fragen stellen sich für das dimensional modellierte Core. Diese und die Frage, ob im dimensionalen Core besser ein Star- oder Snowflake-Schema implementiert werden sollte, wird in Abschnitt 5.6 erklärt.

---

[1] Die ETL-Logik (ETL = Extraction, Transformation, Loading) beschreibt, wie die benötigten Daten extrahiert, umgewandelt und schließlich in die einzelnen Datenbankobjekte geladen werden.

- Das Abschnitt 5.7 behandelt schwerpunktmäßig die Implementierung von Data Marts. In diesem Abschnitt geht es hauptsächlich um die Struktur von Dimensions- und Fakten-Tabellen sowie um die ETL-Logik zur Befüllung dieser Tabellen. Zusätzlich werden Besonderheiten bei der Implementierung von Data Marts mithilfe multidimensionaler Technologien behandelt.

■ 5.1 Staging Area

Die Staging Area ist die Laderampe für neue Daten aus verschiedenen Quellsystemen. Sie enthält jeweils die Daten der letzten Lieferung. Die gelieferten Daten werden typischerweise aus den Quellsystemen extrahiert (z.B. über Views auf dem Quellsystem oder Flat Files) und unverändert in die Tabellen der Staging Area kopiert. Von dort werden sie weiterverarbeitet und in die Cleansing Area und schließlich in das Core und Mart geschrieben.

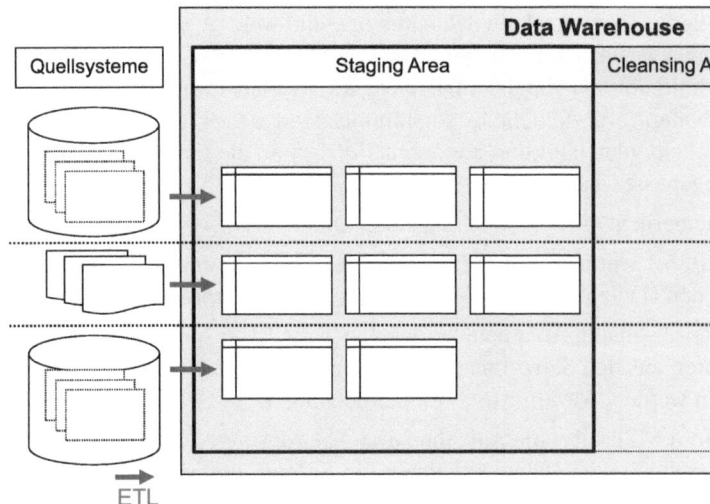

Bild 5.1 Die Staging Area und verschiedene Quellsysteme

Bild 5.1 zeigt, dass Daten aus verschiedenen Quellsystemen und Quellsystemtechnologien (hier Datenbanken und Flat Files) in die Staging Area eines Data Warehouse geladen werden. Dazu wird meist für jedes zu ladende Objekt (Tabelle, View oder Flat Files) in der Staging Area des Data Warehouse eine separate Tabelle angelegt. Diese Tabellen liegen normalerweise in einem einzigen Stage-Datenbank-Schema (Oracle) bzw. in einer einzigen Stage-Datenbank. Tritt jedoch der nicht unwahrscheinliche Fall ein, dass aus verschiedenen Quellsystemen Objekte mit identischem Namen geladen werden sollen, sind Namenskonflikte vorprogrammiert. Beispielsweise könnte der Fall eintreten, dass es in zwei Quellsystemen jeweils eine Tabelle für Kunden gibt, die zufälligerweise auch noch gleich heißt, z.B. *Cust*. Beide Tabellen müssen in die Staging Area geladen werden, weil die Daten aus beiden Quellsystemen später in den nachgelagerten DWH-Schichten *Core* und *Mart* in einer einzi-

gen Kundentabelle zusammengefasst werden sollen. Für diesen Fall sind zwei Implementierungsvarianten denkbar, die in Bild 5.2 skizziert werden.

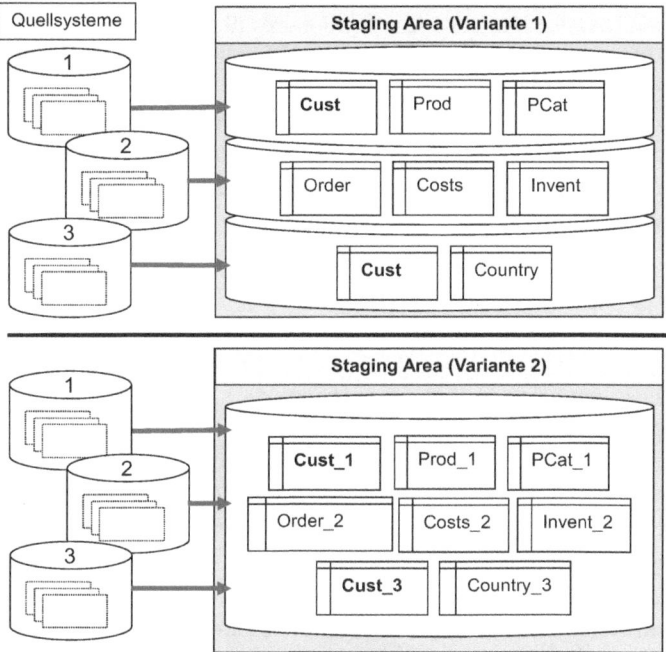

Bild 5.2 Getrennte (Variante 1) oder gemeinsame (Variante 2) Speicherung der Stage-Tabellen

Im oberen Teil wurde diese Problematik dadurch gelöst, dass je Quellsystem ein eigenes
Schema (Oracle) bzw. eine separate Datenbank für die Stage-Tabellen unterschiedlicher
Quellsysteme reservieren wurde. Alternativ dazu können die Stage-Tabellen zu allen Quellsystemen in einem einzigen Schema gespeichert werden. Um Namenskonflikte von vorn-
herein ausschließen zu können, müssen die Tabellennamen in diesem Fall mit einem entsprechenden Präfix oder Suffix versehen werden.

Manchmal erfolgt die Anlieferung zumindest partiell über „Konnektoren", d. h. definierte,
uniforme Schnittstellen. In diesem Fall können die Daten verschiedener Quellsysteme in
dieselbe Stage-Tabelle geladen werden.

5.1.1 Gründe für eine Staging Area

Wofür wird überhaupt eine Staging Area benötigt? Warum werden die Daten nicht direkt ins
Core geschrieben? Dafür gibt es verschiedene Gründe:

▪ Es existiert eine physische Entkopplung vom Quellsystem. Dadurch wird das OLTP-System
weniger belastet. Die Daten können in einem relativ kurzen Zeitraum aus dem Quellsystem
extrahiert und in die Staging Area geschrieben werden. Die komplexen und zeitintensiven
Bereinigungs- und Transformationsprozesse werden dann im Data Warehouse durchgeführt, ohne dass zu diesem Zeitpunkt auf das Quellsystem zugegriffen werden muss.

- Besonders bei der Fehlersuche ist die Nachvollziehbarkeit ein wichtiger Punkt. Da die Daten in der Staging Area unverändert vom Quellsystem übernommen werden, können mittels SQL[2] beliebige Checks und Qualitätsprüfungen auf der Staging Area durchgeführt werden, um die Originaldaten des Quellsystems zu überprüfen. So kann einfach festgestellt werden, ob ein Fehler bei der Extraktion aus dem Quellsystem oder in den ETL-Prozessen des Data Warehouse auftritt.

- Die Staging Area ist eine bezüglich Struktur klar definierte Schnittstelle zwischen Quellsystem und Data Warehouse. Bei Strukturänderungen im Quellsystem, welche diese Schnittstelle betreffen, müssen die betroffenen Stage-Tabellen unter Umständen angepasst werden.

5.1.2 Struktur der Stage-Tabellen

Die Stage-Tabellen sind prinzipiell genauso strukturiert wie die Tabellen, Views oder Flat Files in den Quellsystemen. Als Quellsystem sind in einem Unternehmen sehr häufig unterschiedliche Technologien von verschiedenen Anbietern im Einsatz. Diese sind nicht immer kompatibel zu der für das Data Warehouse eingesetzten Technologie. Aus diesem Grund gilt es, bezüglich Namen und Datentypen einige Punkte zu beachten.

- *Name für Tabellen und Spalten:* Die Tabellen- und Spaltennamen der Stage-Tabellen sind normalerweise identisch mit den entsprechenden Namen der zugehörigen Tabellen bzw. Views auf dem Quellsystem oder der Flat Files, aus welchen die Daten geladen werden. Wenn die zulässige Länge dieser Namen in der für das Data Warehouse verwendeten Technologie begrenzt ist, muss von dieser Regel abgewichen werden. Optional kann ein Tabellen-Präfix, z.B. STG, vorangestellt werden. Dies ist sinnvoll, wenn Staging und Cleansing Area zusammengelegt werden, d.h. im selben Datenbank-Schema (Oracle) bzw. in derselben Datenbank.

- *Datentypen:* Insbesondere bei Flat Files ist es zweckmäßig, als Datentyp in der Stage-Tabelle generell den größtmöglichen Textdatentyp zu verwenden. So kann sichergestellt werden, dass falsch formatierte Daten (z.B. Datumsfelder) zumindest in die Staging Area geladen werden können. Die Typenkonversionen erfolgen dann später beim Laden in die Tabellen der Cleansing Area. Aus diesem Grund sollte generell bei allen Technologien so verfahren werden.

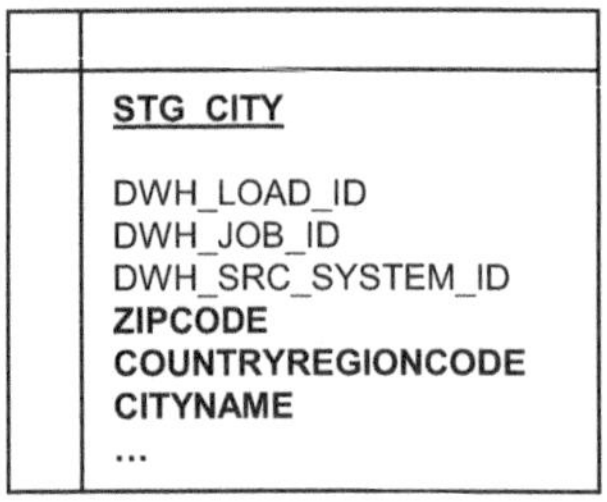

STG_CITY
DWH_LOAD_ID
DWH_JOB_ID
DWH_SRC_SYSTEM_ID
ZIPCODE
COUNTRYREGIONCODE
CITYNAME
...

Bild 5.3 Spalten der Stage-Tabelle STG_CITY

---

[2] Auch bei Flat Files als Datenquelle lohnt sich das Laden in eine Stage-Tabelle, da Auswertungen mittels SQL einfacher und flexibler sind als die Suche in einem File.

In Bild 5.3 ist eine Stage-Tabelle mit Tabellen-Präfix dargestellt. Die Spalten der Stage-Tabellen mit dem Präfix *DWH* stammen nicht aus dem Quellsystem. Sie dienen der Aufnahme von Audit-Informationen, die im Rahmen des ETL-Prozesses generiert bzw. ermittelt werden. Diese helfen im Nachgang herauszufinden, aus welchem Quellsystem und mit welchen Ladeprozessen die jeweiligen Daten geladen wurden.

- *DWH_LOAD_ID:* Jeder Ladelauf (z. B. Laden aller Stage-Tabellen) ins Data Warehouse ist durch eine eindeutige, fortlaufende Nummer gekennzeichnet. Diese Nummer wird zusammen mit den geladenen Daten aus dem Quellsystem in dieser Spalte gespeichert.

- *DWH_JOB_ID:* Jeder Ladejob (z. B. Laden in die Stage-Tabelle STG_CITY) ist durch eine eindeutige, fortlaufende Nummer gekennzeichnet. Diese Nummer wird zusammen mit den geladenen Daten aus dem Quellsystem in dieser Spalte gespeichert.

- *DWH_SRC_SYSTEM_ID:* Diese Spalte identifiziert das Quellsystem, aus dem die Daten extrahiert werden. Diese Information ist unter Umständen sehr wichtig, um eine Eindeutigkeit zu gewährleisten. Die ist dann der Fall, wenn später im Core in einer Tabelle Informationen aus mehreren Quellsystemen gespeichert werden sollen.

Beispiel: Kunde *1234 (Maier)* aus Quellsystem *A* und Kunde *1234 (Müller)* aus Quellsystem *B* müssen selbstverständlich getrennt behandelt werden. Deshalb muss das Quellsystem zwingend Bestandteil des natürlichen Schlüssels des Entitätstyps *Kunde* sein.

Anmerkung

Auf den ersten Blick erscheinen die beiden Spalten DWH_LOAD_ID und DWH_JOB_ID nicht relevant, weil normalerweise eine Stage-Tabelle vor dem Laden gelöscht wird und deshalb diese Spalten für jeden Datensatz dieselben Werte aufweisen. Manchmal jedoch besteht der Wunsch oder die Notwendigkeit, die Daten des letzten Ladelaufs in der Stage-Tabelle zu behalten. In diesem Fall wird die DWH_LOAD_ID zur Unterscheidung benötigt. Außerdem wäre es denkbar, dass in eine bestimmte Stage-Tabelle Daten aus mehr als einem Quellsystem-Objekt sequenziell geladen werden. In diesem Fall wird die DWH_JOB_ID für eine Unterscheidung benötigt. ∎

5.1.3 ETL-Logik für Stage-Tabellen

Da die Stage-Tabellen bis auf wenige Ausnahmen die gleiche Struktur aufweisen wie die Objekte des Quellsystems (Tabellen, Views oder Flat Files), ist die Logik für das Laden von Stage-Tabellen sehr einfach.

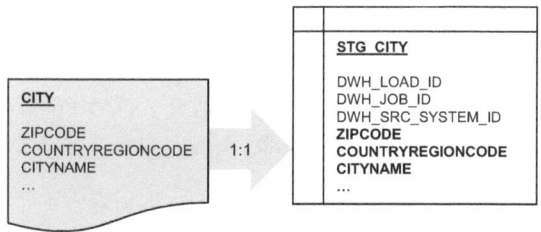

Bild 5.4
Datenquelle und Stage-Tabelle STG_CITY

Die folgenden Abschnitte erläutern die Extraktions- und Transformationsregeln für die Stage-Tabellen am Beispiel aus Bild 5.4. Ob es sich beim Quellobjekt um eine Tabelle, View oder Flat File handelt, spielt keine Rolle.

5.1.3.1 Einschränkungen bei der Extraktion

Normalerweise werden alle Datensätze der Datenquelle CITY in die Stage-Tabelle STG_CITY übernommen, da etwaige Einschränkungen bereits in der Datenquelle berücksichtigt sind. Handelt es sich bei der Datenquelle um ein relationales Objekt (z.B. Tabelle oder View), könnte folgendes SQL-Statement für die Abfrage der zu ladenden Daten verwendet werden:

Listing 5.1 Vollständige Selektion aus Quelltabelle CITY

```
SELECT
  ZIPCODE, COUNTRYREGIONCODE, CITYNAME
FROM
  CITY
```

Optional kann die ins DWH zu ladende Datenmenge weiter eingeschränkt werden. Sollen beispielsweise nur Städte bestimmter Länder ins Data Warehouse geladen werden, so erfolgt die Filterung mit einer entsprechenden WHERE-Bedingung:

Listing 5.2 Selektion aus Quelltabelle CITY mit Filterung

```
SELECT
  ZIPCODE, COUNTRYREGIONCODE, CITYNAME
FROM
  CITY
WHERE
  COUNTRYREGIONCODE IN ('DE', 'CH', 'A', 'US', 'GB')
```

5.1.3.2 Transformation

Die folgende Tabelle zeigt am Beispiel der Stage-Tabelle STG_CITY, dass die fachlichen Spalten 1:1 aus den Quellobjekten übernommen werden. Falls diese Spalten durchgängig als Textdatentyp definiert wurden, muss ggf. eine explizite Datentypkonvertierung durchgeführt werden. Die in den Quellobjekten nicht vorhandenen Spalten werden innerhalb des Ladeprozesses ermittelt, z.B. dynamisch durch Aufruf von Funktionen oder statisch mithilfe von Konstanten.

Tabelle 5.1 Transformationsregeln zwischen Stage-Tabelle und Quellobjekt

Spalten Stage-Tabelle	Spalten Quellobjekt	Funktion
DWH_LOAD_ID	–	GET_LOAD_ID
DWH_JOB_ID	–	GET_JOB_ID
DWH_SRC_SYSTEM_ID	–	GET_SRC_SYSTEM_ID('MDM')
ZIPCODE	ZIPCODE	TO_CHAR
COUNTRYREGIONCODE	COUNTRYREGIONCODE	TO_CHAR
CITYNAME	CITYNAME	TO_CHAR

5.1.3.3 Sonstige Informationen

Das Laden erfolgt normalerweise in leere Stage-Tabellen. Diese müssen also vor dem Laden gelöscht werden. So ist gewährleistet, dass in der Staging Area der letzte Stand aus den Quellsystemen gespeichert ist.

■ 5.2 Cleansing Area

Die Cleansing Area ist die *Kontrollinstanz* im Data Warehouse. Beim Laden aus der Staging Area werden die Daten gefiltert, kontrolliert, zusammengeführt, angereichert und ggf. manipuliert und das Ergebnis schließlich in Tabellen der Cleansing Area gespeichert. Die Cleanse-Tabellen enthalten die Daten, welche im nächsten Schritt ins Core geladen werden sollen. In einem Data Warehouse werden Daten häufig aus verschiedenen Quellsystemen zusammengeführt. Während es in der Staging Area eine logische oder gar physische Trennung der einzelnen Tabellen je Quellsystem gibt, so liegen die Tabellen der Cleansing Area im selben Datenbank-Schema (Oracle) bzw. in derselben Datenbank (siehe Bild 5.5).

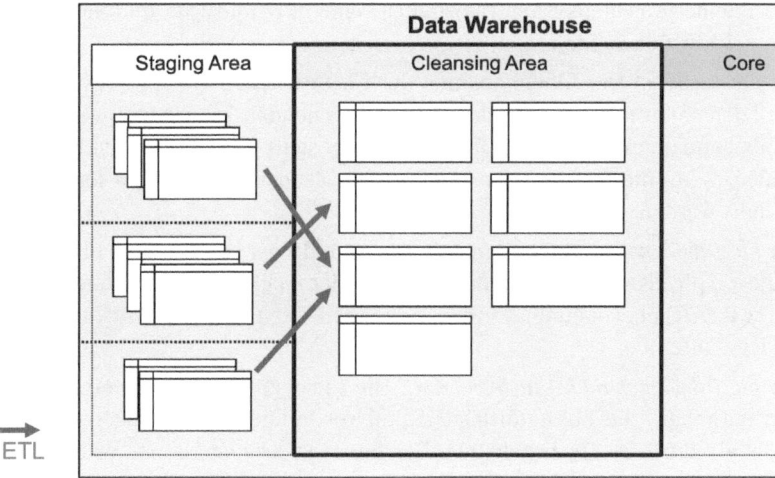

Bild 5.5 Die Cleansing Area als Zwischenschritt zwischen Staging Area und Core

5.2.1 Gründe für eine Cleansing Area

Wofür wird eine Cleansing Area benötigt? Warum werden die Daten nicht direkt von der Staging Area ins Core geschrieben? Dafür gibt es verschiedene Gründe:

■ In Data-Warehouse-Projekten ohne explizite Cleansing Area gibt es neben klassischen Stage-Tabellen meist auch solche Tabellen, die die Aufgabe der hier beschriebenen Cleanse-Tabellen übernehmen. Wichtig ist, dass diese unterschiedlichen Tabellentypen getrennt voneinander betrachtet und separat gespeichert werden. Dies dient auf der einen

Seite der Übersichtlichkeit und auf der anderen Seite der Nachvollziehbarkeit von Datenflüssen im Fehlerfall, insbesondere bei komplexen Transformationen.

- Bevor Daten aus den Quellsystemen ins Core geladen werden, müssen diese gefiltert, bereinigt und kontrolliert werden[3].

- Die Cleansing Area ist eine bezüglich Struktur klar definierte Schnittstelle zwischen Staging Area und Core. Bei Strukturänderungen im Core muss die entsprechende CleanseTabelle angepasst werden. Änderungen im Quellsystem bzw. der Staging Area haben nicht zwingend einen Einfluss auf die Struktur der Cleanse-Tabellen, unter Umständen jedoch auf die Transformationslogik zwischen Stage- und Cleanse-Tabellen.

Diese Aufgaben werden von den ETL-Prozessen der Cleansing Area abgedeckt, die in Abschnitt 5.2.4 genauer beschrieben werden.

5.2.2 Struktur der Cleanse-Tabellen

Die Datenstruktur (Spalten und Datentypen) der Cleanse-Tabellen orientiert sich an der Datenstruktur der Core-Tabellen und nicht an der Struktur der Stage-Tabellen. Es gibt also für jeden Entitätstyp im Core (z. B. Customer) mindestens eine entsprechende CleanseTabelle (z. B. eine pro Quellsystem). Bezüglich Namen, Datentypen und Schlüssel sind die folgenden Punkte zu beachten:

- *Namen für Tabellen:* Die Tabellennamen der Cleanse-Tabellen sind normalerweise identisch mit den entsprechenden Namen der entsprechenden Tabelle im Core. Optional kann beim Tabellennamen ein Präfix, z. B. *CLS*, vorangestellt werden. Dies ist in jedem Fall zu empfehlen, wenn die Tabellen der Staging und Cleansing Area nicht physisch getrennt gespeichert werden.

- *Namen für Tabellenspalten (Grundregel):* Die Grundregel besagt, dass für die fachlichen Attribute die physischen Spaltennamen 1:1 aus der fachlichen Spezifikation für den Entitätstyp (z. B. *City*) übernommen werden. Ausnahmen gelten für die Attribute des Business Keys (siehe unten).

- *Namen für Tabellenspalten (Business Key):* Die Cleanse-Tabelle kann eine oder mehrere Spalten enthalten, die als natürlicher Schlüssel fungieren. Im Folgenden wird dieser Schlüssel als *Business Key* bezeichnet. Der Business Key ist bei der Weiterverarbeitung ins Core von entscheidender Bedeutung, insbesondere bei der Historisierung von Stammdaten bzw. bei der Aktualisierung von bereits geladenen Stammdaten. Aus diesem Grund beginnen die Spaltennamen der Business-Key-Attribute mit einem über das gesamte Data Warehouse einheitlichen Präfix, beispielsweise DWH_BK (BK = Business Key).

- *Namen für Tabellenspalten (Beziehungen):* Die Spaltennamen für Beziehungen werden meist nicht explizit in der Spezifikation der Entitätstypen beschrieben, weil es sich dabei nicht um fachliche Attribute handelt. Für jede Beziehung sind eine oder mehrere Spalten (Business Key über mehr als ein Attribut) notwendig. Der Name für solche Tabellenspalten setzt sich wie folgt zusammen:

  - Tabellenname (oder Tabellenalias) des referenzierten Entitätstyps (z. B. *CO* für *Country*).

---

[3] Weitere Informationen zu Fehlerbehandlung und Datenbereinigung siehe Abschnitt 4.4.

- Da auf denselben Entitätstyp mehr als ein Verweis möglich ist, muss der Spaltenname zur Gewährleistung der Eindeutigkeit zusätzlich noch um den Rollennamen (oder Rollenalias) erweitert werden (z. B. *CO* für die Rolle *Country*).

- Der Rolle folgt der Attributname des Business Keys der referenzierten Tabelle (z. B. *COUNTRYCODE*)

- *Datentypen:* Die Datentypen für die fachlichen Spalten der Cleanse-Tabellen stimmen mit denen der entsprechenden Spalten in den jeweiligen Core-Tabellen überein. Der jeweilige Datentyp für die Beziehungsspalten richtet sich nach den Datentypen der referenzierten Tabellen. Dies hat den Vorteil, dass beim Laden ins Core keine Datentypkonvertierungen mehr notwendig sind.

- *Primary Key Constraint:* Wenn in der Cleanse-Tabelle ein Business Key existiert (i. d. R. bei Stammdaten), muss im ETL-Prozess sichergestellt werden, dass der Business Key für die geladenen Daten bereits in der Cleanse-Tabelle eindeutig ist. Es kann durchaus vorkommen, dass beim Laden aus Quellsystemen die Spalten des Business Key nicht immer eindeutig sind (Beispiele: Quellsystem liefert versehentlich Dubletten, Kunden aus verschiedenen Quellsystemen haben dieselbe Nummer). Um die geforderte Eindeutigkeit zu gewährleisten, kann über die Spalten des Business Key ein entsprechender Datenbank-Constraint definiert werden.

- *Foreign Key Constraint:* Beziehungen zwischen verschiedenen Entitätstypen (z. B. City und Country) werden in der Cleansing Area meist mit deaktivierten Foreign Key Constraints implementiert (siehe Abschnitt 5.2.3).

In Bild 5.6 sind zwei in Beziehung stehende Cleanse-Tabellen dargestellt. Die Spalten, welche den Business Key dieser Tabellen repräsentieren (gestrichelter Rahmen), wurden in den Cleanse-Tabellen je als Primary Key Constraints definiert. Die Spalte für die Zuordnung von *City* zu *Country* in der Tabelle *CLS_CITY* (schwarzer Rahmen) referenziert das Business-Key-Attribut der Tabelle *CLS_COUNTRY*. Der gestrichelte Pfeil repräsentiert den nicht aktivierten Foreign Key Constraint in der Tabelle CLS_CITY, der die Beziehung zwischen den beiden Cleanse-Tabellen dokumentiert.

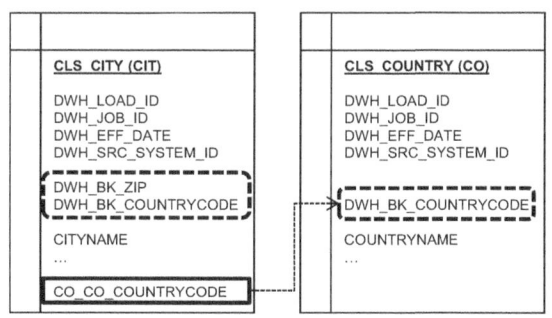

Bild 5.6
Spalten zweier in Beziehung stehender Cleanse-Tabellen

Die ersten vier Spalten der Cleanse-Tabellen werden nicht aus der Stage-Tabelle geladen, sondern erst beim Laden ermittelt. Sie dienen unter anderem der Aufnahme von Audit-Informationen. Diese helfen im Nachgang herauszufinden, mit welchen Ladeprozessen die jeweiligen Daten geladen wurden.

- *DWH_LOAD_ID:* Jeder Ladelauf ins Data Warehouse (z. B. Laden aller Cleanse-Tabellen) ist durch eine eindeutige, fortlaufende Nummer gekennzeichnet. Diese Nummer wird in diese Spalte zusammen mit den bereinigten Daten in der Cleanse-Tabelle gespeichert.
- *DWH_JOB_ID:* Jeder Ladejob (z. B. Laden in die Cleanse-Tabelle CLS_CITY) ist durch eine eindeutige, fortlaufende Nummer gekennzeichnet, die zusammen mit den bereinigten Daten in der Cleanse-Tabelle gespeichert wird.
- *DWH_EFF_DATE:* Diese Spalte dient der Speicherung eines Datums. Dieses Datum ist insbesondere für Stammdaten und weniger für Bewegungsdaten relevant. Mithilfe dieser Spalte wird später im Core die Versionierung der Stammdaten gesteuert. Diese Spalte wird häufig aus einer entsprechenden Datumsspalte aus dem Quellsystem und damit der Stage-Tabelle (z. B. CHANGE_DATE) abgeleitet. Falls eine solche Spalte in der Stage-Tabelle (respektive in der Datenquelle) nicht existiert oder wenn deren Richtigkeit anzuzweifeln ist, wird stattdessen besser das Systemdatum, der Extraktionszeitpunkt aus dem Quellsystem oder der Startzeitpunkt des Ladeprozesses verwendet.
- *DWH_SRC_SYSTEM_ID:* Diese Spalte identifiziert das Quellsystem (analog Abschnitt 5.1.2).

5.2.3 Beziehungen in der Cleansing Area

Wie bereits weiter vorne erklärt, werden die Cleanse-Tabellen aus den Core-Tabellen abgeleitet. Demnach existieren zwischen den Cleanse- und Core-Tabellen untereinander jeweils dieselben fachlichen Beziehungen: Beispielsweise gehört eine Stadt zu einem Land, ein Kunde zu einem Segment und die Umsätze werden pro Kunde, Produkt und Zeit gegliedert. In diesem Abschnitt wird erklärt, ob und wie solche Beziehungen in der Cleansing Area typischerweise implementiert werden.

In Bild 5.7 sind mehrere Cleanse-Tabellen dargestellt, die miteinander in Beziehung stehen. Links ist die Tabelle mit Bewegungsdaten dargestellt, welche neben Audit-Informationen und Kennzahlen Bezüge zu Kunden-Stammdaten enthält. Hervorgehoben sind die Business-Key-Spalten (gestrichelter Rahmen) und die Spalten für die Beziehungen zur übergeordneten Tabelle (schwarzer Rahmen und Pfeil). Etwas spezieller ist die Cleanse-Tabelle *CLS_CUST* für die Kunden-Stammdaten. Diese Tabelle enthält insgesamt drei Verweise auf andere Cleanse-Tabellen, wobei zwei davon in unterschiedlichem Kontext (Wohnort und Arbeitsort) auf dieselbe Tabelle zeigen.

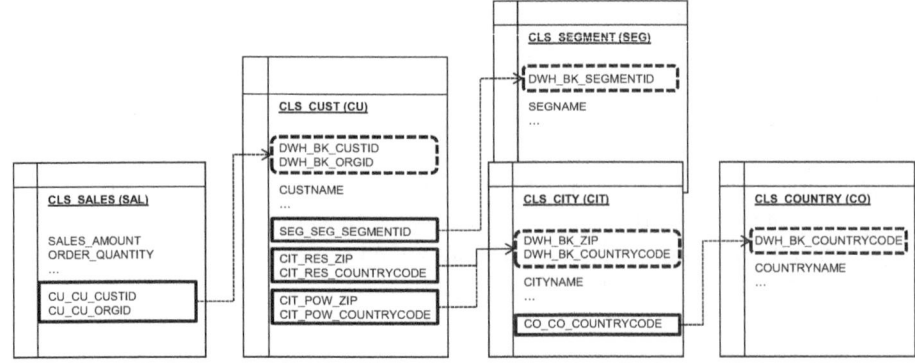

Bild 5.7 Spalten von Cleanse-Tabellen und deren Beziehungen

Sollen für Beziehungen zwischen Cleanse-Tabellen in der Datenbank Foreign Key Constraints implementiert werden oder nicht? Diese Frage kann nicht eindeutig beantwortet werden, weil es für beide Ansätze gute Argumente gibt, wie die folgende Gegenüberstellung zeigt.

Mit Foreign Key Constraints …

▪ … ist das Datenmodell besser verständlich, weil durch die Constraints die Beziehungen implizit dokumentiert sind.

▪ … besteht die Möglichkeit, die Constraints je nach Anforderung ein- oder auszuschalten.

▪ … besteht die Möglichkeit, Teile der ETL-Strecken basierend auf den Metadaten des Datenbanksystems generieren oder dynamisch ausführen zu können.

Mit aktivierten Foreign Key Constraints …

▪ … ist die Datenkonsistenz bereits in der Cleansing Area gewährleistet. Dieser Punkt ist nur dann realisierbar, wenn stets alle Stammdaten aus der Staging Area und damit aus den Vorsystemen in die Cleansing Area geladen werden. Dies setzt außerdem voraus, dass die Zuordnung von Singletons (Abschnitt 5.4.3.7) beim Laden in die Cleansing Area berücksichtigt werden muss.

▪ … muss die Ladereihenfolge beachtet werden.

Ohne oder mit deaktivierten Foreign Key Constraints …

▪ … wird bewusst Dateninkonsistenz in Kauf genommen. Die Behandlung von nicht zugeordneten oder ungültigen Beziehungen wird erst beim Laden ins Core durchgeführt.

▪ … spielt die Ladereihenfolge in der Cleansing Area keine Rolle.

▪ … können die Cleanse-Tabellen parallel, und damit effizienter, geladen werden.

▪ … kann die Cleansing Area auch dann geladen werden, wenn eine Delta-Extraktion aus den Quellsystemen durchgeführt wird und somit die Datenkonsistenz innerhalb der Cleanse-Tabellen nicht gewährleistet werden kann.

Datenkonsistenz wird nicht in der Cleansing Area, sondern erst im Core gefordert. Weil es meist nicht möglich ist, die Konsistenz bereits in den Cleanse-Tabellen zu gewährleisten, spricht einiges gegen aktivierte Foreign Key Constraints in diesem Layer. Der Dokumentationsaspekt der Foreign Key Constraints darf jedoch nicht vernachlässigt werden, besonders in größeren Data-Warehouse-Projekten. Die Empfehlung lautet deshalb, die Foreign Key Constraints generell anzulegen, aber standardmäßig zu deaktivieren (falls dies vom jeweiligen Datenbanksystem unterstützt wird). In jedem Fall sollte in dieser Frage einheitlich vorgegangen werden.

Fremdschlüsselbeziehungen zwischen Cleanse-Tabellen

Foreign Key Constraints sollten stets angelegt werden, um die Beziehungen im Datenmodell zu dokumentieren. Die Prüfung sollte standardmäßig jedoch deaktiviert sein, um inkonsistente Daten innerhalb der Cleansing Area zu erlauben. Weitere Informationen dazu sind in Abschnitt 6.2 dokumentiert.

5.2.4 ETL-Logik für Cleanse-Tabellen

Wie bereits weiter oben erläutert, sind die Cleanse-Tabellen meist anders strukturiert als die Stage-Tabellen. Anzahl der Spalten, Spaltennamen und Datentypen können sich unterscheiden. Bild 5.8 zeigt die beiden Cleanse-Tabellen für die Entitätstypen *City* und *Country* sowie die korrespondierenden Tabellen aus der Staging Area ohne die technischen Attribute. In diesem einfachen Beispiel werden die Daten für eine Cleanse-Tabelle aus genau einer Stage-Tabelle geladen.

Falls aktivierte Foreign Key Constraints zwischen den beiden Cleanse-Tabellen implementiert wurden, muss die Ladereihenfolge entsprechend berücksichtig werden. Im anderen Fall wäre ein paralleles und damit ggf. effizienteres Laden möglich.

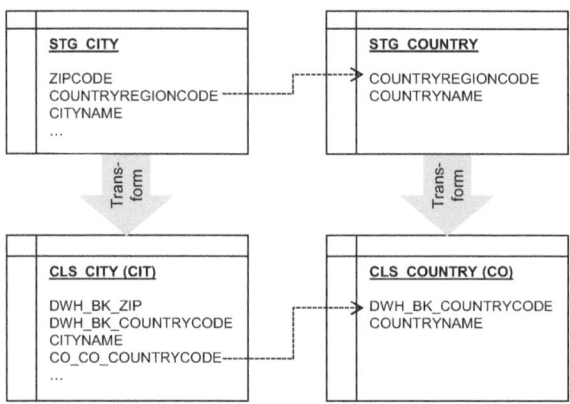

Bild 5.8 Stage-Tabellen und Cleanse-Tabellen für *City* und *Country*

Manchmal müssen vor dem Laden in die Cleanse-Tabelle mehrere Stage-Tabellen zusammengeführt werden. Der Grund dafür ist, dass Spalten oder Daten eines Entitätstyps in mehreren Stage-Tabellen, respektive Quellobjekten, verteilt sind. Im folgenden Beispiel (siehe Bild 5.9) liegen die Spalten eines Entitätstyps in zwei unterschiedlichen Stage-Tabellen und müssen im Rahmen des Ladeprozesses miteinander verknüpft werden.

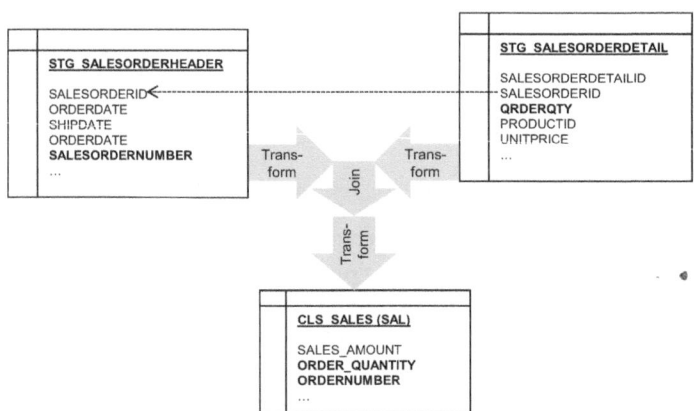

Bild 5.9 Verteilte Attribute in zwei Stage-Tabellen und Cleanse-Tabelle CLS_SALES

In einem anderen Beispiel sind die Daten in unterschiedlichen Stage-Tabellen verteilt, z. B. für den Entitätstyp *Customer*. So könnten die Großkunden in Vorsystem A und die Kleinkunden in Vorsystem B liegen. In diesem Fall (siehe Bild 5.10) müssen die meist ähnlich strukturierten Tabellen zunächst harmonisiert und danach vereinigt (UNION) werden. Mit Harmonisieren ist gemeint, dass die Strukturen und Datentypen so modifiziert werden, dass beide Datenquellen zusammengeführt werden können.

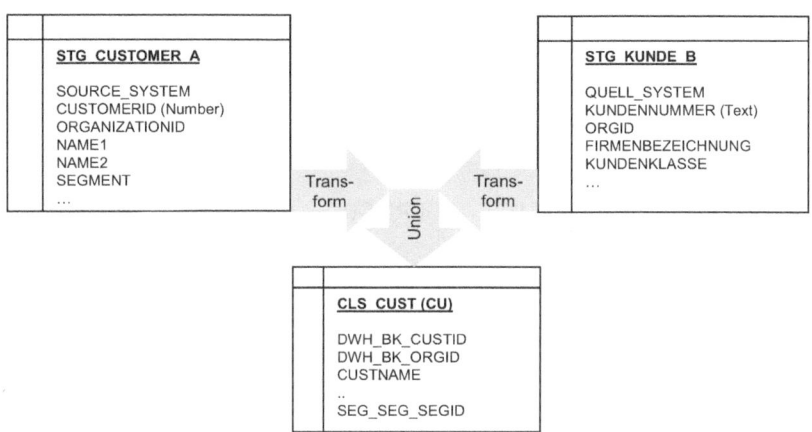

Bild 5.10 Verteilte Daten und Stage-Tabellen mit unterschiedlicher Struktur und Cleanse-Tabelle CLS_CUST

Die folgenden Abschnitte erläutern die Extraktions- und Transformationsregeln für die Cleanse-Tabellen am Beispiel des Entitätstyps CITY (siehe Bild 5.8).

5.2.4.1 Einschränkungen bei der Extraktion

Normalerweise werden alle Datensätze der Stage-Tabelle STG_CITY in die Cleanse-Tabelle CLS_CITY übernommen, da etwaige Einschränkungen bereits in der Quell-Tabelle bzw. in Stage-Tabelle berücksichtigt sind. Das SQL-Statement für die Abfrage der zu ladenden Daten sieht dann wie folgt aus:

Listing 5.3 Selektion aller Datensätze aus Stage-Tabelle STG_CITY

```
SELECT
  ZIPCODE, COUNTRYREGIONCODE, CITYNAME
FROM
  STG_CITY
```

Falls die Daten einer Stage-Tabelle in unterschiedliche Cleanse-Tabellen geladen werden sollen, kann es notwendig sein, weitere Einschränkungen vorzunehmen. Analog zu Abschnitt 5.1.3.1 können entsprechende WHERE-Bedingungen implementiert werden.

5.2.4.2 Transformation

Die folgende Tabelle zeigt am Beispiel der Cleanse-Tabelle *CLS_CITY*, wie die jeweiligen Spalten ermittelt werden. Diese sogenannten Mapping-Regeln können sehr individuell sein und müssen deshalb vor der Implementierung des ETL-Prozesses spezifiziert werden.

Tabelle 5.2 Transformationsregeln zwischen Cleanse- und Stage-Tabelle

Spalten der Cleanse-Tabelle *CLS_CITY*	Spalten der Stage-Objekte *STG_CITY*	Funktion in der ETL-Logik
DWH_LOAD_ID	–	z. B. 08 17
DWH_JOB_ID	–	z. B. GET_JOB_ID
DWH_EFF_DATE	CHANGE_DATE	z. B. SYSDATE
DWH_SRC_SYTEM_ID	DWH_SRC_SYSTEM_ID	z. B. MDM für Master Data Management
DWH_BK_ZIP	ZIPCODE	ggf. Typkonvertierung usw.
DWH_BK_COUNTRYCODE	COUNTRYREGIONCODE	ggf. Typkonvertierung usw.
CITYNAME	CITYNAME	ggf. Typkonvertierung usw.
CO_CO_COUNTRYCODE	COUNTRYREGIONCODE	ggf. Typkonvertierung, ggf. Lookup usw.

Die ersten beiden Tabellenspalten für die Audit-Informationen werden im Ladeprozess selbst ermittelt, z. B. dynamisch durch Aufruf von Funktionen oder Lesen aus Sequence-Objekten. Falls die Spalten in der Cleanse-Tabelle einen anderen Datentyp oder eine kleinere Länge (bei Text) aufweisen als in der Stage-Tabelle, muss eine entsprechende Datentypkonvertierung bzw. ein Abschneiden durchgeführt werden. Sofern jedoch ein aktivierter Foreign Key Constraint auf die Tabelle CLS_COUNTRY definiert wurde, muss mithilfe eines Lookups überprüft werden, ob die Beziehung gültig ist oder nicht. Wenn nicht, also wenn kein entsprechender Datensatz in der referenzierten Tabelle existiert, kann der jeweilige Datensatz nicht geladen werden oder er muss anderweitig behandelt werden (Fehlertabelle oder Ersetzen durch den Business Key eines gültigen Singleton-Datensatzes). Diese Sonderbehandlung sollte besser erst beim Laden ins Core durchgeführt werden, weshalb auf die Aktivierung von Foreign Key Constraint im Cleanse verzichtet werden sollte.

5.2.4.3 Sonstige Informationen

Das Laden erfolgt normalerweise in leere Cleanse-Tabellen, weshalb diese vor dem Laden gelöscht werden müssen. So ist gewährleistet, dass in der Cleansing Area nur der letzte Stand aus den Quellsystemen gespeichert ist und nur dieser weiterverarbeitet wird.

■ 5.3 Core-Datenmodell allgemein.

Das Core stellt die zentrale Komponente innerhalb der DWH-Architektur dar. Die Daten im Core werden über den gesamten Lebenszyklus möglichst detailliert vorgehalten. Das Datenmodell kann entweder relational oder dimensional modelliert werden, wie bereits in Kapitel 3 erläutert wurde. Dabei werden die Core-Tabellen ausschließlich aus den Cleanse-Tabellen geladen. Bild 5.11 zeigt ein relational modelliertes Core mit Kopf- und Versionstabellen für die Historisierung der Stammdaten.

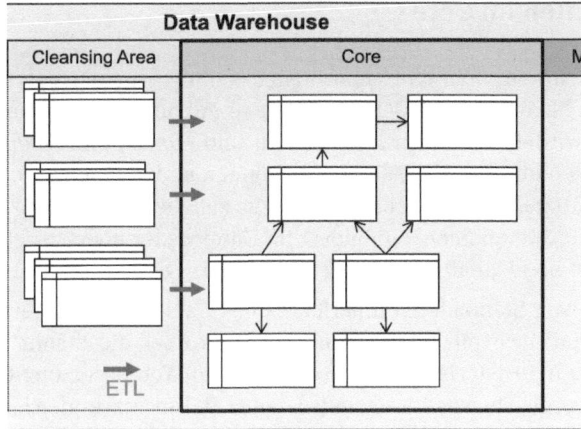

Bild 5.11 Das Core ist die zentrale Komponente im Data Warehouse.

In Abschnitt 5.3.1 werden die Aufgaben und die Anforderungen erklärt, welche für die zentrale Komponente im Data Warehouse relevant sind. Die darauffolgenden Abschnitte 5.3.2 und 5.3.3 beschäftigen sich mit der Rolle der Stamm- und Bewegungsdaten im Core. In Abschnitt 5.3.5 werden unterschiedliche Datenmodellierungsmethoden gegenübergestellt.

5.3.1 Aufgaben und Anforderungen an das Core

Die wesentliche Aufgabe des Core sind die Integration und die Historisierung sowie die realitätsnahe und konsistente Speicherung aller relevanten Daten. Dies wird erreicht durch ein von den Vorsystemen *unabhängiges* Datenmodell, in dem große Teile der Stammdaten (z. B. Produkte, Kunden) vollständig historisiert und Bewegungsdaten (z. B. Umsatz, Absatz, Lagerbestand) niemals gelöscht werden. Ein Überschreiben von bereits geladenen Daten ist im Core deshalb, von wenigen Ausnahmen abgesehen, nicht erwünscht. Weitere Anforderungen an das Datenmodell im Core sind:

- *Stabilität:* Diese wird durch die Entkoppelung des Core-Datenmodells von den Quellsystemen erreicht. Änderungen im Quellsystem oder gar deren Austausch sowie die Einbindung neuer Quellsysteme sollten einen möglichst geringen Einfluss auf das Core-Datenmodell haben.

- *Flexibilität:* Das Datenmodell sollte so gewählt werden, dass es bei später hinzukommenden Anforderungen möglichst einfach erweitert werden kann. Das Datenmodell im Core soll eine stabile Basis für den Aufbau neuer Dimensionen und Fakten in den Data Marts darstellen.

- *Effektivität:* Gute Ladeperformance trotz Konsistenzprüfungen zur Gewährleistung hoher Datenqualität bei gleichzeitig kompakter, redundanzfreier Speicherung der Daten. Die Abfrageperformance ist sekundär, da normalerweise nicht direkt auf das Core zugegriffen wird.

Aufgrund der zentralen Bedeutung des Core muss auf das Design des Datenmodells und der ETL-Prozesse besonderes Augenmerk gelegt werden.

5.3.2 Stammdaten im Core

Ohne Stammdaten wären viele typischen Business-Intelligence-Auswertungen überhaupt nicht möglich, weil über die Stammdaten-Attribute in Ad-hoc-Analysen und Berichten gruppiert und gefiltert wird. Beispiele für Stammdaten sind *Kunden* und *Produkte*. Da sich Attribute von Stammdaten im Laufe der Zeit ändern können und in einem Data Warehouse nicht nur die aktuellsten Daten, sondern auch historische gehalten und ausgewertet werden, sollten Änderungen der Stammdaten, zumindest im Core, weder überschrieben noch gelöscht werden. Sie werden im Idealfall vollständig historisiert.

Die Historisierung von Stammdaten innerhalb eines Data Warehouse erfolgt im Core, um revisionssichere und nachvollziehbare Auswertungen über die Stammdaten zu ermöglichen. Außerdem ist die Historisierung von Stammdaten Voraussetzung für historisch korrekte Vorperiodenvergleiche von Bewegungsdaten (z. B. Umsatzvergleich zwischen Oktober 2014 und Oktober 2013).

Während des regelmäßigen Ladeprozesses in das Data Warehouse muss ein Abgleich zwischen den zu ladenden und bereits im Core gespeicherten Stammdaten erfolgen. In diesem Prozess muss ermittelt werden, welche Stammdatensätze im Quellsystem neu erstellt, geändert oder gelöscht wurden. Mehr Information und Beispiele zu den Themen Historisierung und Slowly Changing Dimensions (SCD) sind in Kapitel 3 beschrieben.

5.3.3 Bewegungsdaten im Core

Im Core werden neben Stammdaten auch Bewegungsdaten (z. B. *Absatz, Umsatz, Lagerbestand*) gespeichert. Dazu wird für jedes Ereignis (z. B. Umsatz über *150 Euro* für das Produkt *PC01993* mit dem Kunden *A* zum Zeitpunkt *T1*) in einer Tabelle ein Datensatz abgespeichert. Dieser Datensatz referenziert Stammdatentabellen, in diesem Beispiel die Tabellen für *Produkte* und *Kunden*. Falls diese Stammdatentabellen vollständig historisiert wurden, sind historisch korrekte Vorperiodenvergleiche von Bewegungsdaten (z. B. Umsatz im *Oktober 2012* im Vergleich zum Umsatz im *Oktober 2011*) überhaupt erst möglich.

 Hinweis

Realitätsnahe – und damit korrekte – Vorperiodenvergleiche sind nur möglich, wenn die Attribute der zum Ereignis gehörenden Stammdaten vollständig historisiert sind.

5.3.4 Beziehungen im Core

Genau wie die beschreibenden Daten eines Entitätstyps, stellen die Beziehungen zwischen Entitätstypen wesentliche Informationen im Core dar. Am häufigsten anzutreffen sind Beziehungen der Kardinalität *1:n*, die praktisch immer zwischen Stamm- und Bewegungsdaten vorherrschen. Beziehungen zwischen Stammdaten untereinander sind ebenfalls sehr häufig der Kardinalität *1:n*, jedoch gibt es hier öfter auch Beziehungen der Kardinalität *n:m*. Je nach Datenmodellierungsmethode werden die Beziehungen unterschiedlich abgebildet.

5.3.5 Datenmodellierungsmethoden für das Core

Beim Erstellen des Core-Datenmodells taucht immer wieder die Frage auf, ob ein relationales oder ein dimensionales Datenmodell mit Star- bzw. Snowflake-Schema verwendet werden soll. Die korrekte Antwort lautet: „Es kommt darauf an …" Die Frage sollte nicht auf eine „Glaubensfrage" zwischen Inmon- und Kimball-Anhängern reduziert werden, sondern je nach Anforderungen und Umfeld des aktuellen Projekts beurteilt werden.

Abhängig von Projekt, Kunde, Anforderungen und Komplexität des DWH-Systems muss entschieden werden, ob das Core eher relational oder streng dimensional modelliert werden soll. Die Entscheidungsmatrix in der Tabelle 5.3 soll helfen, diese Grundsatzentscheidung zu fällen.

Die Tabelle zeigt, dass es für beide Ansätze jeweils gute Gründe gibt. Das Datenmodell und die Ladelogik für Stamm- und Bewegungsdaten unterscheiden sich jedoch grundlegend voneinander, wobei es selbstverständlich für beide Kategorien (relational/dimensional) wiederum verschiedene Modellierungsmethoden gibt.

Tabelle 5.3 Entscheidungsmatrix relationales/dimensionales Core

Kriterium	Relationales Core	Dimensionales Core
Komplexität des DWH Das Core bezieht Daten aus verschiedenen Quellsystemen und beliefert unterschiedliche Data Marts und Zielsysteme.	Geeignet für Enterprise-DWH, welche Data Marts und Zielsysteme mit unterschiedlichsten Datenstrukturen beliefern müssen.	Geeignet für DWH-Systeme, die mehrere dimensionale Data Marts beliefern müssen, welche die gleichen oder ähnliche Datenstrukturen verwenden.
Struktur der Data Marts Die Struktur der verschiedenen Data Marts, die aus dem Core beliefert werden, bestimmen das Datenmodell des Core.	Es gibt neben dimensionalen Data Marts auch Zielsysteme oder Datenempfänger, welche Daten in einer anderen Form benötigen.	Alle Data Marts haben ein dimensionales Datenmodell, und das Core enthält alle Dimensionen und Fakten, die in mindestens einem Data Mart vorkommen.
Anforderungen an DWH Die fachlichen Anforderungen an das DWH bestimmen die Vorgehensweise und damit das Datenmodell des Core.	Können die Anforderungen von der Fachseite zu Projektbeginn noch nicht klar festgelegt werden, wird anhand der vorhandenen Daten der Quellsysteme entschieden, was ins Core geladen wird.	Aufgrund der Anforderungen können die Dimensionen und Fakten der Data Marts festgelegt und daraus das Datenmodell des Core abgeleitet werden.
Vorgehensweise Die Vorgehensweise der Datenmodellierung beeinflusst das Core-Datenmodell.	Quellsystemgetriebene Modellierung oder anforderungsgetriebene Modellierung	Anforderungsgetriebene Modellierung

Die folgenden beiden Abschnitte 5.4 und 5.5 behandeln ausführlich die Aspekte der relationalen Datenmodellierung für die beiden Modellierungsmethoden *Kopf-/Versionstabellen* und *Data Vault*. Abschnitt 5.6 dagegen beschreibt den dimensionalen Implementierungsansatz im Core sowie der damit einhergehenden ETL-Prozesse.

■ 5.4 Core-Datenmodell relational mit Kopf- und Versionstabellen

In der relationalen Core-Modellierung werden Entitätstypen und deren Beziehungen untereinander möglichst realitätsnah dargestellt. Die Historisierung der Stammdaten wird in dieser Variante mithilfe von Kopf- und Versionstabellen modelliert. Mehr Informationen zu den Modellierungsgrundsätzen im relationalen Core können in Abschnitt 3.2 nachgelesen werden.

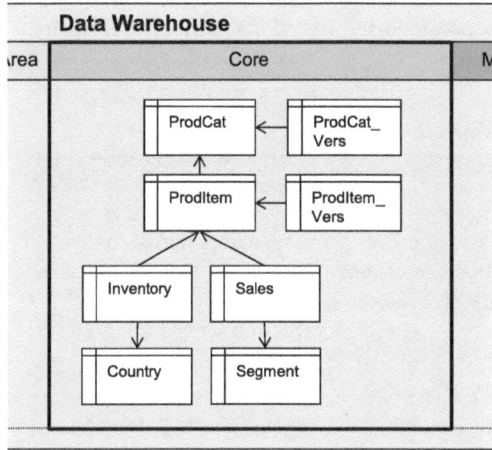

Bild 5.12
Das relational modellierte Core mit Kopf- und Versionstabellen

Bild 5.12 zeigt beispielhaft die Modellierung eines relational modellierten Core. Um die Stammdaten der Entitätstypen *ProdCat* und *ProdItem* teilweise bzw. vollständig zu historisieren, wird jeweils eine sogenannte Versionstabelle mit der Kopftabelle verknüpft. Gründe, die für ein relationales Core mit Kopf- und Versionstabellen sprechen:

- Stammdaten werden je Entitätstyp versioniert. Dadurch ist gewährleistet, dass nur dann neue Versionen (also Datensätze) erzeugt werden, wenn dies tatsächlich erforderlich ist. Begründung: Im dimensionalen Datenmodell (bzw. auch im relationalen ohne die Aufspaltung in Kopf- und Versionstabellen) wäre es beispielsweise so, dass eine neue Version der Produktgruppe A neue Versionen aller Produkte der Produktgruppe A nach sich ziehen würden.

- Durch die Normalisierung (3. Normalform) treten weniger Redundanzen als im dimensionalen Core auf, insbesondere gegenüber der Star-Schema-Implementierung. Dadurch wird weniger Speicherplatz benötigt und vor allen Dingen kann durch diese Modellierungsvariante die Datenkonsistenz viel besser gewährleistet werden.

▪ n:m-Beziehungen können so abgebildet werden, wie sie sind. Die Bewegungsdaten müssen also nicht künstlich heruntergebrochen werden, wie dies im dimensionalen Modell notwendig wäre.

Im folgenden Abschnitt wird das Historisierungskonzept für Stammdaten im relationalen Core erklärt. In den darauffolgenden Abschnitten werden die Strukturen der Stamm- und Bewegungsdaten getrennt voneinander behandelt. Der Grund für die Trennung ist, dass die Tabellen für Stamm- und Bewegungsdaten, aufgrund der Historisierung der Stammdaten, unterschiedlich aufgebaut sind und deshalb auch die Ladelogik grundlegend voneinander abweicht.

5.4.1 Historisierung von Stammdaten mit Kopf- und Versionstabellen

Für die Stammdaten im relationalen Core existiert für jeden Entitätstyp (z. B. Produkt, Kunde) zumindest eine sogenannte Kopftabelle. Für den Fall, dass mindestens ein Attribut des Entitätstyps historisiert werden soll, wird zusätzlich zur Kopftabelle eine Versionstabelle angelegt (siehe auch Abschnitt 3.2.4).

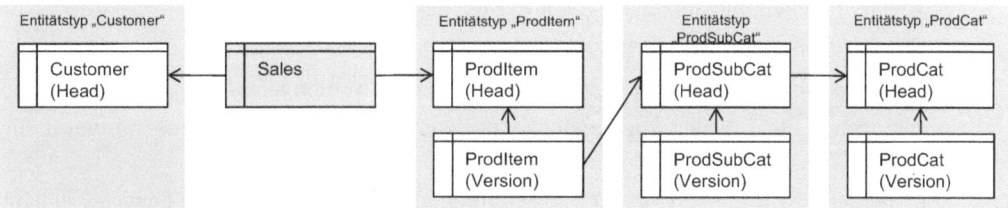

Bild 5.13 Beziehungen zwischen Bewegungs- und Stammdaten, historisiert und nicht historisiert

In Bild 5.13 sind verschiedene Entitätstypen und deren Beziehungen untereinander dargestellt. Für Entitätstypen, die nicht historisiert werden sollen, entfällt die Versionstabelle (siehe *Customer*). Falls für einen Entitätstyp eine Versionstabelle existiert, so ist diese mit der zugehörigen Kopftabelle über eine Foreign-Key-Beziehung verknüpft. In den Spalten der Versionstabellen sind alle Attribute (auch Foreign-Key-Beziehungen) zu den jeweiligen Entitätstypen gespeichert, die historisiert werden sollen. In den Spalten der Kopftabellen dagegen werden die Schlüssel (Business Key) und die nicht zu historisierenden Attribute gespeichert.

Die Tabellen mit Bewegungsdaten (siehe die Tabelle *Sales* in Bild 5.13) stehen mit den jeweiligen Kopftabellen der Stammdatenentitäten in Beziehung, nie mit den Versionstabellen!

Foreign-Key-Beziehungen zwischen unterschiedlichen Stammdatenentitätstypen bestehen entweder zwischen den beiden Kopftabellen (siehe in Bild 5.13 die Beziehung zwischen *ProdSubCat* und *ProdCat*) oder zwischen der Versionstabelle des untergeordneten Entitätstyps und der Kopftabelle der übergeordneten (siehe Beziehung zwischen den *ProdItem* und *ProdSubCat*). Im ersten Fall wird die Information bezüglich der Beziehung zwischen Entitätstypen nicht historisiert. Ändert sich die Beziehung, so wird Beziehungsinformation überschrieben, wodurch alte Information verloren geht.

Im relationalen Core sollten die Stammdaten vollständig historisiert werden

Dies bedeutet, dass von Beginn an alle fachlichen Attribute und Referenzen auf andere Entitätstypen in die Versionstabelle gehören. Nur so können später Fragen nach der historischen Entwicklung von Sachverhalten beantwortet werden.

Für die Abbildung der Historisierungsvariante mit Kopf- und Versionstabellen sind entsprechende Tabellenstrukturen insbesondere für die Stammdaten erforderlich. Diese werden in Abschnitt 5.4.2 ausführlich behandelt.

5.4.2 Struktur der Stammdatentabellen

Bei der relationalen Modellierung werden die Stamm-, aber auch die Bewegungsdaten als Entitätstypen dargestellt. In der dimensionalen Modellierung dagegen werden die Stammdaten in Form von Dimensionen und Hierarchien modelliert. Der Schwerpunkt dieses Abschnitts ist die Implementierung von Stammdaten im relationalen Core für die Historisierung mit Kopf- und Versionstabellen. Dabei wird auf folgende Fragen eingegangen:

- Welche Tabellen und Tabellenspalten werden benötigt?
- Gibt es Schlüsselspalten, wenn ja, welche?
- Welche Attribute, und damit welche Tabellenspalten, werden historisiert?
- Wie stehen die Tabellen zueinander in Beziehung und welche Attribute werden dafür benutzt?

Die Thematik wird in den folgenden Abschnitten anhand des Entitätstyps *Customer* behandelt. Dieser Entitätstyp und dessen n:1-Beziehungen zu anderen Entitätstypen sind in Bild 5.14 dargestellt. Dabei ist zu beachten, dass zwei Beziehungen zu City modelliert wurden: *Wohnort* und *Arbeitsort*.

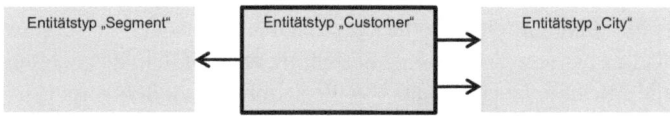

Bild 5.14 Entity-Relationship-Diagramm für *Segment*, *Customer* und *City*

Die folgenden zwei Tabellen enthalten die Spezifikation für den in Bild 5.14 dargestellten Entitätstyp *Customer*. Diese Informationen dienen als Basis für die Implementierung in Form von Tabellen und Beziehungen.

Tabelle 5.4 Fachliche Attribute des Entitätstyps *Customer*

Customer (fachliche Attribute)				
Attribut	**Beschreibung**	**Schlüssel**	**Historisierung**	**Datentyp**
CUSTID	Kundennummer	Ja	–	ZAHL
ORGID	Nummer der Gesellschaft	Ja	–	ZAHL
CUSTNAME	Kundenname		Ja	TEXT(30)

Tabelle 5.5 Beziehungen des Entitätstyps *Customer* zu anderen Entitätstypen

Customer (n:1-Beziehungen)			
Entität	**Rolle**	**Beschreibung**	**Historisierung**
City	Arbeitsort	Verweis auf ***City*** (Arbeitsort)	Nein
City	Wohnort	Verweis auf ***City*** (Wohnort)	Nein
Segment	Segment	Verweis auf ***Segment***	Ja

Die erste Tabelle zeigt die Eigenschaften der fachlichen Attribute und die zweite Tabelle die Eigenschaften der Beziehungen zu Entitätstypen. Die Beziehungen zu anderen Entitätstypen der Kardinalität n:1[4] gehören zum Entitätstyp *Customer*. Sie sind jedoch keine fachlichen Attribute. Trotzdem muss hier definiert werden, ob die Beziehungen historisiert werden sollen oder nicht. In diesem Beispiel sollen die Zuordnung eines Kunden zum Kundensegment sowie die Informationen Kundenname historisiert werden, wogegen die Zuordnung zu Arbeits- und Wohnort nicht historisiert werden sollen. Aus diesem Beispiel wird klar, dass vor der Implementierung die angesprochenen Informationen ermittelt und dokumentiert werden müssen.

Der Aufbau der physischen Tabellen für dieses Beispiel wird in den folgenden Abschnitten erläutert.

5.4.2.1 Tabellenspalten und Schlüssel

Ein Entitätstyp wird normalerweise als eine einzige physische Tabelle implementiert. Da jedoch im Core die Stammdaten, und damit die Attribute eines Entitätstyps (z. B. Customer), meist historisiert werden sollen, wird ein Entitätstyp zumindest in diesen Fällen in zwei Tabellen aufgespalten: in die Kopf- und die Versionstabelle.

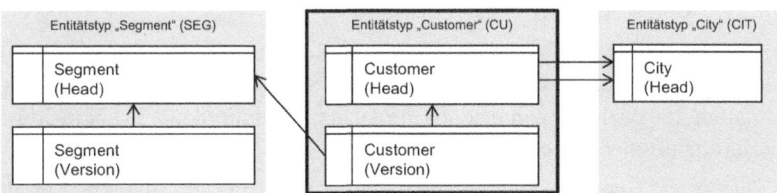

Bild 5.15 Tabellen für *Segment, Customer* und *City*

---

[4] Im Falle von n:m-Beziehungen zwischen Entitätstypen ist die Information zur Beziehung in einer separaten Tabelle abzulegen.

Bild 5.15 zeigt die notwendigen Tabellen für die Entitätstypen aus dem oben beschriebenen Beispiel (siehe Bild 5.14). Die Beziehung zwischen *Customer* und *Segment* soll historisiert werden und befindet sich deshalb in der Versionstabelle *Customer_Vers*. Die Beziehungen zwischen *Customer* und *City* sollen laut Spezifikation nicht historisiert werden. Sie werden deshalb in der Kopftabelle von *Customer* zugeordnet.

Das Tabellenpaar für den Entitätstyp *Customer*, bestehend aus Kopf- und Versionstabelle, muss selbstverständlich für alle spezifizierten Attribute und Beziehungen entsprechende Spalten aufweisen. Nun stellt sich die Frage: Welche Spalten gehören in die Kopf- und welche in die Versionstabelle? Die Antwort auf diese Frage lautet: „In die *Kopftabelle* gehören neben den Attributen des Business Keys alle Attribute und Beziehungen, die *nicht historisiert* werden sollen. In die *Versionstabelle* dagegen gehören alle Attribute und Beziehungen, die *historisiert* werden sollen."

Bezüglich Tabellen- und Spaltennamen, Datentypen und Schlüssel für die Kopf- und Versionstabellen sind die folgenden allgemeinen Punkte zu beachten:

- *Namen für Tabellen:* Die Tabellennamen der Core-Tabellen sind normalerweise identisch mit den entsprechenden Namen des Entitätstyps. Zur Unterscheidung von Kopf- und Versionstabelle erhält die Versionstabelle ein Suffix, z. B. *VERS*. Es hat sich in der Praxis bewährt, beim Tabellennamen ein Präfix (z. B. *COR* für *Core*) voranzustellen, damit bereits auf den ersten Blick ersichtlich ist, dass es sich um eine Tabelle in der DWH-Schicht *Core* handelt.

- *Namen für Tabellenspalten (Grundregel):* Die Grundregel besagt, dass die Spaltennamen 1:1 aus den fachlichen Attributen der fachlichen Spezifikation übernommen werden. Ausnahmen gelten für die Attribute des Business Keys und für die Beziehungen (siehe unten).

- *Namen für Tabellenspalten (Business Key):* Die Spaltennamen der Business-KeyAttribute beginnen mit einem über das gesamte Data Warehouse einheitlichen Präfix, beispielsweise DWH_BK (BK = Business Key). Der Grund für das Präfix ist, dass die Spalten des Business Keys eine besondere Rolle spielen, weil sie sehr häufig im ETL-Prozess und bei Abfragen benötigt werden und deshalb schnell erkannt werden sollen.

- *Namen für Tabellenspalten (Beziehungen):* Die Spaltennamen für die Beziehungen werden in der Regel nicht explizit im ER-Diagramm beschrieben, weil es sich dabei um nichtfachliche Attribute handelt. Für die Spaltennamen könnte ein festes Präfix (z. B. DWH_ID) vorangestellt werden, gefolgt vom Tabellennamen (oder Tabellenalias) der referenzierten Tabelle. Da auf denselben Entitätstyp mehr als ein Verweis möglich ist, muss der Spaltenname zur Gewährleistung der Eindeutigkeit zusätzlich noch um den Rollennamen (oder Rollenalias) erweitert werden.

- *Datentypen:* Die Datentypen für die Spalten der Core-Tabellen stimmen mit denen der entsprechenden Attribute des Entitätstyps aus der Spezifikation überein. Die Datentypen für die Spalten der Beziehungen orientieren sich am Datentyp des Primärschlüssels der jeweils referenzierten Tabelle.

- *Unique Constraint:* Über die Spalten (bzw. die Spalte), die als Business Key des Entitätstyps fungieren, sollte ein Unique Constraint implementiert werden. Der Business Key ist zur Identifikation der Datensätze von entscheidender Bedeutung, insbesondere bei der Historisierung von Stammdaten bzw. bei der Aktualisierung von bereits geladenen Stammdaten. Wenn die Daten für einen Entitätstyp aus verschiedenen Quellsystemen geladen werden, kann es passieren, dass der Business Key (z. B. die Kundennummer) zur Identifikation einer Entität nicht ausreicht. In diesen Fällen muss noch die ID des Quellsystems (DWH_SRC_SYSTEM_ID) in den Unique Constraint aufgenommen werden.

- *Primary Key Constraint:* Die Kopftabelle benötigt einen eindeutigen Schlüssel auf Basis einer fortlaufenden Nummer, den sogenannten Surrogate Key[5]. Zu diesem Zweck wird eine zusätzliche Spalte benötigt (siehe unten), über die ein Primary Key Constraint implementiert werden sollte. Diese Spalte wird für Referenzierung über Foreign Key Constraints benötigt.

- *Foreign Key Constraint:* 1:n-Beziehungen zwischen verschiedenen Entitätstypen werden im Core in der Regel mithilfe von Foreign Key Constraints implementiert. In der Detail-Tabelle existiert je Beziehung eine Spalte, welche den Wert des Primärschlüssels der Master-Tabelle enthält. Die Master-Tabelle ist immer eine Kopftabelle, während die Detail-Tabelle entweder die Kopf- oder die Versionstabelle ist. Die Beziehung zwischen Kopf- und der eigenen Versionstabelle wird ebenfalls mithilfe von Foreign Key Constraints realisiert, wobei in diesem Fall als Detail-Tabelle immer die Versionstabelle fungiert.

Bild 5.16 zeigt die benötigten physischen Tabellen und deren Spalten für *Customer:*

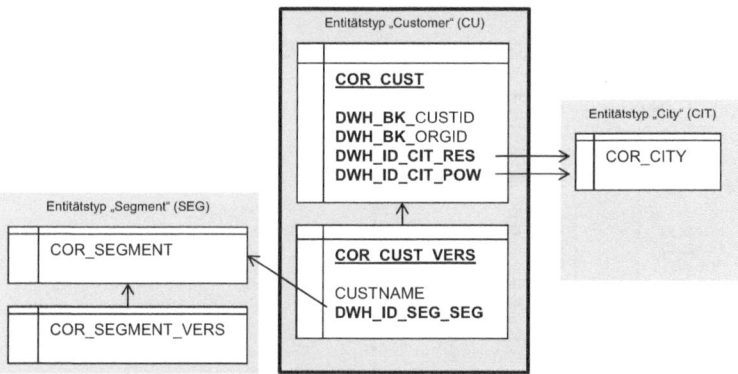

Bild 5.16 Tabellen und Spalten für den Entitätstyp *Customer*

Zusätzlich zu den oben dargestellten Spalten für die Tabellen des Entitätstyps *Customer* sind weitere Spalten notwendig bzw. sinnvoll. In diesen werden eher technische Informationen gespeichert. Diese Spalten lauten wie folgt:

- *DWH_ID:* In dieser Spalte der Kopftabelle wird der künstliche Schlüssel gespeichert. Die in dieser Spalte gespeicherten Daten müssen eindeutig sein, weshalb auf diese Spalte in der Regel ein entsprechender Constraint angewendet wird.

- *DWH_CR_LOAD_ID bzw. DWH_UP_LOAD_ID:* Jeder Ladelauf ins Data Warehouse (z. B. Laden aller Core-Tabellen) ist durch eine eindeutige, fortlaufende Nummer gekennzeichnet. Diese Nummer wird in einer dieser beiden Spalten gespeichert. Welche der beiden Spalten geladen wird, ist abhängig davon, ob der jeweilige Datensatz neu angelegt (DWH_CR_LOAD_ID) oder nur aktualisiert (DWH_UP_LOAD_ID) wurde.

---

[5] Surrogate Key ist der Fachbegriff für „künstlicher Schlüssel" im Gegensatz zum „Business Key" bzw. „natürlicher Schlüssel".

- *DWH_CR_JOB_ID bzw. DWH_UP_JOB_ID:* Jeder Ladejob (z. B. Laden in der Tabelle COR_ CUST) ist durch eine eindeutige, fortlaufende Nummer gekennzeichnet. Welche der beiden Spalten geladen wird, ist abhängig davon, ob der jeweilige Datensatz neu angelegt (DWH_CR_JOB_ID) oder nur aktualisiert (DWH_UP_JOB_ID) wurde.

- *DWH_SRC_SYSTEM_ID:* Diese Spalte identifiziert das Quellsystem (analog Abschnitt 5.1.2).

Die folgenden technischen Spalten gibt es ausschließlich in der Versionstabelle:

- *DWH_ID_HEAD:* In dieser Spalte der Versionstabelle wird der Primärschlüssel der Kopftabelle gespeichert. Damit sind die Kopf- und die Versionstabelle über eine 1:n-Beziehung miteinander verknüpft.

- *DWH_VALID_FROM bzw. DWH_VALID_TO[6]:* Diese beiden Spalten der Versionstabelle enthalten das Gültigkeitsintervall für den jeweiligen Datensatz.

- *DWH_STATUS:* In diesem optionalen[7] Attribut der Versionstabelle wird ein Kennzeichen gespeichert, welches einen Hinweis darauf gibt, ob es sich bei einer bestimmten Version um die offene oder um eine geschlossene Version handelt. Es versteht sich von selbst, dass es zu einem Kunden in der Kunden-Versionstabelle nur einen Datensatz mit dem Status „OPEN" geben darf.

Bild 5.17 zeigt die Spalten der Kopf- und Versionstabelle am Beispiel von *Customer*.

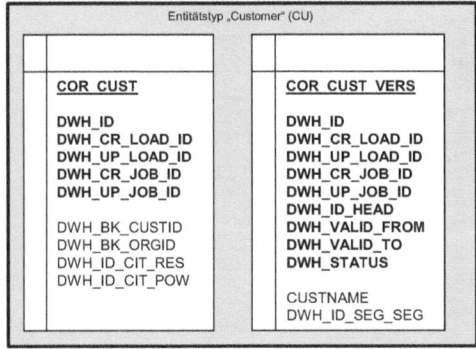

Bild 5.17
Technische (fett) und andere Spalten der Tabellen für *Customer*

5.4.2.2 Beziehungen (1:n) zwischen Stammdaten

Der Entitätstyp *Customer* steht mit dem Entitätstyp *City* auf zwei unterschiedliche Arten in Beziehung und *City* wiederum steht mit dem Entitätstyp *Country* in Beziehung. Bild 5.18 zeigt die zugehörigen Tabellen einschließlich der relevanten Spalten sowie die Beziehung zwischen diesen Tabellen.

---

[6] Als Enddatum wird oft statt eines NULL-Werts das maximal mögliche Datum (z. B. 31.12.9999) gesetzt, um die Abfragen auf die Gültigkeitsintervalle zu vereinfachen.

[7] Dieses Attribut kann auch weggelassen werden, da die aktuelle Version aus dem Gültigkeitsintervall ermittelt werden kann.

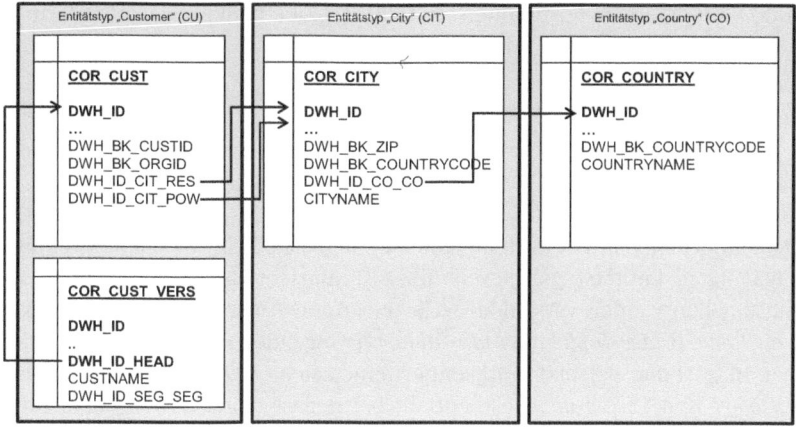

Bild 5.18 Core-Tabellen und 1:n-Beziehungen

Die Pfeile in Bild 5.18 repräsentieren Foreign-Key-Beziehungen der Kardinalität 1:n. Zwei Arten dieser Beziehungen werden nun anhand dieses Beispiels erläutert:

- *Beziehung zwischen Kopf- und Versionstabelle:* Die Kopftabelle *COR_CUST* und die zugehörige Versionstabelle *COR_CUST_VERS* sind über die Kopftabellenspalte DWH_ID und die Versionstabellenspalte DWH_ID_HEAD miteinander verknüpft. Zu einem durch den Business Key identifizierten Kunden gibt es demnach eine oder mehrere Einträge (Versionen) in der Versionstabelle.

- *Beziehung zwischen unterschiedlichen Entitätstypen:* Rechts der beiden Customer-Tabellen sind die beiden Kopftabellen für *City* und *Country* abgebildet. Die Kopftabelle *COR_CUST* enthält die beiden Spalten *DWH_ID_CIT_RES* und *DWH_ID_CIT_POW*, welche beide auf die Kopftabelle *COR_CITY* zeigen. Diese beiden Spalten hätten genauso gut – und vielleicht sogar besser – in der Versionstabelle *COR_CUST_VERS* stehen können. Dadurch wären die beiden Informationen *Wohnort des Kunden (RES = Residence)* und *Arbeitsort des Kunden (POW = Place of Work)* historisierbar. Änderungen dieser Information (der Kunde zieht um oder wechselt den Arbeitsort) gingen so nicht verloren. Die Spalten *DWH_ID_CO_CO* der Tabelle *COR_CITY* speichern den Primärschlüssel der Kopftabelle COR_COUNTRY und enthalten damit die Information, in welchem Land eine Stadt liegt.

 Merke

Fremdschlüsselbeziehungen können in der Kopf- oder Versionstabelle gespeichert werden, zeigen jedoch immer auf die Kopftabelle und niemals auf die Versionstabelle! Nur so ist eine entitätstypunabhängige Historisierung möglich.

■

5.4.2.3 Beziehungen (m:n) zwischen Stammdaten

Ein weiterer häufig anzutreffender Beziehungstyp zwischen Stammdaten ist die n:m-Beziehung. Als Beispiel für diesen Beziehungstyp dienen die beiden Entitätstypen *Customer* und *Corporate* (Kunde und Konzern). Ein Kunde gehört zu keinem, einem oder mehreren Konzernen, und zwar zu einem bestimmten Prozentsatz. Zu einem Konzern wiederum können mehrere Kunden gehören (siehe Bild 5.19).

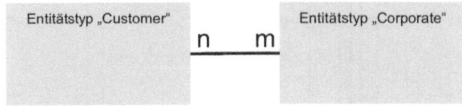

Bild 5.19 Entitätstypen mit n:m-Beziehungen

Zur Implementierung von n:m-Beziehungen ist eine zusätzliche Tabelle notwendig, welche mit den beteiligten Entitätstypen jeweils über 1:n-Beziehungen verknüpft ist. Für solche Beziehungstabellen werden verschiedene Bezeichnungen verwendet wie z. B. *Association, Intersection Table, Bridge Table* und *Map Table*. Im Folgenden werden diese als *Bridge Table* bezeichnet. In unserem Beispiel repräsentiert eine solche *Bridge Table* die Beziehung zwischen *Customer* und *Corporate*. Diese enthält bei Bedarf einen Gewichtungsfaktor (siehe Bild 5.20).

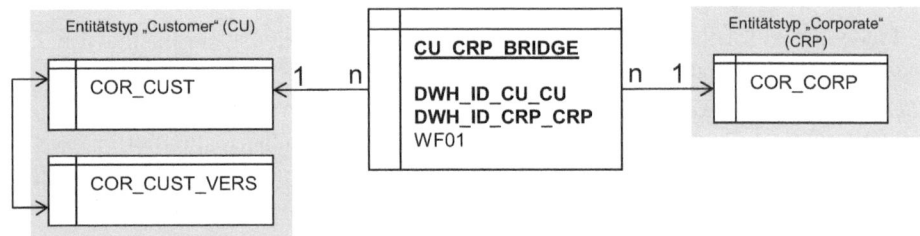

Bild 5.20 Bridge Table mit Gewichtungsfaktor zur Abbildung einer n:m-Beziehung

Die Tabelle 5.6 zeigt mögliche Ausprägungen der in Bild 5.20 dargestellten Bridge Table. Der Kunde Müller gehört in diesem Beispiel zu den Konzernen Welt AG (30 %) und My Holding AG (70 %).

Tabelle 5.6 Beziehungen zwischen Kunden und Konzernen (inkl. Gewichtungsfaktor)

Customer	Corporate	% Weighting-Faktor
Maier	Welt AG	100
Müller	Welt AG	30
Müller	My Holding AG	70
Schmidt	My Holding AG	100
...		

Wenn Informationen der Beziehungstabelle versioniert werden sollen (z. B. der Gewichtungsfaktor), so kann zusätzlich eine Versionstabelle definiert werden, in der die zu versionierenden Attribute gespeichert werden.

5.4.3 ETL-Logik für Stammdatentabellen

Die Cleanse-Tabellen weisen idealerweise bereits die Struktur der Core-Tabellen auf. Die fachlichen Core-Tabellenspalten stimmen bezüglich Namen und Datentyp mit den Cleanse-Tabellenspalten überein und müssen deshalb nicht transformiert werden. Eine Ausnahme bilden die Verweise auf andere Entitätstypen. Diese Spalten entsprechen in der Cleanse-Tabelle den Spalten des Business Keys des referenzierten Entitätstyps, während in der Core-Tabelle diese Referenzen jeweils nur einer einzigen Spalte vom Datentyp *NUMBER* entsprechen. In diesen Foreign-Key-Spalten werden die künstlichen Primärschlüssel der übergeordneten Core-Tabelle gespeichert (siehe Abschnitt 5.4.2.1). Bild 5.21 zeigt, dass Kopf- **und** Versionstabellen von *Customer* aus derselben Cleanse-Tabelle geladen werden. Zur Vereinfachung wurden die beiden Beziehungen zu *City* weggelassen. Die nummerierten vertikalen Pfeile zeigen die Richtung des Datenflusses und die Reihenfolge, in der geladen werden muss. Zuerst müssen abhängige (referenzierte) Core-Tabellen geladen werden (in der Abbildung die Tabelle COR_SEGMENT), anschließend die Kopf- und danach die Versionstabelle des Entitätstyps *Customer*.

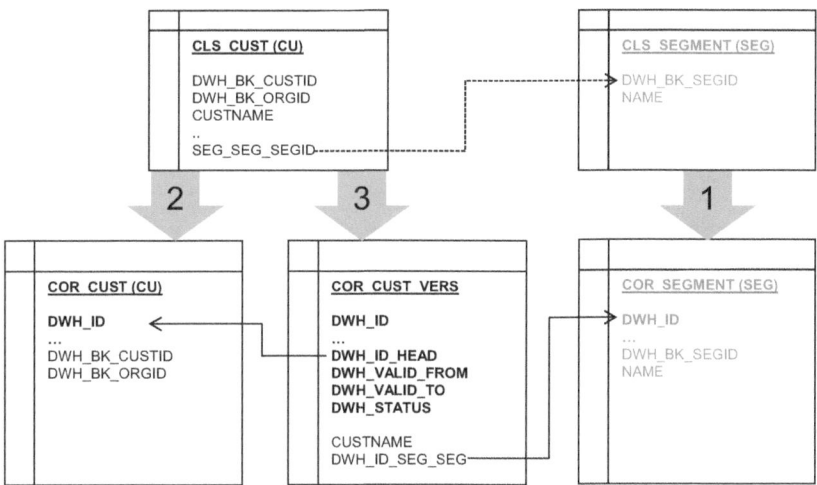

Bild 5.21 Cleanse-Tabelle und Core-Tabellen COR_CUST und COR_CUST_VERS

Bild 5.22 zeigt die einzelnen Schritte beim Laden in die Core-Stammdatentabelle(n) für einen beliebigen Entitätstyp. Auf diese in der Abbildung nummerierten Schritte wird im weiteren Verlauf des Kapitels Bezug genommen.

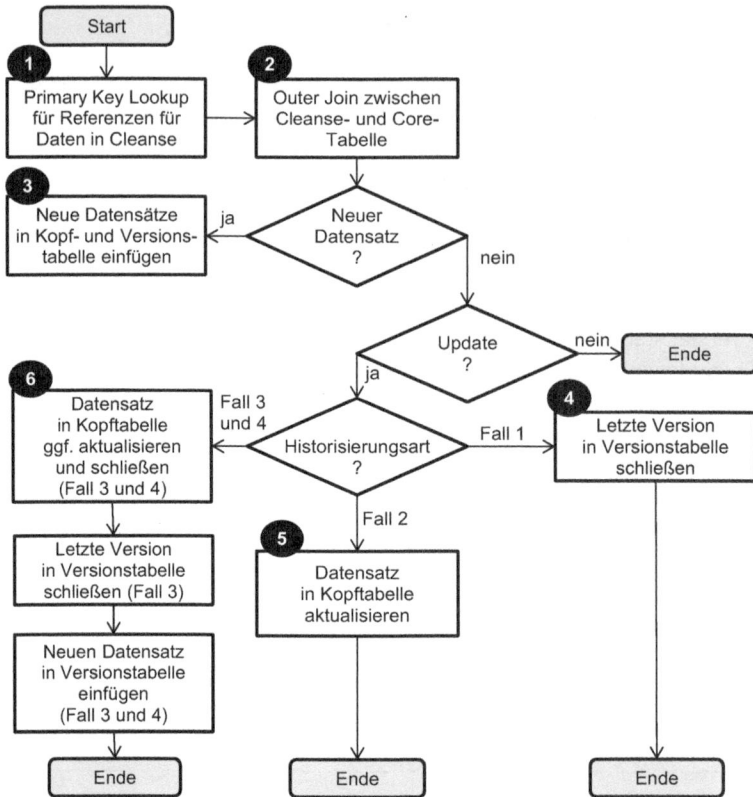

Bild 5.22 Schritte und Fallunterscheidungen beim Laden von Core-Stammdaten

Die folgenden Abschnitte erläutern schrittweise, am Beispiel der beiden Core-Tabellen aus Bild 5.21, wie die Core-Tabellen für Stammdaten geladen werden. Aus Gründen der besseren Verständlichkeit wird in den nachfolgenden Beispielen davon ausgegangen, dass die Attribute des Business Keys ohne die ID des Quellsystems eindeutig sind.

5.4.3.1 Lookups (Schritt 1)

Vor dem Abgleich der Daten werden für die referenzierten Entitätstypen aus den entsprechenden Core-Kopftabellen die künstlichen Primärschlüssel „geholt" (Schritt 1 in Bild 5.22). Im Entitätstyp *Customer* existieren drei Referenzen, weshalb drei sogenannte Lookups notwendig sind. Das folgende Beispiel erklärt das Vorgehen anhand der Referenz auf *Segment*.

Beispiel: In der Core-Tabelle COR_CUST_VERS ist in der Spalte DWH_ID_SEG_SEG die Referenz auf den Primary Key zur Kopftabelle COR_SEGMENT gespeichert. Um den entsprechenden Primary Key für die Daten der Cleanse-Tabelle zu ermitteln, muss die Cleanse-Tabellenspalte SEG_SEG_SEMENTID mit der Business-Key-Spalte der Tabelle COR_SEGMENT über einen *Left Outer Join* verknüpft werden. Dadurch wird gewährleistet, dass sämtliche Daten aus der Cleanse-Tabelle geladen werden. Im Bild 5.23 werden der oben beschriebene Lookup auf *Segment* und der Lookup auf *City* über die Rolle *RES (Residence = Wohnort)* dargestellt.

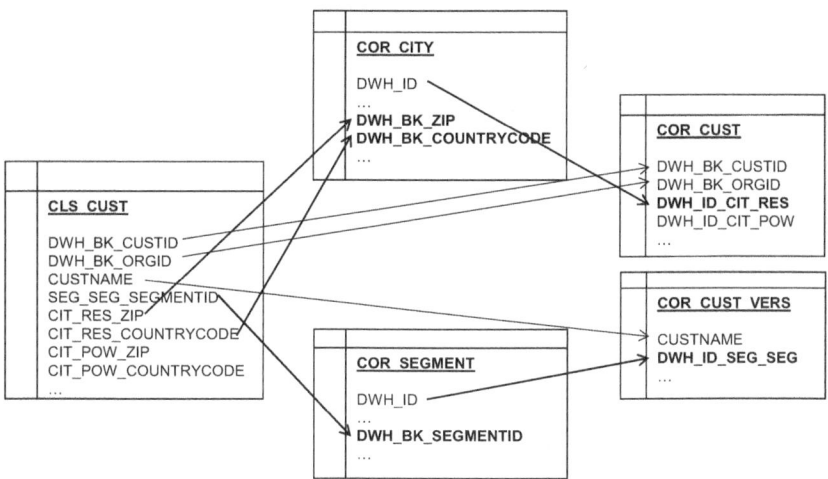

Bild 5.23 Cleanse-Tabelle (links) und Core-Tabellen (rechts) für *Customer* mit Lookups (Mitte) zu *City* und *Segment*

- Beim Lookup-Vorgang (Left Outer Join) kann es passieren, dass es zu einem Verweis in der Cleanse-Tabelle keinen entsprechenden Datensatz in der referenzierten Tabelle gibt oder dass die entsprechenden Attribute in der Cleanse-Tabelle leer sind. In diesen Fällen gibt es drei Möglichkeiten:

- Der Ladeprozess wird abgebrochen, Daten werden gar nicht geladen.

- Betroffene Datensätze aus der Cleanse-Tabelle werden zunächst nicht weiterverarbeitet.

- Pseudodatensatz wird referenziert (Singleton siehe Abschnitt 5.4.3.7). Dadurch werden alle Datensätze verarbeitet.

5.4.3.2 Outer Join (Schritt 2)

Nach den Lookups auf die anderen Entitätstypen werden die Daten aus der Cleanse-Tabelle mit der zu ladenden Core-Tabelle gejoint (Schritt 2 in Bild 5.22). Dabei kann es sich um die Kopf- oder um die Versionstabelle handeln. Um in die Core-Tabelle noch nicht vorhandene Datensätze einfügen zu können, darf natürlich kein Inner Join zur Anwendung kommen. Stattdessen muss zumindest ein Left Outer Join verwendet werden. Mit einem Full Outer Join dagegen können zusätzlich Datensätze erkannt werden, die nur in der Core- und nicht mehr in der Cleanse-Tabelle existieren. Diese könnten beispielsweise als gelöscht markiert oder es könnte die letzte Version geschlossen werden.

Beispiele für die Verwendung von Outer Joins

In den betroffenen Tabellen des Entitätstyps *Customer* in den DWH-Schichten *Cleanse* und *Core* (hier nur Kopftabelle) herrscht, vor dem Laden in die Core-Tabelle, folgende Datenkonstellation vor:

Tabelle 5.7 Dateninhalt in Cleanse- und Core-Tabelle (Beispiel)

Cleanse-Tabelle CLS_CUST				Core-Tabelle COR_CUST		
ID	NAME	MARITAL_STATUS		ID	NAME	MARITAL_STATUS
				B	Beck	married
C	Mayer	unmarried		C	Maier	unmarried
D	Müller	married		D	Mueller	married
E	Franz	unmarried		E	Franz	unmarried
G	Neuer	married				

Gut zu erkennen ist, dass der Kunde *B* offensichtlich im Vorsystem nicht mehr existiert und der Kunde *G* noch nicht ins Core geladen wurde. Diese beiden Tabellen werden über unterschiedliche Arten miteinander gejoint.

Inner Join

Listing 5.4 Inner Join zwischen Cleanse- und Core-Tabelle

```
SELECT
    CLS_CUST.ID, CLS_CUST.NAME, CLS_CUST.MARITAL_STATUS,
    COR_CUST.ID, COR_CUST.NAME, COR_CUST.MARITAL_STATUS
FROM CLS_CUST
INNER JOIN COR_CUST
        ON CLS_CUST.ID = COR_CUST.ID
```

Tabelle 5.8 Resultat von Inner Join

CLS_CUST			COR_CUST		
ID	NAME	MARITAL_STATUS	ID	NAME	MARITAL_STATUS
C	Mayer	unmarried	C	Maier	unmarried
D	Müller	married	D	Mueller	married
E	Franz	unmarried	E	Franz	unmarried

Die Anwendung eines Inner Joins ist offensichtlich nicht sinnvoll, da damit nicht einmal der neue Kunde *G* ins Core-DWH geladen wird.

Right Outer Join

Listing 5.5 Right Outer Join zwischen Cleanse- und Core-Tabelle

```
SELECT
  CLS_CUST.ID, CLS_CUST.NAME, CLS_CUST.MARITAL_STATUS,
  COR_CUST.ID, COR_CUST.NAME, COR_CUST.MARITAL_STATUS
FROM CLS_CUST
RIGHT OUTER JOIN COR_CUST
            ON CLS_CUST.ID = COR_CUST.ID
```

Tabelle 5.9 Resultat von Right Outer Join

CLS_CUST			COR_CUST		
ID	NAME	MARITAL_STATUS	ID	NAME	MARITAL_STATUS
NULL	*NULL*	*NULL*	B	Beck	married
C	Mayer	unmarried	C	Maier	unmarried
D	Müller	married	D	Mueller	married
E	Franz	unmarried	E	Franz	unmarried

Die Anwendung eines Right Outer Joins macht ebenfalls keinen Sinn, da damit zwar der Kunde *B* erfasst wird, nicht aber der neue Kunde *G*.

Left Outer Join

Listing 5.6 Left Outer Join zwischen Cleanse- und Core-Tabelle

```
SELECT
  CLS_CUST.ID, CLS_CUST.NAME, CLS_CUST.MARITAL_STATUS,
  COR_CUST.ID, COR_CUST.NAME, COR_CUST.MARITAL_STATUS,
FROM CLS_CUST
LEFT OUTER JOIN COR_CUST
            ON CLS_CUST.ID = COR_CUST.ID
```

Tabelle 5.10 Resultat von Left Outer Join

CLS_CUST			COR_CUST		
ID	NAME	MARITAL_STATUS	ID	NAME	MARITAL_STATUS
C	Mayer	unmarried	C	Maier	unmarried
D	Müller	married	D	Mueller	married
E	Franz	unmarried	E	Franz	unmarried
G	Neuer	married	*NULL*	*NULL*	*NULL*

Die Anwendung eines Left Outer Joins erscheint sinnvoll, allerdings wird der bereits vorhandene Kunde *B* nicht erfasst. Soll an diesem Kunden nichts geändert werden, so genügt diese Variante. Wenn im DWH jedoch markiert werden soll (z. B. durch Abschließen der letzten Version), dass der Kunde *B* nicht mehr im Vorsystem existiert, ist ein Left Outer Join nicht ausreichend.

Full Outer Join

Listing 5.7 Full Outer Join zwischen Cleanse- und Core-Tabelle

```
SELECT
  CLS_CUST.ID, CLS_CUST.NAME, CLS_CUST.MARITAL_STATUS,
  COR_CUST.ID, COR_CUST.NAME, COR_CUST.MARITAL_STATUS,
FROM CLS_CUST
FULL OUTER JOIN COR_CUST
          ON CLS_CUST.ID = COR_CUST.ID
```

Tabelle 5.11 Resultat von Full Outer Join

CLS_CUST			COR_CUST		
ID	NAME	MARITAL_STATUS	ID	NAME	MARITAL_STATUS
NULL	*NULL*	*NULL*	B	Beck	married
C	Mayer	unmarried	C	Maier	unmarried
D	Müller	married	D	Mueller	married
E	Franz	unmarried	E	Franz	unmarried
G	Neuer	Married	*NULL*	*NULL*	*NULL*

Der Full Outer Join erfasst alle Daten aus dem Vorsystem sowie alle bereits im Core vorhandenen.

Fallunterscheidungen: *Neuer Datensatz?*

Nach dem Outer Join (siehe oben) zwischen Cleanse- und Core-Tabelle erfolgt zunächst die Fallunterscheidungen *„Neuer oder alter Datensatz?"*. Die Tabelle 5.12 zeigt das Ergebnis eines Full Outer Joins und das Ergebnis der Fallunterscheidung (letzte Spalte):

Tabelle 5.12 Fallunterscheidung für neue Datensätze

Cleanse	Core	Neu?
	B (Beck, married)	nein
C (Mayer, unmarried)	C (Maier, unmarried)	nein
D (Müller, married)	D (Mueller, unmarried)	nein
E (Franz, unmarried)	E (Franz, unmarried)	nein
G (Neuer, married)		*ja*

In diesem Beispiel wurde ein Full Outer Join angewendet. Die als neu markierten Datensätze (hier Kunde G) werden in Kopf- und Versionstabelle eingefügt (siehe Abschnitt 5.4.3.3). Die übrigen Datensätze müssen wie folgt weiter differenziert werden.

Fallunterscheidung: *Update?*

Nach der Fallunterscheidung „Neuer Datensatz?" wird für alle bereits vorhandenen Daten-sätze zunächst untersucht, ob eine Aktualisierung überhaupt notwendig ist. Zu diesem Zweck werden sämtliche Spalten (fachliche + Foreign-Key-Spalten), getrennt nach den Spal-ten der Kopf- und der Versionstabellen, miteinander verglichen[8]. Nur wenn sämtliche Spal-ten je Kategorie unverändert sind, erhalten sie den Update-Status *nein* und müssen nicht weiter berücksichtigt werden. Die Tabelle 5.13 zeigt die bereits vorhandenen Datensätze und das Ergebnis dieser Fallunterscheidung (letzte Spalte):

Tabelle 5.13 Fallunterscheidung für geänderte Datensätze

Cleanse	Core	Update?
	B (Beck, married)	*ja*
C (**Mayer**, unmarried)	C (Maier, unmarried)	*ja*
D (**Müller, married**)	D (Mueller, unmarried)	*ja*
E (Franz, unmarried)	E (Franz, unmarried)	nein

Fallunterscheidung: Historisierungsart?

Nach der Fallunterscheidung *„Update?"* werden alle zu aktualisierenden Datensätze weiter differenziert und entsprechend weiterverarbeitet. In der Tabelle 5.14 werden drei bzw. vier Fälle unterschieden. Denkbar wäre noch, dass sich etwas in der Versionstabelle, aber nicht in der Kopftabelle ändert. Im Gegensatz zu Fall 3 entfällt die Aktion *Update Kopf*.

Tabelle 5.14 Fallunterscheidung für Historisierung

Cleanse	Core	Kopftabelle	Versionsta-belle	Aktion
	B (Beck, married)			Fall 1 *Update Vers*
C (**Mayer,** unmarried)	C (Maier, unmarried)	*verändert*	unverändert	Fall 2: *Update Kopf*
D (**Müller, married**)	D (Mueller, unmarried)	*verändert*	*verändert*	Fall 3: *Update Kopf* *Insert Vers* *Update Vers*

5.4.3.3 Neue Datensätze (Schritt 3)

Falls im Core noch kein entsprechender Kunde existiert (Schritt 3 in Bild 5.22), wird für diesen Kunden in der Kopf- **und** in der Versionstabelle je ein neuer Datensatz angelegt. Für diesen neuen Kunden existiert nur eine einzige Version.

---

[8] Bei diesem Vergleich auf Spaltenebene müssen NULL-Werte eliminiert werden. In Oracle funktioniert dies beispielsweise so: NVL(cls_custname, 0) <> NVL(cor_custname, 0)

5.4.3.4 Schließen einer Version/Fall 1 (Schritt 4)

Datensätze im Core, welche nicht mehr aus dem Vorsystem geladen werden, z. B. weil sie dort gelöscht wurden, werden in der Regel nicht aus dem DWH gelöscht. Ein Löschen dieser Stammdaten ist insbesondere dann nicht möglich, und in der Regel auch nicht gewünscht, wenn im DWH Bewegungsdaten zu diesen Stammdaten existieren. Stattdessen wird die zuletzt gültige Version geschlossen. Somit kann später nachvollzogen werden, wann eine Löschung im Vorsystem erfolgt ist (Schritt 4 in Bild 5.22).

5.4.3.5 Aktualisieren/Fall 2 (Schritt 5)

Falls im Core der Kunde bereits existiert und sich mindestens eine **nicht** zu historisierende Spalte, aber keine zu historisierende Spalte geändert hat, so wird lediglich der entsprechende Datensatz in der Kopftabelle aktualisiert (Schritt 5 Bild 5.22).

5.4.3.6 Versionieren/Fall 3 und 4 (Schritt 6)

Falls der Kunde im Core bereits existiert und sich mindestens eine zu historisierende Spalte und eine nicht zu historisierende Spalte geändert hat (Fall 3), so wird zunächst der entsprechende Datensatz in der Kopftabelle aktualisiert und die letzte Version in der Versionstabelle geschlossen.

Anschließend wird ein neuer Datensatz in die Versionstabelle für die aktuellen Daten eingefügt. Die Aktualisierung der Kopftabelle entfällt natürlich, wenn sich keine der nicht zu historisierenden Spalten geändert hat (Fall 4).

 Merke

Es muss im ETL-Prozess unbedingt sichergestellt werden, dass es bezüglich des Gültigkeitsintervalls in der Versionstabelle weder Lücken noch Überschneidungen gibt. Nur so ist gewährleistet, dass Abfragen in Verbindung mit Bewegungsdaten korrekte Ergebnisse liefern.

5.4.3.7 Singletons

Vor dem ersten Ladeprozess ins Core sollte einmalig in jeder Stammdatentabelle ein sogenannter Singleton-Datensatz erzeugt werden. Dieser wird dann von der Detail-Tabelle (z. B. Verkaufstransaktionsdaten) referenziert, wenn kein entsprechender Eintrag gefunden wurde.

Zur besseren Unterscheidung, ob eine Referenz in der Detail-Tabelle ungültig ist oder lediglich fehlt, kann ein zweiter Singleton-Datensatz angelegt werden, wie in folgendem Beispiel:

Tabelle 5.15 Singleton-Einträge in Kopftabelle

CUSTOMER			
DWH_ID	DWH_BK_CUSTID	DWH_BK_ORGID	CUST_DESC
−1	n/a	n/a	Kunde nicht zugeordnet
−2	n/a	n/a	Kunde nicht gültig

In diesem Beispiel wurden für die beiden Singleton-Datensätze für die künstlichen Schlüssel die Nummern *-1* und *-2* und für die Business Keys *n/a* verwendet (n/a = not available). Wichtig dabei ist, dass in allen Tabellen des DWH, zumindest für die künstlichen Schlüssel, gleiche Nummern verwendet werden. Außerdem muss sichergestellt werden, dass die fixen Business Keys der Singletons nicht zufällig in den gelieferten Daten auftauchen.

In die Versionstabelle werden die folgenden zwei Einträge eingefügt:

Tabelle 5.16 Singleton-Einträge in Versionstabelle

CUSTOMER_VERS			
DWH_ID_HEAD	CUSTNAME	DWH_VALID_FROM	DWH_VALID_FROM
−1	Kunde nicht zugeordnet	Jan 1900	Dez 9999
−2	Kunde nicht gültig	Jan 1900	Dez 9999

Da die Singleton-Datensätze nicht wie die anderen Datensätze aus der Datenquelle angeliefert werden, dürfen die Versionen im Rahmen des ETL-Prozesses nicht terminiert werden.

Weitere Informationen zum Umgang mit Singletons in ETL-Prozessen wurden bereits ausführlicher in Abschnitt 4.4.2 gegeben.

5.4.4 Typen von Bewegungsdaten

Bewegungsdaten lassen sich in *Fluss-* und *Bestandsgrößen* unterscheiden. Flussgrößen entstehen aufgrund von Transaktionen innerhalb eines bestimmten Zeitraums, während sich Bestandsgrößen aus Messungen oder Zählungen zu einem bestimmten Zeitpunkt ergeben. Typische Beispiele für diese beiden Kategorien sind in der folgenden Tabelle dargestellt.

Tabelle 5.17 Beispiele für Flussgrößen und Bestandsgrößen

Flussgrößen	Bestandsgrößen
Umsatz	Kontostand
Absatz	Lagerbestand
Zinszahlungen	Temperatur
Kosten	...
...	

Der Hauptunterschied zwischen Fluss- und Bestandsgrößen ist die Methode der Aggregation der numerischen Daten über die Zeitachse. Nun werden Bewegungsdaten im Core häufig in feinster Granularität gespeichert, weshalb dieser Aspekt im Core als nicht relevant erscheint. Trotzdem sollten Fluss- und Bestandsgrößen im Data Warehouse grundsätzlich getrennt voneinander gespeichert werden. Diese Trennung ergibt sich meist sowieso, weil Fluss- und Bestandsgrößen selten auf die gleiche Weise mit den Stammdaten verknüpft sind. Der Grund für die oben angeratene Trennung ist der, dass bei Abfragen auf Daten im Data Warehouse der Zeitbezug fast immer zum Tragen kommt und sich diese beiden Typen gerade im Umgang mit der Zeitachse grundsätzlich voneinander unterscheiden. Die Tabellen für Bewegungsdaten werden nachfolgend in die beiden Kategorien unterschieden:

- Transaction Entity bzw. Transaction Table
- Snapshot Entity bzw. Snapshot Table

5.4.4.1 Transaction Tables

Die Tabellen zur Speicherung von Flussgrößen werden als *Transaction Tables* bezeichnet. Flussgrößen wie z.B. der Umsatz können über die Zeitachse *aufsummiert* werden (z.B. errechnet sich der Monatsumsatz aus der Summe der Tagesumsätze). In der Tabelle für Flussgrößen werden nur dann Datensätze erzeugt, wenn ein bestimmtes Ereignis eintritt, zum Beispiel der Verkauf eines Produktes an einen Kunden zu einem bestimmten Zeitpunkt. Transaction Tables sind üblicherweise *sparse* (dünn besiedelt). Die folgende Tabelle zeigt den Aufbau und auszugsweise den Inhalt einer Tabelle für die beiden Flussgrößen *Menge* und *Umsatz*:

Tabelle 5.18 Beispiel für Transaction Table

Produkt	Kunde	Zeitpunkt des Ereignisses	Menge in Stück	Umsatz in Euro
PC01993	Maier	13.11.2010/09:30:31	1	588
PC55433	Franz	13.11.2010/11:04:55	2	1200
PC88320	Maier	14.11.2010/10:22:06	1	762
…				

Beim Laden der Flussgrößen werden alle Ereignisse (z.B. Verkäufe) für einen bestimmten Zeitraum (z.B. seit dem letzten Ladelauf) in die Transaction Table eingefügt. Im Zeitachsenattribut *Zeitpunkt* wird das tatsächliche Datum des Ereignisses gespeichert. Beim Einfügen neuer Datensätze müssen die Referenzen zu den Stammdaten (z.B. Produkte, Kunden) ermittelt werden.

Das Laden in Transaction Tables kann sehr performant implementiert werden, weil nur Daten eingefügt werden müssen. Bereits geladene Daten werden normalerweise nicht aktualisiert oder gar gelöscht. Außerdem werden nur relevante Daten eingefügt, im Gegensatz zu den Snapshot Tables (Bestandsgrößen), wo jedes Mal alle Daten geladen und ggf. gespeichert werden müssen.

5.4.4.2 Snapshot Tables

Die Tabellen, in denen die Bestandsgrößen gespeichert werden, werden als *Snapshot Tables* bezeichnet. Sie können über die Zeitachse nicht ohne Weiteres aufsummiert werden, da zu bestimmten Zeitpunkten, beim Extrahieren der Daten, der Bestand gezählt bzw. gemessen wurde. Zum Beispiel werden in der Tabelle für Lagerbestand bei jedem Ladevorgang für sämtliche Produkte neue Datensätze erzeugt.

Um den zeitlichen Verlauf des Lagerbestands analysieren zu können, dürfen bereits vorhandene Daten nicht gelöscht werden, weshalb solche Tabellen sehr stark anwachsen. Tabellen für Bestandsgrößen werden als *dense* (dicht besiedelt) bezeichnet. Die folgende Tabelle zeigt den Aufbau und auszugsweise den Inhalt einer Tabelle für Lagerbestand.

Tabelle 5.19 Beispiel für Snapshot Table

Produkt	Zeitpunkt der Messung	Lagerbestand in Stück
PC01993	13.11.2010/07:00:00	10
PC55433	13.11.2010/07:00:00	45
PC88320	13.11.2010/07:00:00	34
… und alle weiteren Produkte, die am 13.11. am Lager sind	13.11.2010/07:00:00	…
PC01993	14.11.2010/07:00:00	12
PC55433	14.11.2010/07:00:00	45
PC88320	14.11.2010/07:00:00	34
… und alle weiteren Produkte, die am 14.11. am Lager sind	14.11.2010/07:00:00	..

Wie aus diesem Beispiel zu erkennen ist, können Bestandsgrößen grundsätzlich auf dieselbe Art und Weise gespeichert werden wie Flussgrößen.

5.4.4.3 Snapshot Tables versioniert

Um das starke Wachstum von Snapshot Tables zu mindern, kann im Core eine alternative Implementierungsvariante zum Einsatz kommen. In diesem Fall wird die Snapshot Table ähnlich wie eine versionierte Stammdatentabelle aufgebaut. Die folgende Tabelle zeigt Aufbau und Inhalt einer versionierten Snapshot Table für Lagerbestand aus obigem Beispiel.

Tabelle 5.20 Beispiel für versionierte Snapshot Table

Produkt	Gültig von	Gültig bis	Lagerbestand in Stück
PC01993	13.11.2010/07:00:00	14.11.2010/07:00:00	10
PC55433	13.11.2010/07:00:00	31.12.9999/00:00:00	45
PC88320	13.11.2010/07:00:00	31.12.9999/00:00:00	34
PC01993	14.11.2010/07:00:00	31.12.9999/00:00:00	12
… und alle weiteren Produkte			

Bei jedem Ladevorgang erfolgt ein Abgleich zwischen den neuen Daten aus der Cleansing Area und den bereits vorhandenen Daten in der versionierten Snapshot Table. Die Vorgehensweise beim Einfügen der Daten in die Core-Tabelle entspricht der Versionierung von Stammdaten.

Die beschriebene Modellierungsvariante *versionierte Snapshot Table* darf nicht grundsätzlich zur Anwendung kommen, weil es auch Nachteile gibt. Diese werden im Folgenden kurz angesprochen:

- *Viele Versionen:* Im Laufe der Zeit wird auch eine solche Tabelle sehr groß und unhandlich, weil für jede Änderung des Lagerbestands für ein bestimmtes Produkt (Beispiel von oben) ein neuer Datensatz angelegt wird.

- *ETL Performance:* Da bei jedem Laden ein Outer Join ausgeführt werden muss, kann das Laden bei zunehmender Tabellengröße immer länger dauern.

- *Abfragen komplexer und langsamer:* Um beispielsweise den Lagerbestand für die letzten Monate abzufragen, muss ein relativ komplexes SQL-Statement formuliert werden.

- *Löschen schwierig:* Das Löschen von nicht mehr benötigten Beständen ist nur mit sehr großem Aufwand zu erledigen.

Aufgrund der schwerwiegenden Einschränkungen wird in den nachfolgenden Abschnitten die hier beschriebene Variante der versionierten Snapshot Tables nicht berücksichtigt.

5.4.5 Struktur der Bewegungstabellen

Bei der relationalen Modellierung werden die Bewegungsdaten genau wie die Stammdaten als Entitätstypen dargestellt. Der Schwerpunkt dieses Abschnitts ist die physische Implementierung von Bewegungsdaten im relationalen Core. Folgende Fragen werden dabei beantwortet:

- Welche Tabellen und Tabellenspalten werden benötigt?

- Gibt es Schlüsselspalten, wenn ja, welche?

- Wie stehen die Tabellen für Bewegungsdaten zu den Tabellen mit Stammdaten in Beziehung und welche Attribute werden dafür benutzt?

Diese Thematik wird in den folgenden Abschnitten anhand der Transaction Table *Sales* behandelt. Dieser Entitätstyp und dessen Beziehungen zu anderen Entitätstypen ist in Bild 5.24 dargestellt.

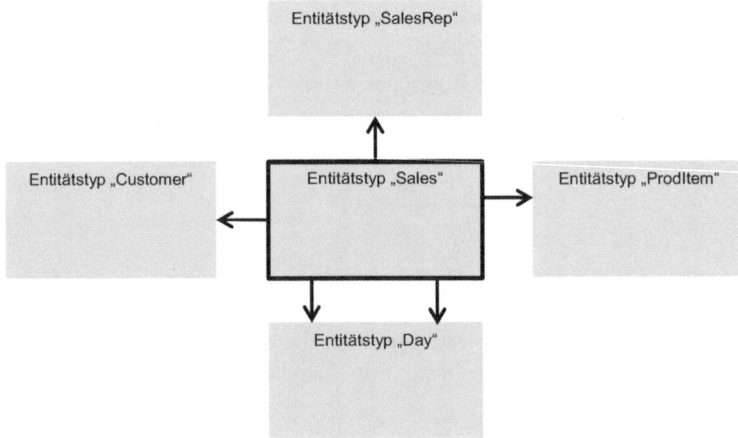

Bild 5.24 ER-Diagramm für *Sales, Customer, SalesRep, Day, ProdItem*

Die folgenden zwei Tabellen enthalten die Spezifikation für den in Bild 5.24 dargestellten Entitätstyp *Sales*. Die Tabelle 5.21 zeigt die Eigenschaften der fachlichen Attribute und die Tabelle 5.22 die Eigenschaften der Beziehungen zu den Stammdaten. Die Beziehungen vom Typ 1:n gehören zum Entitätstyp *Sales*. Die Information, ob ein Attribut aggregierbar ist (und wenn ja, wie), hat keinen Einfluss auf das Datenmodell im Core. Meistens auch nicht auf den ETL-Prozess, es sei denn, die Daten werden im Core nicht auf der feinstmöglichen Granularität gespeichert.

Der Aufbau der physischen Tabellen für dieses Beispiel wird in den nachfolgenden Abschnitten erläutert.

Tabelle 5.21 Fachliche Attribute des Entitätstyps *Sales*

Sales (nur fachliche Attribute)			
Attribut	**Beschreibung**	**Aggregation**	**Datentyp**
SALES_AMOUNT	Sales Amount	SUM	ZAHL
ORDER_QUANTITY	Order Quantity	SUM	ZAHL
ORDERNUMBER	Ordernumber	–	TEXT(50)

Tabelle 5.22 Beziehungen des Entitätstyps *Sales* zu anderen Entitätstypen

Sales (nur Beziehungen)		
Entität	**Rolle**	**Beschreibung**
Customer	*Customer*	Verweis auf **Customer**
ProdItem	*ProdItem*	Verweis auf **ProdItem**
Day	*Orderdate*	Verweis auf **Day** (Orderdate)
Day	*Shipdate*	Verweis auf **Day** (Shipdate)
SalesRep	*SalesRep*	Verweis auf **SalesRep**

 Entitätstyp für Kalender und/oder Uhrzeit ist optional:

Im relational modellierten Core kann ohne weiteres auf Entitätstypen für Zeitangaben (z. B. Tag, Monat, Jahr und/oder Sekunde, Minute, Stunde) verzichtet werden. Im obigen Beispiel könnte auf den Entitätstyp *Day* verzichtet werden. Stattdessen würden die beiden fachlichen Attribute *Orderdate* und *Shipdate* (Datentyp *Date*) dem Entitätstyp *Sales* zugeordnet.

5.4.5.1 Tabellenspalten und Schlüssel

Ein Entitätstyp für Bewegungsdaten wird in der hier betrachteten relationalen Modellierung als *eine* physische Tabelle implementiert. Für die Stammdaten ist dies nicht immer der Fall. Dort werden pro Entitätstyp ggf. zwei Tabellen benötigt.

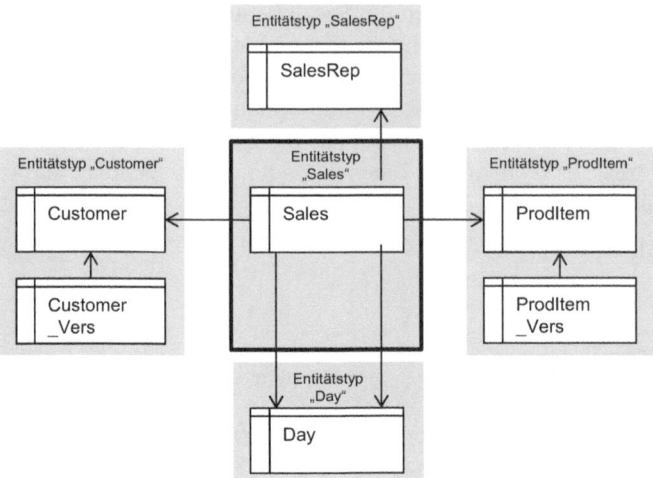

Bild 5.25 Tabellen für *Sales*, *Customer*, *SalesRep*, *ProdItem*, *Day*

Bild 5.25 zeigt die Tabellen für die Entitätstypen aus dem oben beschriebenen Beispiel (siehe Bild 5.24). Die Tabelle für *Sales* muss für jedes Attribut und für jede Beziehung eine eigene Spalte aufweisen. Bezüglich Tabellen- und Spaltennamen und Datentypen für die Spalten des Entitätstyps *Sales* sind folgende allgemeine Punkte zu beachten:

▪ *Name für Tabelle:* Der Tabellenname ergibt sich aus den Namen im ER-Diagramm. Es hat sich in der Praxis bewährt, beim Tabellennamen ein Präfix, z. B. *COR* (für *Core*), voranzustellen, damit bereits auf den ersten Blick ersichtlich ist, dass es sich um eine Tabelle in der DWH-Schicht *Core* handelt.

▪ *Namen für Tabellenspalten (Grundregel):* Die Grundregel besagt, dass die Spaltennamen 1:1 aus den Namen der fachlichen Attribute der fachlichen Spezifikation übernommen werden. Ausnahmen gelten für die Beziehungen (siehe unten).

▪ Namen für *Tabellenspalten (Beziehungen):* Die Spaltennamen für die Beziehungen werden bei der logischen Modellierung üblicherweise nicht explizit beschrieben, weil es sich dabei nicht um fachliche Attribute handelt. Für die Spaltennamen könnte ein festes Präfix (z. B. DWH_ID) vorangestellt werden, gefolgt vom Tabellenalias der referenzierten Tabelle. Da auf denselben Entitätstyp mehr als ein Verweis möglich ist, muss der Spaltenname zur Gewährleistung der Eindeutigkeit zusätzlich noch um den Rollenalias erweitert werden. Wenn es nur eine einzige Rolle gibt (Standardfall), so wird, falls nicht anders spezifiziert, als Rollenalias der Name des Tabellenalias der referenzierten Tabelle verwendet.

▪ *Datentypen:* Die Datentypen für die Spalten der Core-Tabellen stimmen mit denen aus dem ER-Diagramm überein. Die Datentypen für die Spalten der Beziehungen orientieren sich am Datentyp des Primärschlüssels der jeweils referenzierten Tabelle.

▪ *Unique bzw. Primary Key Constraint:* Eine Eindeutigkeit muss für Bewegungsdaten normalerweise nicht gewährleistet werden. In keinem Fall sollte zu diesem Zweck ein Unique oder Primary Key Constraint definiert werden, weil der Zeitbedarf für die Constraint-Validierung mit zunehmender Tabellengröße anwächst.

- *Foreign Key Constraint: 1:n*-Beziehungen zwischen verschiedenen Entitätstypen, in diesem Fall zwischen denen für Bewegungs- und Stammdaten, werden im Core in der Regel mithilfe von Foreign Key Constraints implementiert. In der Tabelle mit Bewegungsdaten (Detail-Tabelle) existiert eine Spalte, welche den Primärschlüssel der Master-Tabelle referenziert. Die Master-Tabelle ist immer eine Kopftabelle und niemals eine Versionstabelle!

Das Bild 5.26 zeigt die physische Tabelle und deren Spalten für *Sales* einschließlich der Spalten für die Beziehungen zu *Customer, SalesRep, ProdItem* und *Day*.

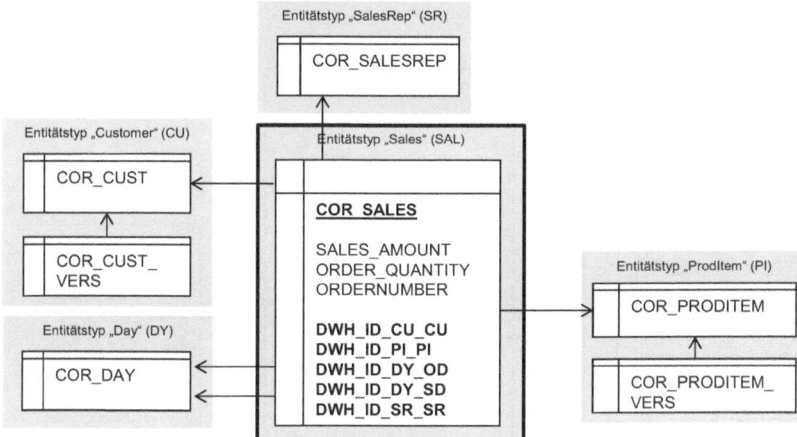

Bild 5.26 Tabellen und Spalten von *Sales*

Zusätzlich zu den oben dargestellten Spalten sind weitere Spalten notwendig, in denen eher technische Informationen gespeichert werden. Diese Spalten lauten wie folgt:

- *DWH_CR_LOAD_ID:* Jeder Ladelauf ins Data Warehouse (z. B. Laden aller Core-Tabellen) ist durch eine eindeutige, fortlaufende Nummer gekennzeichnet. Diese Nummer wird in dieser Spalte gespeichert.
- *DWH_CR_JOB_ID:* Jeder Ladejob (z. B. Laden in der Tabelle COR_SALES) ist durch eine eindeutige, fortlaufende Nummer gekennzeichnet.

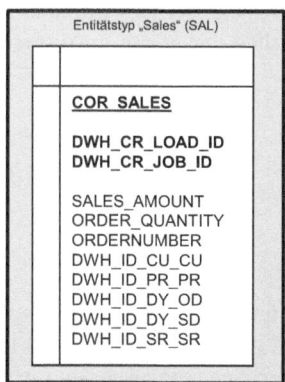

Bild 5.27 Spalten der Tabelle für *Sales*

5.4.5.2 Beziehungen zu Stammdaten

Bewegungsdaten stehen in der Regel zu Stammdaten in Beziehung. *Sales* steht unter anderem mit den Entitätstypen *Customer* und *Day* in Beziehung. Bild 5.28 zeigt die dazugehörigen Tabellen einschließlich der relevanten Spalten sowie die Beziehung zwischen den Tabellen. Die Pfeile repräsentieren Foreign-Key-Beziehungen (Kardinalität 1:n). Die Beziehung zwischen Kopf- und Versionstabelle wurde in Abschnitt 5.4.2.2 ausführlich erklärt.

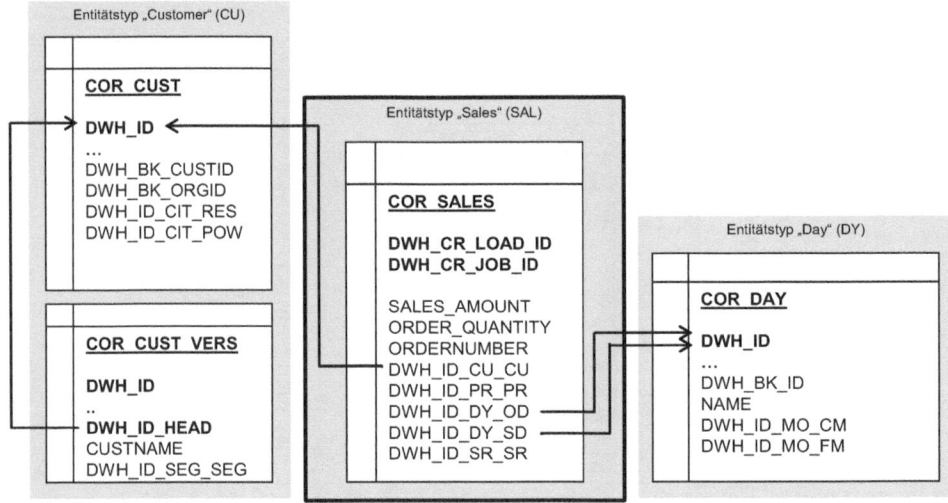

Bild 5.28 Tabelle *Sales* und Referenzen auf und zwischen Stammdatentabellen

Die Beziehungen zwischen *Sales* und *Customer* sowie zwischen *Sales* und *City* verweisen immer auf die jeweilige Kopftabelle und niemals auf die Versionstabelle. Um beispielsweise in der Tabelle *COR_SALES* die Beziehung zum Kunden zu speichern, wird der Primärschlüssel der Kundenkopftabelle DWH_ID in der Spalte DWH_ID_CU_CU der Tabelle *COR_SALES* gespeichert. Mithilfe dieser Beziehung können später bei der Abfrage die Bewegungsdaten mit den Kunden verknüpft werden. Welcher Kunden-Version ein bestimmter Bewegungsdatensatz zugeordnet ist, wird im Core bewusst nicht hinterlegt. Dies kann erst zum Zeitpunkt der Abfrage bzw. beim Laden in die Data Marts individuell festgelegt werden. Durch diese Art der Modellierung wird eine sehr hohe Flexibilität hinsichtlich der späteren Abfragen und Data Marts gewährleistet.

 Merke

Fremdschlüsselbeziehungen der Bewegungsdaten zeigen im Core immer auf die Kopftabelle und niemals auf die Versionstabelle!

Die *Kunden*-Kopftabelle wiederum kann bei Abfragen, falls gewünscht, mit der zugehörigen Versionstabelle verknüpft werden. Allerdings ist in diesem Fall darauf zu achten, dass bei Abfragen der Gültigkeitszeitraum der Versionstabelle stets entsprechend eingeschränkt wird. Es muss gewährleistet sein, dass zu einem Kunden nur eine einzige Version angezeigt wird.

Ansonsten besteht die Gefahr, dass Bewegungsdaten mehrfach dargestellt werden und damit zu falschen Ergebnissen führen. Das folgende Beispiel verdeutlicht diese Problematik.

Beispiel

In der *Kunden*-Kopftabelle sind die folgenden Einträge gespeichert:

Tabelle 5.23 Einträge in *Kunden*-Kopftabelle (Beispiel)

COR_CUST	
ID	MARITAL_STATUS
B	married
C	unmarried
D	married
E	unmarried

Die Versionstabelle zur *Kunden*-Kopftabelle enthält die folgenden Einträge. Für den Kunden Maier existieren zwei Versionen:

Tabelle 5.24 Einträge in *Kunden*-Versionstabelle (Beispiel)

COR_CUST_VERS				
ID	NAME	VERSION	VALID_FROM	VALID_TO
B	Beck	1	Nov 2010	Dez 9999
C	Maier	1	Mrz 2011	Apr 2012
C	Maier	2	Apr 2012	Dez 9999
D	Müller	1	Jan 2012	Dez 9999
E	Franz	1	Mai 2012	Dez 9999
...				

Die Tabelle mit den Bewegungsdaten referenziert die *Kunden*-Kopftabelle und enthält für den Kunden Maier drei Datensätze. Jeder Datensatz repräsentiert einen Kauf zu einem bestimmten Datum.

Tabelle 5.25 Einträge in Bewegungstabelle (Beispiel)

COR_SALES		
KUNDE_ID	KAUFDATUM	UMSATZ
C	Jun 2011	120,00 €
C	Mai 2012	80,00 €
C	Jun 2012	60,00 €
D	Jan 2012	20,00 €
D	Apr 2012	40,00 €
...		

In der folgenden Abfrage erfolgt eine Einschränkung auf den Kunden *Maier*. Durch die Verknüpfung mit der Versionstabelle werden alle Versionen des Kunden und dadurch Bewegungsdaten mehrfach angezeigt.

Listing 5.8 Abfrage mit Mehrfachselektion der Bewegungsdaten

```
SELECT
    COR_CUST.ID,
    COR_CUST_VERS.VERSION,
    COR_CUST_VERS.NAME,
    COR_SALES.KAUFDATUM,
    SUM(COR_SALES.UMSATZ) UMSATZ
FROM
    COR_SALES
    INNER JOIN COR_CUST
            ON COR_SALES.KUNDE_ID = COR_CUST.ID
    INNER JOIN COR_CUST_VERS
            ON COR_CUST.ID = COR_CUST_VERS.ID
WHERE
    COR_CUST.ID = 'C'
GROUP BY
    COR_CUST.ID, COR_CUST_VERS.VERSION,
    COR_CUST_VERS.NAME, COR_SALES.KAUFDATUM
```

ID	NAME	VERSION	KAUFDATUM	UMSATZ
C	Maier	1	Jun 2011	120,00 €
C	Maier	2	Jun 2011	120,00 €
C	Maier	1	Mai 2012	80,00 €
C	Maier	2	Mai 2012	80,00 €
C	Maier	1	Jun 2012	60,00 €
C	Maier	2	Jun 2012	60,00 €

Die zweite Abfrage wurde erweitert, um sicherzustellen, dass Bewegungsdaten korrekt und nicht wie in der ersten Abfrage mehrfach angezeigt werden.

Listing 5.9 Korrigierte Abfrage mit Einschränkung auf Gültigkeitsintervall

```
SELECT
    COR_CUST.ID,
    COR_CUST_VERS.VERSION,
    COR_CUST_VERS.NAME,
    COR_SALES.KAUFDATUM,
    SUM(COR_SALES.UMSATZ) UMSATZ
FROM
    COR_SALES
    INNER JOIN COR_CUST
            ON COR_SALES.KUNDE_ID = COR_CUST.ID
    INNER JOIN COR_CUST_VERS
            ON COR_CUST.ID = COR_CUST_VERS.ID
WHERE
    COR_CUST.ID = 'C' AND
    COR_SALES.KAUFDATUM >= COR_CUST_VERS.VALID_FROM AND
```

```
     COR_SALES.KAUFDATUM <  COR_CUST_VERS.VALID_TO
GROUP BY
   COR_CUST.ID, COR_CUST_VERS.Version,
   COR_CUST_VERS.NAME, COR_SALES.KAUFDATUM
```

ID	NAME	VERSION	KAUFDATUM	UMSATZ
C	Maier	1	Jun 2011	120,00 €
C	Maier	2	Mai 2012	80,00 €
C	Maier	2	Jun 2012	60,00 €

Vorsicht

Beim Verknüpfen von Bewegungsdaten über Kopf- und Versionstabellen muss das Gültigkeitsintervall so eingeschränkt werden, dass zu einer Kopftabellenausprägung (z. B. Kunde Maier) nur eine einzige Version angezeigt wird. ∎

5.4.6 ETL-Logik für Bewegungstabellen

Wie bei den Core-Stammdaten stimmen die Spalten für die fachlichen Attribute in der Core-Tabelle bezüglich Namen und Datentyp mit der entsprechenden Cleanse-Tabelle überein. Sie müssen zwischen Cleanse und Core nicht transformiert werden. Eine Ausnahme bilden die Spalten, welche die Verweise auf andere Tabellen enthalten. Diese Spalten entsprechen in den Cleanse-Tabellen den Spalten des Business Keys des referenzierten Entitätstyps, während in den Core-Tabellen diese Referenzen jeweils nur einer einzigen Spalte vom Typ NUMBER entsprechen. Diese Foreign-Key-Spalten verweisen jeweils auf den künstlichen Primärschlüssel der referenzierten Core-Tabelle und müssen beim Laden ermittelt werden.

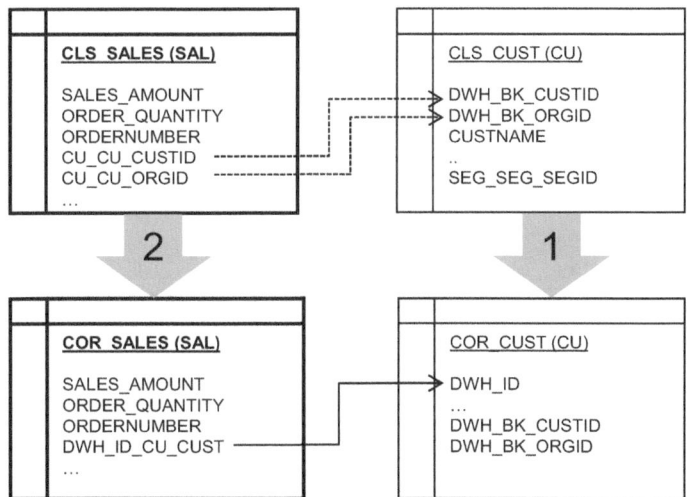

Bild 5.29 Datenflüsse zwischen Cleanse- und Core-Tabellen

Das Bild 5.29 zeigt, dass die Tabelle *COR_SALES* (Entitätstyp *Sales)* aus der Cleanse-Tabelle *CLS_SALES* geladen wird, und zwar erst nachdem die referenzierten Stammdatentabellen geladen wurden. Stellvertretend für alle von *Sales* referenzierten Stammdaten wurden in der Abbildung nur die relevanten Tabellen des Entitätstyps *Customer* dargestellt.

Die ETL-Logik für Bewegungsdaten ist im Vergleich mit der Logik für Stammdaten (Abschnitt 5.4.3) einfach, weil Bewegungsdaten normalerweise nur eingefügt und nicht aktualisiert oder gar gelöscht werden. Die folgenden Abschnitte erläutern am Beispiel der Core-Tabelle *COR_SALES* schrittweise, wie Core-Tabellen für Bewegungsdaten geladen werden. Aus Gründen der besseren Verständlichkeit wird in den nachfolgenden Beispielen davon ausgegangen, dass die Informationen zum Business Key (der referenzierten Entitätstypen) ohne die ID des Quellsystems eindeutig sind. Ansonsten wäre zusätzlich zu den Business Keys die Information zum Quellsystem notwendig.

5.4.6.1 Lookups
Analog zur Vorgehensweise beim Laden der Stammdaten (siehe Abschnitt 5.4.3.1) müssen die Business Keys, für die Referenzen aus der Cleanse-Tabelle, über sogenannte Lookups durch die künstlichen Primärschlüssel der referenzierten Core-Stammdatentabellen ersetzt werden.

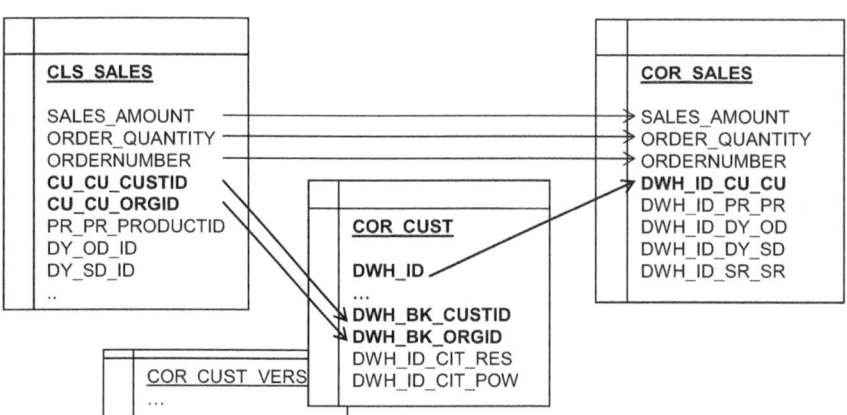

Bild 5.30 Cleanse- und Core-Tabellen für *Sales* mit Lookup zu *Customer*

Eine solche Lookup-Operation beim Laden der Tabelle für *Sales* wird am Beispiel für die Referenz auf *Customer* in Bild 5.30 veranschaulicht. In der Cleanse-Tabelle von *Sales* gibt es neben den fachlichen Spalten solche für die Beziehungen. Für die Beziehung zu *Customer* gibt es darin zwei Attribute, weil der natürliche Schlüssel von *Customer* aus zwei Attributen besteht. In der Core-Tabelle werden jedoch nicht die natürlichen Schlüssel gespeichert, sondern lediglich der künstliche Primärschlüssel der Kopftabelle für *Customer*. Aus diesem Grund erfolgen bei den Lookups in der Regel *Left Outer Joins* mit den jeweiligen Kopftabellen. Dadurch wird gewährleistet, dass sämtliche Daten aus der Cleanse-Tabelle geladen werden.

Beim Lookup-Vorgang kann es passieren, dass es zu einem Verweis in der Cleanse-Tabelle keinen entsprechenden Datensatz in der referenzierten Tabelle gibt oder dass die entsprechenden Attribute in der Cleanse-Tabelle leer sind. In diesen Fällen gibt es mehrere Möglichkeiten, wie in Abschnitt 4.4 im Detail beschrieben.

5.4.6.2 Sonstige Informationen

Beim Laden in die Core-Bewegungstabellen werden neue Datensätze eingefügt. Ein nachträgliches Ändern oder gar Löschen bereits geladener Daten ist normalerweise nicht vorgesehen. Es muss also bereits bei der Extraktion aus den Quellsystemen oder beim Laden in die Cleanse-Tabellen darauf geachtet werden, dass Datensätze versehentlich nicht mehrfach in die Core-Tabellen geladen werden.

5.4.7 Views für externen Core-Zugriff

Der Zugriff auf die Daten im Core ist normalerweise nicht vorgesehen und sollte auf Ausnahmen beschränkt sein. Für diese Ausnahmefälle und für den Zugriff der Ladeprozesse in die Data Marts kann ein View Layer zur Verfügung gestellt werden, der den Zugriff auf die Core-Tabellen vereinfacht. In diesem Abschnitt werden die folgenden zwei Kategorien von Views beschrieben:

- *Views für Stammdaten:* Diese ermöglichen einen einheitlichen und einfachen Zugriff auf die Stammdatentabellen, unabhängig davon, ob zu einer Kopftabelle eine Versionstabelle existiert oder nicht. Dazu werden standardmäßig pro Entitätstyp zwei Views definiert. Eine View zeigt nur die Versionen zu einem bestimmten Zeitpunkt (z. B. heute). Die zweite View enthält im Gegensatz zur ersten alle vorhandenen Versionen eines Entitätstyps.

- *Views für Bewegungsdaten:* Vereinfachung bei der Abfrage der Bewegungsdaten-Tabellen. In diesen Views werden die Business-Key-Attribute der referenzierten Stammdatentabellen mit zur Anzeige gebracht.

Falls der Zugriff über Views den Anforderungen an die Query Performance nicht genügt, besteht selbstverständlich die Möglichkeit, die nachfolgend beschriebene Logik der Views anzuwenden und das Ergebnis in Form von Tabellen zu speichern.

Die Views für Stamm- und Bewegungsdaten werden separat in den folgenden Abschnitten beschrieben. Weitere, ggf. auf diese Views aufbauende Views können je nach Bedarf hinzugefügt werden. Aus Gründen der besseren Verständlichkeit wird in den nachfolgenden Beispielen davon ausgegangen, dass die Attribute des Business Keys ohne die ID des Quellsystems eindeutig sind.

Das Bild 5.31 gibt einen Überblick über mögliche Views zu Stamm- und Bewegungsdaten.

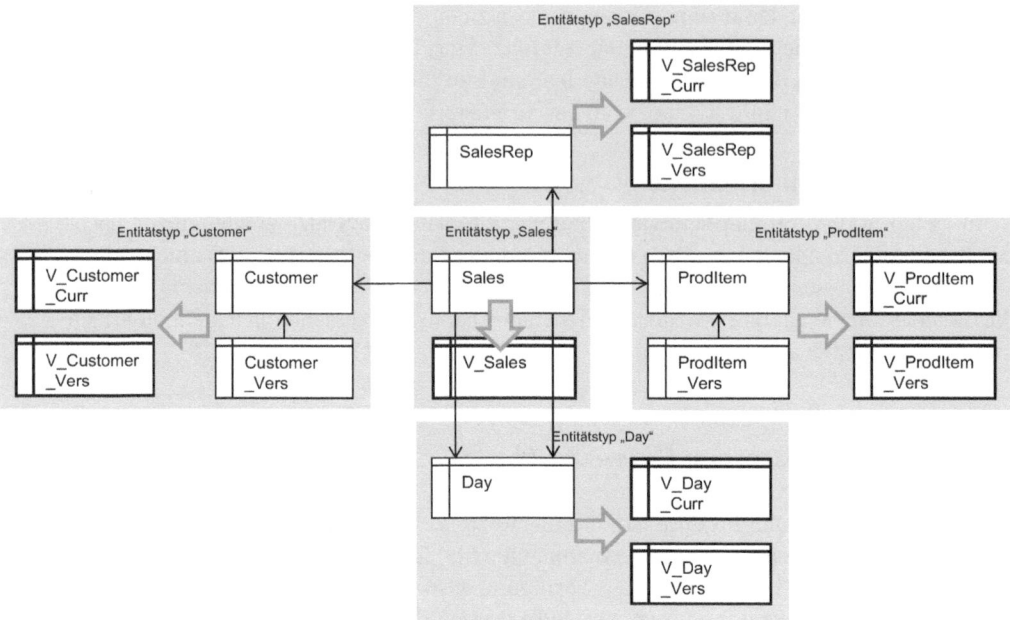

Bild 5.31 Beispiel für Views über Stamm- und Bewegungsdaten der DWH-Schicht *Core*

5.4.7.1 Views für Stammdaten

Für jeden Stammdaten-Entitätstyp werden zwei Views definiert. In beiden Views werden Kopf- und Versionstabelle über die implementierte Foreign-Key-Beziehung (siehe Abschnitt 5.4.2.2) miteinander verknüpft. Der Unterschied zwischen den beiden Views besteht darin, dass in der View mit dem Suffix *CURR* nur die aktuellen Versionen und in der View mit dem Suffix *VERS* alle Versionen ausgegeben werden. Existiert für einen Entitätstyp keine Versionstabelle, so greifen beide Views lediglich auf die Kopftabellen zu mit dem Ergebnis, dass beide Views dasselbe Ergebnis liefern. In diesem Fall könnte grundsätzlich auf eine der beiden Views verzichtet werden. Davon ist allerdings abzuraten aus folgendem Grund: Wenn erst zu einem späteren Zeitpunkt Versionstabellen, und damit eine Historisierung der Stammdaten, eingeführt werden, bleibt der Zugriff aus Sicht der View-Nutzer (Ladeprozesse, externe Anwendungen oder Benutzer) unverändert. Selbstverständlich muss in so einem Fall die Definition der View, nicht aber die Spalten, verändert werden.

Das Bild 5.32 zeigt am Beispiel des historisierten Entitätstyps *Customer*, dass die meisten Spalten in beiden Views identisch sind. Die View, welche alle Stammdaten-Versionen enthält, enthält zusätzlich Spalten für den Gültigkeitszeitraum einer Version und optional für den Status einer Version.

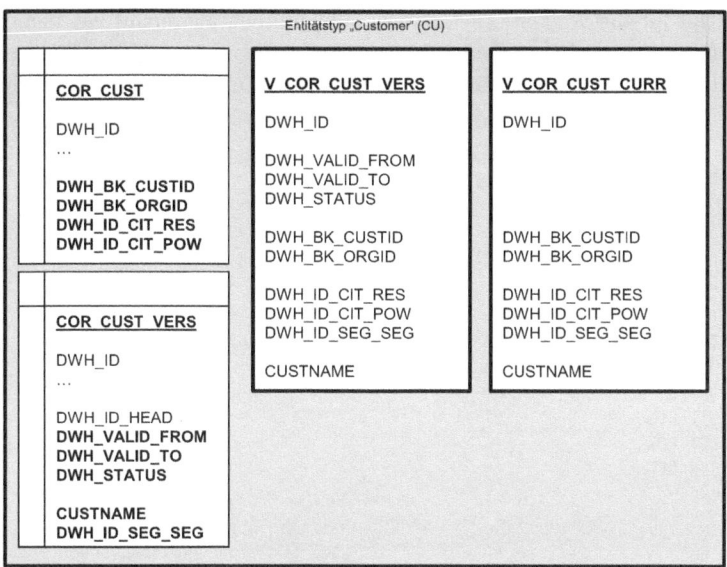

Bild 5.32 Tabellen und zwei Views für *Customer*

Nachfolgend ist das DDL-Skript zur Definition der View für die aktuellen Versionen dargestellt. Als aktuelles Datum wurde hier das Systemdatum verwendet. Selbstverständlich kann
ein anderes verwendet werden, zum Beispiel durch Aufruf einer entsprechenden Funktion.

Listing 5.10 View zur Selektion der aktuellen Version (Current-View)

```
CREATE VIEW V_COR_CUST_CURR
(
    DWH_ID,
    DWH_BK_CUSTID,
    DWH_BK_ORGID,
    DWH_ID_CIT_RES,
    DWH_ID_CIT_POW,
    DWH_ID_SEG_SEG,
    CUSTNAME
)
AS
SELECT
    C.DWH_ID,
    C.DWH_BK_CUSTID,
    C.DWH_BK_ORGID,
    C.DWH_ID_CIT_RES,
    C.DWH_ID_CIT_POW,
    CV.DWH_ID_SEG_SEG,
    CV.CUSTNAME
FROM
    COR_CUST C
    INNER JOIN COR_CUST_VERS CV
            ON C.DWH_ID = CV.DWH_ID_HEAD
WHERE
    CV.DWH_VALID_FROM <= SYSDATE AND
    CV.DWH_VALID_TO   >  SYSDATE
```

Das DDL-Skript für die versionierte View ist sehr ähnlich aufgebaut wie das oben dargestellte Skript. Der Unterschied ist, dass die Einschränkung in der WHERE-Bedingung bezüglich des Gültigkeitszeitraums entfällt und dass Attribute aus der Versionstabelle angezeigt
werden.

Listing 5.11 View zur Selektion aller Versionen (Versions-View)

```
CREATE VIEW V_COR_CUST_VERS
(
    DWH_ID,
    DWH_VALID_FROM,
    DWH_VALID_TO,
    DWH_STATUS,
    DWH_BK_CUSTID,
    DWH_BK_ORGID,
    DWH_ID_CIT_RES,
    DWH_ID_CIT_POW,
    DWH_ID_SEG_SEG,
    CUSTNAME
)
AS
SELECT
    C.DWH_ID,
    CV.DWH_VALID_FROM,
    CV.DWH_VALID_TO,
    CV.DWH_STATUS,
    C.DWH_BK_CUSTID,
    C.DWH_BK_ORGID,
    C.DWH_ID_CIT_RES,
    C.DWH_ID_CIT_POW,
    CV.DWH_ID_SEG_SEG,
    CV.CUSTNAME
FROM
    COR_CUST C
    INNER JOIN COR_CUST_VERS CV
            ON C.DWH_ID = CV.DWH_ID_HEAD
```

In Bild 5.33 gibt es für den Entitätstyp *Customer* im Core keine Versionstabelle. Trotzdem
können zwei Views angelegt werden. Die beiden Views sehen nach außen hin genauso aus
wie in Bild 5.32, unterscheiden sich jedoch in ihrer Definition. So kann später das Core um
eine Versionstabelle für Customer erweitert werden, ohne Ladeprozesse in die DWH-Schicht
Mart anpassen zu müssen.

Die im Core nicht vorhandenen Spalten der Versions-View werden dabei mithilfe von Konstanten bzw. entsprechenden Funktionsaufrufen befüllt, wie das DDL-Skript im nachfolgenden Listing 5.12 für die Versions-View auf nicht historisierte Core-Kunden-Stammdaten
zeigt.

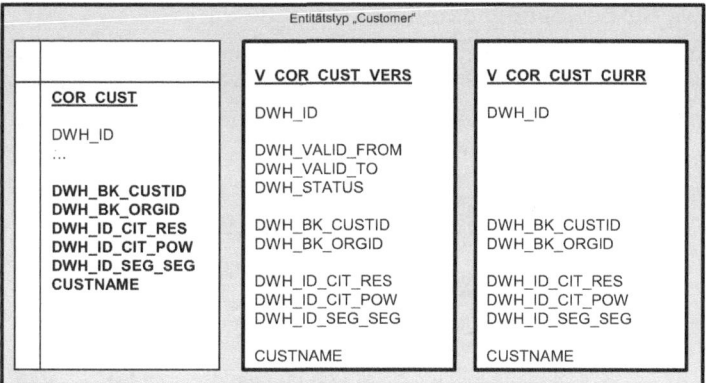

Bild 5.33 Kopftabelle und zwei Views für nicht historisierte Stammdatenentität *Customer*

Listing 5.12 Versions-View für nicht historisierte Stammdaten

```sql
CREATE VIEW V_COR_CUST_VERS
(
    DWH_ID,
    DWH_VALID_FROM,
    DWH_VALID_TO,
    DWH_STATUS,
    DWH_BK_CUSTID,
    DWH_BK_ORGID,
    DWH_ID_CIT_RES,
    DWH_ID_CIT_POW,
    DWH_ID_SEG_SEG,
    CUSTNAME
)
AS
SELECT
    C.DWH_ID,
    TO_DATE('01.01.1900', 'DD.MM.YYYY') DWH_VALID_FROM,
    TO_DATE('31.12.9999', 'DD.MM.YYYY') DWH_VALID_TO,
    'OPEN' DWH_STATUS,
    C.DWH_BK_CUSTID,
    C.DWH_BK_ORGID,
    C.DWH_ID_CIT_RES,
    C.DWH_ID_CIT_POW,
    C.DWH_ID_SEG_SEG,
    C.CUSTNAME
FROM
    COR_CUST C
```

 Hinweis

Die Spalte DWH_ID in den Views bezieht sich auf den Primärschlüssel der Kopftabelle und **nicht** auf den Primärschlüssel der Versionstabelle! Die Spalte DWH_
ID wird benötigt, um später (z. B. beim Laden von Dimensionstabellen in der
DWH-Schicht *Marts*) verschiedene Entitätstypen (z. B. Customer und City) miteinander verknüpfen zu können.

5.4.7.2 Views für Bewegungsdaten

Wie bei den Views für Stammdaten (Abschnitt 5.4.7.1) dienen Views für Bewegungsdaten dem einfacheren Zugriff für ETL-Prozess und externe Anwendungen oder Benutzer. Für jeden Entitätstyp der Bewegungsdaten wird eine View definiert. Wie diese aufgebaut ist, zeigen Bild 5.34 und das nachfolgende DDL-Skript.

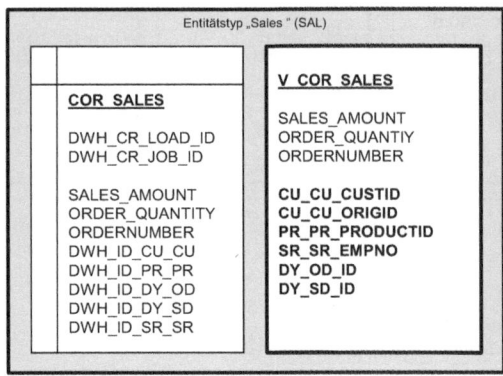

Bild 5.34 Tabelle und View für die Bewegungsdaten *Sales*

Die Core-Tabelle für Bewegungsdaten enthält für die Referenzen auf die Stammdatentabellen lediglich deren Primärschlüssel (z. B. DWH_ID_CU_CU, DWH_ID_PR_PR). Beim späteren Laden der Bewegungsdaten in die DWH-Schicht *Marts* werden normalerweise die natürlichen Schlüssel (Business Keys) der Stammdaten benötigt, weil diese für die Lookups zu den Dimensionstabellen in der DWH-Schicht *Marts* benötigt werden. Aus diesem Grund werden in der View die Bewegungsdaten und alle referenzierten Stammdaten verknüpft und schließlich die Kennzahlen und die jeweiligen Business Keys ausgegeben. Das folgende DDL-Skript zeigt die Implementierung der View V_COR_SALES:

Listing 5.13 View für Bewegungsdaten

```
CREATE VIEW V_COR_SALES
( SALES_AMOUNT,
  ORDER_QUANTITY,
  ORDERNUMBER,
  CU_CUST_CUSTID,
  CU_CUST_ORGID,
  PR_PR_PRODUCTID,
  SR_SREP_EMPNO,
  DY_OD_ID,
  DY_SD_ID )
AS
SELECT
  S.SALES_AMOUNT,
  S.ORDER_QUANTITY,
  S.ORDERNUMBER,
  C.CU_CUST_CUSTID,
  C.CU_CUST_ORGID,
  P.PR_PR_PRODUCTID,
  SR.SR_SREP_EMPNO,
  OD.DY_OD_ID,
```

```
      SD.DY_SD_ID
FROM
   COR_SALES S
   INNER JOIN COR_CUST C
           ON S.DWH_ID_CU_CUST = C.DWH_ID
   INNER JOIN COR_PRODITEM P
           ON S.DWH_ID_PR_PR   = P.DWH_ID
   INNER JOIN COR_SALESREP SR
           ON S.DWH_ID_SR_SREP = SR.DWH_ID
   INNER JOIN COR_DAY DAY_OD OD
           ON S.DWH_ID_DY_OD   = OD.DWH_ID
   INNER JOIN COR_DAY DAY_SD SD
           ON S.DWH_ID_DY_SD   = SD.DWH_ID
```

Genauso sinnvoll wäre es, in der View anstatt der natürlichen Schlüssel nur die künstlichen Schlüssel der referenzierten Entitätstypen zu zeigen. In diesem Fall müsste der Lookup auf die Mart-Dimensionstabellen erst beim Laden erfolgen.

◼ 5.5 Core-Datenmodell relational mit Data Vault

Die Modellierungsmethode *Data Vault Modeling* (siehe Abschnitt 3.2.7) ist der bereits erläuterten Methode mit Kopf- und Versionstabellen (siehe Abschnitt 3.2.5) sehr ähnlich. Aus diesem Grund wird in diesem Abschnitt hauptsächlich auf die entscheidenden Unterschiede der beiden Modellierungsmethoden eingegangen.

5.5.1 Stammdaten

Für die Stammdaten existiert in Data Vault für jeden Entitätstyp (z. B. Produkt, Kunde) eine sogenannte *Hubtabelle* und mindestens eine *Satellitentabelle*. Die Hubtabelle[9] ist der Kopftabelle sehr ähnlich, allerdings sind dort keine beschreibenden Attribute, mit Ausnahme der Schlüssel (Business Keys), vorgesehen. Die Satellitentabellen enthalten alle beschreibenden Attribute und referenzieren die Hubtabelle. Ob und, wenn ja, nach welchen Kriterien die beschreibenden Attribute auf mehrere Satellitentabellen verteilt werden sollen, hängt von den jeweiligen Anforderungen ab.

Beispiel: In einem Entitätstyp existieren sehr viele Attribute, von denen sich einige sehr häufig ändern (hohe Volatilität). Mit nur einer Satellitentabelle würde bei Änderung eines einzigen Attributes ein neuer Datensatz angelegt, der auch sämtliche unveränderten Attribute enthält. Wären die volatilen Attribute jedoch in einer separaten Satellitentabelle definiert, würde die Datenredundanz reduziert.

---

[9] Die hier passende deutsche Übersetzung von Hub ist „Nabe", „Mittelpunkt" oder „Zentrum".

Eine sinnvolle Variante wäre also die Aufteilung nach Volatilität, was jedoch voraussetzt, dass bereits vor der Implementierung des physischen Datenmodells jedes Attribut hinsichtlich dessen potenzieller Änderungshäufigkeit untersucht werden muss. Ein anderer Ansatz wäre zum Beispiel die Aufteilung nach thematisch zusammengehörenden Attributen, und wenn der Fokus auf einer einfachen Erweiterbarkeit des Datenmodells und der ETL-Prozesse liegt, werden neu hinzukommende Attribute idealerweise in einer neuen Satellitentabelle abgelegt.

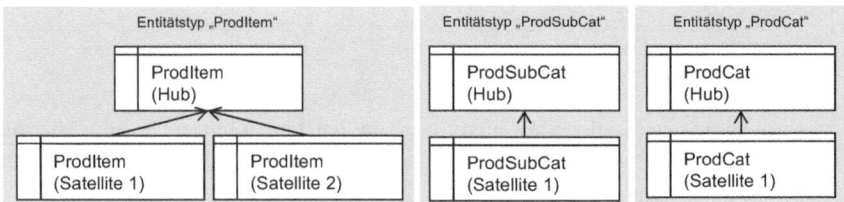

Bild 5.35 Hub- und Satellitentabellen für die Modellierung von Stammdaten mit Data Vault

5.5.2 Beziehungen

Für Beziehungen zwischen unterschiedlichen Entitätstypen für Stammdaten werden in Data Vault zusätzliche Tabellen, die sogenannten *Linktabellen*, benötigt. Diese Tabellen referenzieren mindestens zwei Hubs. Durch Linktabellen sind somit alle möglichen Kardinalitäten (1:1, 1:n, m:n) abbildbar. Wenn für eine Beziehung weitere Attribute benötigt werden (z. B. Gewichtungsfaktoren, Statusflags, Gültigkeitsintervalle), werden diese in einer Satellitentabelle implementiert, welche die Linktabelle referenziert. Prinzipiell sind, wie bei den Stammdaten, mehrere Satellitentabellen pro Linktabelle möglich.

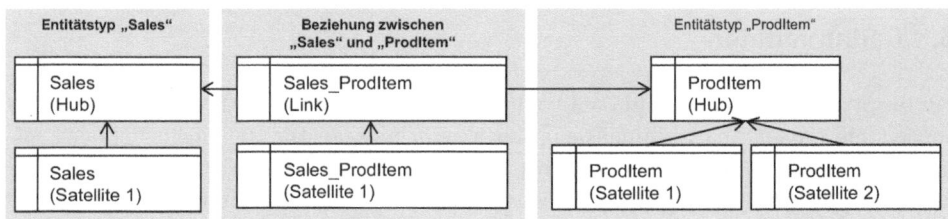

Bild 5.36 Modellierung von Beziehungen zwischen Hubs mit Data Vault

5.5.3 Bewegungsdaten

Die Bewegungsdaten werden in Data Vault analog der Stammdaten als Hubs und Satellites modelliert. Die Verknüpfung zu den Stammdaten erfolgt über die oben beschriebenen Linktabellen.

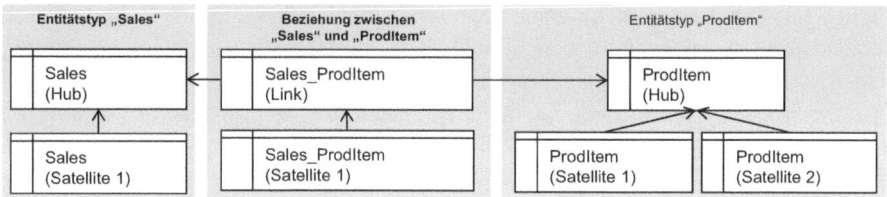

Bild 5.37 Bewegungsdaten und deren Beziehungen zu Stammdaten mit Data Vault

5.5.4 Historisierung

Die lückenlose Historisierung von Stamm- und Bewegungsdaten, aber auch von Beziehungen, erfolgt implizit, indem bei Änderungen mindestens eines beschreibenden Attributes (z. B. Preisänderung eines Produkts) ein neuer Datensatz in die entsprechende Satellitentabelle geschrieben wird.

5.5.5 Struktur der Tabellen

Im Folgenden werden die Tabellenstrukturen je Data-Vault-Tabellentyp (Hub, Link und Satellite) exemplarisch aufgezeigt. Da sehr viele Attribute und die meisten Konventionen, welche in den Abschnitten 5.4.2 und 5.4.5 beschrieben sind, auch für Data Vault gelten, werden hier lediglich die für Data Vault spezifischen Aspekte betrachtet und genauer beschrieben. Zur besseren Vergleichbarkeit wird hier ebenfalls das Beispiel der drei Entitätstypen *Segment*, *Customer* und *City* angewendet, die miteinander in Beziehung stehen.

5.5.5.1 Hubtabellen – Tabellenspalten und Schlüssel

Das folgende Schaubild zeigt drei Hubtabellen und deren Attribute:

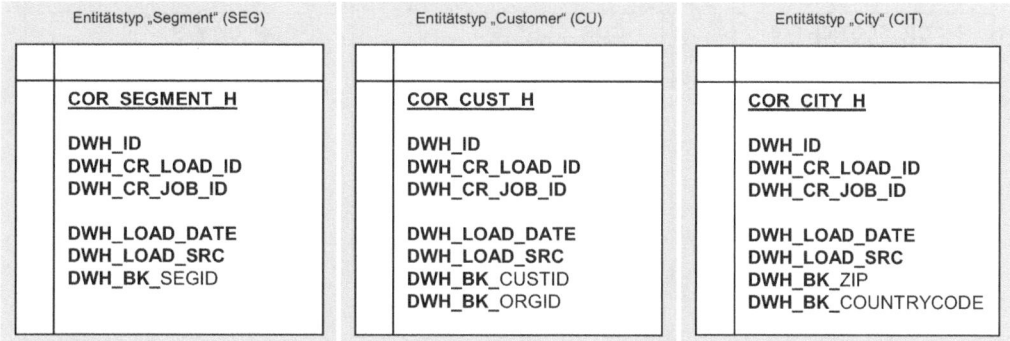

Bild 5.38 Attribute in Hubtabellen für *Segment*, *Customer* und *City*

Bezüglich Tabellen- und Spaltennamen, Datentypen und Schlüssel für die Hubtabellen sind, ergänzend bzw. abweichend zu den Kopftabellen, die folgenden allgemeinen Punkte zu beachten:

- *Name für Tabellen:* Die Tabellennamen der Hubtabellen sind normalerweise identisch mit den entsprechenden Namen des Entitätstyps. Zur Unterscheidung von den Satellitentabellen erhält die Hubtabelle in unserem Beispiel das Suffix *H*.

- *DWH_CR_LOAD_ID und DWH_CR_JOB_ID:* Da die Hubtabellen nicht aktualisiert werden, genügen die beiden Attribute zur Speicherung der Audit-IDs für das erstmalige Anlegen des Datensatzes.

- *DWH_LOAD_DATE:* Dieses Attribut gibt an, an welchem Tag und zu welcher Uhrzeit der jeweilige Datensatz im Data Warehouse (nicht im Quellsystem!) angelegt wurde. Ggf. vorhandene Gültigkeitsdatumsfelder aus dem Quellsystem werden als Attribute in den Satellitentabellen angelegt.

- *DWH_LOAD_SRC:* Diese Spalte identifiziert das Quellsystem (analog Abschnitt 5.1.2).

- *Unique Key Constraint:* Über die Spalten (bzw. die Spalte), die als Business Key des Entitätyps fungieren, sollte ein Unique Key Constraint implementiert werden. Der Business Key ist zur Identifikation der Datensätze von entscheidender Bedeutung, insbesondere bei der Historisierung bzw. bei der Aktualisierung von bereits geladenen Stammdaten. Für den Fall, dass die Hub-Table aus mehreren Datenquellen geladen wird, und derselbe Business Key in einem anderen Kontext auftreten kann, muss in den Unique Key Constraint zusätzlich die Spalte *DWH_LOAD_SRC* einbezogen werden. In diesem Fall wäre das Quellsystem Teil des Business Key. Empfehlenswerter als diese Variante wäre es, bereits beim Laden in die Cleansing Area dafür zu sorgen, dass ein solcher Fall nicht auftreten kann.

5.5.5.2 Satellitentabellen – Tabellenspalten und Schlüssel

Das folgende Schaubild zeigt drei Satellitentabellen und deren Attribute:

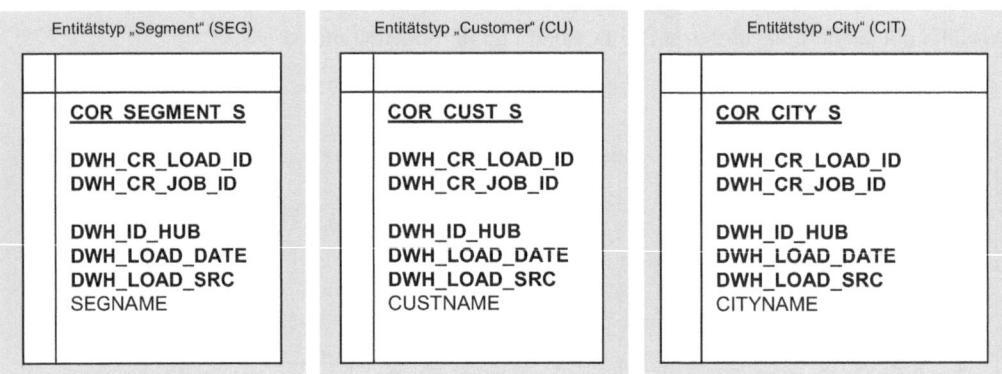

Entitätstyp „Segment" (SEG)	Entitätstyp „Customer" (CU)	Entitätstyp „City" (CIT)
COR_SEGMENT_S	**COR_CUST_S**	**COR_CITY_S**
DWH_CR_LOAD_ID	DWH_CR_LOAD_ID	DWH_CR_LOAD_ID
DWH_CR_JOB_ID	DWH_CR_JOB_ID	DWH_CR_JOB_ID
DWH_ID_HUB	DWH_ID_HUB	DWH_ID_HUB
DWH_LOAD_DATE	DWH_LOAD_DATE	DWH_LOAD_DATE
DWH_LOAD_SRC	DWH_LOAD_SRC	DWH_LOAD_SRC
SEGNAME	CUSTNAME	CITYNAME

Bild 5.39 Attribute in Satellitentabellen für *Segment*, *Customer* und *City*

Bezüglich Tabellen- und Spaltennamen, Datentypen und Schlüssel für die Satellitentabellen sind, ergänzend bzw. abweichend zu den Versionstabellen und Hubtabellen, die folgenden allgemeinen Punkte zu beachten:

- *Namen für Tabellen:* Die Tabellennamen der Satellitentabellen sind normalerweise identisch mit den entsprechenden Namen des Entitätstyps. Zur Unterscheidung von den Hubtabellen erhält die Satellitentabelle ein Suffix (z. B. *S*), ggf. gefolgt von einer laufenden Nummer oder einer Erweiterung mit beschreibendem Inhalt (z. B. Quellsystem oder volatil/nonvolatil), weil pro Hub mehr als eine Satellitentabelle existieren kann.

- *DWH_ID_HUB:* In dieser Spalte der Satellitentabelle wird der Primärschlüssel der Hubtabelle gespeichert. Damit sind die Hub- und Satellitentabelle über eine 1:n-Beziehung miteinander verknüpft. Für die Spaltennamen kann ein festes Präfix (z. B. DWH_ID) vorangestellt werden, gefolgt vom Tabellenname (oder Tabellenalias) der referenzierten Hubtabelle oder alternativ in unserem Beispiel *HUB*.

- *Foreign Key Constraint:* Die Beziehung zwischen Hub- und Satellitentabelle wird mithilfe von Foreign Key Constraints realisiert.

5.5.5.3 Linktabellen – Tabellenspalten und Schlüssel

Das folgende Schaubild zeigt den Aufbau der Linktabelle (einschließlich Satellitentabelle) zur Abbildung der Beziehung zwischen *Customer* und *City*. Nachfolgend wird lediglich auf die Linktabelle eingegangen.

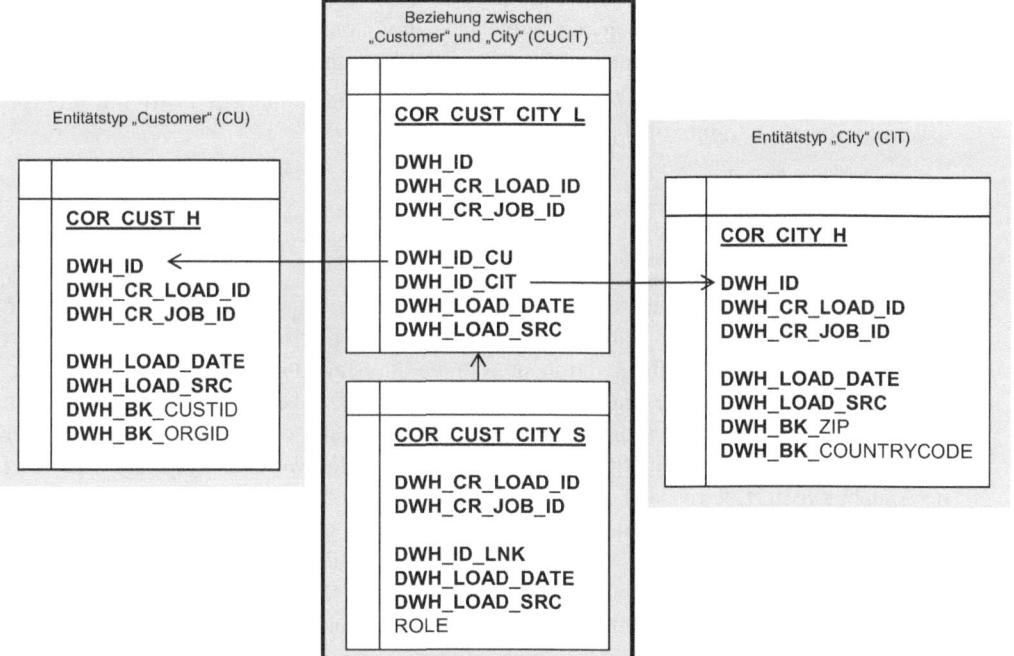

Bild 5.40 Linktabelle (mit Satellite) für die Beziehung zwischen *Customer* und *City*

Zwischen *Customer* und *City* existieren jedoch zwei Beziehungstypen: *Wohnort* und *Arbeitsort*. Der Kunde *Hermann Maier* zum Beispiel wohnt in Hamburg und arbeitet in Zürich. Zur Unterscheidung der beiden Beziehungstypen könnte man nun auf die Idee kommen, in der Link-Satellitentabelle ein zusätzliches Attribut zu definieren (z. B. ROLE). Dies funktioniert jedoch nur dann, wenn Wohn- und Arbeitsort nie identisch sind, was recht unrealistisch ist. Tatsächlich handelt es sich um zwei ganz unterschiedliche Beziehungen, weshalb unbedingt eine separate Linktabelle, bei Bedarf mit eigener Satellitentabelle, modelliert werden muss.

Da die Satellitentabelle die Link-Tabelle referenziert, lautet der Spaltenname für diese Referenz DWH_ID_LNK und nicht DWH_ID_HUB wie bei den Satellitentabellen der Hubtabellen.

Da in Data-Vault-Beziehungen immer in separaten Tabellen, den Linktabellen, gespeichert werden, sind Beziehungen jeglicher Kardinalität auf dieselbe Weise abbildbar. In diesem Beispiel könnten so für einen Kunden mehrere Arbeits- bzw. Wohnorte gespeichert werden, ohne das Datenmodell anpassen zu müssen.

Bezüglich Tabellen- und Spaltennamen für Linktabellen sind die folgenden allgemeinen Punkte zu beachten:

- *Namen für Tabellen:* Der Name von Linktabellen wird meist aus den in Beziehung stehenden Tabellen zusammengesetzt. Zur Abkürzung können die Tabellenaliase verwendet werden. Zur Unterscheidung von den anderen Tabellentypen erhält die Linktabelle ein Suffix (z. B. *L*).

- *DWH_ID_<Alias>:* In diesen Spalten der Linktabelle werden die Primärschlüssel der referenzierten Hubtabellen gespeichert. Für die Spaltennamen kann ein festes Präfix (z. B. DWH_ID) vorangestellt werden, gefolgt vom Alias der referenzierten Hubtabelle.

- *Foreign Key Constraint:* Die Beziehung zwischen Link- und Hubtabellen wird mithilfe von Foreign Key Constraints realisiert.

5.5.6 ETL-Logik

Die Logik zum Laden der Hub-, Link- und Satellitentabellen ist einfacher als das Laden von Stammdaten im relationalen Datenmodell mit Kopf- und Versionstabellen (siehe Abschnitt 5.4.3). Dies liegt vor allen Dingen daran, dass in die Core-Tabellen nur Datensätze eingefügt werden und normalerweise keine Aktualisierung (Update) von bereits existierenden erfolgt. Für alle Tabellentypen muss pro Datensatz geprüft werden, ob er bereits existiert oder nicht. Wenn ja, so muss er nicht in die Core-Tabelle geladen werden. Wenn der Datensatz noch nicht existiert, wird der betreffende Datensatz eingefügt. Dadurch ist gewährleistet, dass keine Änderung verloren geht. Da zwischen Tabellen gleichen Typs (Hub, Link, Satellite) keine direkten Beziehungen existieren, können die Tabellen vom selben Typ parallel, d. h. unabhängig voneinander, geladen werden. Zu berücksichtigen ist nur, dass zuerst die Hubtabellen geladen werden. Erst danach können die Linktabellen geladen werden, weil diese die Hubtabellen referenzieren. Da sowohl Hub- als auch Linktabellen von Satellitentabellen referenziert werden, müssen die Satellitentabellen zuletzt geladen werden.

5.5.7 Views für externen Core-Zugriff auf das Data-Vault-Datenmodell

Wie im relationalen Core mit Kopf- und Versionstabellen dienen Views auf das Data-Vault-Datenmodell der Vereinfachung des Zugriffs, insbesondere beim Laden der Tabellen der DWH-Schicht *Marts*. Aus diesem Grund sind die Views für Stammdaten nach außen hin ähnlich oder gar identisch aufgebaut, wie die in Abschnitt 5.4.7 beschriebenen Views über Kopf- und Versionstabellen. Die Views enthalten auch zwei Attribute, die das Gültigkeitsintervall der jeweiligen Version bestimmen. Dadurch ist die weitere Verarbeitung, z. B. das Laden in die Data Marts, unabhängig von der Datenmodellierungsmethodik im Core.

Aufgrund des unterschiedlichen Datenmodells (Spaltenaufbau, n Satellitentabellen pro Hubtabelle) unterscheidet sich die Implementierung der Data Vault Views in folgenden Punkten:

- In den Satellitentabellen existieren keine Gültigkeitsintervalle, wie dies z. B. in den Versionstabellen der Fall ist. Stattdessen wird das Gültigkeitsintervall implizit aus der Spalte DWH_LOAD_DATE ermittelt. Die Datumsspalte der Satellitentabelle repräsentiert den Anfang des Gültigkeitsintervalls, während sich aus derselben Spalte des chronologisch folgenden Datensatzes das Ende des Gültigkeitsintervalls ableitet. Wenn immer möglich, sollte jedoch ein fachlich relevantes Datumsattribut oder zumindest das Änderungsdatum vom Quellsystem verwendet werden, um die Bildung des Gültigkeitsintervalls zu ermitteln. Im Sinne von Data Vault handelt es sich dabei aber um normale Kontext-Attribute.

- Pro Hub- oder Linktabelle können mehrere Satellitentabellen existieren.

Aus Gründen der besseren Verständlichkeit wird in den weiteren Ausführungen die Spalte DWH_LOAD_DATE als Basis für die Bildung des Gültigkeitsintervalls verwendet. Im anderen Fall müssen die Views entsprechend modifiziert werden. Außerdem wird davon ausgegangen, dass die Attribute des Business Keys ohne die ID des Quellsystems eindeutig sind. Falls der Zugriff über Views den Anforderungen an die Query Performance nicht genügt, besteht selbstverständlich die Möglichkeit, die nachfolgend beschriebene Logik der Views anzuwenden und das Ergebnis in Form von Tabellen zu speichern.

5.5.7.1 Views für Stammdaten (ein Satellite pro Hub bzw. Link)

Im einfachsten Fall existiert zu einer Hubtabelle eine einzige Satellitentabelle. Das folgende Beispiel zeigt eine Datenkonstellation für den Entitätstyp *Customer*:

Tabelle 5.26 Hubtabelle für *Customer*

Hubtabelle „COR_CUST_H"			
DWH_ID	DWH_BK_CUSTID	DWH_BK_ORGID	DWH_LOAD_DATE
101	K0933	B	Jan 2012
102	F0494	A	Jun 2012

Tabelle 5.27 Satellitentabelle für *Customer*

Satellitentabelle „COR_CUST_S01"				
DWH_ID_HUB	DWH_LOAD_DATE	CUSTNAME	COUNTRY	ZIP
101	Jan 2012	Maier	D	878882
101	Mar 2013	Maier	D	349900
102	Jun 2012	Schultze	CH	11811
102	Jan 2014	Schultze-Frisch	CH	11811

Hub- und Satellitentabelle müssen miteinander verknüpft werden. Gleichzeitig erfolgt aus der Spalte DWH_LOAD_DATE die Ableitung des Gültigkeitsintervalls. Das Ergebnis dieser Operation kann in Form einer Datenbank-View hinterlegt sein und sieht für dieses Beispiel wie folgt aus:

Tabelle 5.28 View über Hub- und Satellitentabelle

View „V_COR_CUST_VERS" bzw. Ergebnis der SQL-Abfrage					
DWH_ID	DWH_VALID_FROM	DWH_VALID_TO	CUSTNAME	COUNTRY	ZIP
101	Jan 2012	Mar 2013	Maier	D	878882
101	Mar 2013	Dec 9999	Maier	D	349900
102	Jun 2012	Jan 2014	Schultze	CH	11811
102	Jan 2014	Dec 9999	Schultze-Frisch	CH	11811

Die folgende View-Definition (Oracle-Syntax) nutzt unter anderem die analytische Funktion *LEAD*, um pro Datensatz aus dem Attribut DWH_LOAD_DATE der Satellitentabelle das Gültigkeitsintervall für eine Version zu ermitteln:

Listing 5.14 Ermitteln von Gültigkeitsintervall über View

```
CREATE OR REPLACE FORCE VIEW V_COR_CUST_VERS
(
  DWH_ID,
  DWH_VALID_FROM,
  DWH_VALID_TO,
  DWH_BK_CUSTID,
  DWH_BK_ORGID,
  DWH_LOAD_SRC,
  CUSTNAME
)
AS
WITH
  with_s01 AS
  (
      SELECT
        DWH_ID_HUB,
        DWH_LOAD_DATE DWH_VALID_FROM,
        NVL( LEAD(DWH_LOAD_DATE)
          OVER (PARTITION BY DWH_ID_HUB ORDER by DWH_LOAD_DATE)
```

```
                , to_date('31.12.9999', 'DD.MM.YYYY')) DWH_VALID_TO ,
          DWH_LOAD_SRC,
          CUSTNAME
        FROM
          COR_CUST_S01
  ),
  with_potential_versions AS
  (
        SELECT
          DWH_ID_HUB
          POI DWH_VALID_FROM,
          NVL( LEAD(POI)
              OVER (PARTITION BY DWH_ID_HUB ORDER by POI)
              , to_date('31.12.9999', 'DD.MM.YYYY')) DWH_VALID_TO
        FROM
          ( SELECT DISTINCT DWH_ID_HUB, POI
            FROM
            ( SELECT DWH_ID_HUB, DWH_VALID_FROM POI FROM with_s01 )
          )
  )
-- Select all Satellite-Views
SELECT
    h.DWH_ID,
    poi.DWH_VALID_FROM,
    poi.DWH_VALID_TO,
    h.DWH_BK_CUSTID,
    h.DWH_BK_ORGID,
    h.DWH_LOAD_SRC,
    s01.CUSTNAME
  FROM   with_potential_versions poi
    JOIN COR_CUST_H h ON h.DWH_ID     = poi.DWH_ID_HUB
    JOIN with_s01 s01 ON s01.DWH_ID_HUB = poi.DWH_ID_HUB
  WHERE
    poi.DWH_VALID_FROM >= s01.DWH_VALID_FROM AND
    poi.DWH_VALID_TO    <= s01.DWH_VALID_TO
```

Diese View-Definition erscheint etwas umständlich und könnte in diesem einfachen Fall (nur ein Satellite) einfacher gestaltet werden. Der Vorteil der umständlichen Variante ist jedoch, dass sie sehr einfach angepasst werden kann, falls später weitere Satellitentabellen hinzukommen.

Die folgende View bezieht sich auf die o. g. View und beschränkt sich auf die zu einem bestimmten Zeitpunkt (hier SYSDATE = Systemdatum/Uhrzeit) gültigen Versionen:

Listing 5.15 Ermitteln der aktuellen Version über View

```
CREATE VIEW V_COR_CUST_CURR
( DWH_ID,
  DWH_BK_CUSTID,
  DWH_BK_ORGID,
  CUSTNAME
) AS
SELECT
    DWH_ID,
    DWH_BK_CUSTID,
    DWH_BK_ORGID,
    CUSTNAME
```

```
FROM
    V_COR_CUST_VERS
WHERE
    SYSDATE >= DWH_VALID_FROM AND
    SYSDATE <  DWH_VALID_TO
```

Hinweis

Die Spalte DWH_ID in den Views bezieht sich auf den Primärschlüssel der Hubtabelle und **nicht** auf den Primärschlüssel einer Satellitentabelle, falls ein solcher
überhaupt existiert! Die Spalte DWH_ID wird benötigt, um später (z. B. beim
Laden von Dimensionstabellen in der DWH-Schicht *Marts*) verschiedene Entitätstypen (z. B. Customer und City) miteinander verknüpfen zu können. Dazu
müssen jedoch die Linktabellen hinzugezogen werden, weil nur diese die
Referenzen zu den fremden Hubtabellen enthalten.

5.5.7.2 Views für Stammdaten (mehrere Satellites pro Hub bzw. Link)

Falls zwei oder mehr Satellitentabellen pro Hub- oder Linktabelle existieren, erhöht sich die
Komplexität ein wenig. Das Beispiel aus dem vorhergehenden Abschnitt wurde um eine
weitere Satellitentabelle erweitert und zeigt die folgende Datenkonstellation für den Entitätstyp *Customer*:

Tabelle 5.29 Hubtabelle für *Customer* bei mehreren Satelliten

Hubtabelle „COR_CUST_H"			
DWH_ID	DWH_BK_CUSTID	DWH_BK_ORGID	DWH_LOAD_DATE
101	K0933	B	Jan 2012
102	F0494	A	Jun 2012

Tabelle 5.30 Satellitentabelle für Adressen von *Customer*

Satellitentabelle „COR_CUST_S01"				
DWH_ID_HUB	DWH_LOAD_DATE	CUSTNAME	COUNTRY	ZIP
101	Jan 2012	Maier	D	878882
101	Mar 2013	Maier	D	349900
102	Jun 2012	Schultze	CH	11811
102	Jan 2014	Schultze-Frisch	CH	11811

Tabelle 5.31 Satellitentabelle für E-Mail und Telefon von *Customer*

Satellitentabelle „COR_CUST_S02"			
DWH_ID_HUB	DWH_LOAD_DATE	EMAIL	PHONE
101	Jan 2012	Fritz.Maier@web.de	0162-3888222
101	Apr 2013	MaierF@gmx.de	0162-3888222
102	Jun 2012	Schultze@t-online.de	0177-92223
102	Dez 2013	Schultze@t-online.de	0160-123445

Die Hub- und Satellitentabellen müssen miteinander verknüpft werden und gleichzeitig erfolgt jeweils aus der Spalte DWH_LOAD_DATE die Ableitung des Gültigkeitsintervalls. Das Ergebnis dieser Operation kann in Form einer Datenbank-View hinterlegt sein und sieht für dieses Beispiel wie folgt aus:

Tabelle 5.32 View über mehrere Satellitentabellen

View „V_COR_CUST_VERS" bzw. Ergebnis der SQL-Abfrage							
DWH_ID	DWH_VALID_FROM	DWH_VALID_TO	CUST-NAME	COUN-TRY	ZIP	EMAIL	PHONE
101	Jan 2012	Mar 2013	Maier	D	878882	Fritz.Maier@web.de	0162-3888222
101	Mar 2013	Apr 2013	Maier	D	349900	Fritz.Maier@web.de	0162-3888222
101	Apr 2013	Dec 9999	Maier	D	349900	MaierF@gmx.de	0162-3888222
102	Jun 2012	Dez 2013	Schultze	CH	11811	Schultze@t-online.de	0177-92223
102	Dez 2013	Jan 2014	Schultze	CH	11811	Schultze@t-online.de	0160-123445
102	Jan 2014	Dec 9999	Schultze-Frisch	CH	11811	Schultze@t-online.de	0160-123445

Die folgende View-Definition (Oracle-Syntax) nutzt unter anderem die analytische Funktion *LEAD*, um pro Datensatz aus dem Attribut DWH_LOAD_DATE der Satellitentabelle das Gültigkeitsintervall für eine Version zu ermitteln:

Listing 5.16 Ermitteln von Gültigkeitsintervall über mehrere Satelliten

```
CREATE OR REPLACE FORCE VIEW V_COR_CUST_VERS
    (
    DWH_ID,
    DWH_VALID_FROM,
    DWH_VALID_TO,
    DWH_BK_CUSTID,
    DWH_BK_ORGID,
    DWH_LOAD_SRC,
```

```
            CUSTNAME,
            EMAIL,
            PHONE
        )
        AS
        WITH
        with_s01 AS
        (   SELECT
                DWH_ID_HUB,
                DWH_LOAD_DATE DWH_VALID_FROM,
                NVL( LEAD(DWH_LOAD_DATE)
                        OVER (PARTITION BY DWH_ID_HUB ORDER by DWH_LOAD_DATE)
                    , to_date('31.12.9999', 'DD.MM.YYYY')) DWH_VALID_TO ,
                DWH_LOAD_SRC,
                CUSTNAME
            FROM
                COR_CUST_S01
        ),
        with_s02 AS
        (   SELECT
                DWH_ID_HUB,
                DWH_LOAD_DATE DWH_VALID_FROM,
                NVL( LEAD(DWH_LOAD_DATE)
                        OVER (PARTITION BY DWH_ID_HUB ORDER by DWH_LOAD_DATE)
                    , to_date('31.12.9999', 'DD.MM.YYYY')) DWH_VALID_TO ,
                DWH_LOAD_SRC,
                EMAIL,
                PHONE
            FROM
                COR_CUST_S02
        ),
        with_potential_versions AS
        (   SELECT
                DWH_ID_HUB,
                POI DWH_VALID_FROM,
                NVL( LEAD(POI)
                        OVER (PARTITION BY DWH_ID_HUB ORDER by POI)
                    , to_date('31.12.9999', 'DD.MM.YYYY')) DWH_VALID_TO
            FROM
              ( SELECT
                    DISTINCT DWH_ID_HUB, POI
                FROM
              (     SELECT DWH_ID_HUB, DWH_VALID_FROM POI FROM with_s01
                    UNION ALL
                    SELECT DWH_ID_HUB, DWH_VALID_FROM POI FROM with_s02
              )
              )
        )
        -- Select all Satellite-Views
        SELECT
            h.DWH_ID,
            poi.DWH_VALID_FROM,
            poi.DWH_VALID_TO,
            h.DWH_BK_CUSTID,
            h.DWH_BK_ORGID,
            h.DWH_LOAD_SRC,
            s01.CUSTNAME,
            s02.EMAIL,
```

```
    s02.PHONE
FROM   with_potential_versions poi
  JOIN COR_CUST_H h ON h.DWH_ID        = poi.DWH_ID_HUB
  JOIN with_s01 s01 ON s01.DWH_ID_HUB = poi.DWH_ID_HUB
  JOIN with_s02 s02 ON s02.DWH_ID_HUB = poi.DWH_ID_HUB
WHERE
  poi.DWH_VALID_FROM >= s01.DWH_VALID_FROM AND
  poi.DWH_VALID_TO   <= s01.DWH_VALID_TO AND
  poi.DWH_VALID_FROM >= s02.DWH_VALID_FROM AND
  poi.DWH_VALID_TO   <= s02.DWH_VALID_TO
```

■ 5.6 Core-Datenmodell dimensional

Alternativ zu den Core-Datenmodellierungsmethodiken, die in den vorangegangenen Abschnitten 5.4 und 5.5 behandelt wurden, kann das Core auch dimensional modelliert werden. In einem dimensionalen Core werden die Objekte für Bewegungsdaten als Fakten und die für Stammdaten als Dimensionen bezeichnet. Die Konzepte der dimensionalen Modellierung sind ausführlich in Abschnitt 3.3 beschrieben.

Die Implementierung des dimensionalen Datenmodells erfolgt im Core immer mit relationaler Technologie. In der DWH-Schicht *Marts* stehen neben der relationalen weitere Implementierungstechnologien zur Verfügung (siehe Abschnitt 5.7).

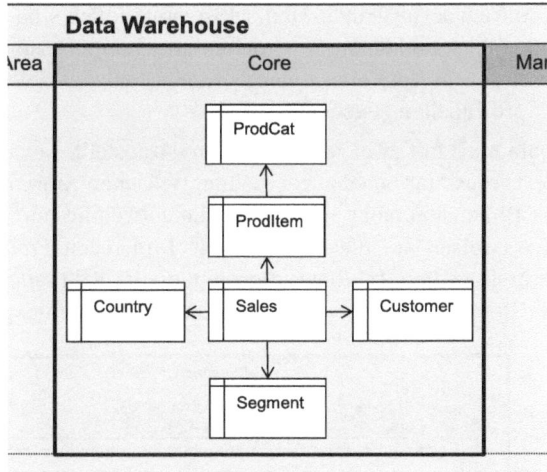

Bild 5.41 Tabellen und Beziehungen im dimensional modellierten Core

In der dimensionalen Modellierung ist die Rede von *Dimensionen, Hierarchiestufen, Fakten* bzw. *Würfeln (Cubes)* und nicht so sehr von *Entitätstypen, Stammdaten* oder *Bewegungsdaten,* wie dies bei der relationalen Modellierung der Fall ist.

Vor der Implementierung des dimensionalen Datenmodells muss zwischen Star- und Snowflake-Schema abgewogen werden. Der folgende Abschnitt soll bei dieser Entscheidung

Hilfestellungen geben. Die daran anschließenden Abschnitte beschreiben das Historisierungskonzept für Dimensionen, geben Aufschluss über die Tabellenstruktur von Dimensionstabellen im Snowflake-Schema und deren Ladelogik innerhalb des ETL-Prozesses. Danach werden der Aufbau der Fakten-Tabellen und die ETL-Logik für diese erklärt. Schließlich wird gezeigt, wie n:m-(Many-to-Many-)Beziehungen im dimensionalen Datenmodell abgebildet werden können.

5.6.1 Star- oder Snowflake-Schema

Bei der relationalen Implementierung des dimensionalen Datenmodells muss entschieden werden, ob für eine Dimension eine oder mehrere physische Tabellen angelegt werden. Wird für alle Dimensionen einer Faktentabelle einheitlich verfahren, so spricht man im ersten Fall (eine Tabelle je Dimension) von einem Star-Schema und im zweiten Fall (eine Tabelle je Hierarchiestufe) von einem Snowflake-Schema. Mischformen sind prinzipiell möglich, allerdings ist es empfehlenswert, zumindest je Faktentabelle, einheitlich zu verfahren.

5.6.1.1 Star-Schema

Im Star-Schema existiert für eine Dimension prinzipiell nur eine einzige Tabelle, welche mit der Faktentabelle, bzw. mit verschiedenen Faktentabellen, in einer 1:n-Beziehung steht. In den denormalisierten Dimensionstabellen werden viele Stammdaten redundant gehalten. Der Vorteil gegenüber einem Snowflake-Schema oder gar 3-NF-Strukturen liegt in der wesentlich besseren Abfrageperformance. Und selbstverständlich sind SQL-Statements im Star-Schema weniger komplex und dadurch schneller erstellt und besser lesbar. Beide Argumente spielen in der Regel im Core eine untergeordnete Rolle, es sei denn, wenn mittels Views direkt auf die Core-Tabellen zugegriffen wird.

In Bild 5.42 ist ein Data Mart mit zwei Faktentabellen dargestellt, welcher als Star-Schema implementiert wurde. Dieses Star-Schema zeigt einen typischen Anwendungsfall, der dazu führen kann, dass pro Dimension mehr als eine Tabelle notwendig sein kann: Die zwei Fakten *Sales* und *Costs* verweisen auf dieselbe logische Dimension *Product*, allerdings auf unterschiedliche Hierarchiestufen. Die Bewegungsdaten zum Fakt *Sales* liegen auf Hierarchiestufe *ProdItem*, die Bewegungsdaten zum Fakt *Costs* auf Hierarchiestufe *ProdSubCat* vor.

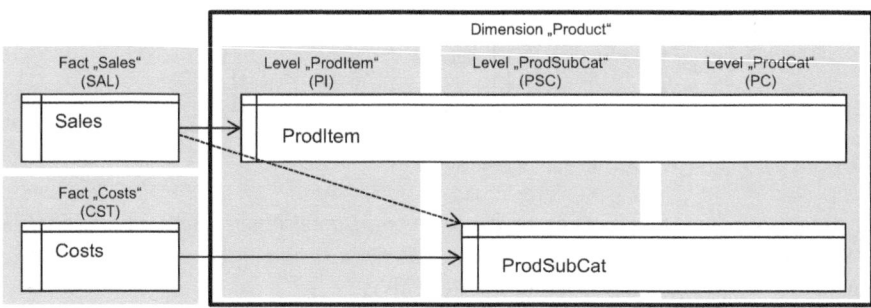

Bild 5.42 Fakten, Dimension und Hierarchiestufen als Star-Schema implementiert

Die Implementierung einer Dimension erfolgt hier mithilfe von zwei Dimensionstabellen, die sich bezüglich Spalten und bezüglich des Inhalts in den Hierarchiestufen *ProdSubCat* und *ProdCat* überlappen (vergleiche Abschnitt 3.3.2.4, *Conformed Rollups*). Optional kann die Faktentabelle *Sales* um ein Foreign-Key-Attribut ergänzt werden, über das eine direkte Verknüpfung mit der Dimensionstabelle *ProdSubCat* möglich wäre. Damit hätten beide Faktentabellen eine gemeinsame Dimensionstabelle (vergleiche Abschnitt 3.3.2.4, *Conformed Dimensions*) und könnten so in Abfragen wesentlich einfacher und effizienter miteinander kombiniert werden.

5.6.1.2 Snowflake-Schema

Im Snowflake-Schema dagegen wird für jede Hierarchiestufe einer Dimension eine separate Tabelle benötigt. Dabei steht eine beliebige Hierarchiestufe der Dimension in einer 1:n-Beziehung zur Faktentabelle, die nächsthöhere Hierarchiestufe in einer 1:n-Beziehung zur darunter liegenden Hierarchiestufe. In Bild 5.43 ist ein Data Mart mit zwei Faktentabellen dargestellt, der als Snowflake-Schema implementiert wurde. Die Besonderheiten:

- Die Faktentabelle *Costs* verweist auf die mittlere Hierarchiestufe der Dimension *Products*, also auf die Dimensionstabelle *ProdSubCat*.

- Die Faktentabelle *Sales* verweist über separate Foreign-Key-Beziehungen auf die Dimensionstabelle *Day*.

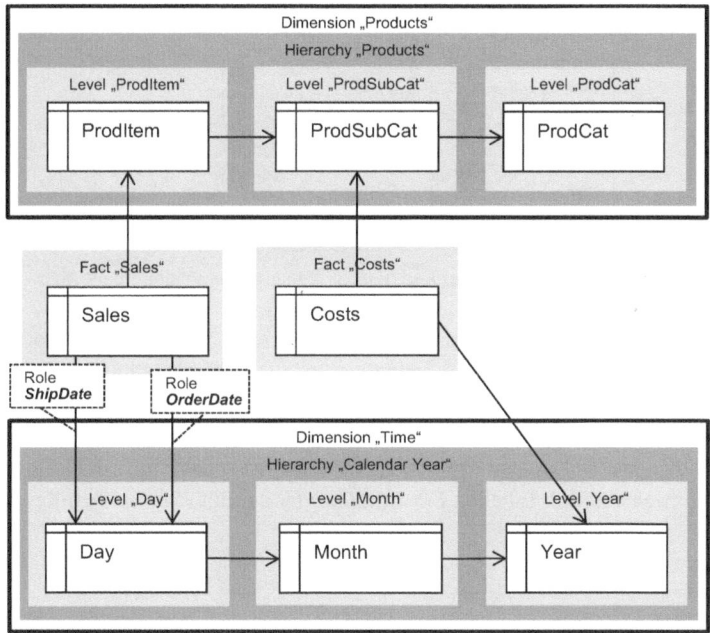

Bild 5.43 Fakten, Dimensionen und Hierarchiestufen als Snowflake-Schema implementiert

Das Snowflake-Schema ist im Core meist besser geeignet

Da im Core nicht die Abfrageperformance, sondern die Datenkonsistenz und eine möglichst redundanzfreie Datenhaltung im Vordergrund stehen, sprechen bei der dimensionalen Core-Modellierung eindeutig mehr Argumente für ein Snowflake-Schema als für ein Star-Schema.

Wie zuvor bereits angesprochen, sind Dimensionen, Hierarchien und Hierarchiestufen lediglich Metadaten, weshalb es hinsichtlich der dimensionalen Modellierung unterschiedliche Ansätze gibt. Egal, welcher Ansatz verfolgt wird, das Resultat muss ein effizientes, gut verständliches, redundanzarmes physisches Datenmodell sein. Die folgenden Betrachtungen zeigen deutlich, dass das Ergebnis aus der dimensionalen Modellierung noch verbessert werden kann. Das unmittelbar aus der dimensionalen Modellierung abgeleitete physische Datenmodell könnte prinzipiell so implementiert werden, wie in Bild 5.44 dargestellt. Allerdings ist es nicht empfehlenswert, die Tabellen *Country* und *City* mehrfach zu speichern. Dies könnte im Mart vielleicht noch toleriert werden, nicht jedoch im Core.

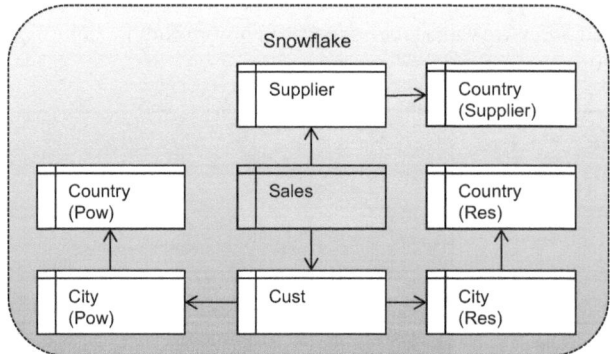

Bild 5.44 Snowflake-Schema, abgeleitet aus dem dimensionalen Modell (nicht empfohlen)

Bild 5.45 zeigt das Snowflake-Schema aus Bild 5.44 nach Eliminierung der redundanten Tabellen. Das Snowflake-Schema wird reduziert auf die Faktentabelle *Sales* und die beiden Dimensionstabellen *Supplier* und *Cust*, während die Tabellen *Country* und *City* sozusagen ausgelagert werden. Diese ausgelagerten Tabellen werden als Outrigger[10] Tables (Ross, 2008) bezeichnet. Beide Foreign Key Constraints der Tabelle *Cust* zeigen nun auf die Tabelle *City*. Für die Beziehung zwischen den Tabellen *City* und *Country* genügt eine Foreign-Key-Beziehung.

---

[10] Outrigger (engl.) = Ausleger

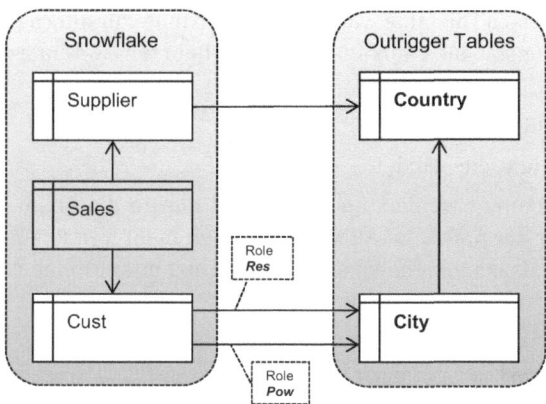

Bild 5.45
Snowflake-Schema mit Outrigger Tables

5.6.2 Historisierung von Stammdaten mit SCD

Bei der Implementierung des dimensionalen Datenmodells erfolgt die Historisierung der Stammdaten mit einer Tabelle je Hierarchiestufe (Snowflake-Schema) bzw. je Dimension (Star-Schema). Im Gegensatz dazu werden bei der relationalen Modellierung (siehe Abschnitt 5.4) je Entitätstyp eine Kopf- und eine Versionstabelle benötigt. Das historisierte und das nicht historisierte Datenmodell im dimensionalen Core sind auf den ersten Blick identisch. Der Unterschied besteht nur darin, dass in den versionierten Dimensionstabellen zusätzliche Attribute notwendig sind. Die Historisierung im dimensionalen Datenmodell erfolgt nach dem Konzept *Slowly Changing Dimensions* (Kimball, Ross 2002) Typ 1 und Typ 2, welches nachfolgend als *SCD1* bzw. *SCD2* bezeichnet wird. In Abschnitt 3.3.2.5 werden SCD und die verschiedenen Typen anhand von Beispielen ausführlich erklärt.

 Im dimensionalen Core sollten die Stammdaten vollständig historisiert werden

Dies bedeutet, dass von Beginn an alle fachlichen Attribute und Referenzen auf andere Hierarchiestufen nach SCD2 versioniert werden. Nur so können später Fragen nach der historischen Entwicklung von Sachverhalten beantwortet werden.

Im Gegensatz zur Historisierung mithilfe von Kopf- und Versionstabellen referenzieren die Datensätze in der Faktentabelle (Star- oder Snowflake-Schema), bzw. die Hierarchiestufen einer Dimension untereinander (Snowflake-Schema), eine bestimmte Version. Dies hat zur Folge, dass bereits beim Laden ins Core die Zuordnung zur richtigen Version getroffen werden muss. Eine typische Frage bei der Implementierung des Ladeprozesses lautet deshalb: „Welches Datum soll benutzt werden?" Sofern diese Frage eindeutig beantwortet werden kann, ist alles in Ordnung. Ansonsten wäre die in Abschnitt 5.4.1 beschriebene Variante mit Kopf- und Versionstabellen möglicherweise besser geeignet, weil dort nicht auf einzelne Versionen (z.B. Maier – Version 5), sondern auf die Entitäten selbst (z.B. Maier) referenziert wird. Ein möglicher Ausweg aus diesem Dilemma wäre, weitere Attribute für alternative Gültigkeitsintervalle in die Dimensionstabellen aufzunehmen. Attribute für zwei Intervalle:

- OrderDate_valid_from/OrderDate_valid_to
- TransactionDate_valid_from/TransactionDate_valid_to

Diese Konstellation kann schnell sehr komplex werden, und zwar nicht nur für die Definition der ETL-Prozesse, sondern auch für die Abfragen. Außerdem werden mehr Versionen und damit mehr Datenvolumen erzeugt als bei der einfachen Versionierung mit nur einem Gültigkeitsintervall. Dies wiederum kann zu Performanceeinbußen führen.

 Welches Datum ist das richtige?

Diese Frage ist häufig nicht eindeutig zu beantworten. Nehmen wir das Ladedatum oder das Datum der Transaktion oder ... oder? Eine einmal getroffene Entscheidung ist im dimensionalen Datenmodell nachträglich, d. h., wenn bereits Daten geladen wurden, nicht ohne weiteres möglich.

Ein weiterer wichtiger Aspekt ist Abhängigkeit zwischen versionierten Hierarchiestufen, wodurch unter Umständen sehr viele unnötige Versionen und damit Datensätze erzeugt werden. Durch diesen Effekt entstehen zusätzliche Datenredundanzen (negativ für die Datenkonsistenz) und natürlich kann dadurch die Datenmenge extrem anwachsen. Bei nachträglicher Aktualisierung der Dimensionsdaten im Rahmen des Ladeprozesses müssen sehr viel mehr Datensätze aktualisiert werden, als eigentlich notwendig wäre. Dadurch kann der Ladeprozess von Mal zu Mal mehr und mehr Zeit in Anspruch nehmen. Das nachfolgende Beispiel soll diesen Sachverhalt verdeutlichen.

Beispiel:

In diesem Beispiel werden drei *Hierarchiestufen* der Dimension *Product* betrachtet. Sämtliche Attribute werden nach SCD2 versioniert. Eine neue Version in der obersten Hierarchiestufe *ProdCat* wird erzeugt, weil sich der Name für *FOOD* geändert hat (siehe Tabelle 5.33).

Tabelle 5.33 Dimensionstabelle für Hierarchiestufe Produkt-Kategorie

Tabelle für Hierarchiestufe „ProdCat"					
ID	BK	NAME	VERSNR	VALID_FROM	VALID_TO
10	FOOD	Food	1	Jan2012	~~Dec9999~~ → *Nov2012*
20	NFOOD	Non-Food	1	Mar2012	Dec9999
30	FOOD	Food	2	Nov2012	Dec9999

Die neue Version für FOOD bewirkt, dass in der untergeordneten Tabelle *ProdSubCat* ebenfalls neue Versionen angelegt werden, obwohl sich dort gar nichts geändert hat (siehe Tabelle 5.34).

Tabelle 5.34 Dimensionstabelle für Hierarchiestufe Produkt-Subkategorie

Tabelle für Hierarchiestufe „ProdSubCat"					
ID	BK	VERSNR	PRODCAT	VALID_FROM	VALID_TO
100	**softdrinks**	1	10	Jan1900	~~Dec9999~~ → Nov2012
200	candies	1	10	Jan1900	~~Dec9999~~ → Nov2012
300	bakeryproducts	1	10	Jan1900	~~Dec9999~~ → Nov2012
400	detergent	1	20	Jan1900	Dec9999
500	electronic	1	20	Jan1900	Dec9999
..					
700	**softdrinks**	2	30	Nov2012	Dec9999
800	candies	2	30	Nov2012	Dec9999
900	bakeryproducts	2	30	Nov2012	Dec9999
..					

Die drei neuen Versionen in der Tabelle *ProdSubCat* bewirken wiederum, dass in der Tabelle *ProdItem* für alle Produkte der Kategorie *Food* ebenfalls neue Versionen angelegt werden müssen (siehe Tabelle 5.35).

Tabelle 5.35 Dimensionstabelle für Hierarchiestufe Produkt-Item

Tabelle für Hierarchiestufe „ProdItem"					
ID	BK	VERSNR	PROD SUBCAT	VALID_FROM	VALID_TO
1000	coke	1	100	Jan2011	~~Dec9999~~ → Nov2012
1999	..	1	100	Mar2012	~~Dec9999~~ → Nov2012
2000	**chocolate**	1	200	Apr2012	~~Dec9999~~ → Nov2012
..	..				
7500	coke	2	700	Nov2012	Dec9999
7501	..	2	700	Nov2012	Dec9999
7502	**chocolate**	2	800	Nov2012	Dec9999
..	..				

Für die Abbildung der Historisierung von Dimensionen sind entsprechende Tabellenstrukturen insbesondere für die Dimensionstabellen erforderlich. Diese werden in Abschnitt 5.6.3 ausführlich behandelt. Die ETL-Logik zum Laden dieser Tabellen wird in Abschnitt 5.6.4 erklärt.

5.6.3 Struktur der Dimensionstabellen (Snowflake)

In der dimensionalen Modellierung werden die Stammdaten in Form von Dimensionen und Hierarchien modelliert. Der Schwerpunkt dieses Abschnitts ist die physische Implementierung von normalisierten Dimensionstabellen (Snowflake-Schema) im dimensionalen Core. Folgende Fragen werden nachfolgend beantwortet:

- Welche Tabellen und Tabellenspalten werden benötigt?
- Gibt es Schlüsselspalten, wenn ja, welche?
- Welche Attribute, und damit welche Tabellenspalten, werden historisiert?
- Wie stehen die Tabellen zueinander in Beziehung und welche Attribute werden dafür benötigt?

Die Thematik wird in diesem und dem folgenden Abschnitt anhand der Dimension *Product* behandelt. Bild 5.46 und die folgenden Tabellen zeigen das Ergebnis der dimensionalen Modellierung für diese Dimension. Diese Informationen dienen als Basis für die Implementierung in Form von Tabellen und Beziehungen.

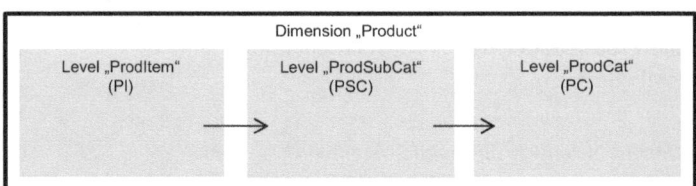

Bild 5.46 Dimension Product mit drei Hierarchiestufen

Die folgenden drei Tabellen enthalten die Spezifikation für die einzelnen Hierarchiestufen der Dimension *Product*:

Tabelle 5.36 Tabellenspezifikation für Hierarchiestufe Produkt-Kategorie

Level ProdCat (fachliche Attribute)				
Attribut	Beschreibung	Schlüssel	Historisierung	Datentyp
CATID	ID	Ja	–	ZAHL
NAME	Name bzw. Bezeichnung		Ja	TEXT(30)

Tabelle 5.37 Tabellenspezifikation für Hierarchiestufe Produkt-Subkategorie

Level ProdSubCat				
Attribut	Beschreibung	Schlüssel	Historisierung	Datentyp
SUBCATID	ID	Ja	–	ZAHL
NAME	Name bzw. Bezeichnung		Ja	TEXT(50)
	Verweise auf Level **ProdCat**		Ja	

Tabelle 5.38 Tabellenspezifikation für Hierarchiestufe Produkt-Item

Level ProdItem				
Attribut	Beschreibung	Schlüssel	Historisierung	Datentyp
PRODUCTID	ID	Ja	–	ZAHL
NAME	Name		Ja	TEXT(50
PRODUCTNUMBER	Produktnummer		Ja	ZAHL
COST	Kosten		Ja	ZAHL
LISTPRICE	Preis		Ja	ZAHL
WEIGHT	Gewicht		Ja	ZAHL
COLOR	Farbe		Ja	TEXT(20)
	Verweise auf Level **ProdSubCat**		Ja	

Die Verweise auf andere Hierarchiestufen gehören natürlich zur jeweiligen Hierarchiestufe. Sie sind jedoch keine echten Attribute dieser Hierarchiestufen. Trotzdem kann hier definiert werden, ob die Verweise historisiert werden sollen oder nicht. In diesem Beispiel sollen sämtliche Attribute einschließlich der Verweise historisiert werden (vollständige Historisierung). Von der Historisierung ausgenommen sind selbstverständlich die Attribute der Business Keys. Die Informationen über die Attribute und deren Eigenschaften sind notwendig für die Definition der physischen Tabellen und deren Aufbau, welche in den folgenden Abschnitten erläutert werden.

5.6.3.1 Tabellenspalten und Schlüssel

Im Snowflake-Schema wird jede Hierarchiestufe als separate Tabelle implementiert dargestellt.

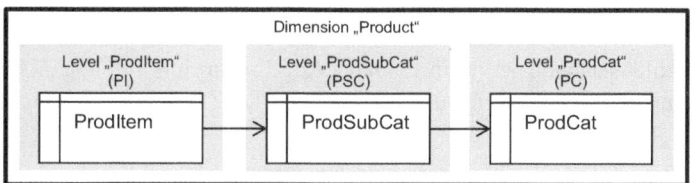

Bild 5.47 Tabellen für die drei Hierarchiestufen der Dimension *Product (Snowflake)*

Bezüglich der Tabellen- und Spaltennamen, Datentypen und Schlüssel für die drei in Bild 5.47 dargestellten Dimensionstabellen sind die folgenden allgemeinen Punkte zu beachten:

- *Namen für Tabellen:* Die Tabellennamen der Dimensionstabellen sind normalerweise identisch mit den entsprechenden Namen der Hierarchiestufen. Es hat sich in der Praxis bewährt, beim Tabellennamen ein Präfix, z.B. *COR_D*, voranzustellen (für *Core* und *Dimension*), damit bereits auf den ersten Blick ersichtlich ist, dass es sich um eine Dimensionstabelle in der DWH-Schicht *Core* handelt.

- *Namen für Tabellenspalten:* Die Grundregel besagt, dass die Spaltennamen 1:1 aus den Bezeichnungen der fachlichen Attribute übernommen werden.

- *Namen für Tabellenspalten (Business Key):* Die Dimensionstabelle enthält eine oder mehrere Spalten, die als natürlicher Schlüssel der jeweiligen Hierarchiestufe fungieren. Dieser Schlüssel wird als Business Key bezeichnet und ist zur Identifikation der Datensätze von entscheidender Bedeutung, insbesondere bei der Historisierung von Stammdaten bzw. bei der Aktualisierung von bereits geladenen Stammdaten. Die Spaltennamen der Business-Key-Attribute beginnen mit einem über das gesamte Data Warehouse einheitlichen Präfix, beispielsweise DWH_BK (BK = Business Key). Der Grund für das Präfix ist, dass die Spalten des Business Keys eine besondere Rolle spielen, weil sie sehr häufig im ETL-Prozess und bei Abfragen benötigt werden und deshalb schnell erkannt werden sollen.

- *Namen für Tabellenspalten (Beziehungen):* Die Namen für die Tabellenspalten, welche die Referenzen enthalten, können nicht 1:1 aus der Spezifikation der Hierarchiestufe übernommen werden, weil sie dort nicht explizit als Attribute behandelt werden. Hier kann ebenfalls ein festes Präfix, z. B. DWH_ID, gefolgt vom Level-Alias der referenzierten Hierarchiestufe verwendet werden. Da auf dieselbe Hierarchiestufe mehr als ein Verweis möglich ist, muss der Spaltenname zusätzlich noch um den Namen oder Alias der sogenannten *Rolle* erweitert werden. Bei der Rolle sollte es sich um einen möglichst kurzen, sprechenden Namen handeln. Wenn es nur eine einzige Rolle gibt (Standardfall), so wird, falls nicht anderes spezifiziert, als Rollenalias der Name des Level-Alias der referenzierten Hierarchiestufe verwendet.

- *Datentypen:* Die Datentypen für die Spalten der Dimensionstabellen stimmen mit denen der Hierarchiestufenspezifikation überein.

- *Unique Constraint:* Über die Spalten (bzw. die Spalte), die als Business Key der Hierarchiestufe fungieren, und ggf. über die Spalte DWH_SRC_SYSTEM_ID (Quellsystem) könnte prinzipiell ein Unique Constraint über diese Attribute implementiert werden. Allerdings nur dann, wenn kein Attribut der jeweiligen Hierarchiestufe historisiert wird. Ist dies aber der Fall, so ist der Business Key allein nicht mehr zwingend eindeutig und demzufolge kann kein Unique Constraint angelegt werden.

- *Primary Key Constraint.* Jede Dimensionstabelle besitzt eine Spalte, welche mit einer fortlaufenden Nummer befüllt wird, dem sogenannten Surrogate Key (künstlicher Schlüssel). Zu dieser Schlüsselspalte wird ein Primary Key Constraints implementiert. Dieser ist Voraussetzung für die Referenzierung über Foreign Key Constraints anderer Dimensions- oder Faktentabellen.

- *Foreign Key Constraint:* Beziehungen zwischen verschiedenen Hierarchiestufen werden im Core mithilfe von Foreign Key Constraints implementiert. In der Detail-Tabelle existiert eine Spalte, welche den Wert des Primärschlüssels der Master-Tabelle zeigt.

Bild 5.48 zeigt die benötigten physischen Tabellen und deren fachliche Spalten für die Dimension *Product*.

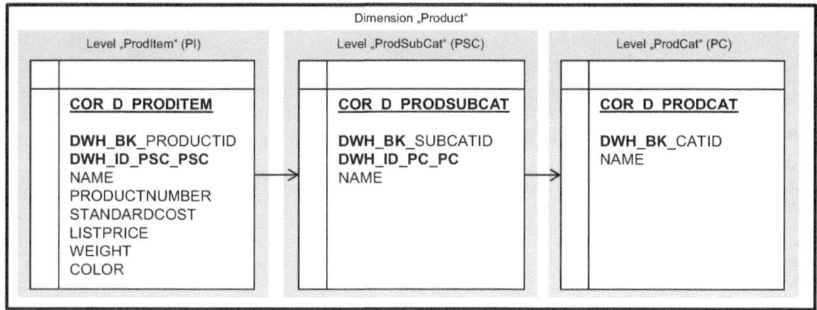

Bild 5.48 Tabellen und Spalten der Dimension *Product*

Zusätzlich zu den oben dargestellten Spalten werden weitere Spalten benötigt, in denen eher technische Informationen gespeichert werden. Diese Spalten lauten wie folgt:

- *DWH_ID:* In diesem Attribut wird der Surrogate Key gespeichert. Auf dieses Attribut wird ein Primary Key Constraint (siehe oben) angewendet.

- *DWH_CR_LOAD_ID bzw. DWH_UP_LOAD_ID:* Jeder Ladelauf ins Data Warehouse (z. B. Laden aller Core-Tabellen) ist durch eine eindeutige, fortlaufende Nummer gekennzeichnet. Diese Nummer wird in einer dieser beiden Spalten gespeichert. Welche der beiden Spalten geladen wird, ist abhängig davon, ob der jeweilige Datensatz neu angelegt (DWH_CR_LOAD_ID) oder nur aktualisiert (DWH_UP_LOAD_ID) wurde.

- *DWH_CR_JOB_ID bzw. DWH_UP_JOB_ID:* Jeder Ladejob (z. B. Laden in der Tabelle COR_CUST) ist durch eine eindeutige, fortlaufende Nummer gekennzeichnet. Welche der beiden Spalten geladen wird, ist abhängig davon, ob der jeweilige Datensatz neu angelegt oder nur aktualisiert wurde.

- *DWH_SRC_SYSTEM_ID:* Diese Spalte identifiziert das Quellsystem (analog Abschnitt 5.1.2).

Die folgenden technischen Spalten sind überflüssig, wenn alle Attribute der jeweiligen Hierarchiestufe nach SCD1 (keine Historisierung) behandelt werden:

- *DWH_VALID_FROM bzw. DWH_VALID_TO:* Diese beiden Spalten dienen zur Festlegung des Gültigkeitsintervalls einer bestimmten Version.

- *DWH_STATUS:* In diesem optionalen Attribut der Versionstabelle wird ein Kennzeichen gespeichert, welches einen Hinweis darauf gibt, ob es sich bei einer bestimmten Version um die offene oder um eine geschlossene Version handelt. Es versteht sich von selbst, dass es zu einem bestimmten Kunden nur einen einzigen Datensatz mit dem Status „OPEN"-Version geben darf.

Bild 5.49 zeigt die Tabelle für die Hierarchiestufe *ProdItem* die Spalten für alle fachlichen und technischen (fett) Attribute.

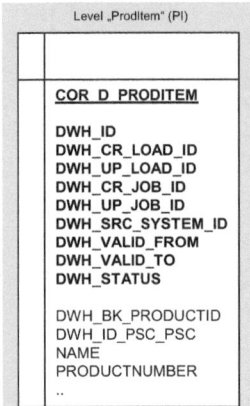

Bild 5.49
Technische Spalten der Tabelle für die Hierarchiestufe *ProdItem*

5.6.3.2 Beziehungen zwischen Hierarchiestufen

Die Tabellen der Dimension *Product* stehen miteinander in Beziehung. Bild 5.50 zeigt die drei Tabellen einschließlich der relevanten Spalten sowie die Beziehung zwischen den Tabellen.

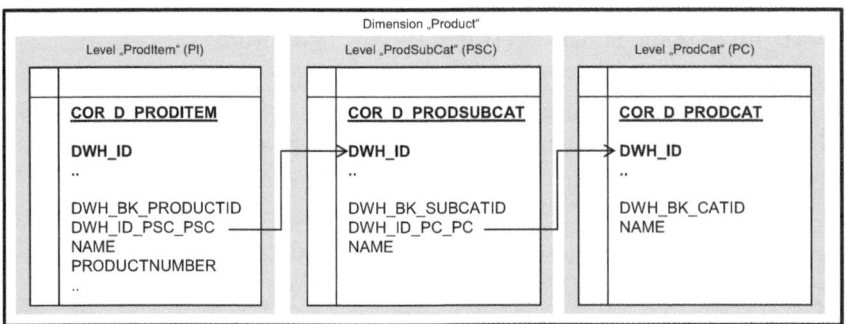

Bild 5.50 Tabellen für Hierarchiestufen der Dimension *Product* und Referenzen

Die Pfeile in Bild 5.50 repräsentieren die Foreign-Key-Beziehungen zwischen den drei Hierarchiestufen der Dimension *Product*. Links ist die Tabelle der untersten Hierarchiestufe und rechts die der obersten Hierarchiestufe dargestellt. Die beiden untergeordneten Tabellen enthalten Spalten, in denen der Primärschlüssel der jeweils übergeordneten Tabelle gespeichert ist. Die Spalte DWH_ID_PSC_PSC in der Tabelle *ProdItem* enthält den Primärschlüssel der Tabelle *ProdSubCat*, die wiederum hat eine Spalte namens DWH_ID_PC_PC, die den Primärschlüssel der Tabelle *ProdCat* enthält. Zwischen der Tabelle *ProdItem* und *ProdCat* existiert keine direkte Beziehung.

5.6.4 ETL-Logik für Dimensionstabellen (Snowflake)

Die Ladelogik für die Dimensionstabellen im Snowflake-Schema entspricht in großen Teilen der Logik für die Stammdatentabelle im relationalen Core, wie sie in Abschnitt 5.4.3 ausführlich beschrieben ist. Aus diesem Grund werden an dieser Stelle nur die Unterschiede erläutert.

Die Dimensionstabellen weisen bezüglich der fachlichen Spalten dieselbe Struktur wie die Cleanse-Tabellen auf, genau wie im relationalen Core, und müssen deshalb nicht transformiert werden. Eine Ausnahme bilden die Verweise auf andere Entitätstypen. Diese Spalten entsprechen in der Cleanse-Tabelle den Spalten des Business Keys des referenzierten Entitätstyps, während in der Dimensionstabelle diese Referenzen jeweils nur einer einzigen Spalte (Datentyp *numerisch*) entsprechen. In diesen Foreign-Key-Spalten werden die künstlichen Primärschlüssel der übergeordneten Dimensionstabelle gespeichert (siehe Abschnitt 5.6.3.1).

Bild 5.51 zeigt, dass die Tabellen der Dimension *Produkt* (eine Tabelle je Hierarchiestufe) aus den entsprechenden Cleanse-Tabellen geladen werden. Aufgrund der Beziehungen zwischen den Dimensionstabellen untereinander muss die Ladereihenfolge, wie unten dargestellt, eingehalten werden. Mindestens eine der Tabellenspalten für die Hierarchiestufen *ProdItem* und *ProdSubCat* soll historisiert werden, weshalb diese beiden Tabellen im Gegensatz zur Tabelle für Hierarchiestufe *ProdCat* zusätzliche Spalten für Status und Gültigkeitszeitraum aufweisen.

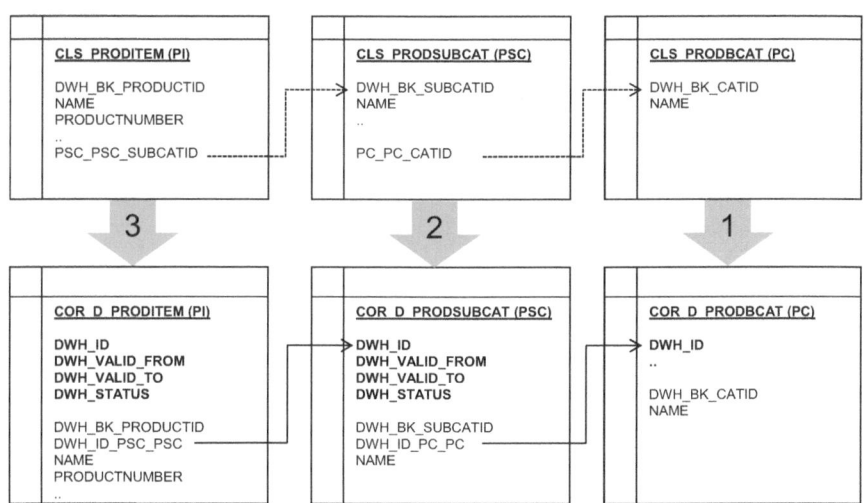

Bild 5.51 Cleanse- und Core-Tabellen für Dimension *Product* und Ladereihenfolge

5.6.4.1 Lookup

Analog der ETL-Logik im relationalen Core müssen die Foreign-Key-Spalten mit den künstlichen Primärschlüsseln der übergeordneten Hierarchiestufe gefüllt werden. Dazu ist ein Lookup notwendig (siehe Bild 5.52). Der wesentliche Unterschied zum relationalen Core ist dabei, dass der natürliche Schlüssel in der Lookup-Tabelle nicht zwingend eindeutig ist, weil es sich bei der Lookup-Tabelle um eine versionierte Tabelle handeln kann, wie in diesem Beispiel. In solchen Fällen muss der Left Outer Join zwischen Cleanse- und Lookup-Tabelle noch um eine weitere Where-Bedingung ergänzt werden. Hierfür kann das Ladedatum, das Systemdatum oder ein anderes Datum (z. B. ein Änderungsdatum in der Cleanse-Tabelle) verwendet werden, welches in dem Gültigkeitsintervall der Lookup-Tabelle liegen muss.

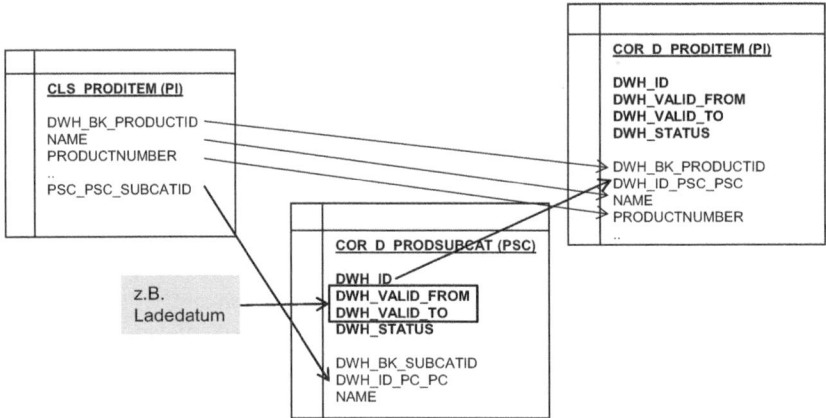

Bild 5.52 Cleanse- und Core-Tabellen für Hierarchiestufe *ProdItem* mit Lookups zur Hierarchiestufe *ProdSubCat*

5.6.4.2 Weitere Schritte

Nach dem Lookup erfolgt ein Outer Join (analog Abschnitt 5.4.3.2) zwischen Cleanse- und zu ladender Core-Tabelle (Zieltabelle), um herauszufinden, welche Datensätze neu, gelöscht und bereits vorhanden sind. Danach erfolgen die Fallunterscheidung und ggf. die Aktualisierung vorhandener Datensätze, das Anlegen und Abschließen von bestimmten Versionen in der Zieltabelle (analog Abschnitte 5.4.3.3 bis 5.4.3.7).

5.6.5 Struktur der Faktentabellen (Snowflake)

Die Faktentabellen im dimensionalen Core sind gleich aufgebaut wie die Bewegungstabellen im relational modellierten Core (Abschnitt 5.4.4 und 5.4.5). Die einzige Ausnahme ist, dass die in Abschnitt 5.4.4.3 beschriebenen versionierten Snapshot Tables im dimensionalen Core nicht „erlaubt" sind. Die Faktentabellen referenzieren je Dimension eine Dimensionstabelle. Meist ist dies die Dimensionstabelle der untersten Hierarchiestufe einer Dimension, allerdings ist es im Snowflake-Schema ausdrücklich erlaubt, dass Beziehungen zu übergeordneten Hierarchiestufen existieren (siehe Bild 5.53).

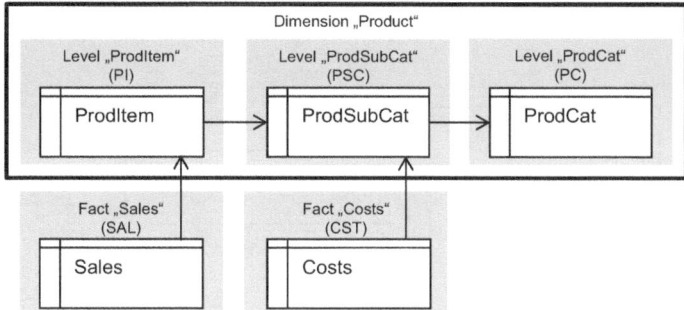

Bild 5.53 Faktentabellen *Sales* und *Costs (in Klammern Level- bzw. Fact-Alias)*

Bezüglich der Tabellen- und Spaltennamen, Datentypen und Schlüssel für die zwei in Bild 5.53 dargestellten Faktentabellen sind die folgenden allgemeinen Punkte zu beachten:

- *Namen für Tabellen:* Die Tabellennamen der Faktentabellen werden normalerweise aus der dimensionalen Modellierung übernommen. Es hat sich in der Praxis bewährt, beim Tabellennamen ein Präfix, z. B. *COR_F,* voranzustellen (für *Core* und *Fact*), damit bereits auf den ersten Blick ersichtlich ist, dass es sich um eine Fakten-Tabelle in der DWH-Schicht *Core* handelt.

- *Namen für Tabellenspalten:* Die Grundregel besagt, dass die Spaltennamen 1:1 aus den fachlichen Attributen der Spezifikation übernommen werden.

- Namen für *Tabellenspalten (Beziehungen):* Die Spaltennamen für die Beziehungen werden in der Regel nicht explizit in der Spezifikation des Fakts beschrieben, weil es sich dabei nicht um fachliche Attribute handelt. Für die Spaltennamen wird ein festes Präfix (z. B. DWH_ID) vorangestellt, gefolgt vom Alias (Level-Alias) der referenzierten Dimensionstabelle (Hierarchiestufe). Da auf dieselbe Dimensionstabelle mehr als ein Verweis möglich ist, muss der Spaltenname zur Gewährleistung der Eindeutigkeit zusätzlich noch um den Rollenalias erweitert werden. Wenn es nur eine einzige Rolle gibt (Standardfall), so wird, falls nicht anders spezifiziert, als Rollenalias der Name des Alias der referenzierten Dimensionstabelle verwendet.

- *Datentypen:* Die Datentypen für die Spalten der Faktentabellen stimmen mit denen der entsprechenden Faktenattribute überein. Die Datentypen für die Spalten der Beziehungen orientieren sich am Datentyp des Primärschlüssels der jeweils referenzierten Dimensionstabelle.

- *Unique bzw. Primary Key Constraint:* Eine Eindeutigkeit muss für Fakten normalerweise nicht gewährleistet werden. In keinem Fall sollte zu diesem Zweck ein Unique oder Primary Key Constraint definiert werden, weil der Zeitbedarf für die Constraint-Validierung mit zunehmender Tabellengröße anwächst.

- *Foreign Key Constraint:* Beziehungen zwischen Fakten und Dimensionen werden im Core mithilfe von Foreign Key Constraints implementiert. Dazu existiert in der Faktentabelle je Beziehung eine Spalte, welche den Wert des Primärschlüssels der referenzierten Dimensionstabelle enthält.

Bild 5.54 zeigt die benötigten Tabellen und deren Spalten für die Fakten *Sales* und *Costs*.

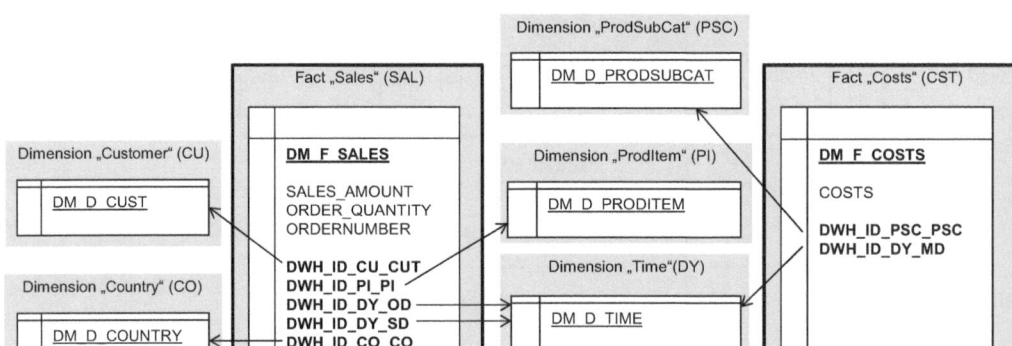

Bild 5.54 Tabellen und Spalten der Faktentabelle *Sales* und *Costs* (Snowflake-Schema)

Zusätzlich zu den oben dargestellten Spalten sind weitere Spalten notwendig, in denen eher technische Information gespeichert werden. Diese Spalten lauten wie folgt:

■ *DWH_CR_LOAD_ID:* Jeder Ladelauf ins Data Warehouse (z. B. Laden aller Core-Tabellen) ist durch eine eindeutige, fortlaufende Nummer gekennzeichnet. Diese Nummer wird in dieser Spalte gespeichert.

■ *DWH_CR_JOB_ID:* Jeder Ladejob (z. B. Laden in der Tabelle COR_F_SALES) ist durch eine eindeutige, fortlaufende Nummer gekennzeichnet.

5.6.6 ETL-Logik für Faktentabellen (Snowflake)

Die ETL-Logik im dimensionalen Core ist im Wesentlichen identisch mit der Logik im relationalen Core (Abschnitt 5.4.6). Der einzige Unterschied besteht in den Lookups auf die Dimensionstabellen zur Ermittlung der jeweiligen künstlichen Primärschlüssel. Für versionierte Dimensionstabellen muss genau wie bei der ETL-Logik für Dimensionstabellen für den Outer Join mit der Lookup-Tabelle, zusätzlich zu den natürlichen Schlüsseln, ein Datum verwendet werden (siehe Abschnitt 5.6.4.1). Welches Datum hierfür verwendet wird, muss definiert werden. Sinnvoll wäre unter Umständen das Entstehungsdatum des Bewegungssatzes im Vorsystem.

5.6.7 n:m-Beziehungen im dimensionalen Core

Bei der dimensionalen Modellierung des Core können Beziehungen der Kardinalität *n:m* nicht wie bei der relationalen Modellierung implementiert werden (siehe Abschnitt 5.4.2.3), da Verknüpfungen zwischen physischen Dimensionstabellen unterschiedlicher Dimensionen dem Prinzip der dimensionalen Modellierung widersprechen. Nachfolgend werden zwei Implementierungsmöglichkeiten vorgestellt, die dieses Prinzip nicht durchbrechen.

Bridge Table

Das Konzept der *Bridge Table* wurde bereits in Abschnitt 5.4.2.3 angewendet. Weitere Informationen zu den Bridge Tables, eher allgemeiner Art, können in Abschnitt 3.3.2.7 nachgelesen werden. Die Problematik der n:m-Beziehungen wird im dimensionalen und relationalen Core ähnlich abgebildet. Allerdings wird die Bridge Table, welche die Beziehungsinformation enthält, als Faktentabelle ohne Fakten (Factless Facts) bezeichnet. Diese weist zu den Dimensionstabellen (z. B. *Customer*, *Corporate* und *Day*) jeweils eine n:1-Beziehung auf. Ein Beispiel für solch eine Konstruktion ist in Bild 5.55 dargestellt. Soll diese hier dargestellte Konzernzugehörigkeit nicht über die Zeitachse historisiert werden, so kann auf die Beziehung zur Dimensionstabelle *Day* verzichtet werden. Die Spalte für den Gewichtungsfaktor ist optional. Sie könnte jedoch Auskunft geben über den prozentualen Anteil eines Kunden an einem Konzern zu einem bestimmten Zeitpunkt.

Für den Fall, dass Stammdaten, wie in der Abbildung für die Dimensionstabelle *Customer* angedeutet, in historisierten Dimensionstabellen gespeichert werden, ist dieses Vorgehen nicht unproblematisch. Der Grund dafür ist, dass in der Realität eine Beziehung zwischen Kunde *Müller* und Konzern *XY* und nicht zwischen Kunde *Müller* in der Version 4 und dem Konzern *XY AG* besteht. Wenn n:m-Beziehungen wie dargestellt implementiert werden, ist unbedingt darauf zu achten, dass die Beziehungstabelle im gleichen Rhythmus wie die Stammdaten für Kunden und Konzern geladen werden. Ansonsten kann der Fall eintreten, dass zu bestimmten Stammdatenversionen keine Beziehungen existieren.

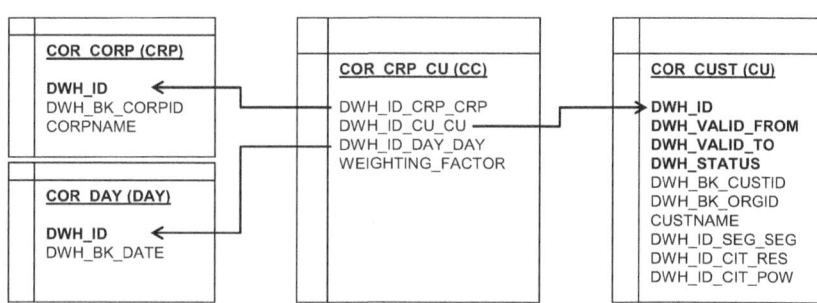

Bild 5.55 n:m-Beziehung als Faktentabelle implementiert

Ein weiterer Aspekt ist, dass die Faktentabelle in diesem Beispiel sehr stark wachsen kann. Wird täglich geladen, wächst die Tabelle maximal um die Anzahl der Kunden an, da bei jedem Ladevorgang alle Kunden- und Konzernbeziehungen geladen und gespeichert werden. Der Grund dafür ist, dass es sich hier um eine Bestandstabelle (Snapshot Table) handelt. Eine Historisierung dieser Bestandsdaten, wie im relationalen Core angesprochen (Abschnitt 5.4.4.3), würde jedoch dem Prinzip der dimensionalen Modellierung widersprechen.

In dieser Variante werden die Bewegungsdaten (z. B. *Sales*) pro Kunde aus der Cleansing Area, gemäß einer vorgegebenen Gewichtung (Kunde *Müller* gehört zu 30 % zu *Konzern XY*), auf die Konzerne heruntergebrochen. Sofern keine Gewichtungsfaktoren existieren, muss eine Gleichverteilung erfolgen. Die neue Faktentabelle ist also zusätzlich nach der Dimension *Konzern* dimensioniert. Das Datenmodell ist in Bild 5.56 dargestellt.

Herunterbrechen der Fakten

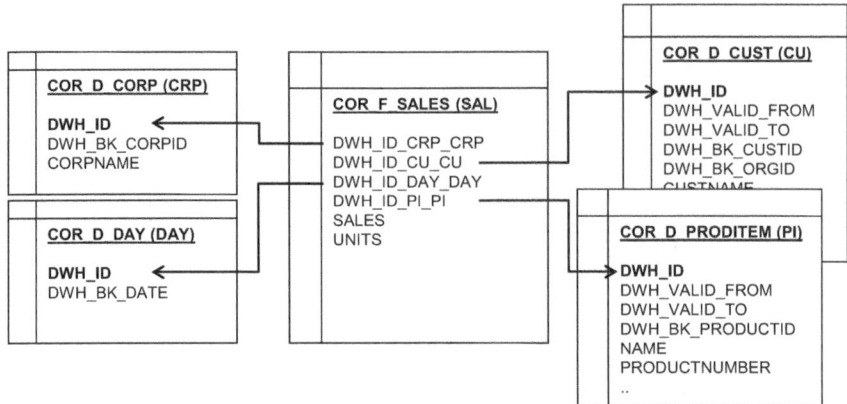

Bild 5.56 n:m-Beziehung, aufgelöst mit heruntergebrochenen Fakten

Nachteil dieser Art der Modellierung ist, dass die Beziehung zwischen Kunde und Konzern nur in Verbindung mit echten Fakten möglich ist. Eine reine Stammdatenauswertung ist nicht möglich. Außerdem wächst das Datenvolumen der ohnehin meist sehr großen Faktentabelle aufgrund der Aufsplittung unter Umständen weiter an.

■ 5.7 Marts

Die DWH-Schicht *Marts* ist der Bereich in einer Data-Warehouse-Architektur, in dem die Daten für die Endanwender bereitgestellt werden. Die Data Marts sind Ausschnitte vom Core, kleinere Datenpools für Anwendungen, die spezifische Nutzergruppen wie bestimmte Abteilungen, Filialen oder Aufgabenbereiche bedienen. Oft handelt es sich um verdichtete Daten. Häufig werden die Daten in Data Marts um zusätzliche, berechnete Kennzahlen angereichert. Data Marts werden üblicherweise dimensional modelliert, d. h., zu einer Kennzahl (z. B. *Sales*) existiert eine bestimmte Anzahl von Dimensionen (z. B. *Product, Customer* und *Time*), welche mehrere Hierarchiestufen enthalten können. Gründe für die dimensionale Modellierung sind die Optimierung der Antwortzeiten bei Abfragen und die Einfachheit der Abfragen. Die technische Implementierung des dimensionalen Datenmodells erfolgt mit relationalen und/oder multidimensionalen Technologien.

Bild 5.57 zeigt beispielhaft verschiedene Data Marts mit unterschiedlichen Technologien implementiert. Unabhängig von der eingesetzten Technologie wird im Mart meistens dimensional modelliert, d. h., dass Bewegungsdaten als Fakten und Stammdaten als Dimensionen modelliert werden.

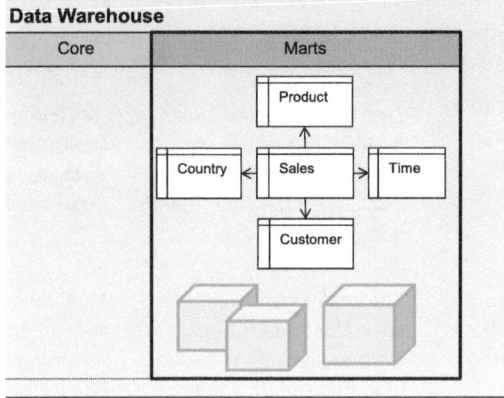

Bild 5.57 Data Marts mit relationaler (oben) und multidimensionaler Technologie (unten)

5.7.1 ROLAP oder MOLAP?

Die Entscheidung, ob ein Data Mart relational oder multidimensional implementiert wird, hängt häufig von verschiedenen Faktoren ab, beispielsweise von den bereits vorhandenen Lizenzen für bestimmte Datenbankprodukte. Es besteht jedoch keine Notwendigkeit, alle Data Marts eines DWH-Systems mit der gleichen Technologie zu realisieren. Stehen beide Technologien zur Auswahl, sollte aufgrund der Anforderungen entschieden werden, ob ROLAP oder MOLAP zum Einsatz kommt. Die Matrix in der Tabelle 5.39 soll bei der Entscheidung helfen, welche Technologie für einen spezifischen Data Mart besser geeignet ist.

Tabelle 5.39 Entscheidungsmatrix ROLAP/MOLAP

Kriterium	ROLAP	MOLAP
Hohe Abfrageperformance Die Antwortzeiten für die einzelnen Abfragen sollen im Sekundenbereich liegen.	– Um eine gute Performance zu erreichen, sind spezielle Maßnahmen (z. B. vorberechnete Aggregationen, Partitionierung) nötig.	+++ Da die meisten Daten auf allen Hierarchiestufen vorberechnet sind, ist die Performance der Abfragen sehr hoch.
Abfragen auf Aggregationen Es werden ausschließlich oder vorwiegend Abfragen auf hohen Aggregationsstufen gemacht.	+ Häufig verwendete Aggregationen können (und sollen) vorberechnet werden (Materialized Views, Indexed Views etc.).	+++ Da die meisten Daten auf allen Hierarchiestufen vorberechnet sind, ist die Performance der Abfragen sehr hoch.
Feine Granularität Es muss möglich sein, mittels Drill-down auf Detaildaten zuzugreifen.	+ Die Fakten-Tabelle wird groß, aber durch Partitionierung kann dieses Problem gelöst werden.	– Eine feine Granularität führt zu einem großen Cube mit vielen leeren Zellen (Sparse Density).

Tabelle 5.39 Entscheidungsmatrix ROLAP/MOLAP *(Fortsetzung)*

Kriterium	ROLAP	MOLAP
Hohe Aktualität Es werden laufend (z. B. täglich) neue Daten in den Data Mart geladen.	+++ Zusätzliche Fakten oder Änderungen von Dimensionen mittels SCD 1 oder SCD 2 stellen kein Problem dar.	– Das inkrementelle Laden von Cubes ist oft aufwendig, weshalb häufig der ganze Cube neu berechnet wird.
Lange Historisierung Für Auswertungen sollen Fakten über mehrere Jahre zur Verfügung stehen.	++ Sofern die Fakten-Tabelle nach Datum partitioniert ist, können historische Daten über mehrere Jahre im Data Mart gespeichert werden.	+ Multidimensionale Cubes können entweder „partitioniert" werden oder es besteht die Möglichkeit, Abfragen über mehrere Cubes zu machen.
Hohe Anzahl Dimensionen Der Data Mart hat sehr viele unterschiedliche Dimensionen.	– Eine hohe Anzahl Dimensionen führt zu vielen Joins bei den Abfragen, weshalb die Anzahl Dimensionen klein gehalten werden sollte.	– Eine hohe Anzahl Dimensionen führt zu vielen Kombinationen und großen Cubes, weshalb die Anzahl Dimensionen pro Cube klein gehalten werden sollte.

5.7.2 Historisierung von Data Marts

Es kommt häufig vor, dass für bestimmte Auswertungen ausdrücklich keine versionierten Dimensionen benötigt werden, obwohl das Core diese Information liefern könnte. In diesem Fall besteht offenbar der Wunsch des Fachbereichs, die Kennzahlen über die gesamte Historie nach dem aktuellen Stand der Stammdaten zu analysieren. Diesem Wunsch kann natürlich entsprochen werden, obwohl das Ergebnis der Auswertung nicht den tatsächlichen Gegebenheiten entspricht. Folgendes Beispiel soll dies verdeutlichen.

Fragestellung (Beispiel)

„Zeige mir die Umsätze nach Kunden-Klassen im Vorjahresvergleich"

Die folgenden Tabellen zeigen die Stammdaten und Umsätze des Kunden *Maier*, der offensichtlich seit *Feb 2013* einer anderen Kundenklasse angehört. Die Auswertung auf Ebene *Kunden-Klasse* liefert, aufgrund der versionierten Stammdaten, die korrekten Ergebnisse.

Tabelle 5.40 Stammdaten und Umsätze des Kunden *Maier* (versioniert)

Stammdaten vers.		Bewegungsdaten		Auswertung		
Kunde	Klasse	VK-Monat	Umsatz	Klasse	2012	2013
Maier	A	Mar 2012	5	A	20	
Maier	A	Aug 2012	10	B		30
Maier	A	Dec 2012	5			
Maier	B	Feb 2013	8			
Maier	B	Apr 2013	5			
Maier	B	Jun 2013	17			

Um dieselben Umsätze auch mit den aktuellen Stammdaten auswerten zu können, muss die Dimension *Kunde* zusätzlich in einer nicht versionierten Variante vorliegen, wie die folgenden Tabellen zeigen. Die Auswertung liefert in diesem Fall ein anderes Ergebnis.

Tabelle 5.41 Stammdaten und Umsätze des Kunden *Maier* (nicht versioniert)

Stammdaten nicht vers.		Bewegungsdaten		Auswertung		
Kunde	Klasse	VK-Monat	Umsatz	Klasse	2012	2013
Maier	B	Mar 2012	5	A		
Maier	B	Aug 2012	10	B	20	30
Maier	B	Dec 2012	5			
Maier	B	Feb 2013	8			
Maier	B	Apr 2013	5			
Maier	B	Jun 2013	17			

In der Realität werden von den Anwendern häufig beide Varianten gewünscht. Aus diesem Grund sollten in der DWH-Schicht *Mart* prinzipiell beide Varianten angeboten werden. Beide Varianten können jedoch nur dann angeboten werden, wenn die Stammdaten im Core vollständige historisiert gespeichert werden. Im Mart werden die betroffenen Dimensionen zweimal angelegt: einmal *versioniert* und ein zweites Mal *nicht versioniert*, möglicherweise als View implementiert. Die Faktentabellen referenzieren beide Dimensionen.

5.7.3 Star- oder Snowflake-Schema (ROLAP)

Bei der Implementierung von Data Marts mit relationaler Technologie (ROLAP)[11] muss entschieden werden, ob für eine Dimension eine oder mehrere physische Tabellen angelegt werden. Die Eigenschaften der beiden Alternativen *Star-* oder *Snowflake-Schema* wurden bereits bei der Implementierung des dimensionalen Core (Abschnitt 5.6.1) ausführlich dis-

---

[11] Werden für die Data Marts In-Memory-Technologien verwendet, gelten teilweise andere Regeln.

kutiert und sollen deshalb an dieser Stelle nicht noch einmal behandelt werden. Genau wie im dimensionalen Core sind in der Schicht *Marts* beide Implementierungsvarianten möglich. Da jedoch die Endanwender über Abfragewerkzeuge direkten Zugriff auf die Tabellen der DWH-Schicht *Marts* haben, steht hier die Optimierung der Abfrageperformance im Vordergrund. Und diesbezüglich ist das Star-Schema dem Snowflake-Schema weit überlegen. Aufgrund dieser Tatsache wird in den folgenden Abschnitten, im Zusammenhang mit der ROLAP-Implementierung, ausschließlich das Star-Schema behandelt.

5.7.4 Struktur der Dimensionstabellen (Star)

In der dimensionalen Modellierung werden die Stammdaten in Form von Dimensionen und Hierarchien modelliert. Der Schwerpunkt dieses Abschnitts ist die physische Implementierung von denormalisierten Dimensionstabellen (Star-Schema). Folgende Fragen werden nachfolgend beantwortet:

- Welche Tabellen und Tabellenspalten werden benötigt?
- Gibt es Schlüsselspalten, wenn ja, welche?

Die Thematik wird anhand der Dimension *Product* behandelt. Bild 5.58 zeigt das Ergebnis der dimensionalen Modellierung für diese Dimension mit drei Hierarchiestufen. Dieses Beispiel wurde bereits in Abschnitt 5.6.3 verwendet, weshalb an dieser Stelle auf die detaillierte Spezifikation der einzelnen Hierarchiestufen der Dimension *Product* verzichtet wird. Die Angaben in Klammern sind kurze, eindeutige Bezeichnungen der Hierarchiestufen, die später für die verschiedene Zwecke benutzt werden können. Sie werden nachfolgend als *Level-Alias* bezeichnet.

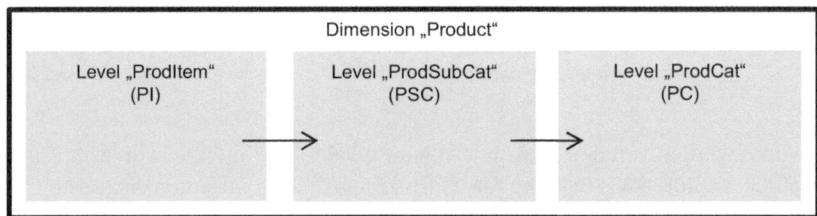

Bild 5.58 Dimension *Product* mit drei Hierarchiestufen (Level-Alias in Klammern)

5.7.4.1 Tabellenspalten und Schlüssel

Im Star-Schema wird für jede Dimension eine einzige Tabelle definiert. Diese Tabelle enthält die Attribute aller Hierarchiestufen dieser Dimension, um flexibler auf künftige Anforderungen reagieren können.

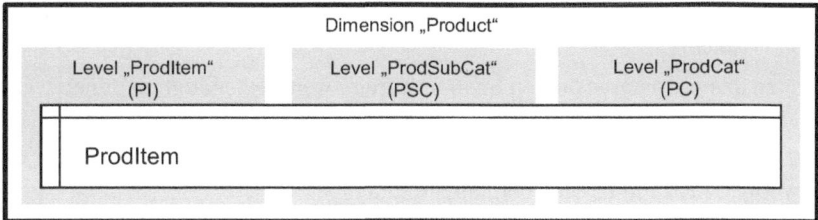

Bild 5.59 Tabelle für die drei Hierarchiestufen der Dimension *Product (Star)*

Bezüglich der Tabellen- und Spaltennamen, Datentypen und Schlüssel für die in Bild 5.59 dargestellte Dimensionstabelle sind die folgenden allgemeinen Punkte zu beachten:

- *Name für Tabelle:* Der Tabellenname der Dimensions-tabelle ist normalerweise identisch mit den entsprechenden Namen der untersten Hierarchiestufe. Es hat sich in der Praxis bewährt, beim Tabellennamen ein Präfix, z. B. *DM_D*, voranzustellen (für *Data Mart* und *Dimension*), damit bereits auf den ersten Blick erkennbar ist, dass es sich um eine Dimensionstabelle in der DWH-Schicht *Mart* handelt.

- *Namen für Tabellenspalten:* Die Grundregel besagt, dass die Spaltennamen 1:1 aus den Bezeichnungen der fachlichen Attribute übernommen werden. Allen Spalten wird der Level-Alias als Präfix vorangestellt.

- *Namen für Tabellenspalten (Business Key):* Die Dimensionstabelle enthält je Hierarchiestufe eine oder mehrere Spalten, die als natürlicher Schlüssel der jeweiligen Hierarchiestufe fungieren. Dieser Schlüssel wird als Business Key bezeichnet und ist zur Identifikation der Datensätze von entscheidender Bedeutung, insbesondere bei der Aktualisierung von bereits geladenen Dimensionsdaten. Die Spaltennamen der Business-Key-Attribute beginnen mit einem über das gesamte Data Warehouse einheitlichen Präfix, beispielsweise *DWH_BK* (BK = Business Key). Achtung: Dem eben beschriebenen Spaltennamen wird noch der Level-Alias vorangestellt.

- *Datentypen:* Die Datentypen für die Spalten der Dimensionstabellen stimmen mit denen der Hierarchiestufenspezifikation überein.

- *Unique Constraint:* Über diejenigen Spalten (bzw. die Spalte), welche den Business Key der **untersten** Hierarchiestufe einer Dimension bilden, wird ein Unique Constraint implementiert. Falls mindestens ein Attribut der Dimension historisiert wird, so muss in den Unique Constraint zusätzlich die Spalte *DWH_VERSNR* (siehe unten) mit aufgenommen werden, weil durch das Auftreten mehrerer Versionen die Business-Key-Spalten nicht mehr eindeutig sind.

- *Primary Key Constraint.* Jede Dimensionstabelle besitzt eine Spalte mit dem Namen *DWH_ID* (siehe unten), welche mit einer fortlaufenden eindeutigen Nummer befüllt wird, dem sogenannten Surrogate Key (künstlicher Schlüssel). Zu dieser Schlüsselspalte wird ein Primary Key Constraint implementiert. Dieser ist Voraussetzung für die Referenzierung über Foreign Key Constraints aus Faktentabellen.

- *Foreign Key Constraint:* Beziehungen zwischen Dimensionstabellen untereinander sind im Star-Schema nicht erlaubt. Deshalb werden keine Foreign Key Constraints implementiert.

Das Bild 5.60 zeigt die benötigte physische Tabelle und deren fachliche Spalten für die Dimension *Product*.

Zusätzlich zu den oben dargestellten Spalten werden weitere benötigt, in denen technische Informationen gespeichert werden. Diese Spalte lautet wie folgt:

- *DWH_ID:* In dieser Spalte wird der Surrogate Key gespeichert. Auf diese Spalte wird ein Primary Key Constraint (siehe oben) angewendet.

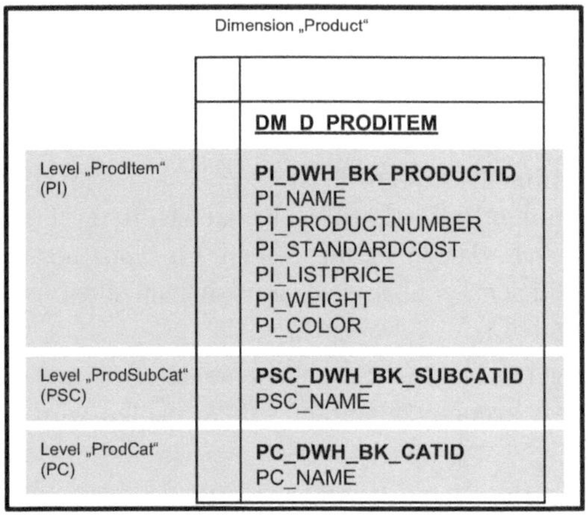

Bild 5.60
Fachliche Spalten der Dimension *Product*,
Spalten für Business Keys (fett)

Die folgenden Spalten sind nicht notwendig, wenn in der jeweiligen Dimension nur eine bestimmte Version (z. B. die aktuelle Version des Produkts 7411) abgebildet werden soll. Sollen dagegen in der jeweiligen Dimensionstabelle versionierte Stammdaten gespeichert werden, so müssen die folgenden drei Spalten für die unterste Hierarchiestufe definiert werden:

- *DWH_VALID_FROM bzw. DWH_VALID_TO:* Diese beiden Spalten dienen zur Festlegung des Gültigkeitsintervalls einer bestimmten Version.

- *DWH_VERSNR:* Diese numerische Spalte dient zur Aufnahme der Versionsnummer.

Bild 5.61 zeigt den Aufbau der für die Dimension *Product* notwendigen Tabelle. Ob die Attribute für die Gültigkeitszeiträume je Hierarchiestufe benötigt werden, hängt von den fachlichen Anforderungen ab und muss im Einzelfall entschieden werden. Sollen in der Dimensionstabelle versionierte Daten gespeichert werden, so sind das Gültigkeitsintervall und die Versionsnummer zumindest auf der untersten Hierarchiestufe notwendig.

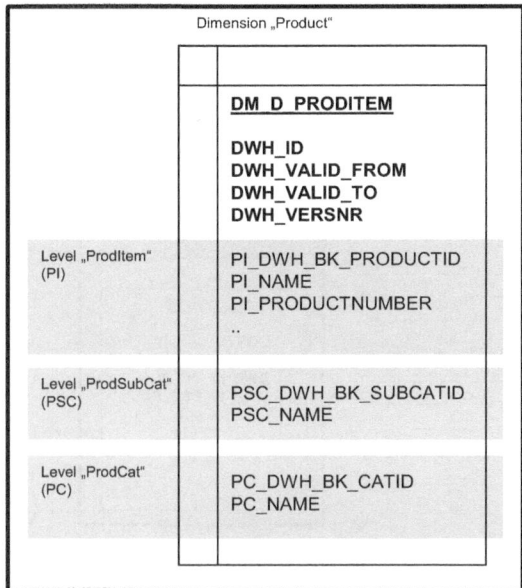

Bild 5.61
Dimensionstabelle für die Dimension
Product, technische Spalten (fett)

5.7.4.2 Beispiel für Conformed Rollup

Eine Dimensionstabelle, beispielsweise für Produkte der Granularität *ProdItem,* kann nur von Faktentabellen gleicher oder feinerer Granularität referenziert werden. Demnach kann eine Faktentabelle der Granularität *ProdSubCat* diese Dimensionstabelle nicht referenzieren. Abhilfe schaffen hier die sogenannten *Conformed Rollups.* Das Bild 5.62 zeigt dieses Konzept am Beispiel der Dimension Product, welche drei Hierarchiestufen aufweist. Die Tabelle auf der untersten Ebene wird dabei als Basisdimensionstabelle bezeichnet, während die Tabellen für die darüber liegenden Hierarchiestufen als *Conformed Rollups* bezeichnet werden.

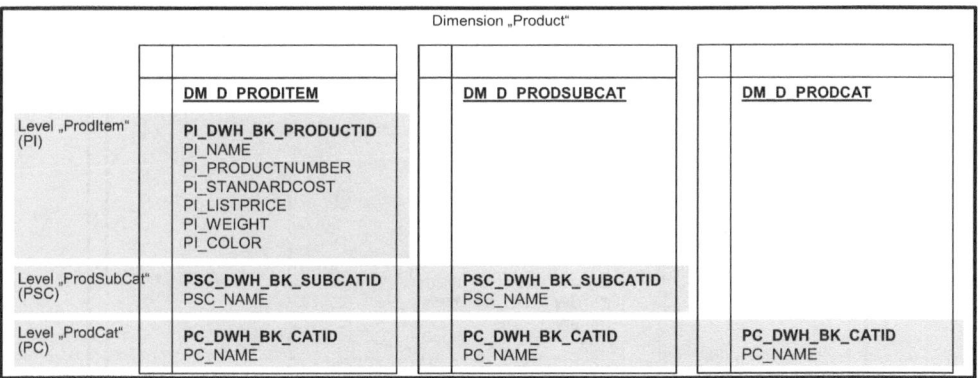

Bild 5.62 Conformed Rollups, Dimensionstabellen für die Dimension *Product*

Selbstverständlich genügt es, wenn eine Conformed-Rollup-Tabelle nur dann implementiert wird, wenn sie tatsächlich benötigt wird. Faktentabellen, welche die Basisdimensionstabelle referenzieren, könnten bei Bedarf dahingehend erweitert werden, dass sie zusätzlich noch die zugehörigen Conformed-Rollup-Tabellen referenzieren (siehe Bild 5.63). Dies hat den Vorteil, dass die Faktentabellen *Sales* und *Costs* über die beiden Dimensionstabellen DM_D_PRODCAT und DM_D_PRODSUBCAT (*Conformed Dimensions*) sehr einfach und effizient miteinander abgefragt werden können. Der Nachteil dieser Konstruktion ist die zusätzlich auftretende Redundanz in den Faktentabellen, welche jedoch in der DWH-Schicht *Mart* gerne in Kauf genommen wird.

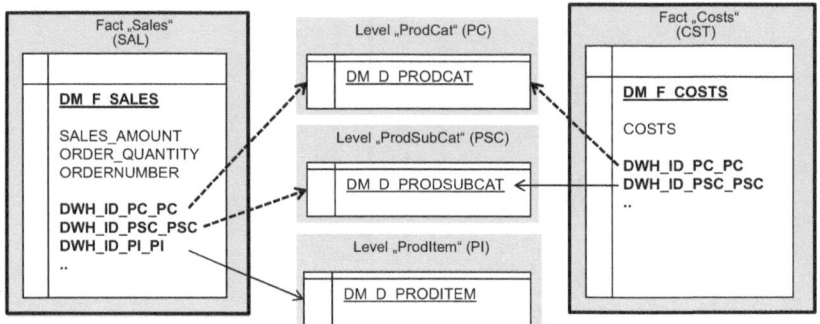

Bild 5.63 Faktentabellen unterschiedlicher Granularität und *Conformed Dimensions*

5.7.4.3 Beispiel für Dimension mit mehreren Hierarchien

Eine Dimension kann in der dimensionalen Modellierung mit mehreren parallelen Hierarchien ausgestattet sein. Die oben besprochene Dimension *Produkt* weist lediglich eine Hierarchie auf, weshalb nachfolgend die Dimension *Customer* mit zwei Hierarchien als Beispiel dienen soll. Voraussetzung für die folgenden Implementierungsbeispiele ist, dass die unterste Hierarchiestufe in allen Hierarchien gleich ist. Diese Voraussetzung ist bei der Dimension *Customer* erfüllt. Die Implementierung kann, wie in Bild 5.64 dargestellt, mithilfe einer einzigen Tabelle erfolgen.

Dimension „Customer"		
Hierarchy „**Res**"	**DM_D_CUST**	Hierarchy „**Pow**"
Level „Cust" (CU)	**CU_DWH_BK_CUSTID** **CU_DWH_BK_ORGID** CU_NAME	Level „Cust" (CU)
Level „City Res" (CIRES)	**CIRES_DWH_BK_COUNTRYCODE** **CIRES_DWH_BK_ZIP** CIRES_NAME	
	CIPOW_DWH_BK_COUNTRYCODE **CIPOW_DWH_BK_ZIP** CIPOW_NAME	Level „City Pow" (CIPOW)
Level „Country Res" (CORES)	**CORES_DWH_BK_COUNTRYCODE** CORES_NAME	
	COPOW_DWH_BK_COUNTRYCODE COPOW_NAME	Level „Country Pow" (COPOW)

Bild 5.64 Dimension *Customer*, eine Tabelle für alle Hierarchien

Alternativ kann für jede Hierarchie eine eigene Dimensionstabelle implementiert werden. Bild 5.65 zeigt eine solche Konstruktion.

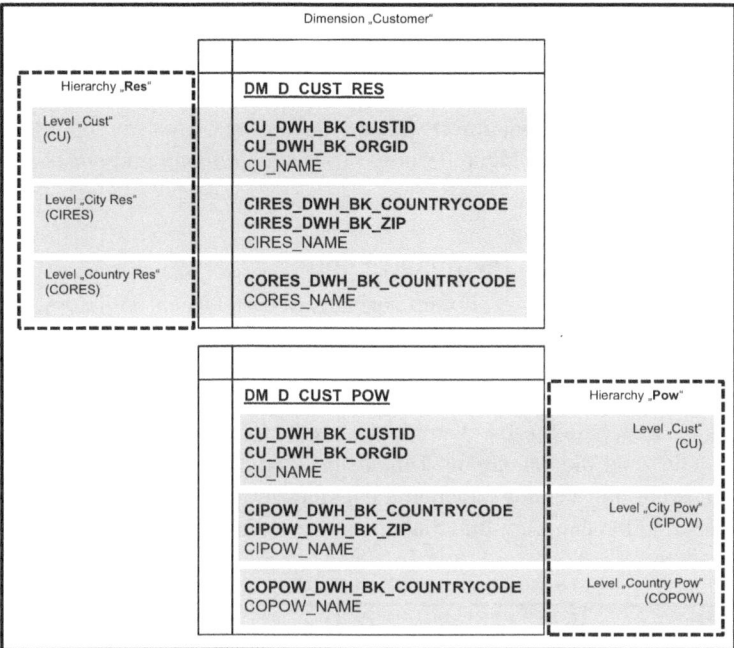

Bild 5.65 Dimension *Customer*, eine Tabelle pro Hierarchie

Der Vorteil dieser Variante ist, dass die separierten Tabellen jeweils weniger Attribute aufweisen und damit übersichtlicher erscheinen. Ferner bestehen zwischen den Hierarchiestufen stets Beziehungen der Kardinalität 1:n. Diese Dinge machen es für den Anwender zwar einfacher, allerdings liegen auch die Nachteile auf der Hand, insbesondere wenn es sich um eine große Dimension handelt.

5.7.5 ETL-Logik für Dimensionstabellen (Star)

Die Logik für das Laden von Dimensionstabellen im Star-Schema ist ähnlich aufgebaut wie die für die Dimensionstabellen im dimensionalen Core (siehe Abschnitt 5.6.4). Allerdings gibt es grundlegende Unterschiede, die entsprechend berücksichtigt werden müssen. Diese sind im Wesentlichen:

- *Die Quelle sind Tabellen der DWH-Schicht Core:* Dieser Punkt scheint trivial, ist aber dennoch eine Erklärung wert. Im Gegensatz zur Cleansing Area ist das Core häufig anders strukturiert als die Tabellen im Mart. So liegen die Daten im Core meist historisiert vor, möglicherweise in einem relationalen Datenmodell mit Kopf- und Versionstabellen oder Hub-/Link- und Satellitentabellen. Soll die aktuelle Version oder sollen alle Versionen übernommen werden? Müssen unabhängig versionierte Entitätstypen in einer Dimension kombiniert werden?

- *Keine Historisierung:* Innerhalb des Ladeprozesses in die Dimensionstabellen erfolgt normalerweise keine Historisierung, da diese bereits beim Laden ins Core erfolgt ist. Im Mart noch nicht vorhandene Datensätze werden einfach in die Dimensionstabelle eingefügt, während bereits vorhandene bei Bedarf aktualisiert werden.

Demnach liegt die ETL-Problematik für Dimensionstabellen im Mart, anders als beim Laden in die Dimensionstabellen des Core, eher bei der Extraktion der Daten; insbesondere dann, wenn das Core relational implementiert wurde. Aus diesem Grund werden die Extraktionsmechanismen der beiden Core-Modellierungsvarianten *relational* und *dimensional* separat behandelt.

5.7.5.1 Extraktion aus dem relationalen Core

Dimensionstabellen im Data Mart müssen normalerweise aus mehreren Core-Tabellen (z. B. eine Tabelle je Hierarchiestufe) geladen werden, weil dem Core im Gegensatz zum Mart ein eher normalisiertes Datenmodell zugrunde liegt. Im relational modellierten Core kommen im Vergleich zum dimensionalen Core je Entitätstyp, neben den Kopf- bzw. Hub-/Linktabellen, die Versions- bzw. Satellite-Tabellen hinzu, aus denen ebenfalls Informationen benötigt werden. Bild 5.66 zeigt die Tabelle der Dimension *Product* und die Herkunftstabellen des relational, mit Kopf- und Versionstabellen modellierten Core. Die dargestellten Views sind Bestandteil des relationalen Core und dienen zur Vereinfachung von Abfragen im Rahmen des ETL-Prozesses.

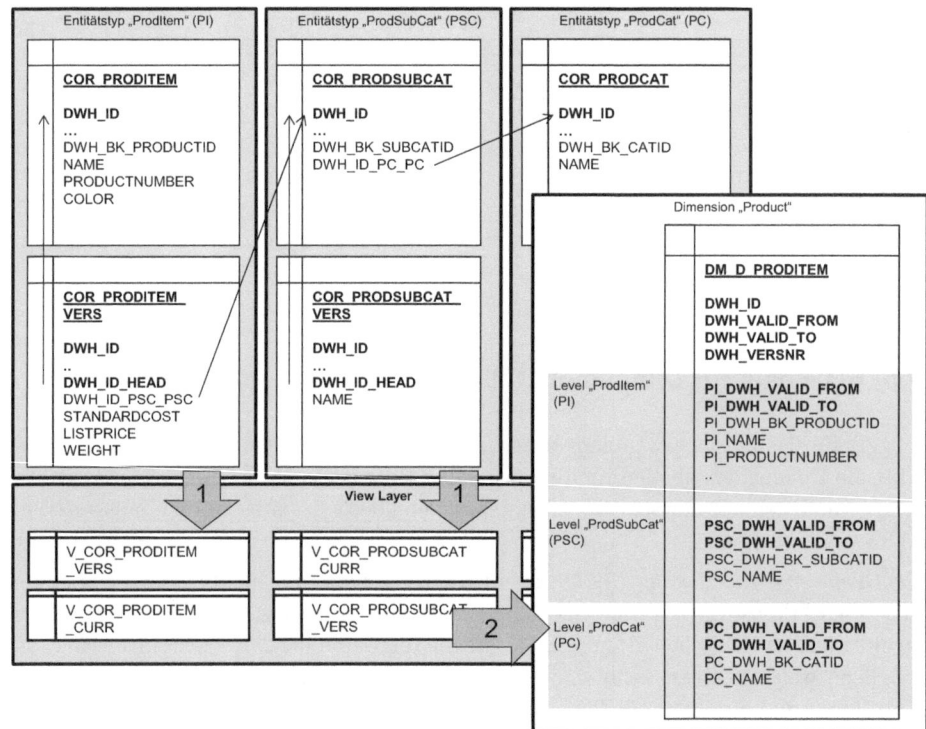

Bild 5.66 Für die Dimension *Product* relevante Quelltabellen und -Views im relationalen Core (hier mit Kopf- und Versionstabellen)

Hinweis

Die nachfolgenden Beispiele basieren auf einem relationalen Core-Datenmodell mit Kopf- und Versionstabellen. Wenn im Core andere, nichtdimensionale Strukturen vorliegen, muss die Logik entsprechend adaptiert werden. Zum Beispiel müssen im Falle von Data Vault die Views über die Linktabellen mit einbezogen werden, wenn verschiedene Entitätstypen kombiniert werden sollen.

◾

- **Aktuelle Version:** Sofern die Dimensionstabelle nur die aktuellsten Versionen enthalten soll, ist die Extraktionslogik dank der Views trivial. Es erfolgt ein Inner Join zwischen den Views mit dem Suffix *CURR*. Diese enthalten nur die aktuellen Versionen und sind wie folgt miteinander verknüpft.

Listing 5.17 Selektion der aktuellen Version mittels Current-Views

```
SELECT
  ...
FROM
  V_COR_PRODITEM_CURR pi
  JOIN V_COR_PRODSUBCAT_CURR psc
    ON pi.DWH_ID_PSC_PSC = psc.DWH_ID
  JOIN V_COR_PRODCAT_CURR pc
    ON psc.DWH_ID_PC_PC = pc.DWH_ID
```

- **Alle Versionen:** Da normalerweise, zumindest für die Initialbeladung, in der Mart-Dimension auch die historisierten Daten benötigt werden, müssen diese entsprechend aus dem Core geladen werden. Dafür sind wiederum die Core Views hilfreich. Hier kommen die sogenannten Versions-Views mit dem Suffix *VERS* zum Einsatz. Muss für eine Dimension auf mehr als einen Entitätstyp, also auf mehr als eine View zugegriffen werden, so gestaltet sich dies etwas komplizierter. Die Problematik rührt daher, dass die unterschiedlichen Hierarchiestufen im Core unabhängig voneinander versioniert sind und die verschiedenen Versionen nun kombiniert werden müssen. Dadurch entstehen zwangsläufig neue Gültigkeitsintervalle. Das folgende Beispiel soll die Problematik veranschaulichen.

Zahlenbeispiel ProdItem, ProdSubCat und ProdCat

Zur Verdeutlichung der Problematik soll das Beispiel der Dimension *Produkt* aus Bild 5.66 dienen. In diesem Beispiel wird eine versionierte Dimensionstabelle für Produkte mit den Hierarchiestufen *ProdItem*, *ProdSubCat* und *ProdCat* betrachtet, welche aus entsprechenden Kopf- und Versionstabellen bzw. Versions-Views im Core geladen werden sollen (hier fünf Tabellen + drei Versions-Views). Der Inhalt dieser drei Views (selbstverständlich für eine eingeschränkte Datenmenge) wird nachfolgend tabellarisch dargestellt:

Tabelle 5.42 Selektion aller Versionen von Produkt-Kategorie

```
SELECT * FROM V_COR_PRODCAT_VERS WHERE DWH_BK_CATID = 'FOOD'
```

V_COR_PRODCAT_VERS (Alias PC)				
DWH_ID	DWH_VALID_FROM	DWH_VALID_TO	DWH_BK_CATID	NAME
1000	01.01.1900	31.12.9999	'FOOD'	'Food'

Tabelle 5.43 Selektion aller Versionen von Produkt-Subkategorie

```
SELECT * FROM V_COR_PRODSUBCAT_VERS WHERE DWH_BK_SUBCATID = 'MEAT'
```

V_COR_PRODSUBCAT_VERS (Alias PSC)					
DWH_ID	DWH_VALID_FROM	DWH_VALID_TO	DWH_BK_SUBCATID	NAME	DWH_ID_PC_PC
321	01.01.2012	01.07.2012	'MEAT'	'Meat (v1)'	1000
321	01.07.2012	01.04.2013	'MEAT'	'Meat (v2)'	1000
321	01.04.2013	31.12.9999	'MEAT'	'Meat (v3)'	1000

Tabelle 5.44 Selektion aller Versionen von Produkt-Item

```
SELECT * FROM V_COR_PRODITEM_VERS WHERE DWH_ID_PSC_PSC=321;
```

V_COR_PRODITEM_VERS (Alias PSC)							
DWH_ID	DWH_VALID_FROM	DWH_VALID_TO	DWH_BK_PRODUCTID	NAME	LIST-PRICE	COST	DWH_ID_PSC_PSC
100	01.01.2012	01.04.2012	'PORK'	'Pork'	40	30	321
100	01.04.2012	01.02.2013	'PORK'	'Pork'	40	31	321
100	01.02.2013	31.12.9999	'PORK'	'Pork'	42	31	321
101	01.01.2012	01.06.2013	'BEEF'	'Beef'	65	50	321
101	01.06.2013	31.12.9999	'BEEF'	'Beef'	62	50	321

Die linke Seite in Bild 5.67 zeigt etwas besser als die Tabellen, dass die Versionen der einzelnen Entitätstypen im relationalen Core unabhängig voneinander sind. Die erste Version (v1) von *ProdItem* für die Ausprägung *PORK* ist gültig vom 01.01.2012 bis einschließlich 01.03.2012, während die erste Version der Ausprägung *MEAT* von *ProdSubCat* vom 01.01.2012 bis einschließlich 01.06.2012 gültig ist. Diese Unabhängigkeit, welche im Core viele Vorteile bietet, muss nun im Rahmen des Ladeprozesses in die denormalisierte Dimensionstabelle *DM_D_PRODITEM* aufgebrochen werden. Dazu müssen die Versionen aus den Core-Entitätstypen entsprechend miteinander kombiniert werden.

Auf der rechten Seite von Bild 5.67 ist zu erkennen, dass für die beiden exemplarischen Entitäten *PORK* und *BEEF* des Entitätstyps *ProdItem* in der Dimension *Product* in der Hierarchiestufe (Level) *ProdItem* jeweils mehr Versionen notwendig sind als im Core. Für die Entität *PORK* existieren im Mart fünf, in der Entität *BEEF* vier Versionen anstatt drei bzw. zwei in den Core-Tabellen des Entitätstyps *ProdItem*.

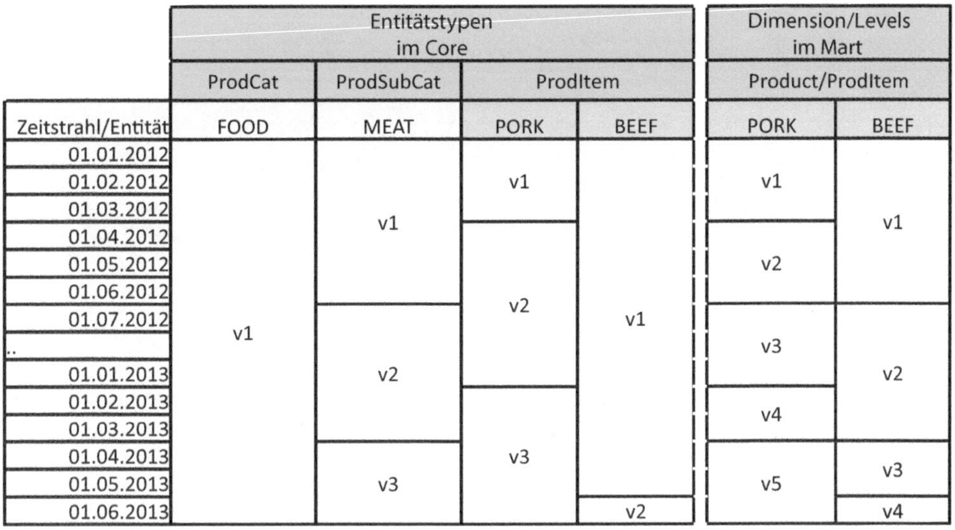

	Entitätstypen im Core				Dimension/Levels im Mart	
	ProdCat	ProdSubCat	ProdItem		Product/ProdItem	
Zeitstrahl/Entität	FOOD	MEAT	PORK	BEEF	PORK	BEEF
01.01.2012						
01.02.2012			v1		v1	
01.03.2012		v1				v1
01.04.2012						
01.05.2012					v2	
01.06.2012			v2			
01.07.2012	v1			v1	v3	
..						
01.01.2013		v2				v2
01.02.2013					v4	
01.03.2013						
01.04.2013			v3			v3
01.05.2013		v3			v5	
01.06.2013				v2		v4

Bild 5.67 Versionen in den Core-Stammdaten (links) und in Mart-Dimension (rechts)

Wie die Inhalte von versionierten Core Views in eine Mart-Dimension überführt werden sollen, wird nachfolgend in vier Schritten anhand eines anschaulichen Beispiels erklärt. Der Einfachheit halber wird die Logik mithilfe aufeinander aufbauender Views erklärt. Die Implementierung kann selbstverständlich in einer anderen Weise erfolgen.

In vier Schritten zum Ziel:

1. Ermittlung aller Intervallgrenzen (Schnittpunkte) über alle Entitätstypen, die für die jeweilige Dimension benötigt werden.

2. Bestimmung der Gültigkeitsintervalle durch Verkettung der in Schritt 1 ermittelten Intervallgrenzen.

3. Zusammenführen der potenziellen Intervalle aus Schritt 2 mit den Daten aus den betreffenden Versions-Views. Pro Intervall muss hier bestimmt werden, welche Version der jeweiligen Entität gültig ist und verwendet werden soll.

4. Einfügen und Aktualisieren der Dimensionstabelle.

Schritt 1: Intervallgrenzen je *ProdItem*

Zunächst müssen alle Datumsschnittpunkte (Schnittpunkt = Point of Intersection = POI) ermittelt werden. Aus allen betroffenen Versions-Views müssen je *ProdItem* also alle möglichen Einträge der Spalten DWH_VALID_FROM und DWH_VALID_TO ermittelt werden. Das Ergebnis von Schritt 1, für die Ausprägung *PORK* (Beispiel von oben) von *ProdItem*, ist in folgender Tabelle dargestellt.

Tabelle 5.45 Ergebnis der View zur Ermittlung der Schnittpunkte

PI_DWH_ID	POI
100	01.01.1900
100	01.01.2012
100	01.04.2012
100	01.07.2012
100	01.02.2013
100	01.04.2013
100	31.12.9999

Die Logik für die Ermittlung der Intervallgrenzen für die Dimension *Product* kann der folgenden View entnommen werden (SQL-Statement enthält Oracle-spezifische Syntax):

Listing 5.18 Definition der View zur Ermittlung der Schnittpunkte

```
CREATE VIEW V_DM_DIM_PRODUCT_STEP1
  (PI_DWH_ID, POI)
AS
WITH
  with_co_proditem_vers AS
    (SELECT DWH_ID, DWH_VALID_FROM, DWH_VALID_TO, DWH_ID_PSC_PSC
     FROM V_COR_PRODITEM_VERS),
  with_co_prodsubcat_vers AS
    (SELECT DWH_ID, DWH_VALID_FROM, DWH_VALID_TO, DWH_ID_PC_PC
     FROM V_COR_PRODSUBCAT_VERS),
  with_co_prodcat_vers AS
    (SELECT DWH_ID, DWH_VALID_FROM, DWH_VALID_TO
     FROM V_COR_PRODCAT_VERS)

  SELECT DISTINCT PI_DWH_ID, POI
  FROM (
   SELECT pi.DWH_ID pi_dwh_id, pi.DWH_VALID_FROM poi
   FROM   with_co_proditem_vers pi
   UNION
   SELECT pi.DWH_ID pi_dwh_id, pi.DWH_VALID_TO poi
   FROM   with_co_proditem_vers pi
   UNION
   SELECT pi.DWH_ID pi_dwh_id, psc.DWH_VALID_FROM poi
   FROM   with_co_proditem_vers pi
          JOIN with_co_prodsubcat_vers psc
            ON pi.DWH_ID_PSC_PSC = psc.DWH_ID
   UNION
   SELECT pi.DWH_ID pi_dwh_id, psc.DWH_VALID_TO poi
   FROM   with_co_proditem_vers pi
          JOIN with_co_prodsubcat_vers psc
            ON pi.DWH_ID_PSC_PSC = psc.DWH_ID
   UNION
   SELECT pi.DWH_ID pi_dwh_id, pc.DWH_VALID_FROM poi
   FROM   with_co_proditem_vers pi
          JOIN with_co_prodsubcat_vers psc
            ON pi.DWH_ID_PSC_PSC = psc.DWH_ID
          JOIN with_co_prodcat_vers pc
            ON psc.DWH_ID_PC_PC = pc.DWH_ID
```

```
  UNION
  SELECT pi.DWH_ID pi_dwh_id, pc.DWH_VALID_TO poi
  FROM   with_co_proditem_vers pi
         JOIN with_co_prodsubcat_vers psc
           ON pi.DWH_ID_PSC_PSC = psc.DWH_ID
         JOIN with_co_prodcat_vers pc
           ON psc.DWH_ID_PC_PC = pc.DWH_ID
  )
ORDER BY PI_DWH_ID, POI
```

Schritt 2: Gültigkeitsintervalle je *ProdItem*

In diesem Schritt müssen je *ProdItem* (unterste Hierarchiestufe), aus den in *Schritt 1* ermittelten Intervallgrenzen, die richtigen Gültigkeitsintervalle abgeleitet werden. Das Ergebnis von Schritt 2, für die Ausprägung *PORK* (Beispiel von oben) von *ProdItem*, ist in folgender Tabelle dargestellt.

Tabelle 5.46 Ergebnis der View zur Ermittlung der Mart-Versionen

PI_DWH_ID	DWH_VALID_FROM	DWH_VALID_TO
100	01.01.1900	01.01.2012
100	01.01.2012	01.04.2012
100	01.04.2012	01.07.2012
100	01.07.2012	01.02.2013
100	01.02.2013	01.04.2013
100	01.04.2013	31.12.9999

Die Logik für die Ermittlung der Gültigkeitsintervalle für die Dimension *Product* kann der folgenden View entnommen werden:

Listing 5.19 View zur Ermittlung der potenziellen Mart-Versionen mithilfe von analytischen Funktionen

```
CREATE VIEW V_DM_DIM_PRODUCT_STEP2
  (PI_DWH_ID, DWH_VALID_FROM, DWH_VALID_TO)
AS
SELECT
  PI_DWH_ID, DWH_VALID_FROM, DWH_VALID_TO
FROM
  (
  SELECT
    step1.PI_DWH_ID,
    step1.POI DWH_VALID_FROM,
    LEAD(step1.POI) OVER
        (PARTITION BY step1.PI_DWH_ID
         ORDER by step1.POI) DWH_VALID_TO
    FROM
      V_DM_DIM_PRODUCT_STEP1 step1
  )
WHERE DWH_VALID_TO IS NOT NULL
ORDER BY PI_DWH_ID, DWH_VALID_FROM
```

Schritt 3: Effektive Versionen

Nun erfolgt die Zusammenführung der Gültigkeitsintervalle aus *Schritt 2* mit den Versions-Views der benötigten Stammdatentabellen aus dem Core. Dabei kommt es darauf an, den neuen Gültigkeitsintervallen die jeweils gültige Version zuzuordnen. Das Ergebnis von Schritt 3, für die Ausprägung *PORK* (Beispiel von oben) für *ProdItem*, ist in folgender Tabelle dargestellt (aus Platzgründen sind nicht alle Spalten dargestellt). Wie erwartet (siehe Bild 5.67) wurden aus den drei Versionen im Core für das ProdItem *PORK* fünf Versionen mit den entsprechenden Gültigkeitsintervallen.

Tabelle 5.47 Ergebnis der View zur Ermittlung der effektiven Versionen

DWH_ VALID_ FROM	DWH_ VALID_ TO	DWH_ VERSNR	PI_ DWH_BK PRODUCTID	PI_ LIST PRICE	PI_ COST	PSC_ DWH_BK_ SUBCATID	PC_ DWH_ BK_ CATID
01.01.2012	01.04.2012	1	'PORK'	40	30	'MEAT'	'FOOD'
01.04.2012	01.07.2012	2	'PORK'	40	31	'MEAT'	'FOOD'
01.07.2012	01.02.2013	3	'PORK'	40	31	'MEAT'	'FOOD'
01.02.2013	01.04.2013	4	'PORK'	42	31	'MEAT'	'FOOD'
01.04.2013	31.12.9999	5	'PORK'	42	31	'MEAT'	'FOOD'

Schritt 4: Laden in Dimensionstabelle

Im letzten Schritt wird die Ergebnismenge aus *Schritt 3* mit der Zieltabelle, der denormalisierten Dimensionstabelle, abgeglichen. Dies bedeutet, dass neue Datensätze eingefügt und bereits vorhandene aktualisiert werden. Für die Aktualisierung dienen die Business-Key-Spalte (bzw. Spalten) der untersten Hierarchiestufe und, bei versionierten Dimensionstabellen, zusätzlich die Spalte DWH_VERSNR als Schlüssel. Alle anderen Spalten einschließlich der Gültigkeitsintervalle, mit Ausnahme der Primärschlüssel-Spalte *DWH_ID*, werden aktualisiert bzw. überschrieben. Bei sehr großen Dimensionstabellen sollte dafür gesorgt werden, dass nur diejenigen Datensätze aktualisiert werden, die sich tatsächlich geändert haben.

Listing 5.20 Definition der View zur Ermittlung der effektiven Versionen

```
CREATE VIEW V_DM_DIM_PRODUCT_STEP3
    (DWH_VALID_FROM,
    DWH_VALID_TO,
    DWH_VERSNR,
    PI_DWH_ID,
    PI_DWH_VALID_FROM,
    PI_DWH_VALID_TO,
    PI_DWH_BK_PRODUCTID,
    PI_NAME,
    ..
    PSC_DWH_ID,
    PSC_DWH_VALID_FROM,
    PSC_DWH_VALID_TO,
    PSC_DWH_BK_SUBCATID,
```

```
    PSC_NAME,
    ..)
AS
SELECT
  step2.DWH_VALID_FROM,
  step2.DWH_VALID_TO,
  RANK() OVER (PARTITION BY pi.DWH_BK_PRODUCTID
               ORDER BY step2.DWH_VALID_TO) dwh_versnr,
  pi.DWH_ID            pi_DWH_ID,
  pi.DWH_VALID_FROM    pi_DWH_VALID_FROM,
  pi.DWH_VALID_TO      pi_DWH_VALID_TO,
  pi.DWH_BK_PRODUCTID  pi_DWH_BK_PRODUCTID,
  pi.NAME              pi_NAME,
  ..
  psc.DWH_ID           psc_DWH_ID,
  psc.DWH_VALID_FROM   psc_DWH_VALID_FROM,
  psc.DWH_VALID_TO     psc_DWH_VALID_TO,
  psc.DWH_BK_SUBCATID  psc_DWH_BK_SUBCATID,
  psc.NAME             psc_NAME,
  ..
FROM
  V_DM_DIM_PRODUCT_STEP2 step2
  JOIN V_COR_PRODITEM_VERS pi
    ON step2.PI_DWH_ID  = pi.DWH_ID
  JOIN V_COR_PRODSUBCAT_VERS psc
    ON pi.DWH_ID_PSC_PSC = psc.DWH_ID
  JOIN V_COR_PRODCAT_VERS pc
    ON psc.DWH_ID_PC_PC = pc.DWH_ID
WHERE
  step2.DWH_VALID_FROM >= pi.DWH_VALID_FROM AND
  step2.DWH_VALID_TO   <= pi.DWH_VALID_TO AND
  step2.DWH_VALID_FROM >= psc.DWH_VALID_FROM AND
  step2.DWH_VALID_TO   <= psc.DWH_VALID_TO AND
  step2.DWH_VALID_FROM >= pc.DWH_VALID_FROM AND
  step2.DWH_VALID_TO   <= pc.DWH_VALID_TO
ORDER BY pi.DWH_ID, step2.DWH_VALID_TO
```

5.7.5.2 Extraktion aus dem dimensionalen Core

Die Extraktion von Stammdaten aus dem dimensionalen Core zum Laden von denormalisierten Dimensionstabellen ist meist unkompliziert. Bild 5.68 zeigt die Dimensionstabelle der Dimension *Product* und die Herkunftstabellen im dimensional modellierten Core (siehe Abschnitt 5.6.3).

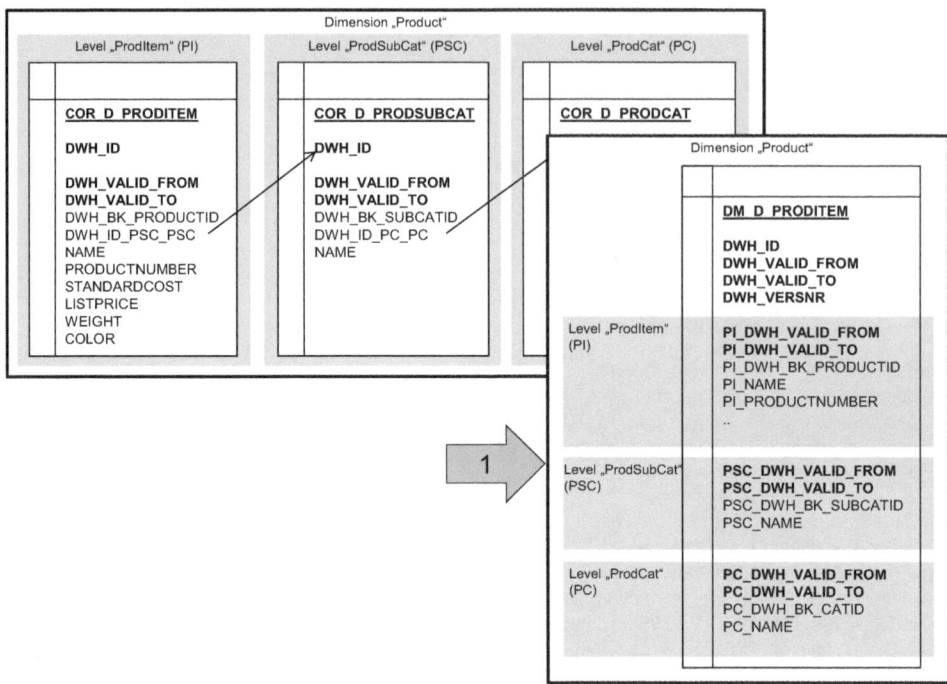

Bild 5.68 Für die Dimension *Product* relevante Quelltabellen im dimensionalen Core

- **Aktuelle Version:** Sofern die Dimensionstabelle nur die aktuellsten Versionen enthalten soll, muss nur auf der untersten Hierarchiestufe eine Einschränkung bezüglich des Gültigkeitszeitraums erfolgen, um zu erreichen, dass nur die gewünschten Versionen (z. B. die aktuellen Versionen) in die Dimensionstabelle übernommen werden. Die übrigen Tabellen werden per Inner Joins mit den übergeordneten Tabellen verknüpft.

Listing 5.21 Selektion der aktuellen Version

```
SELECT
  ..
FROM
  COR_D_PRODITEM_CURR pi
  JOIN COR_D_PRODSUBCAT psc
    ON pi.DWH_ID_PSC_PSC = psc.DWH_ID
  JOIN COR_D_PRODCAT pc
    ON psc.DWH_ID_PC_PC = pc.DWH_ID
WHERE
  pi.DWH_VALID_FROM <= SYSDATE AND
  pi.DWH_VALID_TO   >  SYSDATE
```

- **Alle Versionen:** Da normalerweise, zumindest für die Initialbeladung, in der Mart-Dimension auch die historisierten Daten benötigt werden, müssen diese entsprechend aus dem Core geladen werden. In diesem Fall entfällt also die Einschränkung auf eine bestimmte Version. Für die Gültigkeitsintervalle der Dimensionstabelle werden die entsprechenden Spalten aus der untersten Core-Tabelle verwendet.

Listing 5.22 Ermitteln von Gültigkeitsintervallen aller Versionen mittels analytischer Funktion

```
SELECT
  pi.DWH_VALID_FROM,
  pi.DWH_VALID_TO,
  RANK() OVER (PARTITION BY pi.DWH_BK_PRODUCTID
               ORDER BY pi.DWH_VALID_TO) dwh_versnr,
  ..
FROM
  COR_D_PRODITEM_CURR pi
  JOIN COR_D_PRODSUBCAT psc
    ON pi.DWH_ID_PSC_PSC = psc.DWH_ID
  JOIN COR_D_PRODCAT pc
    ON psc.DWH_ID_PC_PC = pc.DWH_ID
```

Laden in Dimensionstabelle

Schließlich wird die Ergebnismenge der oben genannten SQL-Statements mit der Dimensionstabelle abgeglichen. Dies bedeutet, dass neue Datensätze eingefügt und bereits vorhandene aktualisiert werden. Für die Aktualisierung dienen die Business-Key-Spalte (bzw. Spalten) der untersten Hierarchiestufe und, bei versionierten Dimensionstabellen, zusätzlich die Spalte DWH_VERSNR als Schlüssel. Alle anderen Spalten einschließlich der Gültigkeitsintervalle, mit Ausnahme der Primärschlüssel-Spalte *DWH_ID*, werden aktualisiert bzw. überschrieben. Bei sehr großen Dimensionstabellen sollte dafür gesorgt werden, dass nur diejenigen Datensätze aktualisiert werden, die sich tatsächlich geändert haben.

5.7.6 Struktur der Faktentabellen (Star-Schema)

Der grundsätzliche Aufbau (Spalten und Schlüssel) von Faktentabellen im Star-Schema ist analog dem Snowflake-Schema, welches in Abschnitt 5.6.5 ausführlich beschrieben ist. Im Gegensatz dazu werden im Star-Schema die denormalisierten Dimensionstabellen referenziert.

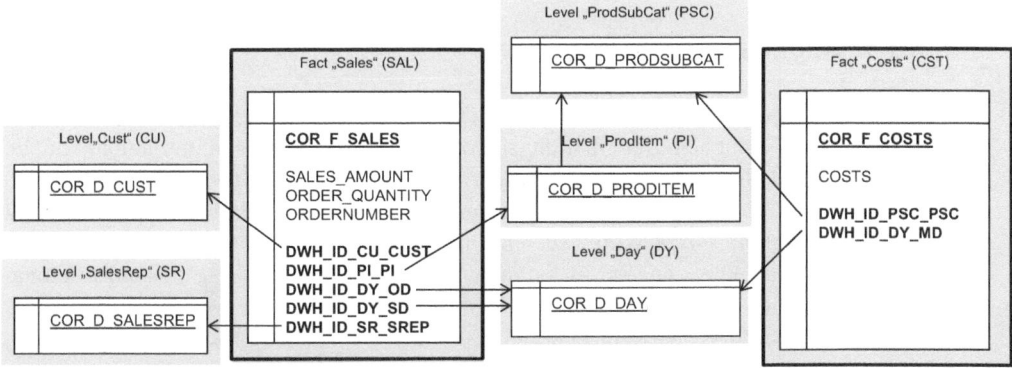

Bild 5.69 Fakten-Tabellen unterschiedlicher Granularität und *Conformed Dimensions*

5.7.7 ETL-Logik für Faktentabellen (Star)

Die Logik für das Laden von Faktentabellen der DWH-Schicht *Marts* ist ähnlich aufgebaut wie die für die Faktentabellen im dimensionalen Core (siehe Abschnitt 5.6.6). Selbstverständlich werden für die Faktentabellen im Mart die Daten normalerweise aus dem *Core* und nicht aus der *Cleansing Area* extrahiert. Da sich Faktentabellen in der DWH-Schicht *Marts* meist an den speziellen Anforderungen der Endanwender orientieren, können zusätzlich zu den Verknüpfungen mit den Dimensionstabellen (Lookups) weitere Schritte notwendig sein. Diese sind zum Beispiel:

- *Aggregationen:* Wenn die Datenmenge in bestimmten Data Marts kleiner gehalten werden soll, um z. B. die Abfrageperformance zu verbessern, werden Daten im Mart häufig aggregiert (verdichtet). Dabei wird auf übergeordnete Hierarchiestufen aggregiert oder ganze Dimensionen werden weggelassen. Die Art der Aggregation (Summe, Durchschnitt, Anzahl usw.) muss für jede Kennzahl definiert werden.

- *Kombination:* Häufig werden beim Laden in die DWH-Schicht *Marts* verschiedene Bewegungsdatentabellen aus dem Core zusammengeführt und in einer Faktentabelle gespeichert.

- *Pivotierung:* Um bestimmte Auswertungen „schnell" zu machen, kann es sinnvoll sein, bereits in der DWH-Schicht *Marts* aus mehreren Spalten eine zu machen und dafür entsprechend mehr Datensätze zu erzeugen und umgekehrt.

- *Neue Kennzahlen:* Sehr häufig werden auf dem Weg in die DWH-Schicht *Marts* neue Kennzahlen berechnet, während im Core nur die Basisdaten gespeichert werden. Allerdings sollten nur additive Kennzahlen berechnet und gespeichert werden. Alle anderen abgeleiteten Kennzahlen (z. B. Abweichung in %) sollten erst zur Laufzeit, also während der Abfrage, ermittelt werden.

- *Versionierte Snapshot Tables:* Im relationalen Core können Bestandsdaten als versionierte Snapshot Table modelliert werden (siehe Abschnitt 5.4.4.3). Diese müssen beim Laden in eine Faktentabelle aufgelöst werden. Es versteht sich von selbst, dass diese Auflösung nur für ausgewählte Stichtage gemacht werden sollte.

5.7.8 Multidimensionale Data Marts

Die multidimensionale Implementierung von Data Marts (MOLAP) erfolgt mithilfe von speziellen multidimensionalen Datenhaltungskonzepten. Dabei wird – wie in relational implementierten Data Marts – zwischen *Dimensionen* und *Fakten* unterschieden. Die Fakten werden jedoch als *Cubes* bezeichnet, entsprechen den Fakten im relationalen Umfeld und dienen der Aufnahme von Bewegungsdaten. Die Speicherung der Daten selbst erfolgt nicht in relationalen Tabellen, sondern in n-dimensionalen Feldern (Arrays). Obwohl in einem Array in den seltensten Fällen nur drei Dimensionen beteiligt sind, werden diese Arrays üblicherweise als Cubes oder Würfel bezeichnet. Bild 5.70 veranschaulicht diesen Sachverhalt.

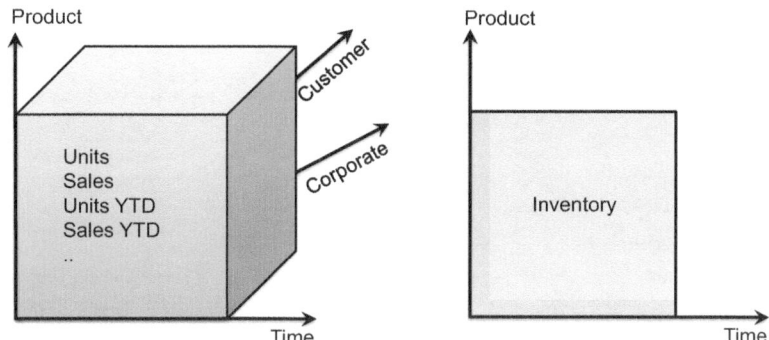

Bild 5.70 Zwei Würfel (Cube) mit insgesamt vier bzw. zwei Dimensionen

5.7.8.1 Dimensionen (Cube)

Genau wie in der dimensionalen Modellierung (siehe Abschnitt 3.3) wird in multidimensionalen Dimensionen zwischen den beiden Hierarchietypen *level-based* und *parent-child* und solchen ohne jegliche Hierarchie unterschieden.

Eine Dimension in einem multidimensionalen Data Mart besteht jedoch in allen drei Fällen aus einer Liste eindeutiger Dimensionseinträge und nicht nur aus den Einträgen der untersten Hierarchiestufe, wie dies beispielsweise in einer denormalisierten Dimensionstabelle im Star-Schema der Fall ist.

Jede Dimension kann neben dem Schlüssel-Attribut (z. B. Kundennummer) weitere Attribute aufweisen (z. B. Bezeichnung, Postleitzahlgruppe), die allen Dimensionseinträgen oder nur speziellen Hierarchiestufen zugewiesen werden können. Diese Attribute dienen später zur Anzeige im Frontend oder zur Einschränkung der zu analysierenden Daten (z. B. „zeige mir nur die Umsätze der Kunden mit der Postleitzahlgruppe 81x").

Die Tabelle 5.48 zeigt das Beispiel einer OLAP-Dimension für Kunden. Sie enthält zunächst für jedes Element über alle Hierarchiestufen hinweg einen separaten Eintrag. Ein solcher Eintrag entspricht einem Datensatz in der relationalen Implementierung. Zusätzlich werden pro Eintrag die einzelnen Attribute, ggf. die Hierarchiestufe und ggf. die Referenz zum übergeordneten Eintrag hinterlegt. Diese Kundendimension enthält zwei ebenenbasierte (level-based) Hierarchien, wodurch ein Kunde sowohl einer Kundenklassifizierung als auch einer Region zugeordnet werden kann. Folglich wird eine Hierarchie in MOLAP-Dimensionen stets als Parent-Child-Hierarchie implementiert. Die Hierarchiestufe kann deshalb als eine Art Attribut betrachtet werden, über welches gruppiert und gefiltert werden kann.

Tabelle 5.48 Alternative Hierarchien in MOLAP-Dimension

Dim ID	Bezeichnung	PLZ-Gruppe	Hierarchiestufe	Parent_ID Hierarchie 1	Parent_ID Hierarchie 2
TOT	Total	–	TOTAL		
A	Kundenklasse A	–	KLASSE	TOT	
B	Kundenklasse B	–	KLASSE	TOT	
NORD	Region Nord	–	REGION		TOT
SUED	Region Süd	–	REGION		TOT
K456	Maier	70x	KUNDE	A	SUED
K321	Müller	81x	KUNDE	A	NORD
K199	Franz	49x	KUNDE	B	NORD

5.7.8.2 Fakten (Cube)

Die Daten der MOLAP-Cubes sind direkt mit den Dimensionseinträgen der verknüpften Dimension verbunden. Dimensionen können, genau wie bei der ROLAP-Modellierung, für beliebig viele Cubes verwendet werden. Für die Abfrage-Performance entscheidend ist, dass Aggregationen über die Hierarchien nach dem Laden durch die OLAP-Datenbank berechnet und gespeichert werden können. In MOLAP Data Marts können außerdem weitere Berechnungen definiert werden, welche ggf. erst zur Laufzeit (on the fly), aber trotzdem sehr performant ausgeführt werden.

In der Tabelle 5.49 ist gut zu erkennen, dass die Bewegungsdaten bereits über alle Hierarchiestufen der Dimension *Kunde* vorberechnet sind. Die Formeln wie zum Beispiel Year-to-Date (kumuliert) werden meist erst zur Laufzeit berechnet.

Tabelle 5.49 Vorberechnete Fakten in MOLAP-Cube

Kunde	Ist-Umsatz			Ist-Umsatz Year-to-Date		
	Jan08	Feb 08	Mar 08	Jan08	Feb 08	Mar 08
TOT	30	35	28	30	65	93
A	20	30	25	20	50	75
B	10	5	3	10	15	18
NORD	25	25	13	25	50	63
SUED	5	10	15	5	15	30
K456	5	10	15	5	15	30
K321	15	20	10	15	35	45
K199	10	5	3	10	15	18

Die Tabelle 5.50 veranschaulicht, dass Bewegungsdaten, welche nicht auf der untersten Hierarchiestufe vorliegen, sehr einfach derselben Dimension zugewiesen und somit von den Endanwendern problemlos ausgewertet werden können. Alternativ wäre ein Herunterbrechen (ggf. zur Laufzeit) auf die unterste Ebene denkbar.

Tabelle 5.50 Fakten auf übergeordneten Hierarchiestufen im MOLAP-Cube

Kunde	Ist-Umsatz			Plan-Umsatz		
	Jan08	Feb 08	Mar 08	Jan08	Feb 08	Mar 08
TOT	30	35	28	31	33	30
A	20	30	25			
B	10	5	3			
NORD	25	25	13	24	22	15
SUED	5	10	15	7	11	15
K456	5	10	15			
K321	15	20	10			
K199	10	5	3			

6 Physisches Datenbankdesign

Ein relationales Datenmodell, bestehend aus Entitätstypen und Relationen, aber auch ein dimensionales Datenmodell, das aus Dimensionen und Fakten besteht, wird in der relationalen Datenbank in Tabellen mit Attributen abgebildet. Das physische Datenbankdesign umfasst jedoch mehr als nur das Erstellen von Tabellen. Je nach eingesetztem Datenbanksystem müssen verschiedene Aspekte der physischen Speicherung sowie der effizienten Zugriffe auf die gespeicherten Daten berücksichtigt werden. Um diese Thematik geht es im folgenden Kapitel.

- Abschnitt 6.1 erläutert, wie sich eine geeignete Indexierung der DWH auf die Lade- und Abfrageperformance auswirkt und in welchen Fällen sich die Erstellung von Indizes lohnt.

- In Abschnitt 6.2 wird erklärt, weshalb und in welchen Fällen die Verwendung von Constraints auch in einem Data Warehouse sinnvoll und empfehlenswert ist.

- Durch Partitionierung besteht die Möglichkeit, große Tabelle in mehrere physische Speichereinheiten (Partitionen) aufzuteilen. Die Vorteile davon, und was dabei zu beachten ist, werden in Abschnitt 6.3 beschrieben.

- Ebenfalls bei großen Tabellen empfehlenswert ist die Möglichkeit, Daten zu komprimieren. Dies hat nicht nur eine Reduktion des Speicherbedarfs zur Folge, sondern meistens auch Vorteile für die Abfrageperformance, wie in Abschnitt 6.4 erklärt wird.

- Eine weitere Möglichkeit zur Beschleunigung der Abfragen besteht darin, häufig verwendete Aggregationen in vorberechneter Form abzuspeichern. Die Grundlagen dazu sind in Abschnitt 6.5 beschrieben.

Dieses Kapitel ist allgemein gehalten und geht nicht auf spezifische Möglichkeiten einzelner Datenbanksysteme ein. Ebenfalls nicht behandelt werden hier Designaspekte von multidimensionalen Datenbanksystemen.

■ 6.1 Indexierung

Ein Index erlaubt es, auf bestimmte Datensätze innerhalb einer Tabelle zuzugreifen, ohne die gesamte Tabelle lesen zu müssen. Ein solcher Zugriff ist effizient für selektive Abfragen, das heißt, wenn nur ein kleiner Prozentsatz der Daten aus der Tabelle gelesen werden soll. Dies ist typischerweise in OLTP-Systemen der Fall.

In Data Warehouses gibt es teilweise auch selektive Abfragen. In den meisten Fällen werden jedoch viele (oder alle) Daten gelesen und danach aggregiert, bevor sie in einem Bericht oder in einer OLAP-Applikation angezeigt werden. Für solche nichtselektiven Abfragen sind Indizes nicht oder nur teilweise geeignet.

Entscheidend ist also immer die Selektivität einer Abfrage. Für selektive Abfragen bieten Indexzugriffe eine hervorragende Möglichkeit zur Verbesserung der Abfrageperformance. Bei nichtselektiven Abfragen ist es zweckmäßiger, die ganze Tabelle zu lesen („Full Table Scan") und die nicht relevanten Datensätze zu ignorieren.

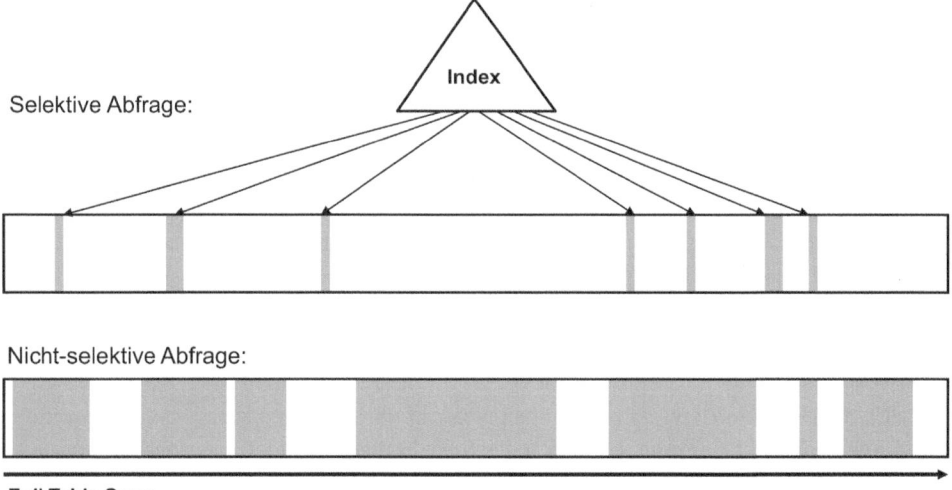

Bild 6.1 Unterscheidung zwischen selektiven und nicht-selektiven Abfragen

Da in Data Warehouses typischerweise viel häufiger nicht-selektive Abfragen durchgeführt werden, gelten hier somit andere Regeln für die Indexierungsstrategie als in OLTP-Systemen.

Weiter ist zu beachten, dass jeder zusätzliche Index beim Laden der Daten nachgeführt werden muss. Dies kann zu Performance-Einbußen der ETL-Prozesse führen. Deshalb sollte genau überlegt werden, ob und wo sich der Einsatz von Indizes lohnt oder wo es effizienter ist, die Tabelle zu partitionieren (vgl. Abschnitt 6.3), anstatt einen Index einzusetzen. Für die einzelnen Schichten im Data Warehouse gelten dabei unterschiedliche Empfehlungen.

Die nachfolgenden Ausführungen gelten nur als allgemeine Richtlinien. Da die Indexierung weitgehend vom verwendeten Datenbanksystem abhängt, gibt es hier große Unterschiede. In Oracle werden für Data Warehouses vor allem Bitmap-Indizes verwendet. In SQL Server gibt es diese Art von Index nicht, dafür können Filtered Indexes oder Columnstore Indexes eingesetzt werden. Weitergehende Informationen sind aus der Dokumentation des jeweiligen Datenbanksystems zu entnehmen.

6.1.1 Staging Area

Die Staging Area dient dazu, Daten aus den Quellsystemen möglichst effizient in die DWH zu laden. Transformationen finden hier typischerweise noch keine statt. Die Struktur der Stage-Tabellen ist meistens identisch zur Tabellenstruktur der Quellsysteme oder der Schnittstellen-Views.

Die Staging Area enthält nur jeweils die Daten einer Lieferung. Für die weitere Verarbeitung durch die ETL-Prozesse werden alle diese Daten verwendet. Selektive Abfragen werden in der Staging Area nie ausgeführt. Jeder Index auf einer Stage-Tabelle würde somit nur den Ladevorgang verlangsamen, hätte aber keinen Nutzen für die Weiterverarbeitung der Daten aus der Staging Area. Deshalb werden Stage-Tabellen üblicherweise nicht indexiert.

6.1.2 Cleansing Area

In der Cleansing Area werden Datenbereinigungen, Integritätsprüfungen, Transformationen und Datenanreicherungen ausgeführt. Auch die Cleansing Area enthält nur die Daten der letzten Lieferung. Deshalb wird auch hier auf Indizes verzichtet, allerdings mit ein paar Ausnahmen: Falls bereits in der Cleansing Area künstliche Schlüssel (Surrogate Keys) für das DWH erstellt werden, werden auf den Cleansing-Tabellen typischerweise Primärschlüssel definiert. Dazu muss je nach eingesetzter Datenbanktechnologie ein Index erstellt werden, oder er wird implizit durch das Datenbanksystem angelegt.

Oft besteht zusätzlich das Bedürfnis, die fachlichen Schlüssel oder die technischen Identifikationsschlüssel aus dem Quellsystem auf Eindeutigkeit zu prüfen. Dies kann mit Unique Constraints und somit mit zusätzlichen Indizes implementiert werden.

In OLTP-Systemen wird oft empfohlen, Fremdschlüsselattribute zu indexieren, um selektive Master-Detail-Abfragen effizient durchführen zu können. Teilweise sind solche Indizes auch für Löschoperationen auf Mastertabellen notwendig, falls vor dem Löschen eine Prüfung auf Detaildaten notwendig ist. In der Cleansing Area eines Data Warehouse werden aber weder selektive Abfragen noch Löschoperationen ausgeführt. Deshalb ist eine Indexierung der Fremdschlüssel hier überflüssig.

6.1.3 Core

Das Core dient zur Integration der Daten aus unterschiedlichen Quellsystemen sowie zur Historisierung aller Daten. Es enthält oft große Datenmengen, weil hier Informationen auf Detailebene über längere Zeit gespeichert werden. Das Core ist die zentrale Datenbasis für alle Data Marts. Benutzer greifen üblicherweise aber nicht direkt auf die Tabellen im Core zu[1], sondern nur auf die Data Marts, in welchen die Daten für die entsprechende Anwendergruppe bereitgestellt werden.

Für die Indexierung des Core hat dies zur Folge, dass keine Indizes für die Optimierung der Abfragen notwendig sind. Indizes werden wie in der Cleansing Area nur zur Überprüfung von Primary Key und Unique Constraints auf den Stammdatentabellen benötigt. Auf Bewegungstabellen werden meistens gar keine Indizes angelegt.

Für ein relationales modelliertes Core bedeutet dies, dass die Primärschlüssel der Kopf- und Versionstabellen sowie die fachlichen Schlüssel oder Schlüssel der Quellsysteme in den Kopftabellen indexiert werden. Fremdschlüssel werden wie in der Cleansing Area nicht indexiert. Wird das Core dimensional modelliert, werden mit Ausnahme der Primärschlüsselattribute auf den Dimensionstabellen keine Indizes angelegt.

Bei Bewegungstabellen (bzw. Faktentabellen im dimensionalen Modell) gilt der Grundsatz: Je weniger Indizes, desto besser. Weil hier oft große Mengen von Daten ins Core eingefügt werden und auf der Bewegungstabelle keine Lookups notwendig sind, würde jeder zusätzliche Index nur die Performance der ETL-Prozesse beeinträchtigen.

Werden Data Marts aus dem Core inkrementell geladen und somit von den ETL-Prozessen immer nur ein kleiner Teil der Bewegungsdaten gelesen, stellt sich die Frage, ob ein geeigneter Index, zum Beispiel auf das Transaktionsdatum, die Ladeprozesse beschleunigen kann. Dazu gebe ich Ihnen ein kleines Rechenbeispiel: Das Core enthält Bewegungsdaten der letzten drei Jahre. Ein bestimmter Data Mart wird monatlich mit den neusten Bewegungsdaten geladen. Der prozentuale Anteil der Daten, der aus der Core-Tabelle gelesen wird – diese Prozentzahl wird auch als Selektivität bezeichnet –, beträgt somit $1/36$ (= 2.8 %), da einer von 36 Monaten gelesen werden muss. Wird ein Data Mart täglich geladen, beträgt die Selektivität $1/365/3$ (= 0.09 %). Bei einer korrekt konfigurierten DWH sind Indexzugriffe nur für kleine Selektivitäten (< 1–2 %) effizient. Deshalb hätte ein Index auf das Transaktionsdatum im ersten Fall kaum einen Nutzen, im zweiten Fall hingegen schon. Besser wäre es in beiden Fällen, die Core-Tabelle zu partitionieren (vgl. Abschnitt 6.3), sofern diese Möglichkeit vom Datenbanksystem unterstützt wird.

Allgemeine Regeln, ob und in welchen Fällen Indizes im Core sinnvoll sind, lassen sich schwer aufstellen, da dies vom verwendeten Datenbanksystem, aber auch von der Konfiguration der Datenbank abhängig ist. Als Faustregel gilt aber, dass das Core möglichst sparsam indexiert werden sollte, da es nicht für Benutzerabfragen optimiert werden muss.

6.1.4 Data Marts

In den Data Marts werden die Daten so aufbereitet und zur Verfügung gestellt, dass die Anwender möglichst einfach und effizient darauf zugreifen können. Die Indexierungsstrategie ist somit auf die Benutzerabfragen ausgerichtet. Data Marts besitzen in der Regel ein dimensionales Datenmodell und werden als Star- oder Snowflake-Schema implementiert.

Jede Dimensionstabelle besitzt einen Primary Key, welcher von den Faktentabellen referenziert wird. Das Datenbanksystem erstellt hier normalerweise automatisch einen Unique

---

[1]   Falls für bestimmte Benutzergruppen ein Zugriff auf das Core notwendig ist, wird dies mittels einer View-Schicht realisiert. Dies hat Auswirkungen auf die Indexierungsstrategie der Core-Tabellen.

Index auf das Primärschlüsselattribut. Viele Dimensionstabellen sind klein und enthalten nur wenige Dutzend oder ein paar Hundert Datensätze. Auch bei selektiven Abfragen bringen hier zusätzliche Indizes nur einen kleinen oder gar keinen Nutzen. Das vollständige Lesen der Dimensionstabelle ist in der Regel effizienter. Bei sehr großen Dimensionstabellen mit Tausenden oder Millionen von Datensätzen kann es jedoch zweckmäßig sein, zusätzliche Indizes auf Attribute anzulegen, welche häufig als Filterkriterien verwendet werden.

Auf den Faktentabellen werden die Dimensionsattribute, also die Fremdschlüssel auf die Dimensionstabellen indexiert. Durch die Einschränkungen (Filterkriterien) auf die Dimensionen wird die Datenmenge auf den Faktentabellen reduziert, sodass Indexzugriffe auf die Fakten zu kürzeren Antwortzeiten bei den Abfragen führen können. Das Problem dabei ist, dass die Abfrage auf die Faktentabelle häufig erst durch die Kombination von mehreren Filterkriterien auf unterschiedlichen Dimensionen selektiv genug für Indexzugriffe wird. Um dieses Problem zu lösen, gibt es je nach Datenbanksystem unterschiedliche Ansätze. Bei Oracle beispielsweise ist es zweckmäßig, die Dimensionsschlüssel mit Bitmap-Indizes zu indexieren, da dann eine spezielle Abfrageoptimierung, die sogenannte „Star Transformation", verwendet werden kann. Bei Microsoft steht ab SQL Server 2008 Enterprise Edition eine ähnliche Optimierungsmethode, die „Star Join Query Optimization", zur Verfügung.

■ 6.2 Constraints

Datenbank-Constraints sorgen für die Richtigkeit (Integrität) der Daten in den Tabellen und die Gültigkeit der Beziehungen zwischen den Tabellen. Sie sind deshalb grundsätzlich zu empfehlen. Constraints können jedoch in manchen Fällen die Dauer des Ladeprozesses und den Platzbedarf negativ beeinflussen, weil bestimmte Constraint-Typen (z. B. Unique Constraint) einen Index erzwingen, welcher beim Laden stets aktualisiert werden muss und der selbst sehr groß werden kann. Die Constraint-Validierung benötigt ebenfalls eine gewisse Zeit. Deshalb ist beim Einsatz von Constraints große Sorgfalt angebracht. Nachfolgend werden die unterschiedlichen Arten von Constraints und ihre Verwendung im Data Warehouse genauer beschrieben.

6.2.1 Primary Key Constraints

Ein Primary Key Constraint wird zur Sicherstellung der Eindeutigkeit des Primärschlüssels einer Tabelle angelegt. Im Data Warehouse sind solche Primärschlüssel häufig künstliche Schlüssel (Surrogate Keys), die in der Cleansing Area, im Core und in den Data Marts verwendet werden. In der Staging Area werden üblicherweise keine Primary Key Constraints angelegt, da es hier vor allem darum geht, die Daten möglichst schnell und vollständig vom Quellsystem ins Data Warehouse zu übernehmen. Prüfungen auf Eindeutigkeit und die Generierung von künstlichen Schlüsseln finden in der Staging Area noch nicht statt.

Dimensionstabellen besitzen immer einen Primary Key, damit sie von den Faktentabellen oder von untergeordneten Dimensionstabellen (bei einem Snowflake-Schema) referenziert werden können.

Bei Faktentabellen wird oft auf einen Primary Key verzichtet. Je nach Granularität der Fakten kann zwar die Regel gelten, dass jede Kombination von Dimensionen nur einmal vorkommen kann. In diesem Fall würde der Primärschlüssel der Faktentabelle aus der Kombination aller Dimensionsschlüssel bestehen. Die Überprüfung dieser Regel lässt sich aber im Rahmen der ETL-Prozesse besser und effizienter realisieren als mit einem Primary Key Constraint über sämtliche Dimensionsattribute – und damit verbunden mit einem oftmals sehr großen Index auf der Faktentabelle. In vielen Fällen ist diese Überprüfung gar nicht gewünscht, da es zum Beispiel vorkommen kann, dass der gleiche Kunde am gleichen Datum mehrmals das gleiche Produkt kauft. In diesem Fall wäre ein Primary Key Constraint über alle Dimensionen nicht zweckmäßig.

Anders sieht die Situation aus, wenn Fakten nachträglich geändert oder storniert werden können. Dies ist zwar möglichst zu vermeiden, teilweise aber aus fachlichen Gründen notwendig. In solchen Fällen ist es nützlich, eine eindeutige Identifikation der Fakten (z. B. eine Transaktionsnummer) als Primary Key zu definieren. Dies ist aber eher die Ausnahme und in den meisten Faktentabellen nicht relevant.

6.2.2 Foreign Key Constraints

Beziehungen zwischen Tabellen in relationalen Datenbanken können und sollten mittels Foreign Key Constraints definiert werden. Ein Foreign Key Constraint stellt sicher, dass nur Fremdschlüssel auf existierende Einträge in der referenzierten Tabelle vorkommen können. Außerdem wird sichergestellt, dass in der referenzierten Tabelle nur Datensätze gelöscht werden können, auf welche keine Referenzen existieren.

Eine oft gestellte und berechtigte Frage ist, ob Foreign Key Constraints in einem Data Warehouse notwendig sind, da ja normalerweise durch die ETL-Prozesse gewährleistet ist, dass nur gültige Beziehungen geladen werden können. Werden als Primary Keys für Dimensionen konsequent künstliche Schlüssel verwendet, müssen beim Laden der Faktentabellen Key-Lookups auf die Dimensionen durchgeführt werden. Dadurch ist auch ohne Definition eines Foreign Key Constraints gewährleistet, dass nur gültige Fremdschlüsselbeziehungen auf die Dimensionen gespeichert werden.

Trotzdem ist es empfehlenswert, in der Cleansing Area, im Core und in den Data Marts Foreign Key Constraints zu definieren. In der Staging Area wird auf die Definition von Foreign Key Constraints verzichtet.

Ein Grund für die Verwendung von Foreign Key Constraints ist die implizite Dokumentation des physischen Datenmodells. Anhand der Constraints können Beziehungen zwischen den Tabellen aus den Metadaten der Datenbank (Data Dictionary) ermittelt werden. Dies ist von großem Nutzen, wenn zum Beispiel aus dem Data Dictionary ein Reengineering des Datenmodells gemacht werden soll. (Gretchenfrage: Gibt es ein dokumentiertes Datenmodell Ihres Data Warehouse? Und wenn ja, wann wurde es das letzte Mal aktualisiert?)

Je nach eingesetzter Technologie gibt es einen weiteren Grund, weshalb Foreign Key Constraints definiert werden sollten. Der Query Optimizer von Oracle beispielsweise nutzt diese Informationen aus dem Data Dictionary für spezielle Transformationen (Query Rewrite, Join Elimination). Um die ETL-Prozesse trotz vorhandener Foreign Key Constraints nicht zu verlangsamen und Abhängigkeiten in der Ladereihenfolge zu vermeiden, gibt es außerdem die Möglichkeit, Constraints zu definieren, aber nicht zu überprüfen[2]. Falls das eingesetzte Datenbanksystem diese Möglichkeit unterstützt, sollte sie – insbesondere in der Cleansing Area, eventuell auch im Core und in den Data Marts – verwendet werden.

6.2.3 Unique Constraints

In der Cleansing Area und im Core werden oft zusätzlich zu den Primary Key Constraints noch zusätzliche Unique Constraints auf die fachlichen Schlüssel erstellt, um sicherzustellen, dass Daten aus einem Quellsystem nicht mehrfach im Data Warehouse abgespeichert werden.[3] Falls kein eindeutiger fachlicher Schlüssel (z. B. Kundennummer, Kontonummer, Vertragsnummer etc.) identifiziert werden kann, kann stattdessen auch der Primärschlüssel des Quellsystems verwendet werden, um eine eindeutige Zuordnung sicherstellen zu können. Falls gleichartige Daten aus mehreren Quellsystemen geladen werden, ist zu empfehlen, zusätzlich eine Identifikation des Quellsystems (z. B. Source System Identifier) in den Unique Constraint zu übernehmen. Damit kann sichergestellt werden, dass zwei Datensätze, die aus unterschiedlichen Systemen stammen, aber dort zufälligerweise den gleichen Primary Key besitzen, unterschieden werden können. Der Kunde mit der ID 4711 aus dem Quellsystem A muss nicht zwingend mit dem Kunden mit der ID 4711 des Quellsystems B übereinstimmen. Deshalb wird ein Unique Constraint über Source-Key und Source-System-Key erstellt. Die Einträge (4711, A) und (4711, B) sind somit unterschiedlich, sodass der Unique Constraint nicht verletzt wird.

6.2.4 Check Constraints

Mit Check Constraints können Bedingungen, die sich auf ein Attribut oder einen Datensatz beziehen, überprüft werden. Sie eignen sich zum Beispiel für die Überprüfung von Wertebereichen (Attribut „Prozentsatz" muss zwischen 0 und 100 liegen) oder für Plausibilitätsprüfungen (Attribut „Gültig von" muss kleiner als Attribut „Gültig bis" sein).

Typischerweise werden solche Bedingungen durch entsprechende Filter in den ETL-Prozessen implementiert oder durch nachträgliche Qualitätschecks überprüft. Deshalb werden Check Constraints in Data Warehouses eher selten eingesetzt.

---

[2] NOVALIDATE (Oracle) bzw. NOCHECK CONSTRAINT (SQL Server 2014)
[3] Alternativ kann dies in der Cleansing Area auch durch den ETL-Prozess sichergestellt werden.

6.2.5 NOT NULL Constraints

Eine spezielle Ausprägung von Check Constraints sind NOT NULL Constraints, die verwendet werden, um obligatorische Attribute in einer Datenbank zu definieren. NOT NULL Constraints sind auch in DWH üblich und sollten wenn immer möglich verwendet werden. Leider sind Attribute in SQL standardmäßig als optional definiert und müssen mittels „NOT NULL" deklariert werden, wenn keine NULL-Werte erlaubt sein sollen. In den meisten Fällen ist jedoch der umgekehrte Fall zweckmäßiger, also das explizite Erlauben von NULL-Werten. Die meisten Attribute, insbesondere technische und fachliche Schlüssel sowie Fremdschlüsselattribute, aber auch Gültigkeitsintervalle, Statusfelder etc. sollten als obligatorische Attribute definiert werden. Dies aus verschiedenen Gründen, die nachfolgend aufgeführt sind.

- Fehlende Fremdschlüsselattribute führen entweder zu unvollständigen Resultaten bei Auswertungen oder zu komplexeren SQL-Abfragen. NULL-Werte in einem Dimensionsschlüssel einer Faktentabelle haben zur Folge, dass bei einer Abfrage auf ein Star- oder Snowflake-Schema Fakten verloren gehen, wenn ein Join auf die entsprechende Dimensionstabelle durchgeführt wird. Dies könnte zwar mit einem Outer Join verhindert werden, was aber zu höherer Komplexität der Abfrage und unter Umständen zu Performanceeinbußen führen kann.

- NULL-Werte müssen bei Vergleichsoperatoren (z. B. Filter im ETL-Prozess oder in den Reports, Deltaabgleich zwischen zwei Versionen bei der Historisierung, Datumsvergleichen bei zeitbezogenen Abfragen) speziell behandelt werden. Dies ist zwar in SQL problemlos möglich, wird aber insbesondere bei Ad-hoc-Abfragen häufig vergessen.

- In Reports, OLAP-Tools oder allgemeinen Frontend-Applikationen müssen NULL-Werte entsprechend gekennzeichnet werden, damit für den Anwender der Unterschied zwischen einem fehlenden Datensatz und einem leeren Attribut ersichtlich wird. Deshalb werden beispielsweise Bezeichnungsfelder der einzelnen Hierarchiestufen einer Dimension oft mit NOT NULL Constraints versehen, um Probleme bei der Darstellung zu vermeiden.

Eine bewährte Möglichkeit, um NULL-Werte zu vermeiden, besteht darin, die Attribute mit einem NOT NULL Constraint zu versehen und bei fehlenden oder fehlerhaften Attributwerten diese in den ETL-Prozessen durch Defaultwerte („Singletons") zu ersetzen. Eine Bezeichnung „Unbekanntes Produkt" hat in einem Standardreport eine höhere Aussagekraft als eine leere Zeile.

■ 6.3 Partitionierung

Partitionierung von Tabellen wird verwendet, um große Tabellen in mehrere kleinere Einheiten – sogenannte Partitionen – aufzuteilen. Mittlerweile wird Partitionierung von den meisten Datenbanksystemen angeboten, unterscheidet sich aber je nach Hersteller in Funktionalität, Syntax, Eigenschaften und Lizenzierung. Auf die spezifischen Möglichkeiten und Einschränkungen von Partitionierung in einzelnen Datenbanksystemen wird in diesem Kapitel nicht eingegangen, jedoch werden die Gründe für den Einsatz von Partitionierung in Data Warehouses dargelegt.

6.3.1 Grundprinzip von Partitionierung

Eine partitionierte Tabelle besteht aus physischer Sicht aus einer Anzahl separater Tabellen, welche alle die gleiche Struktur (Attribute, Datentypen) besitzen, aber in separaten Speichereinheiten (Partitionen) gespeichert sind. Aus logischer Sicht handelt es sich dabei um eine einzige Tabelle. Weder beim Einfügen von Daten noch bei Abfragen auf die Tabelle muss angegeben werden, in welche Partition die Daten geschrieben oder von wo sie gelesen werden müssen. Diese Zuteilung wird vom Datenbanksystem automatisch vorgenommen, und zwar basierend auf einem Partitionierungsschlüssel, der normalerweise aus einem Attribut oder einer Kombination von Attributen der Tabelle besteht.

Je nach Datenbanksystem und spezifischer Version gibt es unterschiedliche Partitionierungsmethoden, nach welchen eine Tabelle partitioniert werden kann. Teilweise ist es auch möglich, Partitionen weiter zu unterteilen in Subpartitionen (z. B. in Oracle oder MySQL). Entscheidend ist aber in jedem Fall die richtige Wahl eines geeigneten Partitionierungsschlüssels.

Partitionierung ist also kein Datenbank-Feature, das einfach ein- oder ausgeschaltet werden kann, sondern es erfordert eine sorgfältige Planung und Konfiguration, um von den Vorteilen zu profitieren. Entscheidend für den erfolgreichen Einsatz von Partitionierung ist, dass die richtige Partitionierungsmethode und vor allem der richtige Partitionierungsschlüssel für jede Tabelle gewählt werden. Dazu muss zuerst geplant werden, wofür die Partitionierung eingesetzt werden soll.

6.3.2 Gründe für Partitionierung

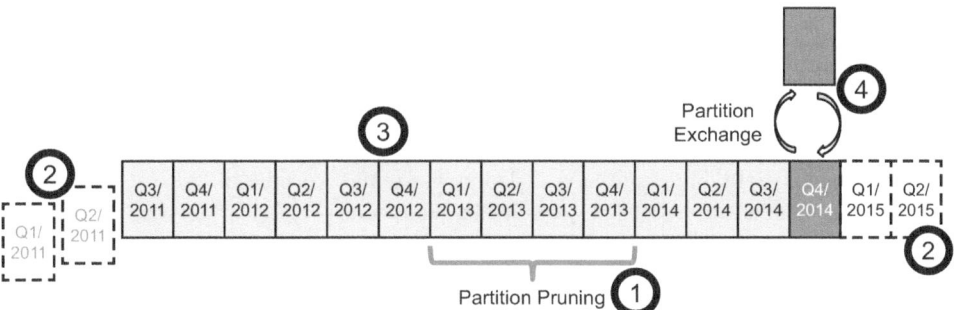

Bild 6.2 Gründe für den Einsatz von Partitionierung

Es gibt verschiedene Gründe für den Einsatz von Partitionierung im Data Warehouse. Sie werden nachfolgend anhand des Beispiels in Bild 6.2 erläutert:

- **Einschränkung der Datenmenge:** Wird bei einer Abfrage die Datenmenge auf den Partitionierungsschlüssel eingeschränkt, so müssen die relevanten Datensätze nicht in der gesamten Tabelle gesucht werden, sondern nur innerhalb einer oder mehrerer Partitionen. Dieses Verfahren wird als Partition Pruning oder Partition Elimination bezeichnet und kann bei großen Tabellen zu erheblichen Performanceverbesserungen bei den Abfragen führen. Im dargestellten Beispiel (1) werden nur Informationen des Jahres 2013 selektiert. Deshalb wird ein Partition Pruning auf die vier Quartalspartitionen dieses Jahres durchgeführt.

- **Joinen von großen Tabellen:** Werden zwei Tabellen miteinander gejoined, die nach Primary bzw. Foreign Key partitioniert sind, so kann der Join partitionsweise erfolgen (Full Partition-Wise Join). Eine Spezialvariante davon ist das Joinen einer partitionierten mit einer nichtpartitionierten Tabelle (Partial Partition-Wise Join). Der Vorteil dieser Verfahren liegt darin, dass nicht alle Daten auf einmal miteinander verglichen werden müssen und die Join-Operationen parallelisiert werden können.

- **Rollende Zeitfenster:** Ein Data Warehouse umfasst oft historische Daten über mehrere Jahre. Um zu vermeiden, dass die Datenmengen immer größer und die Antwortzeiten immer länger werden, entsteht spätestens nach einigen Jahren produktivem Betrieb das Bedürfnis, alte Daten aus dem Data Warehouse zu löschen. Bei einer partitionierten Tabelle, die nach einem geeigneten Datumsattribut partitioniert ist, können so effizient alte Partitionen gelöscht und neue hinzugefügt werden. Im Beispiel (2) werden die ältesten Partitionen Q1/2011 und Q2/2011 gelöscht. Somit wird Diskplatz frei für die neuen Partitionen Q1/2015 und Q2/2015.

- **Physische Verteilung der Daten:** Das Aufteilen einer großen Tabelle in mehrere Partitionen erlaubt auch die kontrollierte Verteilung der Daten auf mehrere Speicherorte (Disks, Tablespaces oder Datenbankfiles). Dies kann nicht nur Vorteile für die I/O-Performance haben, sondern ermöglicht es unter Umständen auch, dass bei Datenbank-Backups jeweils nur die aktuellen Partitionen gesichert werden müssen. Im Beispiel (3) muss nur die aktuelle Partition (hier Q4/2014) gesichert werden. Die historischen Daten – sofern nicht nachträglich geändert – sind bereits durch vorherige Backups gesichert. Dieses Verfahren eignet sich vor allem für große Faktentabellen, in welche nur neue Datensätze eingefügt werden.

- **Laden von Partitionen:** Anstatt neue Daten direkt in eine partitionierte Tabelle zu laden, kann bei einigen Datenbanken der Ansatz verwendet werden, die Daten in eine Stage-Tabelle[4] mit der gleichen Struktur zu laden. Diese Stage-Tabelle wird anschließend als neue Partition in die Zieltabelle eingebunden. Bei Oracle wird dieses Verfahren als Partition Exchange bezeichnet, bei SQL Server als Partition Switch. Dieses Prinzip, um neue Daten in eine partitionierte Tabelle zu laden, hat einige Vorteile in Bezug auf Ladeperformance, Wiederaufsetzbarkeit (Restartfähigkeit) und Verfügbarkeit der sichtbaren Daten. Im vorliegenden Beispiel (4) wird die aktuelle Partition Q4/2014 mittels Partition Exchange geladen.

6.3.3 Partitionierung in Staging und Cleansing Area

Tabellen der Staging und Cleansing Area werden üblicherweise nicht partitioniert, da sie in jedem Ladelauf jeweils komplett neu geladen und für die Weiterverarbeitung immer vollständig gelesen werden.

---

[4] Nicht zu verwechseln mit Stage-Tabellen in der DWH-Schicht *Stage*

6.3.4 Partitionierung im Core

Der wohl wichtigste Grund für die Partitionierung von Tabellen im Core ist das Löschen von nicht mehr benötigten Daten nach einer vordefinierten Zeit (in der Regel mehrere Jahre). Dies trifft häufig bei Bewegungsdaten zu. Deshalb werden Bewegungsdatentabellen im relationalen Core bzw. Faktentabellen im dimensionalen Core oft nach einem zeitlichen Attribut (Transaktionsdatum, Verkaufsdatum, Ladedatum) partitioniert.

Aber auch für das effiziente Lesen von Daten aus dem Core kann Partitionierung nützlich sein. Dies erscheint im ersten Moment fragwürdig, da üblicherweise keine Abfragen auf das Core durchgeführt werden. Partition Pruning/Elimination kann jedoch beim inkrementellen Laden von Bewegungsdaten in die Data Marts von Nutzen sein. Stimmt die Ladefrequenz der Data Marts mit dem Partitionierungsintervall (d. h. die Definition, ob eine Partition pro Tag, Monat, Quartal oder Jahr erstellt wird) überein, so muss für das Laden des Data Marts nur jeweils eine Partition der Core-Tabelle gelesen werden. Ist dies nicht der Fall, kann trotzdem Partition Pruning/Eliminationverwendet werden. Beim monatlichen Laden eines Data Marts aus einer Core-Tabelle mit Tagespartitionen müssen „nur" die 30 oder 31 Partitionen des ausgewählten Monats gelesen werden. Beim täglichen Laden eines Data Marts aus einer Core-Tabelle mit Monatspartitionen ist es in der Regel effizienter, eine Monatspartition vollständig zu lesen, als mittels Index auf eine nicht partitionierte Tabelle die Bewegungsdaten eines einzelnen Tages zu ermitteln.

Das Intervall der Partitionierung der Core-Tabellen wird idealerweise an die Ladefrequenz angepasst, in welcher die Bewegungsdaten ins Core geladen werden. Falls pro Ladelauf eine Partition geladen wird, kann von der Möglichkeit von Partition Exchange bzw. Partition Switch Gebrauch gemacht werden. Falls Bewegungsdaten aus mehreren Quellsystemen in die gleiche Core-Tabelle geladen werden, sollten sie entweder zuvor in der Cleansing Area zusammengeführt werden, oder es wird pro Quellsystem eine eigene Partition erstellt (z. B. durch die Möglichkeit von Subpartitionen).

6.3.5 Partitionierung in den Data Marts

Partitionierung kommt in den Data Marts typischerweise bei größeren Faktentabellen zum Einsatz. Faktentabellen werden fast immer nach einem Datumsattribut bzw. nach dem Fremdschlüssel auf die Zeitdimension partitioniert. Ein Grund ist auch hier wieder die Möglichkeit, alte und nicht mehr benötigte Fakten effizient aus dem Data Mart löschen zu können. Da außerdem die meisten Abfragen eine Einschränkung auf ein bestimmtes Datumsintervall besitzen, kommt bei der zeitlichen Partitionierung in sehr vielen Fällen Partition Pruning/Elimination zum Einsatz (Umsatz der letzten drei Monate, Vergleich des aktuellen Monats mit dem gleichen Monat des Vorjahres, Bestellungen der letzten Woche, Anzahl Neukunden pro Quartal in den letzten drei Jahren etc.).

Welches ist das richtige Datum?

Wenn eine Faktentabelle mehrere Fremdschlüssel auf die Zeitdimension besitzt, welches davon ist der geeignete Partitionierungsschlüssel? Dies hängt von der Art und Häufigkeit der Abfragen ab, wie folgendes Beispiel zeigt: Eine Fluggesellschaft lädt jeden Monat die aktuellen Flugbuchungen des Vormonats in ihr Data Warehouse. Die Faktentabellen im Core und in den Data Marts sind nach Buchungsdatum partitioniert, sodass die neusten Daten jeweils in eine neue Partition geladen werden können. Die Abfragen erfolgen jedoch typischerweise nicht nach Buchungsdatum, sondern nach Flugdatum. Der gleiche Flug kann aber Monate im Voraus oder aber erst kurz vor Abflug gebucht werden. Somit müssen für die Auswertung eines einzelnen Flugdatums jeweils mehrere Monatspartitionen der Faktentabellen gelesen werden. Eine Partitionierung nach Flugdatum statt nach Buchungsdatum oder eine Partitionierung nach beiden Daten (Composite Partitioning) wäre hier die bessere Entscheidung.

Dimensionstabellen werden seltener partitioniert, außer bei Dimensionen mit sehr vielen Einträgen (z. B. Kundendimension mit mehreren Millionen Einzelkunden). Was für eine Partitionierungsstrategie hier angewendet wird, hängt von den jeweiligen Möglichkeiten des Datenbanksystems ab.

■ 6.4 Datenkomprimierung

Da häufig Informationen auf detaillierter Ebene über mehrere Jahre aufbewahrt werden, umfassen Data Warehouses oft sehr große Datenmengen. Durch geeignete Komprimierungsverfahren können diese Daten so gespeichert werden, dass dafür deutlich weniger Diskplatz benötigt wird.

Die Einsparung von Diskplatz und damit auch die Reduzierung der Hardwarekosten ist jedoch nur ein Grund für den Einsatz von Datenkomprimierung. Ein weiterer und manchmal sogar entscheidender Grund ist die Verbesserung des Antwortzeitverhaltens von Abfragen. Diese kann durch eine mit der Komprimierung einhergehende Reduzierung des Netzwerk- oder Disk-Flaschenhalses einfach als Seiteneffekt erreicht werden. Oder es wird durch effektivere CPU-Nutzung bewirkt, wenn Operationen via SIMD[5] direkt auf komprimierte Daten angewandt werden.

Demgegenüber kann aber auch ein zusätzlicher Aufwand stehen, der je nach eingesetztem Verfahren für das Komprimieren und Dekomprimieren der Daten aufgewendet werden muss. So geht Komprimierung auch oft mit höherem CPU-Bedarf oder teilweise sogar insgesamt schlechterer Performance einher.

---

[5] SIMD = Single Instruction, Multiple Data

6.4.1 Redundanz

Je nach genutzter Datenbanksoftware stehen unterschiedliche Methoden für die Komprimierung zur Verfügung. Manche Verfahren komprimieren Daten generell, manche nur auf Disk, manche nur im Hauptspeicher. Teils müssen komprimierte Daten vor der Verarbeitung erst dekomprimiert werden, teils sind Operationen direkt auf den komprimierten Daten möglich. In jedem Fall ist es sehr empfehlenswert, die verfügbaren Techniken vor einem Einsatz genau zu studieren und für die zu komprimierenden Daten ausführlich zu testen.

Wir ignorieren hier Verfahren für die Komprimierung von Audio-, Bild- und Filmdaten, weil solche Daten in Data Warehouses eher selten anzutreffen sind. Wir schließen damit natürlich auch Verfahren aus, die Daten mit Informationsverlust komprimieren, da dies in einem Data Warehouse – außer bei gewollten Aggregationen – zu falschen Ergebnissen führen würde. Trotzdem gibt es noch eine Unzahl von weiteren Mechanismen zur Reduzierung der Datenmenge. Allen ist gemein, dass sie bei hoher Wiederholrate, also hoher Redundanz, oder geringen Unterschieden von Daten besonders gut funktionieren.

Redundanz ist naturgemäß eine Domäne der Faktentabellen, die beispielsweise große Mengen von Bestellpositionen beherbergen. Insbesondere die Fremdschlüssel auf die umgebenden Stammdaten wie Kunde, Produkt, Zeit usw. wiederholen sich oft und können daher gut zusammengefasst werden.

6.4.2 Wörterbuchmethode/Tokenbasierte Reduktion

Das Prinzip des Zusammenfassens von Wiederholungen wird am deutlichsten, wenn wir eine bestimmte Gruppe von Komprimierungsverfahren genauer betrachten, die *tokenbasierte Reduktion*. Werte wie Fremdschlüssel oder Bezeichnungen, die sich oft wiederholen, werden beim Komprimieren durch sehr kurze (bspw. 1 Byte kleine) Tokens/Symbole ersetzt und durch eine zentrale Symbol-Wert-Liste, dem Wörterbuch, „katalogisiert". Beim Lesen oder Vergleichen wird dann jedes Symbol über den Katalog wieder durch den eigentlichen Wert ersetzt und die Daten werden so dekomprimiert.

Die implementierten Verfahren unterscheiden sich von Hersteller zu Hersteller. Oracle komprimiert Daten auf diese Art automatisch, aber nur innerhalb einzelner, relativ kleiner Datenbankblöcke. Teradata wendet hingegen eine Liste von Symbolen auf die ganze Tabelle an. Diese Liste ist dann allerdings vorab manuell zu definieren.

Wenden wir diese Art der Komprimierung auf Faktentabellen an, sind oft Verdichtungen um Faktor 2 bis 5 möglich.

6.4.3 Entropiekodierung

Die Entropiekodierung ist eine weitere Klasse von Komprimierungsverfahren. Dazu gehört beispielsweise das Lempel-Ziv-Welch-Verfahren, welches unter anderem bei ZIP zum Einsatz kommt. Dieses erstellt ebenfalls Wörterbücher, ersetzt aber häufig vorkommende

Begriffe mit kleinen Symbolen und selten auftretende Begriffe mit größeren Symbolen. Damit wird die Kompression teils noch effizienter, allerdings auch komplizierter, was einen höheren Ressourcenbedarf nach sich zieht.

6.4.4 Deduplikation

Manchmal werden ganze Dokumente in der Datenbank gespeichert. Dies ist oft bei Content-Management-Systemen der Fall. Dann kann es vorkommen, dass bestimmte Dokumente mehrfach gespeichert werden, weil beispielsweise sehr viele Benutzer ein bestimmtes PDF vom Internet heruntergeladen und im System abgelegt haben. Durch Berechnung einer Checksumme aus jedem Dokument und Vergleich dieser Checksummen miteinander kann diese Redundanz beseitigt werden. Das Verfahren ist transparent für den Benutzer und die Softwareanwendung, weil ab dem zweiten Vorkommnis eines Dokuments nur noch ein Zeiger auf das erste Dokument gespeichert wird. Im Data Warehouse wird dieses Verfahren selten zur Anwendung kommen, denn nur in seltenen Fällen sind Dokumente im DWH erforderlich. Ein Anwendungsfall ist zum Beispiel die Speicherung von Molekülinformationen im Pharmabereich.

6.4.5 Komprimierung bei spaltenorientierter Datenhaltung

Wenn Daten auch spaltenorientiert gespeichert werden, gibt es weitere Optionen für Komprimierung. Bei der spaltenorientierten Datenhaltung werden Daten nicht nach Zeilen, sondern nach Spalten getrennt gespeichert.

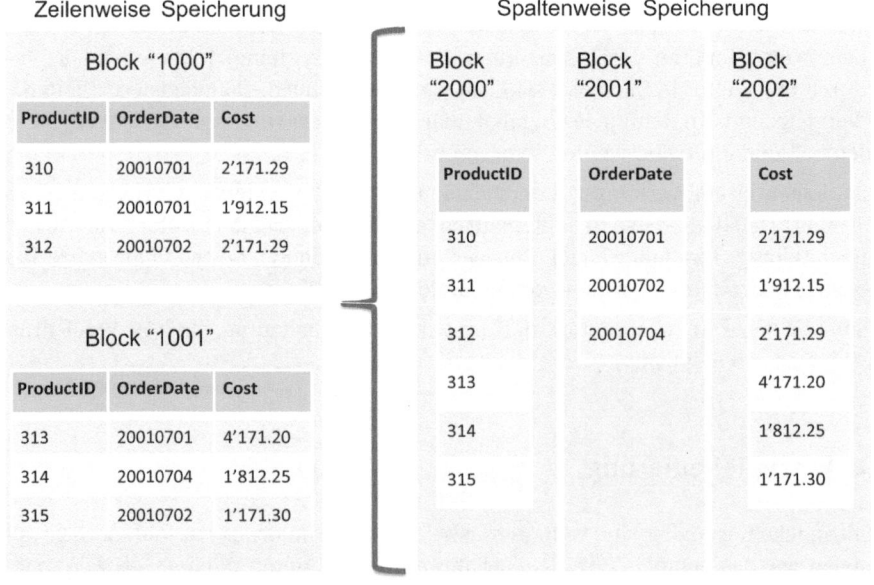

Bild 6.3 Beispiel einer spaltenorientierten Speicherung

Dieses Verfahren hat unter anderem den Vorteil, dass man nun jede Spalte sortieren und dann die untereinanderstehenden Duplikate eliminieren kann. Man nennt dies Run-Length-Encoding. Das Verfahren bietet gerade für Spalten mit extrem hoher Wiederholrate – man denke an Wertelisten wie „weiblich, männlich, unbekannt" oder „ja, nein" – enorme Kompressionsraten.

Allerdings ist diese Art der Datenkomprimierung recht CPU-intensiv, da beim Lesen mehrerer Spalten die Werte aus den einzelnen Spalten geholt, dekomprimiert und dann erst zu Zeilen zusammengefügt werden müssen.

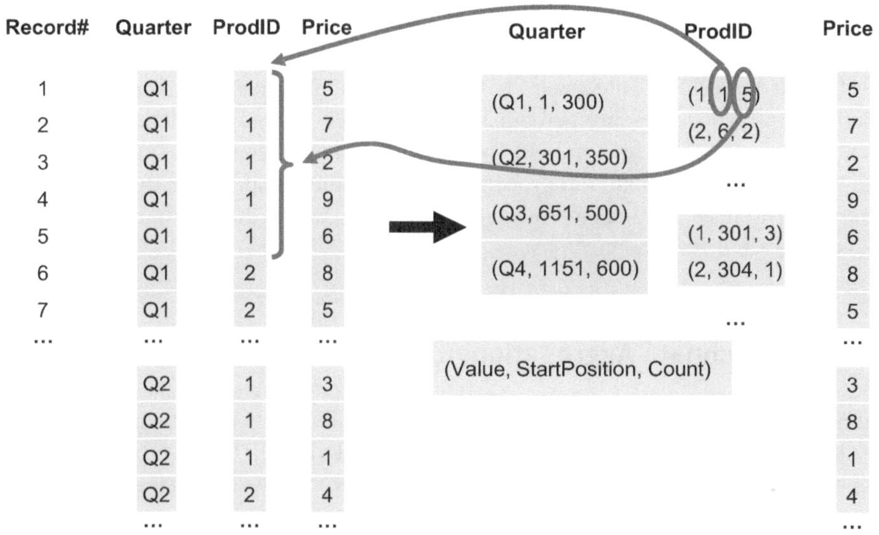

Bild 6.4 Beispiel für Run-Length-Encoding: PRODID wird in einem Tupel (Wert, Anfangsposition, Wiederholungen) gespeichert.

Solche Verfahren werden beispielsweise vom Microsoft SQL Server in den xVelocity Indexes oder von Oracle Exadata für Hybrid Columnar Compression verwendet. Die Komprimierungsrate für Faktentabellen ist dabei oft spürbar höher als bei Wörterbuchansätzen. Faktor 10 ist nicht ungewöhnlich.

6.5 Aggregationen

Viele Abfragen auf Data Marts beziehen sich auf aggregierte Daten, beispielsweise bei einem „Drill-up" in einem OLAP-Tool oder in einem Report, welcher Detaildaten auf einer höheren Hierarchiestufe summiert. Ist also der Umsatz pro Produktkategorie und Quartal gefragt, im Data Mart aber pro Einzelprodukt und Tag gespeichert, müssen die Daten auf die entsprechenden Hierarchiestufen (Produktkategorie, Quartal) aggregiert werden. Sofern der Data Mart nicht als multidimensionaler OLAP-Cube implementiert wird, erfolgt eine solche Abfrage in SQL mittels GROUP BY, wie im Beispiel in Listing 6.1 dargestellt.

Listing 6.1 Aggregation in SQL mittels GROUP BY

```
SELECT t.quarter_desc_short
     , p.category_desc_short
     , SUM(s.sales_amount)
  FROM dm_f_sales s
  JOIN dm_d_time t ON (t.dwh_id = s.dwh_time_id)
  JOIN dm_d_prod p ON (p.dwh_id = s.dwh_prod_id)
GROUP BY t.quarter_desc_short, p.category_desc_short
```

Anstatt die Aggregation bei jeder Benutzerabfrage durchführen zu müssen, besteht die Möglichkeit, für häufig verwendete Abfragen die entsprechenden Aggregationen vorauszuberechnen und die Resultate in zusätzlichen Aggregationstabellen zu speichern. Dies funktioniert mit jedem Datenbanksystem, hat aber den Nachteil, dass der Benutzer (oder das BI-Tool) die Abfrage so umschreiben muss, dass statt auf die Basistabellen auf die Aggregationstabelle zugegriffen wird. Viele BI-Tools bieten entsprechende Konfigurationsmöglichkeiten über die Metadaten an, um pro Hierarchiestufe unterschiedliche Queries ausführen zu können. Obwohl es hier teilweise elegante Lösungen gibt, ist die Konfiguration im BI-Tool mit Zusatzaufwand verbunden.

6.5.1 Vorberechnete Aggregationen

Ebenfalls zusätzlicher Aufwand wird beim Laden des Data Marts verursacht. Für das Laden bzw. Aktualisieren der Aggregationstabellen sind zusätzliche ETL-Prozesse notwendig. Bei verschiedenen Datenbanksystemen kann jedoch das Berechnen der Aggregationen automatisiert werden, indem eine SQL-Query definiert wird, deren Resultat physisch in der Datenbank abgespeichert wird. Das Aktualisieren und Nachführen von Änderungen kann dann durch entsprechende Features der Datenbank vorgenommen werden.

Eine Materialized View (Oracle) oder Indexed View (Microsoft SQL Server) ist ein spezielles Datenbankobjekt, welches aggregierte Daten beispielsweise zu einer vorhandenen Faktentabelle enthält. Zur Aktualisierung dieser physischen Datenbankobjekte stehen verschiedene Mechanismen zur Verfügung, sodass keine zusätzlichen ETL-Prozesse implementiert werden müssen.

6.5.2 Query Rewrite

Beim Ausführen einer Abfrage auf den Data Mart entscheidet der Query Optimizer der Datenbank, ob sich die Ergebnismenge des SQL-Statements aus den vorberechneten Aggregationen in der Materialized View, Indexed View oder Automatic Summary Table berechnen lässt oder ob auf die Basistabellen (Dimensions- und Faktentabellen) zugegriffen werden muss. Können die Daten aus den Aggregationen abgeleitet werden, wird das ursprüngliche SQL-Statement intern umgeschrieben, und es wird auf die Materialized View, Indexed View oder Automatic Summary Table zugegriffen. Dieser Vorgang, welcher für den Anwender und die BI-Applikation transparent ist, wird als „Query Rewrite" bezeichnet.

6.5.3 Einsatz im Data Warehouse

In vielen Oracle Data Warehouses werden Materialized Views und Query Rewrite zur Abfrageoptimierung von Data Marts eingesetzt. Die Herausforderung dabei ist, mit einer möglichst geringen Zahl von Materialized Views eine große Anzahl von unterschiedlichen Abfragen optimieren zu können. Jede zusätzliche Materialized View benötigt zusätzlichen Speicherplatz und Zeit für die Aktualisierung. Deshalb sollten sie in Anzahl und Umfang möglichst klein gehalten werden.

In Data Warehouses, die mit SQL Server realisiert werden, werden Indexed Views und Query Rewrite seltener eingesetzt. Dies liegt vor allem daran, dass beim Einsatz von Microsoft-Technologie viel eher multidimensionale Cubes (Analysis Services) verwendet werden und somit die BI-Applikationen meistens nicht direkt auf die (relational implementierten) Data Marts zugreifen.

7 BI-Anwendungen

Ein solides Data Warehouse ist normalerweise die ideale Basis für BI-Anwendungen jeglicher Art. Allerdings genügt dies nicht immer, weil BI-Anwender in den meisten Fällen, neben den Informationen in Data-Warehouse-Systemen, weitere Datenquellen (z. B. operative Systeme, externe oder Plandaten) in Analysen und Reports mit einbeziehen und diese zusätzlich häufig miteinander verknüpfen müssen.

Um diese Thematik geht es auf den folgenden Seiten.

- Der Abschnitt 7.1 gibt einen Überblick über mögliche BI-Anwendungen und zeigt, dass diese mehr sind als ein Frontend für das Data Warehouse.

- Die darauffolgenden Abschnitte 7.2, 7.3 und 7.4 zeigen Funktionalitäten, die in den vielen BI-Anwendungen gefordert werden und teilweise in diesen enthalten sind. Dabei wird diskutiert, ob diese Funktionalitäten durch anwendungsübergreifende Werkzeuge abgedeckt werden sollen.

■ 7.1 Überblick

BI-Anwendungen bedienen sich aus allen möglichen Datenquellen, die dem Unternehmen zur Verfügung stehen. Meist handelt es sich dabei um strukturierte Informationen, jedoch rücken immer mehr auch unstrukturierte Informationsquellen (Aktivitäten in sozialen Netzwerken, Rezensionen, Protokolldateien usw.) in den Fokus von BI-Anwendungen.

BI-Anwendungen sind meist sehr speziell auf die Anforderungen der Mitarbeiter in den betroffenen Fachabteilungen zugeschnitten. In größeren Unternehmen sind häufig mehrere voneinander unabhängige BI-Anwendungen (z. B. für unterschiedliche Aufgabenstellungen, von unterschiedlichen Anbietern, individuell programmiert usw.) im Einsatz.

Beispiele für BI-Anwendungen sind Konzernkonsolidierung, strategische Unternehmensplanung, Balanced Scorecards, Management Reporting oder Vertriebscontrolling. Diese Liste kann beliebig fortgeführt werden, weil selbstverständlich jede BI-Anwendung individuell ist und die verwendeten Begriffe unterschiedlich interpretiert werden.

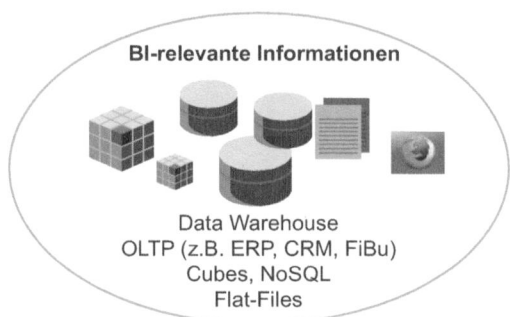

Bild 7.1 BI-relevante Informationen liegen nicht nur im Data Warehouse.

Im Zusammenhang mit BI-Anwendungen werden häufig Begriffe genannt, die weniger mit einer konkreten Aufgabenstellung in Verbindung gebracht werden können, sondern mehr mit der dahintersteckenden Technologie oder Methodik. Exemplarisch werden nachfolgend solche Begriffe aufgeführt und kurz erläutert.

- *Predictive Analytics:* Predictive (deutsch: voraussagend) Analytics beruhen auf komplexen Analysemethoden (z. B. Statistics, Data Mining, Game Theory). Dabei werden mithilfe spezieller Algorithmen auf Basis vorhandener Daten Trends und Muster berechnet bzw. erkannt. Predictive Analytics können für eine Vielzahl von Unternehmensaktivitäten angewandt werden, wie z. B. Marketing, Produktion, Risikomanagement, Compliance. Sie ermöglichen eine deutlich effizientere Entscheidungsfindung und stellen die höchste Stufe der Datennutzung dar.

- *Self Service BI:* Unter dem Begriff *Self Service BI* wird eine BI-Landschaft verstanden, die Anwender in die Lage versetzt, mithilfe von universellen, einfach bedienbaren BI-Werkzeugen aus einem Pool von Daten selbstständig, d. h. ohne IT-Unterstützung, die notwendigen Analysen zusammenzustellen.

Aus den oben genannten Abhandlungen wird klar, dass es bei BI-Anwendungen im Grunde immer um Daten geht, die den Anwendern in der jeweils gewünschten Form zur Verfügung gestellt werden. Dazu ist es meist notwendig, die Daten aus mehreren Quellsystemen miteinander zu verknüpfen, um beispielsweise neue Kennzahlen oder Trends bzw. Hochrechnungen daraus abzuleiten. Eine physische Speicherung der Ergebnisse ist nicht immer zwingend notwendig, manchmal sinnvoll und manchmal unvermeidbar.

Eigene Datenhaltung für die BI-Anwendung?

Es gibt BI-Anwendungen, die auf eine eigene, spezifische Datenhaltung angewiesen sind (z. B. Microsoft Power Pivot), und andere, die sich auf zentral zur Verfügung stehende Datenquellen beziehen (z. B. SAP Business Objects). Kombinationen daraus sind ebenfalls häufig anzutreffen.

Aus verschiedenen Gründen, die an dieser Stelle nicht weiter vertieft werden, sollte die erste Variante nur dann zum Einsatz kommen, wenn eine eigene Datenhaltung fachlich oder technisch unumgänglich ist. Dies ist häufig bei Anwendungen für die Budgetplanung der Fall, weil die Plandaten nach deren Erfassung zunächst plausibilisiert und womöglich nach speziellen Algorithmen auf untergeordnete Strukturen (z. B. Unternehmensbereiche) heruntergebrochen werden müssen. Argumente gegen die eigene Datenhaltung sind der Aufwand für die zusätzliche Datenbereitstellung, die damit verbundene Administration und ggf. zusätzliche Lizenzkosten.

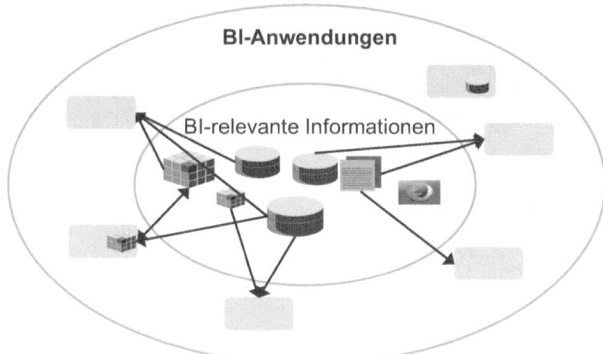

Bild 7.2 BI-Anwendungen mit und ohne eigene Datenhaltung

Aus Bild 7.2 wird deutlich, dass eine BI-Anwendung mehr als eine Datenquelle heranziehen und umgekehrt eine Datenquelle von verschiedenen BI-Anwendungen benutzt werden kann. Daten können je nach Anwendungstyp dabei in beide Richtungen fließen. An dieser Architektur kritisch anzumerken ist jedoch, dass zwischen den BI-relevanten Informationen und den BI-Anwendungen viele Verbindungen bzw. Schnittstellen existieren und deren Anzahl mit jeder neuen BI-Anwendung und Datenquelle weiter ansteigt. Dies kann unter anderem dazu führen, dass in verschiedenen BI-Anwendungen zwar dieselben Quelldaten abgefragt werden, jedoch durch unterschiedliche Transformation und Filterung die Ergebnisse pro BI-Anwendung unterschiedlich ausfallen.

Abhilfe kann eine zusätzliche semantische Schicht bieten, die als Bindeglied zwischen BI-Anwendungen und BI-relevanten Datenquellen dient. Diese Sicht wird nachfolgend als BI-Plattform bezeichnet.

Die in Bild 7.3 dargestellte BI-Plattform soll dafür sorgen, dass Zugriffe und damit Transformationen und Filterungen für bestimmte Unternehmensdaten nur einmal definiert werden und prinzipiell für alle BI-Anwendungen zur Verfügung stehen. BI-Anwendungen dürfen im Idealfall nicht direkt auf die BI-relevanten Informationen zugreifen, sondern nur auf die für sie bestimmten Informationsobjekte innerhalb der BI-Plattform. Die Architektur einer solchen BI-Plattform ist in Abschnitt 2.2 erklärt.

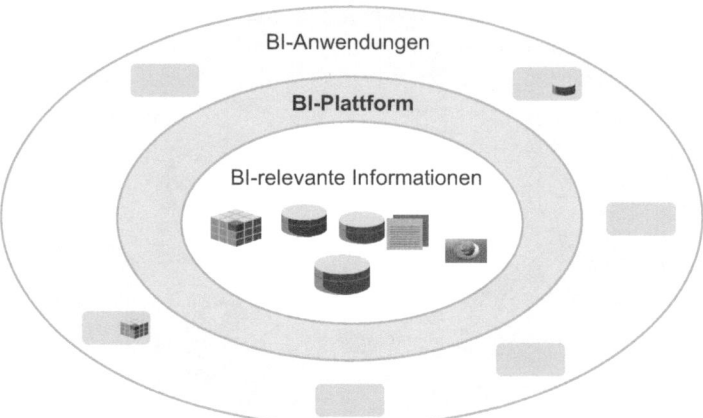

Bild 7.3 Die BI-Plattform als Schnittstelle der BI-Anwendung und BI-relevanten Informationen

Je nach Anwendergruppe sowie gewünschter Darstellungsart der BI-Ergebnisse stehen verschiedene Arten von BI-Anwendungen zur Verfügung. Die häufigsten davon – Standardberichte, Ad-hoc-Analysen und BI-Portale – werden nachfolgend beschrieben. Daneben gibt es natürlich auch Spezialwerkzeuge, die für spezifische Auswertungen verwendet werden, sowie Mischformen aus unterschiedlichen Arten von BI-Anwendungen.

■ 7.2 Standardberichte

Standardberichte sind BI-Auswertungen, die bezüglich des Layouts über einen längeren Zeitraum unverändert bleiben und regelmäßig von einem der größeren Anwenderkreise abgerufen oder an diese verteilt werden. Beispiele sind Gewinn- und Verlustrechnung, Monatsbilanz und Umsatzauswertungen für Niederlassungsleiter.

Das Erstellen und Abrufen von Standardberichten ist vermutlich Bestandteil der meisten BI-Anwendungen. Im Gegensatz zu Spezialwerkzeugen für diesen Zweck sind diese oft bezüglich Funktionalität, Layout-Möglichkeit und Flexibilität eingeschränkt, jedoch dafür meist einfacher zu bedienen. Was ist besser? In dieser Frage gibt es weder *richtig* noch *falsch*. Es kommt auf das Unternehmen und dessen Bedürfnisse an. Häufig besteht allerdings der Wunsch nach einem unternehmensweit einheitlichen Werkzeug für das Standardberichtswesen. Dies erklärt sich aus folgenden durchaus nachvollziehbaren Gründen:

- Lizenzkosten können optimiert werden.
- Know-how kann zentral gebündelt werden.
- Die Idee von *Self Service BI* wird besser unterstützt.
- Layout ist einheitlich gemäß vorgegebenem Corporate Design.
- Eine einheitliche Bedienung erleichtert die Arbeit der Endanwender.

An ein zentrales Werkzeug für das Standardberichtswesen werden allerdings sehr hohe, teilweise konkurrierende Erwartungen gestellt. So muss das Werkzeug beispielsweise sehr einfach zu bedienen sein und gleichzeitig alle Möglichkeiten der Berichtsgestaltung und -verteilung bieten. Nachfolgend werden einige typische Anforderungen an ein Werkzeug für das Standardberichtswesen aufgelistet und kurz erläutert:

- *Reportelemente:* Werkzeuge bieten meist für verschiedene Berichtselemente (z. B. Tabellen, Pivot-Tabellen, Diagramme, Landkarten, Überschriften, Kopf- und Fußzeilen, Rahmen) verschiedene Vorlagen an. Zusätzlich sollte die Möglichkeit bestehen, eigene Berichtselemente zu entwerfen.

- *Formatierung:* Im Idealfall soll mit einem Werkzeug jedes denkbare Layout möglich sein. Dabei können Berichtselemente (z. B. Überschriften, Rahmen, Tabellen) idealerweise pixelgenau positioniert werden.

- *Parametrisierung:* Mithilfe der Parametrisierung muss nicht für jeden Anwendungsfall ein separater Bericht erstellt werden. Stattdessen kann derselbe Bericht mit unterschiedlichen Parametern (z. B. für Region, Monat, Kunde) für viele Adressaten verwendet werden.

- *Ausgabeformate:* Um möglichst vielen Anforderungen der Berichtsadressaten gerecht zu werden, sollte die Ausgabe eines Berichts in verschiedenen Formaten (z. B. PDF, HTML, XML, CSV, MSOffice) generiert werden können.

- *Ziele:* Ein Bericht kann dem Adressaten, abhängig vom Ausgabeformat, über verschiedene Medien oder Kanäle (z. B. Drucker, Bildschirm, E-Mail, Datenbank, Dashboard, Filesystem) zur Verfügung gestellt werden.

- *Interaktivität:* Ein Bericht kann nicht nur gedruckt bzw. in verschiedenen Ausgabeformaten verschickt oder gespeichert werden, sondern auch am Bildschirm dargestellt und somit in bestehende Portale eingebunden und dort zur Verfügung gestellt werden. Bei der Bildschirmdarstellung erweitern zusätzliche Interaktionsmöglichkeiten wie Scrollen, Sortieren, Drill-down, Verlinkung usw. die Einsatzmöglichkeiten.

- *Unterschiedliche Datenquellen:* Beim Einsatz einer BI-Plattform (semantische Schicht) sollte diese selbstverständlich als logische Datenquelle für den Bericht genutzt werden können. Zusätzlich ist ein Direktzugriff auf Daten in unterschiedlichsten Technologien wünschenswert bzw. notwendig.

- *Scheduling:* Darunter ist zu verstehen, dass ein Bericht zu einem bestimmten Zeitpunkt (Wochentag und/oder Uhrzeit) einmalig oder regelmäßig (z. B. einmal pro Woche, pro Monat) ausgeführt und verteilt werden kann.

- *Einfache Bedienung:* Einfachere Standardberichte sollten im Idealfall ohne großen Schulungsaufwand und auf einfache Weise durch den Fachbereich, ohne Unterstützung durch die IT, erstellt werden können (Stichwort *Self Service BI*).

- *Möglichkeit der Programmierung:* Diese Eigenschaft klingt zunächst altmodisch. Soll jedoch eine größere Anzahl ähnlicher Berichte erstellt werden, so kann sich der Aufwand dafür mit einer Programmier-möglichkeit erheblich reduzieren.

- *Templates:* Berichte sollen meist einem einheitlichen Layout (Corporate Design) folgen. Um die Erstellung von neuen Berichten im geforderten Layout zu beschleunigen und um nicht sämtliche bestehenden Berichte einzeln anpassen zu müssen (bei Änderung des

Corparate Designs), ist die Möglichkeit der Benutzung von sogenannten Templates (Vorlagen) extrem nützlich.

- *Versionierung:* Bei Änderungen der Berichtsdefinition können unbeabsichtigt Fehler passieren. Aus diesem Grund, aber auch aus Gründen der Nachvollziehbarkeit oder weil ein Bericht nachträglich noch einmal in einer älteren Variante abgerufen werden soll, ist die automatische Versionierung der Berichtsdefinition sehr hilfreich.

- *Suchfunktionen:* Suchfunktion helfen z.B., um herauszufinden, welche Standardreports von einer Strukturänderung in den Quelldaten (z.B. Löschen oder Umbenennen einer Spalte) betroffen sind.

■ 7.3 Ad-hoc-Analyse

Im Gegensatz zum *Standard-Reporting* ist mit *Ad-hoc-Analyse* das spontane Erstellen von meist individuellen Auswertungen gemeint. Diese Auswertungen können zwar gedruckt und je nach Werkzeug auch per E-Mail verschickt werden. Der Haupteinsatzzweck der Ad-hoc-Analysen ist jedoch die interaktive Analyse am Bildschirm. Von den Anwendern erstellte Ad-hoc-Analysen können gespeichert und z.B. über deren Einbindung in Dashboards (siehe Abschnitt 7.4), Verzeichnisstrukturen oder durch Versendung von URLs einem größeren Benutzerkreis zugänglich gemacht werden.

Das Erstellen und Abrufen von Ad-hoc-Analysen ist wie das Standardberichtswesen Bestandteil der meisten BI-Anwendungen. Wenn jedoch in einem Unternehmen BI-Anwendungen verschiedener Anbieter im Einsatz sind, unterscheiden sich logischerweise das „Look-and-feel" und die Analyse-Funktionalität. Da jedoch, wie beim Standardberichtswesen auch, die grundsätzlichen Anforderungen an ein Werkzeug für Ad-hoc-Analysen unabhängig von den spezifischen BI-Anwendungen meist sehr ähnlich gelagert sind, spricht meist nicht viel gegen ein unternehmensweit einheitliches Werkzeug für Ad-hoc-Analysen. Im Gegenteil, es gibt mehr Vor- als Nachteile (z.B. Lizenzkosten, Know-how, Self Service BI).

An ein zentrales Werkzeug für Ad-hoc-Analysen werden allerdings sehr hohe, teilweise konkurrierende Erwartungen gestellt. So muss das Werkzeug beispielsweise sehr einfach zu bedienen sein und gleichzeitig alle Möglichkeiten der Interaktion und Formatierung bieten. Nachfolgend werden einige typische Anforderungen an ein Werkzeug für Ad-hoc-Analysen aufgelistet und kurz erläutert:

- *Analyseelemente:* Werkzeuge für Ad-hoc-Analysen bieten idealerweise für verschiedene Analyseelemente (z.B. Tabellen, Pivot-Tabellen, Diagramme, Landkarten) mehrere alternativen Vorlagen (z.B. Liniengrafik, Balkengrafik, Tortengrafik) an.

- *Analysefunktionalitäten:* Die zu analysierenden Daten sollen nach verschiedenen Kriterien verglichen werden können. Außerdem sind Ad-hoc-Berechnungen oder die Definition von Key Performance Indicators direkt in den Analysen wünschenswert oder sogar zwingend notwendig.

- *Formatierung:* Dieses Kriterium ist auch für die Ad-hoc-Analysen wichtig, allerdings nicht im selben Maße wie beim Standardberichtswesen. Schriftarten, -stile, -größen und -farben sowie die Gestaltung der Hintergründe sollten jedoch auch für Ad-hoc-Analysen konfigurierbar sein.

- *Parametrisierung:* Mithilfe der Parametrisierung muss nicht für jeden Anwendungsfall eine separate Analyse erstellt und gespeichert werden. Stattdessen kann dieselbe Analyse mit unterschiedlichen Parametern (z. B. Region, Monat, Kunde) aufgerufen werden.

- *Interaktivität:* Eine Ad-hoc-Analyse wird den Anwendern typischerweise am Bildschirm präsentiert. Interaktionsmöglichkeiten wie Scrollen, Sortieren, Drill-down, Drill-up, Drill-to-Detail, Fixierung der Überschriften, Verlinkung usw. sind deshalb Schlüsselfunktionalitäten von Ad-hoc-Analysewerkzeugen.

- *Unterschiedliche Datenquellen:* Beim Einsatz einer BI-Plattform (semantische Schicht) sollte diese vom Werkzeug für Ad-hoc-Analysen als logische Datenquelle genutzt werden können. Zusätzlich ist ein Direktzugriff auf Daten in unterschiedlichsten Technologien wünschenswert bzw. notwendig.

- *Templates:* Ad-hoc-Analysen sollen meist einem einheitlichen Layout (Corporate Design) folgen, zumindest dann, wenn sie einem breiten Publikum zur Verfügung gestellt werden. Um die Erstellung von neuen Ad-hoc-Analysen im geforderten Layout zu beschleunigen und um nicht sämtliche bestehenden Analysen einzeln anpassen zu müssen (bei Änderung des Corporate Design), ist die Möglichkeit der Benutzung von sogenannten Templates (Vorlagen) sinnvoll.

- *Versionierung:* Bei Änderungen der Analysendefinition können unbeabsichtigt Fehler passieren. Aus diesem Grund, aber auch aus Gründen der Nachvollziehbarkeit oder weil eine bestimmte Analyse nachträglich noch einmal in einer älteren Variante aufgerufen werden soll, ist die automatische Versionierung der Analysendefinition sehr nützlich.

- *Suchfunktionen:* Suchfunktion helfen z. B., um herauszufinden, welche Ad-hoc-Analysen von einer Strukturänderung in der semantischen Schicht oder in den Quelldaten (z. B. Löschen oder Umbenennen einer Spalte) betroffen sind.

■ 7.4 BI-Portale

Häufig erfolgt der Einstieg in BI-Anwendungen über Portale. Diese Portale sind meist jedoch proprietär und bieten lediglich Zugriff auf die Inhalte der jeweiligen BI-Anwendung. BI-Portale, häufig auch als Dashboards oder Management-Cockpits bezeichnet, dienen jedoch im Idealfall als logische Integrationsplattform für verschiedene BI-Anwendungen, sind also unabhängig von den BI-Anwendungen. Die Anwender melden sich am BI-Portal an und erhalten eine auf ihre Bedürfnisse zugeschnittene Sicht. Diese erste Sicht kann sehr unterschiedlich aufgebaut sein.

Sie könnte zum Beispiel die wichtigsten KPI (Key Performance Indicators) in sehr komprimierter Form enthalten. Durch Farbmarkierungen (z. B. Ampel) oder andere visuelle oder gar akustische Signale innerhalb dieser Sicht wird der Anwender auf möglichen Handlungsbedarf hingewiesen. Ausgehend von dieser komprimierten Darstellung erfolgt bei Bedarf die Verzweigung in detaillierte Ansichten. Bei diesen Ansichten kann es sich um andere

BI-Portalseiten oder um gespeicherte Ad-hoc-Analysen oder um Standardberichte (am Bildschirm dargestellt) handeln.

Selbstverständlich sollten BI-Portale offen sein und damit die Möglichkeit bieten, Verknüpfungen einzubinden und damit externe Inhalte oder Anwendungen aufzurufen. Dabei sollte es möglich sein, Einstellungen und Parameter (z.B. den Monat, den Kunden oder das Produkt) aus dem BI-Portal an die aufgerufene Anwendung zu übergeben.

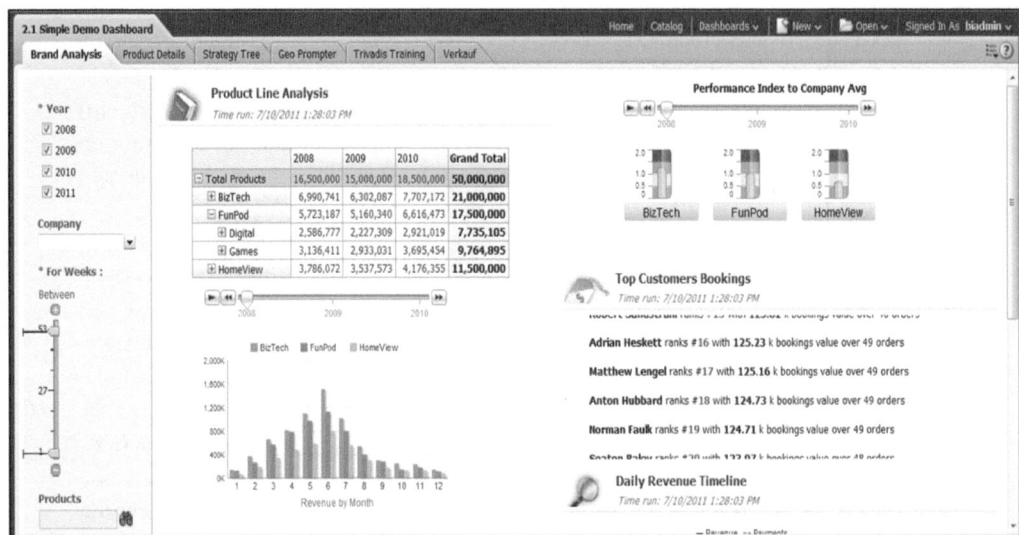

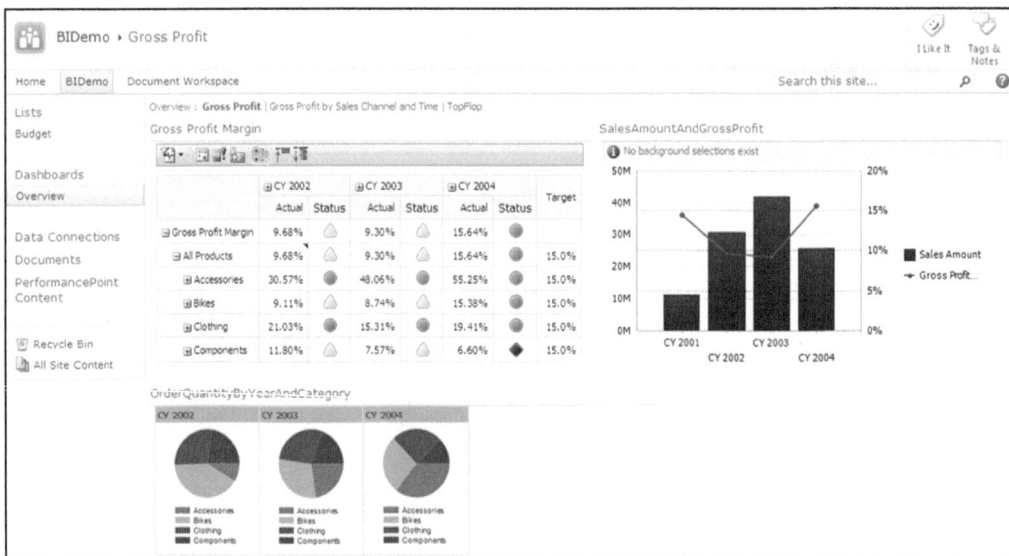

Bild 7.4 BI-Plattformen von Oracle (oben) und Microsoft (unten)

8 Betrieb

Zu einem erfolgreichen Data Warehouse gehört nicht nur ein sauberer Aufbau des gesamten Systems, sondern auch ein zuverlässiger Betrieb. Dabei geht es einerseits um das regelmäßige und automatisierte Laden von Daten ins Data Warehouse und die Bereitstellung der Daten für die Endbenutzer, damit sie während der definierten Betriebszeiten effizient auf die Data Marts zugreifen können. Zum Betrieb gehören aber auch Planung und Installation von neuen Software-Releases sowie die Überwachung des Datenbankbetriebs und der Performance des Systems. Um diese Themen geht es in diesem Kapitel.

- Abschnitt 8.1 beschreibt organisatorische und technische Maßnahmen, um DWH-Erweiterungen mit vorgegebenen Release-Zyklen effizient und stabil einführen zu können.

- In Abschnitt 8.2 wird aufgezeigt, wie die entwickelten Erweiterungen und Anpassungen eines DWH auf die verschiedenen Zielumgebungen installiert werden, damit die erforderliche Qualität des produktiven Betriebs gewährleistet bleibt.

- In Abschnitt 8.3 werden verschiedene Arten zur Überwachung des DWH-Betriebs erläutert und erklärt, wie damit die Qualität des Data Warehouses erhöht werden kann.

- Abschnitt 8.4 beschreibt schließlich, was bei Migrationen von bestehenden Data Warehouses auf neue Versionen von Softwarekomponenten wie Datenbank, ETL-Tools oder BI-Anwendungen zu beachten ist.

8.1 Release-Management

Die Entwicklung eines Data Warehouses ist typischerweise nie beendet. Solange ein Data Warehouse in Betrieb ist und benutzt wird, werden immer wieder neue Benutzeranforderungen an das System gestellt. Oder mit anderen Worten: Wenn keine neue Anforderungen mehr kommen, ist das DWH-System tot.

Diese hohe Dynamik bei den Benutzeranforderungen führt zu folgendem Dilemma bei der Release-Planung:

- Releases können in vielen Betrieben nur zu fixen Zeitpunkten – meistens zwei bis vier Mal pro Jahr – eingeführt werden. Die Vorlaufzeit für ein Release, bestehend aus Deployment, Systemtest und Release-Einführung, oft noch angereichert mit administrativen Hürden und langen Übergabefristen, kann mehrere Wochen betragen.

▪ Die hohe Dynamik vieler DWH-Projekte mit häufigen Änderungswünschen und strukturellen Anpassungen erfordert schnellere Release-Zyklen. Aus Business-Sicht ist es wünschenswert, das Data Warehouse bei Bedarf täglich anpassen zu können.

Wird den Business-Anforderungen zu stark Folge geleistet und aus Zeitgründen auf eine Release-Planung verzichtet, hat dies fatale Folgen: Das DWH-System ist im ständigen Umbau und wird nie stabil betrieben werden können. Darunter leidet auch die Datenqualität des Systems.

Aus diesen Gründen ist es wichtig, trotz scheinbarer Schwerfälligkeit nicht auf regelmäßige Releases zu verzichten. Neue Anforderungen an das DWH werden gesammelt und kategorisiert. Danach wird – in Absprache mit Informatik- und Fachabteilung – definiert, welche Anforderungen zu welchem Release-Zeitpunkt realisiert werden. Die Entscheidung ist dabei nicht nur von der fachlichen Dringlichkeit abhängig – gibt es Business-Anforderungen, die nicht dringend sind? –, sondern auch davon, welche Komponenten von der Änderung betroffen sind. Sind nur Erweiterungen im Frontend oder in einem Data Mart notwendig, kann eine neue Anforderung schneller implementiert werden, als wenn das Core oder Schnittstellen zu den Quellsystemen angepasst werden müssen.

8.1.1 Kategorisierung der Anforderungen

Die verschiedenen Benutzeranforderungen werden gesammelt, priorisiert und je nach Priorität einem bestimmten Release zugeordnet. Außerdem werden die Anforderungen in folgende Kategorien eingeteilt:

▪ *Frontend-Erweiterungen:* Benutzeranforderungen, die nur Änderungen oder Erweiterungen im Frontend zur Folge haben (Darstellungsänderungen in Reports, Anpassungen von Queries, Berechnungsformeln in den Abfragen etc.), können ohne Änderungen im DWH realisiert werden.

▪ *Neue Datenanforderungen in Data Marts:* Falls aufgrund der neuen Benutzeranforderungen zusätzliche Informationen in einem Data Mart notwendig sind, muss der Data Mart um weitere Kennzahlen, Dimensionen, Attribute oder Tabellen erweitert werden. Das bedingt in den meisten Fällen, dass der Data Mart aus dem Core komplett neu geladen werden muss.

▪ *Neue Datenanforderungen im Core:* Aufwendiger wird es, wenn aufgrund der neuen Anforderungen das Core um zusätzliche Attribute oder Tabellen erweitert werden muss. In diesem Fall müssen die ETL-Prozesse sowie die Tabellenstrukturen der Staging und Cleansing Area erweitert werden. Weil im Core die Daten historisiert abgelegt sind, muss außerdem definiert werden, ob und wie die historischen Daten ermittelt werden können. Diese Problematik wird nachfolgend beschrieben.

▪ *Schnittstellenerweiterungen:* Wenn neue Daten ins Core geladen werden, müssen unter Umständen auch die Schnittstellen zu den Quellsystemen erweitert werden. In diesen Fällen sind oft Änderungen auf dem betroffenen Quellsystem sowie in jedem Fall in den ETL-Prozessen notwendig. Hier ist zusätzlich zu beachten, dass die Release-Planung sowohl das Quellsystem als auch das Data Warehouse berücksichtigen muss. Die Extraktionsprozesse des Quellsystems müssen gleichzeitig wie das DWH-Release oder bereits in einem früheren Release eingeführt werden.

8.1.2 Schnittstellen zu Quellsystemen

Insbesondere bei Data Warehouses mit mehreren Quellsystemen tritt eine weitere betriebliche Herausforderung auf: Die Release-Zyklen der Quellsysteme und des DWH-Systems sind nicht aufeinander abgestimmt. Dies kann dazu führen, dass durch Änderungen im Quellsystem die Datenlieferungen ans Data Warehouse nicht mehr funktionieren. Dazu ein Beispiel:

- Zum Zeitpunkt t_1 wird ein neues Applikationsrelease eines Quellsystems eingeführt. Dabei ändert sich die Struktur einzelner Tabellen, die ans Data Warehouse geliefert werden, sei es durch zusätzliche Attribute, geänderte Datentypen oder Feldlängen.

- Um die Strukturänderungen auch im Data Warehouse korrekt behandeln zu können, sind Anpassungen der Datenstrukturen und Ladeprozesse im Data Warehouse notwendig. Diese können jedoch erst zum nächsten DWH-Release-Zeitpunkt t_2 eingeführt werden.

- Während der Zeitspanne zwischen t_1 und t_2 besteht nun das Problem, dass das Data Warehouse noch von den bisherigen Strukturen des Quellsystems ausgeht, dieses aber bereits die angepassten Strukturen liefert.

Wie gehen wir mit solchen Situationen um? Hierzu stehen mehrere Möglichkeiten zur Verfügung, die je nach Technologie der Schnittstelle und organisatorischen Rahmenbedingungen eingesetzt werden können. Die in Tabelle 8.1 aufgeführten Varianten sind nachfolgend erklärt.

Tabelle 8.1 Varianten von Schnittstellendefinitionen

Zuständigkeit	Extraktion aus RDBMS	Filelieferungen
Quellsystem	Definierte Source-Views	Definiertes Fileformat
Data Warehouse	Dynamische Stage-Tabellen	Dynamisches Filehandling

- *Definierte Source-Views:* Werden die Quelldaten direkt aus einer relationalen Datenbank extrahiert und in die zugehörige Stage-Tabelle des Data Warehouses geladen, empfiehlt es sich, für jede zu extrahierende Tabelle eine View auf der Quelldatenbank zu implementieren, welche die gleiche Struktur wie die Stage-Tabelle hat. Werden nun im Quellsystem Strukturänderungen durchgeführt, muss die zugehörige Source-View so angepasst werden, dass sie die Daten in der vom DWH erwarteten Form liefern kann. In den meisten Fällen handelt es sich um eine 1-zu-1-View auf die Quelltabelle, unter Umständen müssen aber auch einfache Transformationen wie Typenkonvertierungen durchgeführt werden, damit die definierte Schnittstelle weiterhin beliefert werden kann. Die Pflege und Anpassung dieser Source-Views liegt in der Verantwortung des Quellsystems.

- *Dynamische Stage-Tabellen:* Ist es aus organisatorischen Gründen nicht möglich, dass das Entwicklungsteam des Quellsystems die Verantwortung und Pflege der Source-Views übernehmen kann, muss eine dynamische Lösung in Betracht gezogen werden. Dies ist in der Regel aufwendiger zu realisieren, hat aber den Vorteil, dass eine gewisse Unabhängigkeit zwischen Strukturänderungen im Quellsystem und Data Warehouse gewährleistet werden kann. Ein möglicher Ansatz besteht darin, die Stage-Tabellen vor jedem Ladelauf dynamisch zu erstellen, basierend auf der aktuellen Struktur der Quelltabellen. Dazu müssen auch die Ladeprozesse in die Staging Area dynamisch aufgebaut werden, sodass neue Attribute, die im Quellsystem hinzugefügt werden, in die Stage-Tabelle geladen werden können. Die weitere Verarbeitung der Daten in Cleansing Area, Core und Data Marts ist davon nicht betroffen, das heißt, neue Attribute, die im Quellsystem zur Verfügung stehen, werden zwar in die Staging Area , bis zum nächsten DWH-Release aber noch nicht ins Core geladen. Die Cleanse-Prozesse müssen trotzdem flexibel genug sein, um zum Beispiel geänderte Feldlängen so zu behandeln, dass die Verarbeitung nicht abbricht.

- *Definiertes Fileformat:* Als definierte Schnittstelle zwischen Quellsystemen und Data Warehouse werden oft Flat Files verwendet (z. B. im CSV-Format). Dabei liegt es in der Verantwortung des Quellsystems, die Daten im vorgegebenen Format in ein File zu extrahieren und regelmäßig ans Data Warehouse zu liefern. File-Schnittstellen erlauben nicht nur eine technologische Unabhängigkeit zwischen Quellsystem und DWH-System, sondern erlauben auch die einfache Spezifikation einer definierten Schnittstelle zwischen den Systemen. Wird nun das Quellsystem erweitert, so müssen die Extraktionsprozesse so angepasst werden, dass sie die für das DWH erforderlichen Daten weiterhin im definierten Format liefern können. Zusätzliche Felder, die im Rahmen eines Applikationsreleases hinzukommen, können dabei bereits ins File extrahiert werden, müssen in der Regel aber am Ende angefügt werden, damit die bisherige Struktur nicht verändert wird. Sofern diese Regel konsequent eingehalten wird und keine Attribute gelöscht oder umbenannt werden, ist dies ein pragmatischer und stabiler Ansatz für eine Schnittstellendefinition.

- *Dynamisches Filehandling:* Flat Files sind relativ anfällig auf Strukturänderungen. Wird ein neues Attribut eingefügt (d. h. nicht am Ende angefügt) oder gelöscht, so verschieben sich die nachfolgenden Felder, was zu einem Abbruch des Ladeprozesses oder – noch schlimmer – zum Laden der Daten in falsche Attribute führt.[1] Abhilfe bietet hier ein dynamisches Filehandling. Anhand der aktuellen Filestruktur wird die jeweilige Stage-Tabelle (oder Source-View) zu Beginn des Ladelaufs dynamisch erstellt. Voraussetzung ist jedoch, dass diese Strukturinformation zur Verfügung steht, sei es in einem separaten Metadatenfile oder in der Headerzeile des Datenfiles.[2] Aus der Headerzeile können zwar die Attributnamen ermittelt werden, aber weitere Informationen wie Datentypen und Feldlängen stehen nicht zur Verfügung. Ein pragmatischer Ansatz besteht dann darin, die unbekannten (neuen) Felder zu ignorieren oder als Textfelder mit maximaler Länge in die Stage-Tabelle zu laden.

Jede dieser Varianten hat ihre Vor- und Nachteile. Um die Komplexität klein zu halten, ist es sicher besser, mit definierten Schnittstellen (als Source-Views oder klar definierte Filelieferungen) zu arbeiten. Ist dies aus organisatorischen Gründen nicht möglich, kann ein dynamischer Ansatz in Betracht gezogen werden.

---

[1] Abhilfe bieten hier XML-Files, da dabei die Strukturinformation für jedes Attribut im File mitgeliefert wird. Aufgrund der hohen Redundanz von Metainformationen sind XML-Files jedoch für große Datenmengen, wie sie oft an Data Warehouses geliefert werden, nicht geeignet.

[2] Das Trivadis-Tool *TVD-Filehandling* (Advanced File Handling) erstellt zum Beispiel die Stage-Tabellen anhand der Strukturinformationen, die als Control File mit jedem Flat File mitgeliefert werden.

Schnittstellendefinitionen: Lieber zu viel als zu wenig

Um zu vermeiden, dass bei jedem DWH-Release auch die Schnittstellen zu den Quellsystemen angepasst werden müssen, empfiehlt es sich, im Zweifelsfall lieber zu viele als zu wenige Daten vom Quellsystem anzufordern. Fachliche Attribute, die momentan nicht ins DWH geladen werden, aber für ein späteres Release von Interesse sein könnten, werden dann zwar aus dem Quellsystem extrahiert und in die Staging Area geladen, aber nicht ins Core integriert. Wird zu einem späteren Zeitpunkt das Core entsprechend erweitert, muss die Schnittstelle nicht auch noch angepasst werden. Als Faustregel gilt: Wenn aus einer Tabelle des Quellsystems Daten ans DWH geliefert werden, sollten alle fachlichen Attribute dieser Tabelle auf der Schnittstelle zur Verfügung stehen. Tabellen, die keine Daten ans DWH liefern, werden hingegen nicht extrahiert.

■

8.1.3 Umgang mit historischen Daten

Solange neue Anforderungen nur zu Erweiterungen von Data Marts führen, entstehen bei der Einführung eines neuen Releases keine Probleme mit historischen Daten – vorausgesetzt, es ist eine saubere DWH-Architektur vorhanden. Da die notwendigen Daten bereits im Core historisiert abgelegt sind, kann ein Initial Load des betroffenen Data Marts durchgeführt werden, um die neuen Attribute, Dimensionen oder Kennzahlen zu befüllen.

Anders sieht die Situation aus, wenn das Core mit zusätzlichen Attributen oder Tabellen erweitert wird. Je nach Anforderungen und technischen Möglichkeiten der Quellsysteme sind unterschiedliche Szenarien denkbar.

Wenn die Daten im Quellsystem bereits historisiert werden, besteht – zumindest theoretisch – die Möglichkeit, einen Initial Load vom Core durchzuführen und den historischen Datenbestand mit den neuen Attributen von Grund auf aufzubauen. Das ist jedoch nur bei relativ kleinen DWH-Systemen mit überschaubaren Datenmengen möglich.

Typischer ist der Fall, dass die neuen Attribute erst ab Einführungstermin des neuen Releases befüllt werden. Für die historischen Daten ist das Attribut entweder leer oder es wird mittels einer Datenmigration ein Defaultwert (Singleton) gesetzt. Auch das kann bei großen Datenmengen zeitaufwendig werden, ist aber von der Logik her die einfachste Lösung. Der Nachteil dieser Variante ist, dass in den Auswertungen die zusätzlichen Attribute nur für Daten zur Verfügung stehen, die nach dem Release-Zeitpunkt geladen werden.

Wenn es sich bei den zusätzlichen Attributen um abgeleitete Werte handelt, die aus den bestehenden Daten berechnet werden können, ist eine Datenmigration der historischen Daten ebenfalls möglich.

Migration von historischen Daten

Um ein Attribut einer bestehenden Tabelle nachträglich mit Werten zu befüllen – ob mit einem Singleton oder einem abgeleiteten Wert –, ist es im DWH-Umfeld meistens nicht möglich, dies mittels UPDATE-Statement durchzuführen. Bei großen Tabellen ist es zu empfehlen, ein Migrationsskript zu schreiben, welches die Daten in eine neue Tabelle mit der erweiterten Struktur kopiert und dabei die zusätzlichen Attribute berechnet. Anschließend wird die ursprüngliche Tabelle gelöscht und die neue Tabelle umbenannt.

Ist die Tabelle partitioniert, kann diese Migration auch pro Partition erfolgen, indem die Partitionen mittels Zwischentabellen neu erstellt und dann ausgetauscht werden.

Bei neuen Stammdatentabellen, die zum Beispiel als Basis für eine neue Dimension dienen, wird meistens der Ansatz gewählt, dass zum Release-Zeitpunkt ein Initial Load dieser Tabelle erfolgt. Werden die Daten im Core versioniert (z. B. mittels SCD 2), stehen Änderungen vor dem Release-Zeitpunkt nicht zur Verfügung.

Bei neuen Bewegungsdaten werden ebenfalls nur die Bewegungen ab dem Release-Zeitpunkt ins Core geladen. Historische Daten rückwirkend zu laden, ist oft technisch nicht möglich oder fachlich nicht notwendig.

8.1.4 Datenbankumgebungen

DWH-Projekte sind oft gekennzeichnet durch häufige und kurzfristige Änderungswünsche und wechselnde Anforderungen. In diesem hektischen Umfeld wird teilweise versucht, Zeit einzusparen, indem auf unterschiedliche Umgebungen implementiert oder – ganz schlimm – direkt auf der Produktionsumgebung entwickelt wird. Darunter leidet die Stabilität des DWH-Systems sehr stark. Auch in „hochdynamischen" DWH-Projekten – und gerade dort – sollte darauf geachtet werden, alle Änderungen und Erweiterungen über mehrere Stufen zu testen und einzuführen.

Ein DWH-System sollte mindestens aus drei Datenbankumgebungen bestehen (siehe Bild 8.1): Entwicklungs-, Test- und Produktionsdatenbank. In einer „heilen Welt" werden die Umgebungen für folgende Aufgaben verwendet:

* *Entwicklungsumgebung:* Implementation und Unit Tests aller Softwareänderungen
* *Testumgebung:* Integrations- und Systemtests des Gesamtsystems
* *Produktionsumgebung*: Datenbank, auf welche die Endbenutzer zugreifen

 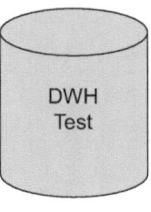 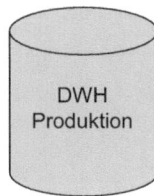

DWH Entwicklung   DWH Test   DWH Produktion

Bild 8.1
Datenbankumgebungen für Entwicklung, Test und Produktion

Leider ist die Realität etwas komplizierter: Da in der Entwicklungsumgebung oft nur wenige und nicht repräsentative Daten zur Verfügung stehen, ist eine solche Umgebung nur beschränkt geeignet, um Reports zu entwickeln. Und wie soll ein Frontend-Entwickler seine Reports testen, wenn gleichzeitig die ETL-Entwickler die Ladeprozesse testen? Um dieses Dilemma zu lösen, ist es zweckmäßig, separate Entwicklungs- und Testumgebungen für ETL und Auswertungen zur Verfügung zu stellen. Ein pragmatischer Ansatz ist es, für die Frontend-Tests eine Datenbank mit kopierten Daten aus der Produktionsumgebung zu verwenden.

Ebenfalls getestet werden muss der Deployment-Prozess (vgl. nächster Abschnitt). Diese Thematik wird oft unterschätzt. Um das vollständige Deployment eines Releases zu testen, muss eine Zieldatenbank zur Verfügung stehen, die von der Struktur (nicht vom Dateninhalt) her identisch aufgebaut ist wie die Produktionsdatenbank und ausschließlich für Deployment-Tests verwendet wird.

Um Integrations- und Systemtests durchführen zu können, ist eine Testdatenbank mit realistischen Daten notwendig – und zwar sowohl vom Umfang als auch vom Inhalt her. Es genügt nicht, einfach die produktiven Daten der letzten zwei Monate auf die Testumgebung zu kopieren. Wie soll hier beispielsweise ein Report mit Vorjahresvergleichen getestet werden? Oder wie sollen Lookups in den ETL-Prozessen funktionieren, wenn keine vollständigen Stammdaten vorhanden sind? Oft wird der Kompromiss gemacht, dass alle Stammdaten sowie die Bewegungsdaten einer bestimmten Zeitperiode aus der Produktion kopiert werden.

Eine ideale Situation ist es, wenn eine oder mehrere Testumgebungen vorhanden sind, die eine vollständige Kopie der produktiven Daten enthalten oder direkt von den produktiven Quellsystemen geladen werden, wie im Beispiel in Bild 8.2 gezeigt. Das ist für kleinere Data Warehouses möglich, bei sehr großen DWH-Systemen aber aus Kostengründen oft nicht realistisch. Unter Umständen ist es außerdem notwendig, die Daten zu anonymisieren (beispielsweise Kundendaten bei Banken oder Versicherungen).

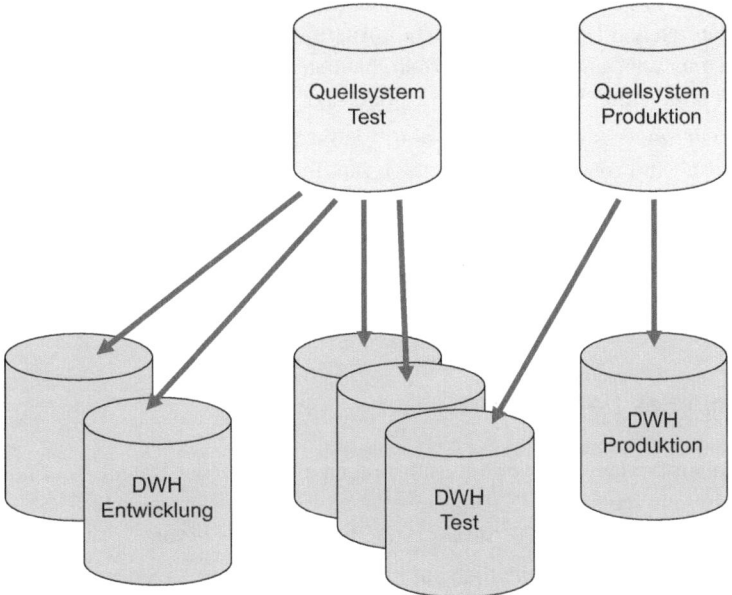

Bild 8.2 DWH-System mit mehreren Entwicklungs- und Testumgebungen

■ 8.2 Deployment

Wird ein Release eingeführt, so müssen die zugehörigen Erweiterungen des Data Warehouses in die unterschiedlichen Datenbankumgebungen verteilt werden. Dazu gehören das Anpassen der notwendigen Datenstrukturen (Tabellen, Views etc.) sowie die Installation der Softwareänderungen für die ETL-Prozesse und die Frontend-Tools.

> **Koordination zwischen Quellsystemen und Data Warehouse**
>
> Falls mit dem Release auch Schnittstellenänderungen eingeführt werden, müssen unter Umständen auch die Extraktionsprogramme der Quellsysteme ersetzt werden. Da die Quellsysteme in der Regel von anderen Teams betreut werden, läuft das Deployment unabhängig vom DWH-Deployment, muss aber zeitlich koordiniert werden. Möglichkeiten dazu werden in Abschnitt 8.1.2 aufgezeigt. ■

Unabhängig davon, wie viele Datenbankumgebungen existieren, muss sichergestellt werden, dass Struktur- und Softwareänderungen auf alle Umgebungen installiert werden können. Das kann auf unterschiedliche Arten geschehen, wie nachfolgend beschrieben wird.

Grundsätzlich muss beim Deployment unterschieden werden zwischen Strukturänderungen und Softwareänderungen:

- *Strukturänderungen* sind Änderungen am Aufbau von Tabellen (neue Attribute, geänderte Datentypen, zusätzliche Indizes, Partitionierung, zusätzliche Constraints etc.). Das Erstellen einer neuen Tabelle ist noch relativ einfach zu implementieren, aber sobald bestehende Tabellen geändert werden müssen, die bereits Daten enthalten, sind unter Umständen komplexe Migrationsprozesse notwendig. Auch muss jeweils entschieden werden, wie die historischen Daten mit den neuen Attributen umgehen sollen. Müssen die Daten nachgerechnet oder nachgeladen werden, bleiben die Attribute für die bereits geladenen Daten leer oder sollen Singleton-Werte eingesetzt werden?

- *Softwareänderungen* sind Änderungen an Views, Stored Procedures, Ladejobs, ETL-Mappings etc. Sie sind relativ einfach zu deployen, indem sie einfach mit der neuen Version überschrieben werden. Eine Datenmigration ist bei solchen Änderungen nicht notwendig. Es kann aber durchaus die Situation auftreten, dass aufgrund einer Softwareänderung (z.B. Fehlerkorrektur in einem ETL-Mapping) historische Daten neu geladen oder migriert werden müssen.

8.2.1 Manuelles Deployment

Beim manuellen Deployment werden Änderungen direkt auf der Datenbank implementiert, beispielsweise mit Tools wie SQL-Developer, Toad oder SQL-Navigator für Oracle-Datenbanken bzw. Visual Studio oder SQL-Server Data Tools für SQL-Server.

Dieses Verfahren sollte ausschließlich auf Entwicklungsumgebungen verwendet werden, da ein manuelles Deployment nicht nachvollziehbar ist. Insbesondere bei Strukturänderungen muss sichergestellt werden, dass alle Tabellenänderungen zumindest über ein vorbereitetes Skript ausgeführt und nicht in einem Tool wie z. B. Toad „zusammengeklickt" werden. Für die Entwicklung von Views oder Stored Procedures ist ein manuelles Deployment in die Entwicklungsdatenbank zweckmäßig.

8.2.2 Filebasiertes Deployment

Beim filebasierten Deployment werden alle Strukturänderungen und Softwarekomponenten in Files abgespeichert, die als Basis für das Deployment auf die unterschiedlichen Umgebungen dienen. Für Strukturänderungen werden DDL-Skripte sowie SQL-Skripte für die Datenmigration erstellt. Bei der Software wird entweder der Quellcode (z. B. PL/SQL-Packages oder Stored Procedures in Transact SQL) in Files gespeichert, oder es werden je nach eingesetzter Technologie entsprechende Files exportiert (z. B. XML-Files für ETL-Mappings).

Um die Änderungen für verschiedene Releases nachvollziehen zu können, empfiehlt sich der Einsatz eines Versionenverwaltungssystems wie zum Beispiel Apache Subversion (SVN), Rational ClearCase der Microsoft Team Foundation Server (TFS).

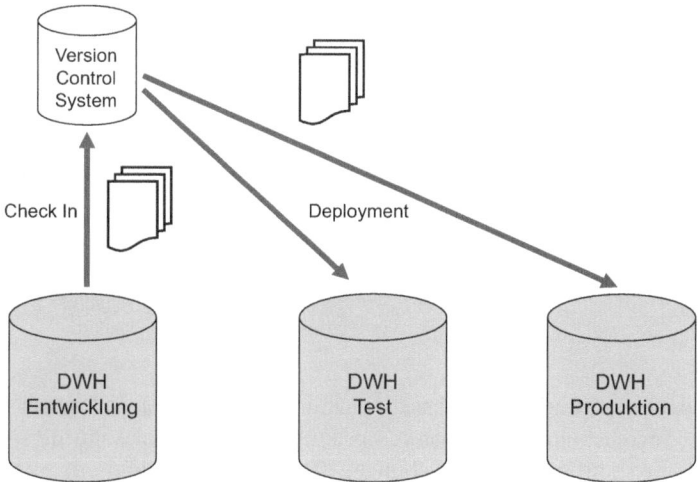

Bild 8.3 Deployment über Version Control System

Anhand von Bild 8.3 soll das Prinzip des filebasierten Deployments erläutert werden: Das DWH-Entwicklungsteam implementiert auf der Entwicklungsdatenbank und speichert die Sourcefiles im Version Control System (Check-in). Alle Files, die zu einem Release gehören, werden dann aus dem Version Control System extrahiert und als Basis für das Deployment auf die anderen Umgebungen verwendet. Damit beim Deployment auf die Produktionsdatenbank keine bösen Überraschungen auftreten, sollte der Deployment-Prozess auch auf den Testumgebungen nach dem genau gleichen Prinzip durchgeführt werden.

Abhängig vom eingesetzten Version Control System und von den organisatorischen Randbedingungen kann es relativ aufwendig werden, die Files für das Deployment eines spezifischen Releases zu kennzeichnen und in der richtigen Reihenfolge zu deployen. Auch hier ist eine pragmatische Vorgehensweise empfohlen. Leider kommt es vor, dass in großen Projekten und je nach betrieblichem Umfeld das Deployment eines Releases aufwendiger ist als die Entwicklung der Softwareänderungen, die deployed werden müssen.

8.2.3 Repository-basiertes Deployment

Je nach eingesetzten Entwicklungswerkzeugen kann auch direkt aus einem Repository deployed werden. Wird beispielsweise Oracle Warehouse Builder eingesetzt, besteht die Möglichkeit, im OWB Design Repository für die unterschiedlichen Umgebungen verschiedene Konfigurationen zu definieren. Somit kann aus dem gleichen Repository in mehrere Zielumgebungen deployed werden, wie in Bild 8.4 dargestellt.

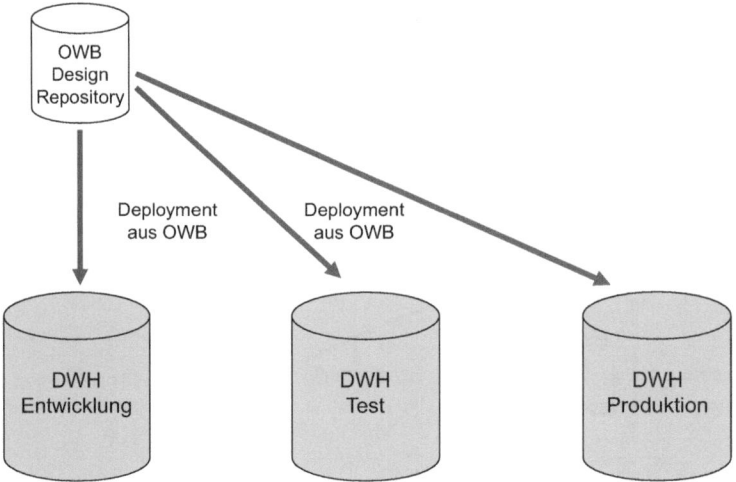

Bild 8.4 Deployment aus OWB-Repository

Obwohl es möglich ist, direkt aus dem Entwicklungstool (hier: OWB Control Center) Zielobjekte auf die verschiedenen Datenbankumgebungen zu deployen, sollte diese Möglichkeit zumindest für produktionsnahe Umgebungen (Systemtest, Produktion) nicht verwendet werden. Stattdessen ist es empfehlenswert, das Deployment skriptbasiert durchzuführen. Viele Entwicklungstools stellen entsprechende Skriptsprachen zur Verfügung (beim OWB zum Beispiel das Command Line Interface OMB*Plus).

8.2.4 Kombiniertes Deployment

Neben den klassischen Deployment-Verfahren gibt es auch verschiedene Kombinationen, die eingesetzt werden können. Beispielsweise wird das Deployment von Strukturänderungen und von Softwareänderungen unterschiedlich durchgeführt oder es werden je nach Datenbankumgebung verschiedene Verfahren angewendet.

Das Beispiel in Bild 8.5 zeigt, wie verschiedene Deployment-Verfahren in den unterschied-lichen Datenbankumgebungen eingesetzt werden können. Es handelt sich dabei um ein Beispiel aus einem realen Kundenprojekt.

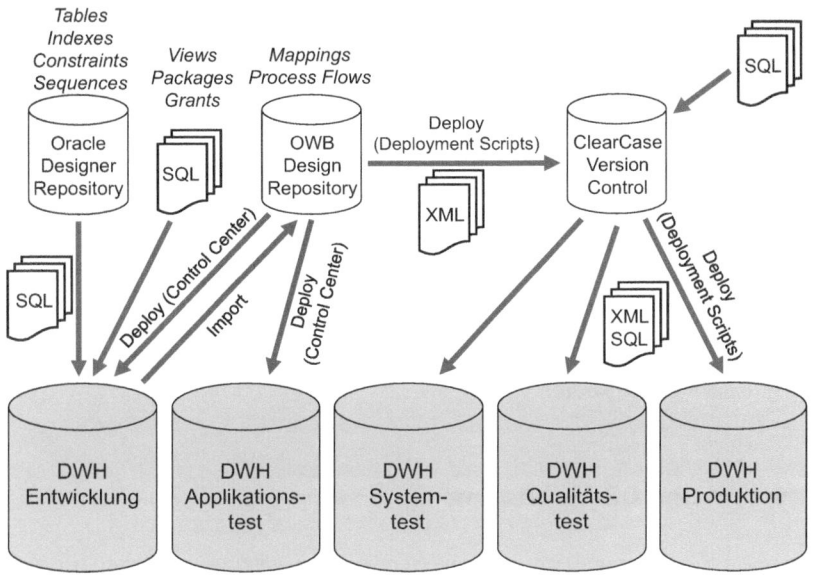

Bild 8.5 Kombination von verschiedenen Deployment-Verfahren

- Strukturänderungen werden mit Oracle Designer implementiert und via SQL-Skripten auf die Entwicklungsdatenbank deployed. Von dort werden sie ins OWB Design Repository importiert.

- Views und manuell implementierte PL/SQL-Packages (d. h. nicht OWB-Mappings) werden auf der Entwicklungsdatenbank implementiert und danach ins OWB Design Repository importiert.

- Im OWB entwickelte Mappings und Process Flows werden von den Entwicklern über das OWB Control Center auf die Entwicklungsdatenbank deployed.

- Das Deployment aller Objekte auf die Applikationstestdatenbank erfolgt ausschließlich aus dem OWB Design Repository und wird ebenfalls von den Entwicklern via OWB Con-trol Center gemacht.

- Aus dem OWB Design Repository wird ein skriptbasiertes Deployment in XML-Files aus-geführt. Die generierten XML-Files sowie manuell erstellte SQL-Skripte für Datenmigra-tionen werden in einem Version Control System (ClearCase) abgelegt.

- Auf alle weiteren Datenbanken (Systemtest, Qualitätstest und Produktion) wird ein fileba-siertes Deployment aus ClearCase ausgeführt. Das Deployment auf die Systemtestdaten-bank ist gleichzeitig ein Test des Deployment-Prozesses und wird vom Entwicklungsteam ausgeführt. Das Deployment auf die Qualitätstest- und die Produktionsdatenbank wird vom Betriebsteam ausgeführt. Entwickler haben auf diese Datenbanken keinen Zugriff.

■ 8.3 Monitoring

Unter Monitoring wird die Überwachung und Protokollierung des Betriebs eines Systems bezeichnet. Beim Betrieb eines Data Warehouses kommen verschiedene Arten von Monitoring zum Einsatz. Sie sind in den folgenden Abschnitten beschrieben.

8.3.1 Betriebsmonitoring

Wie jede andere IT-Lösung müssen auch Data Warehouses und die zugehörigen BI-Applikationen durch geeignete Maßnahmen überwacht werden. Die Art und der Detailgrad der Überwachung werden auch hier durch Service Level Agreements (SLAs) festgelegt. Diese beschreiben unter anderem die erwartete Verfügbarkeit des Gesamtsystems und der Komponenten. Entsprechend müssen diese Erwartungen durch geeignete Hard- und Softwareprodukte ermöglicht werden.

8.3.2 System und DB-Monitoring

Der Betrieb von BI-Systemen wird durch passende Überwachungsmethoden für die jeweiligen Hardware- und OS-Produkte gelöst und daher hier nicht vertieft. Zumindest aus der Sicht des DB-Monitorings unterscheiden sich DWH-Datenbanken und die zugehörige Applikationen (ETL-Werkzeuge, Analysetools etc.) nicht von anderen IT-Lösungen. Im Wesentlichen gelten hier also dieselben Vorgaben wie beim Monitoring von OLTP-Datenbanken.

8.3.3 ETL-Monitoring

Außerhalb der üblichen IT-Monitoring-Lösungen steht im DWH die Überwachung von ETL-Prozessen. Diese folgen meist komplexen, in speziellen Workflows definierten Vorgehensweisen. Dabei sind zahlreiche Vorgaben einzuhalten. Zum Beispiel:

- Prozesse A bis F dürfen nur innerhalb eines bestimmten Zeitfensters laufen.
- Prozess A darf nicht gleichzeitig mit Prozess B laufen, da beide dieselbe Ressource nutzen (zum Beispiel dieselben Datensätze ändern).
- Prozess D muss direkt auf Prozess C folgen.
- Prozess F darf erst nach Prozess E laufen.

Diese Aufgaben werden üblicherweise im Rahmen der DWH-Entwicklung mit einer Workflow-Software[3] und einem Scheduler[4] gelöst. Diese übernehmen sowohl die Steuerung als auch die Überwachung der Prozesse. Bei der Modellierung der Workflows ist dabei entscheidend, den Fehlerfall möglichst effektiv zu behandeln. So sollte eine ausbleibende Datenlieferung wirk-

---

[3] Beispielsweise Oracle Workflow, UC4, Cronacle etc.
[4] Beispielsweise Oracle Scheduler, cron, UC4, Cronacle etc.

lich nur die Folgeprozesse stoppen, die davon betroffen sind. Nur ein vollständiges und fehlertolerantes Design der Workflows erlaubt ein brauchbares Monitoring und einen zuverlässigen Betrieb der ETL-Prozesse.

Inkonsistenzen vs. Datenstau

Gegebenenfalls können sogar leichte Inkonsistenzen akzeptiert werden, damit kein unlösbarer Datenstau entsteht. So kann ein fehlendes Kundeninkrement unter bestimmten Voraussetzungen durchaus in Kauf genommen werden, wenn dann die Lieferung des Folgetages auch die Änderungen des Vortages enthält. Die dadurch entstandenen „unbekannten" Kunden bei Bestellungen des Vortages müssen nachträglich korrekt zugeordnet werden. Die verspätete Verarbeitung von geänderten Kundenattributen führt hingegen zu Inkonsistenzen in den tagesgenauen Auswertungen dieser Attribute. Die Entscheidung für oder gegen eine solche Verarbeitung ist wiederum Bestandteil eines SLA.

8.3.4 Performance-Monitoring

Das Performance-Monitoring im DWH ist eigentlich eine spezielle Spielart des DWH-Betriebsmonitorings, allerdings mit anderen Zielen:

- Frühzeitige Identifikation ungewöhnlicher Systembelastung
- Erkennen stark belastender Benutzergruppen oder ETL-Prozesse relativ zur Gesamtbelastung sowie Analyse der Belastung über längere Zeiträume
- Extrapolieren und Prognose von Lasten. Diese Informationen werden zusammen mit den Informationen aus dem Entwicklungsteam über geplante DWH-Erweiterungen (z. B. neue Data Marts) verwendet, um eine Kapazitätsplanung für das DWH-System (Datenbank, ETL-Server, BI-Server etc.) durchzuführen.

Darüber hinaus liefert Performance-Monitoring einen guten Einstiegspunkt für die Lösung von Performanceproblemen der DWH-Datenbank und aller im DWH-Gesamtsystem involvierten Prozesse und Server. Die für das Monitoring notwendige *Instrumentierung* der Prozesse bildet in vielen Fällen auch die Basis für ein gezieltes Untersuchen von Problemfällen durch Detailmessungen.

Instrumentierung

Instrumentierung bildet die Basis aller weiteren Performancemaßnahmen, nicht nur des Monitorings. Insbesondere ist es das Fundament von Problemidentifikationen und praktisch aller folgenden Lösungsansätze.

Dies soll anhand von ein, zwei visualisierten Beispielen der Ergebnisse des Performance-Monitorings gezeigt werden. Bild 8.6 zeigt den zeitlichen Verlauf der CPU-Belastung für eine Benutzergruppe, wobei innerhalb eines bestimmten Zeitraumes besondere Aktivität auftrat. Bild 8.7 gibt einen Überblick über den Parallelisierungsgrad von ETL-Prozessen über mehrere Tage. Auffällig ist hier der besonders hohe Parallelitätsgrad an zwei Tagen zu bestimmten Zeiten.

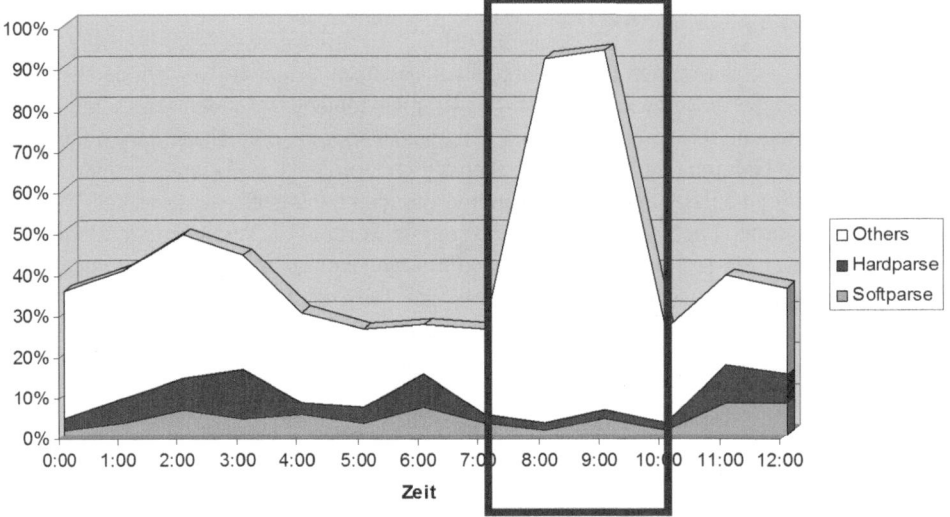

Bild 8.6 CPU-Belastung durch eine ausgewählte Benutzergruppe über die Zeit

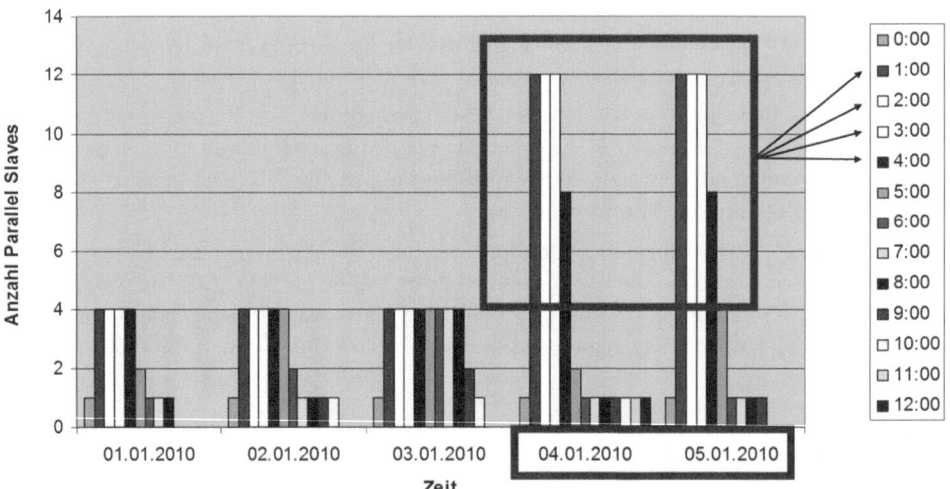

Bild 8.7 Anzahl der genutzten Parallel-Slave-Prozesse für einen bestimmten ETL-Prozess im Tagesvergleich

Bei der Betrachtung der Diagramme wird eines schnell klar: Aus den Werten alleine lässt sich praktisch keine Aussage über die Performance des Systems treffen. Aber das ist auch nicht das Ziel. Vielmehr ermöglicht dieses Monitoring erst die inhaltliche Identifikation des Problems, indem es bestimmte Systemwerte mit realen Prozessen und Nutzergruppen verbindet. Die Besonderheit ist also nicht die Sammlung und Darstellung der Werte an sich, sondern die Zuordnung dieser Werte zu realen Geschäftsprozessen (beispielsweise dem Verarbeitungsprozess „Umsatzcheck", ganz gleich, über wie viele unabhängige Datenbankprozesse dieser operiert) oder zu Benutzern und Abteilungen. Aus dieser Perspektive betrachtet sind dann zum Beispiel Aussagen über die Systembelastung durch eine bestimmte Abteilung möglich oder es lassen sich Zusammenhänge zwischen der Ressourcennutzung von Geschäftsprozessen und der Effektivität derselben aufdecken.

Dabei ist diese Art von Monitoring zwar meist reaktiv – also ein Mittel zur nachträglichen Analyse von Problemen, kann aber für manche Zwecke auch proaktiv genutzt werden, und somit kann man beispielsweise auf eine deutliche Verschlechterung von Prozesslaufzeiten mit einer Mail an den DWH-Verantwortlichen reagieren.

◼ 8.4 Migration

Ein Data Warehouse wird nicht nur inhaltlich erweitert – sei es durch neue Anforderungen oder durch zusätzliche Informationen aus den Quellsystemen. Auch technologisch kann sich ein DWH-System im Laufe der Jahre verändern. Dies ist dann der Fall, wenn einzelne Softwarekomponenten wie Datenbank, ETL-Tool oder BI-Applikationen ausgetauscht oder erneuert werden. Meistens geht es dabei um das Upgrade auf eine neue Version der verwendeten Software. Es kann aber auch vorkommen, dass einzelne Komponenten eines DWH-Systems durch andere Produkte ersetzt werden.

Ein Versions-Upgrade kann unterschiedliche Gründe haben: Neue Funktionalitäten, Fehlerkorrekturen, Behebung von Performance- oder Sicherheitsmängeln, Lizenzoptimierung oder auslaufender Support der bisher eingesetzten Version sind nur einige davon. Ähnliche Gründe gelten auch für den Ersatz von Softwarekomponenten. Wird beispielsweise ein ETL-Tool X durch ein anderes Tool Y ersetzt, kann dies aus Kostengründen erfolgen oder weil das neue Tool moderner, einfacher, schneller oder für die konkreten Bedürfnisse besser geeignet ist.

Auch wenn die Gründe ähnlich sein können, gibt es bei der Vorgehensweise große Unterschiede zwischen dem Upgrade einer bestehenden Software auf eine neue Version und dem Ersatz einer Softwarekomponente durch eine andere. Ein Versions-Upgrade wird meistens vom Hersteller der Software gut unterstützt, und es gibt geeignete Migrationstools und dokumentierte Vorgehensweisen. Beim Ersatz einer Software müssen oft große Teile des DWH-Systems neu implementiert werden. Eine technische Neuentwicklung basierend auf den bestehenden Anforderungen und Rahmenbedingungen lässt sich also kaum vermeiden, denn welcher Softwarehersteller hat schon ein Interesse daran, die Migration auf ein anderes Produkt zu erleichtern?

In den folgenden Abschnitten geht es hauptsächlich um die Migration von bestehenden Softwarekomponenten innerhalb eines DWH-Systems auf neue Versionen. Die durchzuführenden Migrationsschritte sind natürlich je nach Softwareprodukt sehr unterschiedlich und können hier nicht im Detail beschrieben werden. Es gibt aber einige allgemeine Punkte, die bei jeder Softwaremigration im DWH-Umfeld zu beachten sind.

8.4.1 Datenbank

Beim Upgrade auf eine neue Datenbankversion ist grundsätzlich zu unterscheiden, ob die bestehende Datenbank auf die neue Version migriert wird oder ob eine neue Datenbank mit der aktuellen Version erstellt und danach die Daten auf die neue Umgebung kopiert werden. Die erste Variante kommt eher bei kleineren Versionswechseln (z. B. Patchsets) zum Einsatz. Die zweite Variante ist vor allem dann interessant, wenn gleichzeitig auf eine neue Hardwareumgebung migriert wird.

In jedem Fall ist es wichtig, dass die Migration der Datenbank sorgfältig geplant, vorbereitet und getestet wird. Dazu gehört auf jeden Fall eine vollständige Migration auf einer dafür geeigneten Testumgebung mit möglichst produktionsnahen Datenmengen. Während dieser Planungs- und Testphase sind für eine DWH-Datenbank folgende Fragen zu klären:

- Sind die eingesetzten Softwarekomponenten (ETL- und BI-Tools, ev. Applikationsserver, Scheduler etc.) mit der neuen Datenbankversion kompatibel bzw. für diese Version zertifiziert?

- Kann die Migration der Datenbank im zur Verfügung stehenden Zeitfenster durchgeführt werden? Insbesondere beim Kopieren der Daten auf eine neue Zielumgebung muss hier bei großen Datenmengen eine geeignete Methode verwendet werden (z. B. Transportable Tablespaces bei Oracle).

- Kann ein vollständiger Ladelauf auf der neuen Datenbankversion fehlerfrei durchgeführt werden? Entscheidend ist hier nicht nur, ob der Ladelauf erfolgreich abgeschlossen ist, sondern auch, ob alle Daten vollständig und in gleicher Qualität wie auf der bisherigen Umgebung geladen werden.

- Wie verhält sich die Laufzeit der ETL-Prozesse im Vergleich zur bisherigen Umgebung? Ist sie im gleichen Rahmen wie auf der alten Version, sind die Ladezeiten kürzer – oder länger? Eventuell müssen Patches für das eingesetzte ETL-Tool installiert werden, damit das Tool die neue Datenbankversion unterstützt.

- Falls die BI-Applikationen auf Data Marts zugreifen, die in der Datenbank gespeichert sind (typischerweise bei ROLAP), liefern die Reports und BI-Auswertungen die korrekten und vollständigen Resultate? Falls dies nicht der Fall ist, kann dies an einer fehlerhaften Datenmigration oder an Folgefehlern von ETL-Prozessen liegen.

- Wie verhält sich die Abfrageperformance der BI-Applikationen auf den Data Marts? Hier kann es sein, dass durch unterschiedliche Funktionsweisen des Datenbanksystems (z. B. neue Features der Query Optimizers) bestehende Abfragen auf der neuen Datenversion auf eine andere Weise ausgeführt werden. Selbst wenn die neue Version der Datenbank (hoffentlich) besser optimiert, kann es vorkommen, dass einzelne Abfragen länger dauern – beispielsweise weil für die bisherige Version Workarounds oder Spezialfälle implementiert werden mussten, die mit der neuen Datenbankversion nicht mehr nötig sind und sich unter Umständen negativ auswirken.

Nur notwendige Datenbestände migrieren

Beim Migrieren einer DWH-Datenbank auf eine neue Zielumgebung müssen die Daten auf geeignete Weise von der alten auf die neue Datenbank kopiert werden. Das Zeitfenster für diesen Migrationsschritt kann dabei verkürzt werden, indem nur die tatsächlich relevanten Daten kopiert werden. Staging Area und Cleansing Area werden deshalb vor der Migration geleert, ebenso Data Marts, die regelmäßig mittels Initial Load aus dem Core geladen werden. Aggregationstabellen (z. B. Materialized Views in Oracle oder Indexes Views in SQL-Server) können auf der neuen Umgebung berechnet und müssen deshalb nicht migriert werden.

8.4.2 ETL-Tool

Wird das verwendete ETL-Tool auf eine neuere Version migriert – ob gleichzeitig mit einer Datenbankmigration oder unabhängig davon –, so müssen ebenfalls verschiedene Abklärungen und Tests durchgeführt werden, um sicherzustellen, dass Entwicklung und Betrieb des Data Warehouses mit der neuen Version funktionieren. Folgende Fragen sind dabei zu klären:

- Ist die neue Version des ETL-Tools mit den verwendeten Datenbankversionen der Quellsysteme und DWH-Datenbanken kompatibel bzw. für diese Versionen zertifiziert?

- Verwendet das ETL-Tool ein Datenbank-Repository? Wenn ja, wie kann und muss dieses auf die neue Version migriert werden? Ist ein Parallelbetrieb möglich, oder erfolgt die Migration auf dem Original-Repository?

- Verwendet das ETL-Tool ein filebasiertes Repository? Wenn ja, wie kann und muss dieses auf die neue Version migriert werden?

- Was enthält die neue Version für Änderungen und Erweiterungen, die sich auf die Entwicklung von neuen und Anpassungen von bestehenden ETL-Prozessen auswirken? Ist ein Schulungsbedarf für die ETL-Entwickler notwendig, und wie kann dieser abgedeckt werden?

- Kann ein vollständiger Ladelauf mit den bestehenden ETL-Prozessen auf der neuen Version des ETL-Tools fehlerfrei durchgeführt werden? Müssen diese unter Umständen neu deployed, kompiliert und auf irgendeine Weise migriert werden?

- Wie verhält sich die Laufzeit der ETL-Prozesse im Vergleich zur bisherigen Umgebung? Ist sie im gleichen Rahmen wie auf der alten Version, sind die Ladezeiten kürzer – oder länger?

- Werden die Daten mit der neuen Version vollständig und in gleicher Qualität wie mit der bisherigen Version geladen? Falls es Unterschiede gibt, sind diese durch den Einsatz der neuen Version erklärbar?

Um diese Fragen zu beantworten, werden idealerweise die Ladeläufe auf zwei verschiedenen Testumgebungen (mit alter und neuer Version des ETL-Tools) und mit den gleichen Inputdaten getestet. Verglichen werden dabei nicht nur die Laufzeiten der ETL-Prozesse, sondern auch die geladenen Datenbestände. Nur so kann sichergestellt werden, dass sich durch den Einsatz einer neuen Version nicht Fehler einschleichen, die sonst unbemerkt bleiben würden.

 Migration auf anderes ETL-Tool

Komplexer wird die Situation, wenn nicht nur die Version eines bestehenden ETL-Tools gewechselt wird, sondern – aus welchen Gründen auch immer – ein anderes Tool eingesetzt werden soll. Da sich ETL-Tools in Architektur und Arbeitsweise unterscheiden, genügt eine Migration im herkömmlichen Sinne nicht. Stattdessen müssen die ETL-Prozesse neu entwickelt werden. Eine Ausnahme bildet die Migration von Oracle Warehouse Builder (OWB) zu Oracle Data Integrator (ODI). Hier existiert ein „OWB to ODI Migration Utility", das von Oracle entwickelt wurde, um bestehenden OWB-Kunden den Umstieg auf ODI zu erleichtern. Doch auch beim Einsatz eines solchen Migrationstools sind zusätzliche Entwicklungsschritte und manuelle Anpassungen notwendig.

8.4.3 BI-Tools

Der Migrationsaufwand eines BI-Tools ist vor allem abhängig davon, wie viel Applikationslogik in der semantischen Schicht (Metadatenmodell) der BI-Anwendung vorhanden ist und ob dieses Modell mit dem neuen Release der Software angepasst werden muss. Auch hier gibt es verschiedene Fragen, die im Hinblick auf eine Migration geklärt werden müssen:

- Kann die neue Version des BI-Tools auf die vorhandenen relationalen oder multidimensionalen Data Marts zugreifen, oder sind dazu Anpassungen im Metadatenmodell oder an den Datenstrukturen des Data Marts notwendig?

- Ist ein Metadatenmodell vorhanden, und wo wird dieses gespeichert? Müssen die zugehörigen Datenbanktabellen oder Konfigurationsfiles für die neue Version konvertiert oder migriert werden? Können die alte und neue Version parallel betrieben werden?

- Liefern die vorhandenen Reports nach der Migration noch die gleichen Ergebnisse wie vorher? Um dies zu verifizieren, werden bestehende Reports vor und nach der Migration (bzw. auf zwei verschiedenen Testumgebungen) verglichen.

- Ist das Layout der Berichte und Auswertungen noch gleich wie mit der vorherigen Version? Sind Anpassungen notwendig, damit alle relevanten Informationen auf den Reports weiterhin dargestellt werden können?

- Wie verhält sich die Abfrageperformance der neuen Version im Vergleich zur bisherigen Version? Müssen Anpassungen an der Tool-Konfiguration oder an den Zugriffsstrukturen der Data Marts vorgenommen werden?

Wie bei einem ETL-Tool gilt auch hier: Eine Migration auf eine neue Version des bestehenden BI-Tools ist mit weniger Aufwand verbunden als der Wechsel auf ein anderes BI-Tool. Wird ein anderes BI-Tool eingesetzt, müssen Metadatenmodell und Reports in der Regel neu implementiert werden.

Literatur

(Adamson 2010)	C. Adamson: Star Schema, The Complete Reference
(Corr 2011)	L. Corr: Agile Data Warehouse Design, Collaborative Dimensional Modeling, from Whiteboard to Star Schema
(Fräfel 1999)	T. Fräfel: Bitemporale Datenhaltung – anspruchsvoll aber keine Hexerei!, Trivadis Publikation, *http://www.trivadis.com/ uploads/tx_cabagdownloadarea/Bitemp.pdf*, Dezember 1999
(Hahne 2014)	M. Hahne: Modellierung von Business-Intelligence-Systemen, dpunkt Verlag, Juni 2014
[Hajdu 2004]	K. Hajdu: Lange Antwortzeiten bei großen Data Marts? Das muss nicht so sein!, Trivadis White Paper, Juni 2004 (Teil 1 + 2)
(Hultgren 2012)	H. Hultgren: Modeling the Agile Data Warehouse with Data Vault
(Inmon 2005)	W. Inmon: Building the Data Warehouse, Fourth Edition, Wiley & Sons, Oktober 2005
(Kimball, Ross 2002)	R. Kimball, M. Ross: The Data Warehouse Toolkit: The Complete Guide to Dimensional Modelling, Second Edition, Wiley & Sons, April 2002
(Kimball, Caserta 2004)	R. Kimball, J. Caserta: The Data Warehouse ETL Toolkit: Practical Techniques For Extracting, Cleaning, Confirming, And Delivering Data, Wiley & Sons, 2004
(Kimball et al. 2008)	R. Kimball, L. Reeves, M. Ross, W. Thornthwaite: The Data Warehouse Lifecycle Toolkit, Second Edition, Wiley & Sons, Januar 2008
(Panek, Jansen 2008)	S. Panek, C. Jansen: Änderungen erkennen – Schneller handeln, Trivadis Publikation, Oktober 2008
(Ross, 2008)	Design Tip #105 Snowflakes, Outriggers, and Bridges (September 2008)
(Schnider, Martino, Eschermann 2014)	D. Schnider, A. Martino, M. Eschermann: Comparison of Data Modeling Methods for a Core Data Warehouse, Trivadis White Paper, Juni 2014

(Schnider 2011)	D. Schnider: Wenn die Fakten zu früh eintreffen, Trivadis Publikation, Dezember 2011
(Schnider 2012)	D. Schnider: Fehlertolerante Ladeprozesse gegen schlaflose Nächte, Trivadis Publikation, September 2012
(Shee 2004)	Shee et al: Oracle Wait Interface: A Practical Guide to Performance Diagnostics & Tuning. Mcgraw-Hill Professional, 2004]
(Zehnder 2005)	C. A. Zehnder: Informationssysteme und Datenbanken, vdf Hochschulverlag AG, 8. Auflage, Februar 2005

Index